文學士　下川潮　著

劍道の發達

大日本武德會本部發行

著者

随神之道

乙丑春　撫山謹書

序

武道は各流何れも道流の傳記ありて、其流の變遷發達の經路を詳述せざるなし。然れども其傳書を授けらるゝは、獨り入門後皆傳を得たる者に限ること、皆人の知る所なり。殊に劍道に於て然りとす。劍道は古來「殺人刀即活人劍」の教を以て本旨とし、高尚なる人格者にあらざれば、其極意を傳へず。其門に入る者には、第一に禮儀作法を嚴正にし理想的武士を養成し、而して後、其人格の向上と技術の進步とに應じて、其傳書を授くるを例とし、且其傳書たるや最も祕密を嚴守せしめ、假令ひ君父の命と雖も、猥りに披見を許さず。加之其記述方法は、往々にして暗號記號假借字等を用ひ、正式に免許を得たる者にあらざれば、之れを讀むとも其意を解すること能はざるものの尠からず。是れ必ずしも其道を惜みて傳へざるにあらず。所謂活人劍の趣意を誤り、殺人刀たるに至らしめんことを虞るが故に外ならず。從つて不言實行を重んじ、敢て世に發表するの必要を感ぜざるを以て、其敎育の方法手段を具體的に記述せるもの殆ど稀なり。況や國史眼を以て之を研究し、遠く其淵源を繹ね經路を闡明せる著書に至つては、絶無と謂ふも過言にあらず。本書の著者故文學士下川潮氏は、幼少の頃より鄉里熊本にありて二天一流の劍道を學び、其の後廣島高等師範學校に入るや、故劍道範士中島春海氏に就て無刀流を學びたる人にして、性來蒲柳の質なるに拘らず、武道に趣味を持すること極めて深く最初高等師範に於ては主として西洋史を修めたるが、京都帝國大學文科に入るに及んで、國史を專攻し、就中先人未著手とも謂ふべき武道史に關し、熱心に研鑽を積み、終に卒業論文として著作し、以て大學に提出せるもの、乃ち本書是れなり。仄聞する所によれば、最初氏が卒業論文として武道史を撰定するや、審査の任に當れる一教授は之に勸告して曰く、斯題は殆ご剏作的性質を有する研究に屬し、其の成否全く豫想し難し、或は恐る、失敗に終らんかを。若し卒業成績の良好を收めんと欲せば、今にして題目を更むるに若かずと。然るに、其の時氏は此の懇篤なる勸告を感謝するとともに、學問の目的に重きを措き、成績の如何を顧みず、直ちに畢生の事業として初志の貫徹を期せんことを以て對へたりとなん。此の逸話は、亦以て氏の斯道に對する抱負と確信との一斑を窺ふに足るべし。

著者の人格崇高にして、且熱誠篤學なることは氏を識る者の何人も其感を同うする處なるが、大學卒業後滿四年間文科主任として我が武道專門學校に教鞭を執りまた出でゝ新設の舞鶴中學校長として其創施に盡瘁しつゝあるの間も、武道史研鑽の事は寸時も其念頭を去らず。春秋豊富にして斯道界の將來に期待する處深甚なるものありしに、一朝二豎の犯す所となりて、遂に再び起つ能はず。嗚呼哀しき哉。本書は早くも其遺著となり了したるは斯道界の爲め惜しみても尚餘ありと謂ふ可し。

本著は帝國の歴史(戰記物語類も含む)を基礎とし、本書中に載錄する各流の書目を參考とし、其他著者の苦心に依りて蒐集したる材料に由り、加ふるに三十年來好んで傳書類を蒐集研究中なる劍道敎士柔道敎士古賀太吉氏とも往來して、其藏書をも通覽し、所謂史學的眼光を以て研究せる結果にして、實に著者の心血を灑ぎたるものなれば、劍道に志す者の座右に缺くべからざる好著たるのみならず、諸學校圖書館等に藏して、劍道は勿論國史の研究に資する處あらば、其益する處尠少ならざるべきを疑はず。斯る有益なる良著の、徒らに篋底に藏せらるゝことの甚だ惜むべきを感ずる際、幸に斯道に熱心なる橋元文治氏の好意により、著者の遺族に請ふて其著作權を讓受し、之を本會に寄附せられたれば、本會は成るべく廣く同好者に頒ちて、斯道發展の一助に供せんと欲し、茲に上梓する所以なり。發刊に當り聊か本書の由來を卷頭に略敍すること

云爾

大正十四年七月

大日本武德會副會長
同　武道專門學校長

西久保弘道

劒道の發達目次

目次終

劍道の發達

文學士　下川潮著

第一章　緒論

第一節　劍道の意義及び其名稱の變遷

抑も劍道とは刀劍を使用して戰鬪するの技術を練磨せん爲に起れるものにて元來の目的は技術を巧妙にし身體を鍛へ膽力を練り以て敵と鬪ひ必ず勝利を得んことを期するにありしなり。而して源平以後足利季世に至る間に於て著しく發達し技術の精妙膽力の練磨實に驚くべき程度に達せり。然るに德川時代に至りては、啻に技術を磨き心身を勇健ならしむるのみならず、禮儀慣習等整然として備はり實に武士的人格修養の道として極めて優秀適切なるものとなれり。

次で明治維新以後社會の狀勢一變し、從來武士の表藝なりし劍道も一時著しく衰頽し劍道家以外の世人は往々これを遊戲運動法の一種と見做し或は現代には何等の價値なき舊時代の遺物なりとなし、殆んど從來の意義を失はんとするに至りしが、西南役以來日清日露の兩役を經て漸次劍道復興し來り、現今に於いては技術の練磨巧妙を期すると同時に精神身體の修養鍛練法として重大なる意義を認めらるゝに至れり。換言すれば從來の劍道は術としての意義最も重かりしが近世殊に現代の劍道は廣く心身鍛練修養の道と云ふ意義を明確に認めらるゝに至れり、從つて最近に於ては劍術と云ふ名稱に代ふるに多く劍道と云ふ名稱を以て呼ばるゝに至れり。

然れども劍道と云ふ名稱は決して最近に至りて使用し始められたるにあらず其の起源は遠く支那の古代にあり、漢書藝文志兵技巧十三家百九十九編とある中に劍道三十八篇手搏六篇とあり末に技巧者習手足便器械積機關以立攻守之勝者也とあり、是れ恐らく劍道と云ふ文字の使用せられたる起源なるべし、而して我國に於て此文字を使用し始めたる起源詳かならざれど、德川三代將軍家光公の御代寛永十一甲戌年九月二十二日於吹上上覽所劒道立合之面々左之通り云々の記事當時の日記に見え又安陪頼任が寛文七年齢四十四歳の時江戸三緣山輪堂之南花園竹林孤村茅屋に於て著せる安陪立劒道傳書と云ふものには、其表題既に劒道の文字を使用すると同時に其內容皆劒法のことを表はすに劒道の文字を以てせり。又文政頃の人鳥居親の劒術を論ずる書中劒道の語が所々に用ゐられたるを見る、これ等の事實より考ふれば少くとも劒道の文字は既に我が國に於て寛永の前後より使用せられたること明かなり。

然しながら德川時代に於て劒道と云ふ文字を使用せしことは頗る稀有のことにて、當時普通一般の呼稱としては劒術なる語專ら使用せられたり、而して劒道の文字が多く用ゐらるゝに至りしは實に近く日淸日露兩役以來の事にして、これが一般の代表的名稱の如くなりしは極めて最近のことなりとす。

斯くの如く各時代に於て殆んど其時代の代表的名稱とも云ふべき幾多の呼稱用語あり、されば以下其代表的名稱用語の變遷を槪述せんとす。

先づこれを述ぶるに先だち茲に一言し置くべきことあり、そは劒道と云ふ名稱が現今の代表的文字呼稱なるに拘らず、同時に劍術又は擊劍なる文字呼稱の行はるゝあり、又これと同じく德川時代に於て一般に最も多く用ゐられたる當時の所謂代表的名稱としては劍術と云ふ文字呼稱なりしに拘らず、同時に或は兵法、或は刀術或は擊劍或は刺擊の術、其他劍法、刀法、劍道と云ふが如き幾多の呼稱文字が使用せられしことなりとす。されば以下述ぶる所の名稱文字は其時代に用ゐられ又呼ばれしものゝ中最も多く使用せられし所謂其時代の劍法の代表的文字呼稱を擧ぐるものにして、此以外にも當時尙は幾多の他の名稱用語ありしことを知ると同時に其の代表的用語名稱も亦其時代のみに限らず他の時代にも使用呼稱せられしことありしを知るべし。

然らば我國に於て最も早く劍法に對する名稱の文字に表はされ今日に殘れるものは如何なるものなりやと云ふに、日本書紀崇神天皇四十八年の條に皇子豐城入彥命が夢に八廻弄槍し八廻擊刀すとあるを以て初めとす。擊刀は古語にて「多知加伎」と訓す、（日本書紀註「多知加伎」トアリ加伎ハ振也）日本書紀通證には太知宇知と譯せり。もとより其時代古く且其史料も少なければ之を詳にすること能はざるは勿論なれど、右の記事によりて我國に於ては古く劍道のことを「タチガキ」と云ふ名稱にて呼びたること明かなり、然るに奈良朝の唐代文化輸入著しく漢文學の尙ばるゝや『漢書』に「司馬相如傳に少時好讀書學擊劍」とあるが如き用語に倣ひしか、當時は一般に文語にては專ら擊劍擊刀等の漢字を使用し、口語にては普通「ゲキケン」と云はずして「タチウチ」と言ひしが如く思はる、『懷風藻』には「大津皇子能擊劍云々」と記し、『享祿本類聚三代格』十八卷の孝謙天皇の天平勝寶五年十一月二十一日の太政官符にも「兼擊劍弄槍發弩拋石」と見え、又『令義解』五軍防には「凡衞士者。(中略)每下日卽令於當府敎習弓馬用刀弄槍」とあり、又「タチ」は物を斷ち切ることにて「太刀」と云ふ言葉は「打つ」と云ふ言葉と共に古き語にて、橫刀とも太刀とも古書に見え又木太刀を「キタチ」と訓せり、されば太刀打と云ふ言葉の用ゐらるゝも亦自然にして何等の不思議なし。

次に平安朝の時代は漢文衰へ國文榮え女文字の大に流行せし時代なりしが故に、太刀打なる語が益々盛んに用ゐらるゝに至りしが如し。而して平安朝の末期より戰亂打續き戰場に出でゝ一騎打することも亦太刀打なる言葉を使用することゝなり、又一方には平素劍を習ふにも從來と同じく太刀打の言葉を慣用せしが如し。然るに此語は頗る平易にして簡易を尙ぶ當時の武家の意に適ひ、鎌倉時代を經て足利中期まで一般に用ゐられしが如し。（奥州後三年記、承久記、平家物語、源平盛衰記、太平記、嘉吉物語、伯耆卷、義殘後覺等）

其後足利末期より德川時代の初期にかけて一般に用ゐられたるは兵法（ヒヨウホウ）の語なり、或は兵法者、或は兵法遣ひ、或は單に兵法と云ふが如き當時の言葉は軍學者又は軍學を意味する場合なきにあらざれども、多くは劍客又は劍道と云ふ意義に用ゐられたるものなり。されど此の兵法と云ふ語は此時代の以前及び以後に於ては、一般に兵法卽ち軍學、兵學等の義に解せられ或は武藝の總稱として用ゐられたる場合多し、されば殊に此時代に於て兵法卽劍道の義に使用せられたりとせば、多少これを論證し置くの必要あらむ。

蓋兵法とは、元來戰鬪に關する諸般の法を云ひしものにて、軍學、兵學、軍法、陣法等を謂へるものなりしが、又元祿十四年出版の兵法奥義祕傳書の序文に、

「夫于世所以軍法與兵法分差別、軍周禮夏官司馬曰、凡制軍、萬有二千五百人爲軍、王六軍、大國三軍、次國二軍、小國一軍、軍將皆命卿、三略曰、軍國之要、察衆心施百務、故主將務治國安家法而衆卒不能務之也、且謂、兵世本蚩尤以金作兵、兵有五、一弓、二殳、三矛、四戈、五戟、又及劍曰短兵、又穀梁傳曰、五兵矛戟鉞刀楯弓矢、或詩詁曰、兵戰器見人執兵亦曰兵、蓋兵用法遠射、近擊術而衆卒専可學法也、云々」

又同書本文中

「夫兵法與軍法分つ所以は軍法は兼て城どりをよくし軍に望んで陣どりを堅く守り、旌旗金鼓の下知をなし、人數の懸引・強敵・弱敵・大敵・小敵にあひて、乃知略・武略・計略をなすを云ふ。兵法は遠を射て落し、近を切て落し、猶近には組で勝負を決するを云ふ。此二の道は一の心より出て分ちをなすなり。爰に予、軍法の極は兵法にあり、兵法の用は軍法にありと云ふ。」

とあるが如く軍法と兵法とを區別し、兵法は武藝の總稱として用ゐられたる場合もあり。然るに正德五年の著なる井澤蟠龍子の武士訓三に「俗劒術を兵法といへるは非なり、兵法とは軍法の事をいふ。」と見え、又德川時代の中頃以後に

なりしと覺しき兵法傳書の一に、

「劍術を指して後世兵法と稱する者多し、これ當らざるの稱なり。兵法とは武術の總稱にして一術に冠らする名にあらず。然りと雖も我が國は古代より刀劍を尊び士たるものは行住坐臥側らを放たず、專ら護身の用器とすれば遂に兵法の一字を以て單に劍術に冠せて先師も之に用しなり、苟も武を講ずるの士其の差別あるを辨ふべし。然れども古書多く劍術を指して兵法と書せば今暫く之に慣ふ云々。」

とあり。こはいづれも兵法本來の意義には適はざれど、前者にては正德頃まで尙俗に劍術を兵法と云ひしを知ると同時に、又後者にても同じく劍術を兵法と云ひしこと並びに古書に劍術を兵法と書きしもの多かりしことを知るべし。

然らば劍術を兵法と記せし古書の實例には如何なるものありしやと云ふに、宮本武藏の著兵法三十五箇條の覺書（寬永十八年記）及び五輪書（正保二年記）澤庵禪師より柳生但馬守宗矩に與へし不動智神妙錄、柳生宗矩より鍋島元茂に授けし多數の傳書、匹田文五郎と云ふ新影流の達人の廻國日記或は新影流目錄（慶長十五年）一刀流目錄（同時代）（共に附錄第二收錄）或は新影流の開祖上泉武藏守より同高弟丸目藏人宛の書狀、丸目藏人より藤井六彌太宛の書狀（共に附錄第二收錄）澤庵禪師より細川忠利侯への書狀、或は信忠より疋田文五郎宛の誓紙（附錄第二採錄）等直接劍道に關する當時の著書・目錄・傳書・書狀・起請文等の特種の記錄文書類は勿論一般の記錄中にても例へば、

『室町殿物語』に「冷泉民部少輔最後のいくさを心よくして敵に目をさまさせんとて、今度は三尺二寸の太刀五郎入道がうつたるみだれ刀のぬけば玉ちるばかりなるをかろかろと引さげて多勢の中へうつて入、活人劍殺人刀向上極意の妙劍、十字手裏劍、沓はう身などいふ兵法の術をつくし切つて廻り給へは云々」とあり。又『應永記』に「大内今ヲ最後ノ軍ナレバ不惜身命自」北南ニ切テ出、自」西東ニ破テ入、自好ミノ大太刀ニテ四方切、八方拂ナド云兵法ノ手ヲ盡シテ切リ廻ル向フ敵一人モ無シ云々」

とあるを初めとし、

「里見代々記」「大友興廢記」「異本伯耆之卷」「甲陽軍鑑」「武具要説」「惟任征伐記」

「義殘後覺」「羽尾記」「勢州軍記」「北條五代記」「武功雜記」「太平記」等の類書より「言繼卿記」の如き、公卿の日記に至るまで兵法と云ふ文字にて劍術の義に使用したるもの頗る多く其他一々之を引用するの遑なし。

以上述べ來りし處によりて少くとも足利末期の頃より德川時代の初期にかけては兵法と云ふ名稱用語が專ら劍術と云ふ意義に使用せられたるを明かに證し得べし。

然らば何故に從來戰鬪に關する諸般の法卽ち軍法・兵學等を意味せる兵法が、單に劍術を意味するに至りしやと云ふに、『武家名目抄』の編者は、太平記（阿保秋山河原軍條）

「是ハ清和源氏ノ後胤ニ秋山新藏人光政ト申者ニテ候（中略）幼少ノ昔ヨリ年長ノ今ニ至ルマデ兵法ヲ弄ビ嗜ム事隙ナシ、但黄石公子房ニ授ケシ所ハ天下ノ勇ニシテ匹夫ノ勇ニ非ザレバ吾未學、鞍馬ノ奥、僧正ガ谷ニテ愛宕高雄ノ天狗共ガ九郎判官義經ニ授ケシ所ノ兵法ニ於テハ光政之ヲ不殘傳得タル所ナリ。人々名乘テ是御出候花ヤカナル打物シテ見物ノ衆ノ睡醒サント呼ハッテ勢ヒ當リヲ撥テ西頭ニ馬ヲゾ扣ヘタリ。」

を引用したる後に註を加へ

「按兵法と云は武道といふにおなじことにて吾妻鏡などに見えたる皆しかなり。さるを後世刀劒の一術をさして兵法といふは、この本文などをあしう心得ていひなれ來れるにや。」

と云へど、如何にや、余は寧ろ次の如く解するを以て至當と信ずるものなり。

抑も兵とは武器のことなり。而して、これを執る人を兵士と云ふが如く又之を使用する方法を兵法と云ふ。卽ち戰場に於て打物を執て臨む者は武士にして武士の學ぶべき武藝なるが故に、武藝を兵法と稱したるものなりしも、其戰爭に於て武器の重なるものは刀劍なり、殊に足利中期以後德川初期にかけては後章に論ずるが如く刀劍の使用著しく盛んとなり、實に劍道の最盛期とも云ふべき時代なりしなり。從つて武器使用の總稱たる兵法は其主たる太刀使用法なる劍術に歸し、劍術卽兵法と云ふに至りしものなり。と、

然るに兵法卽ち劍術の義に使用することは、往々今日の劍客中に於ても尙絕

無ならざれども、五代將軍綱吉の頃には漸く衰へ、これに代りて盛んに使用せらるゝに至りし名稱は劍術なり。

蓋劍術なる語は『駿府記』慶長十九年六月の條にも「右之狠藉者憲法は劍術者京之町人也云々」と見ゆるが如く、慶長の前後より漸次使用せられ、現今に於ても尙盛に用ゐられつゝあれど、一般代表的名稱として使用せられしは、實に元祿前後より明治維新頃までとするを適當とすべし。

「中江藤樹の集義外書抄錄、貝原益軒の武訓、井澤蟠龍の武士訓、明良洪範常山紀談、護園祕錄、翁草、武將感狀記、鶖峯文集、武野燭談、明良帶錄ニ甲子夜話、元祿以後になりし武藝の傳書等」

然るに幕末尊王攘夷論が國學者・漢學者によりて鼓吹せられ劍術又盛んとなるや或は志士の漢詩中に夜擊劍の語が使用せられしが如く、擊劍の語漸く使用せられしが、維新以後社會の狀態一變するや、劍術大に衰へし際或は擊劍芝居或は擊劍會と稱し、江戶大阪を初め各地を巡業せしものありき。爲めに世人の耳目を惹き一時擊劍の語が從來永く慣稱せられし劍術なる語以上に流行せり。

然しながら其後は一般に劍術擊劍の名稱は共に盛に用ゐられ殊に其の孰れか一方の名稱を以て代表的名稱として認むることは能はず、言はゞ兩者併稱の狀態にて今日に及べり。

然るに今日に於ては前述の如く日淸日露兩役以後漸次斯術再興し、各學校に採用せらるゝに至り「劍道」と云ふ名稱漸く盛んとなり、遂に現今に於ては此語を以て代表的名稱と認むるを最も適當とするに至れり。之れを要するに斯の如く或は「たちがき」と云ひ、或は「たちうち」と呼び、或は「ひよう法」と稱し、或は「劍術」と云ひ、或は「擊劍」と稱し又「劍道」と稱するが如く各時代によりて主として使用せられたる名稱用語にも亦變遷ありしを知るべし。是に於て本論文の題目に最後の名稱を採りて「劍道の發達」となせし所以又明らかなるべし。

第二節　日本武藝史上に於ける劍道の位置

個人に個性あるが如く民族にも亦特殊なる性情あり、而して個人の特性がその遺傳境遇によりて支配せらるゝが如く、民族的性情も亦遺傳及び外圍の事情によりて生成せらるゝものなり。古來我が國には尙武の風あり、これ實に我が日本民族固有の性情に基くものにして、上之れを以て敎となし、下之れを以て業となし益々其性情を成育せしめたり。されば我が日本民族の尙武的精神の發達には我國の歷史又與つて力ありと云ふべし。而して我が國の武藝は實に此の尙武的精神の發達に基くものにして、武士道の發達と相俟つて互に因となり果となり、以て日本特獨世界無比の發達を促したるものなり。就中劍道は我國武藝中の武藝とも稱すべきものにして、實に日本武藝の代表的のものと謂ふべきものなり。されば日本劍道の發達を考究するに當りて先づ日本武藝史上に於ける劍道の位置を明かにし置くの必要あり。

然らば日本武藝史上劍道は如何なる位置を占むるものなるやと云ふに、先づ之を明かにするには先決問題として、日本武藝には、そも如何なる種類ありしやを知らざるべからず。古來我が國に行はれたる武術は其種類甚だ多く、殊に戰國以來其隆盛を極むるや、奇を求め異を衒ふの末頗る實用に疎きものを案出するに至り其種類益々多きを加へたり。『武藝小傳』には兵法·諸禮·射術·馬術·刀術·

(拔刀ヲ含ム)槍術·砲術·小具足(捕縛ヲ含ム)·柔術の九種を擧げ、和漢名數續編には日本武藝十四事として、射·騎·棒·刀·拔刀·擊劍·眉尖刀·鎌·槍·鳥銃·發碩·火箭·捕縛·拳を擧げたり。

又『和漢三才圖會』には武藝十八般として「弓一弩二鎗三刀四劒五矛六盾七斧八鉞九戟十鞭十一簡十二橋十三殳十四叉十五把頭十六綿縄套孛十七白打十八」を擧ぐ。此武藝十八般と云ふ言葉は吾人の屢々耳にする所にして又諸書にも屢々散見する處なれど一定したる種目なく、人々任意に十八種を數へたるものゝ如し。例へば本邦武藝十八般なりとて其種目を擧げたるものを見るに、

或は弓·馬·刀·鎗·薙刀·砲·鎖鎌·銑鋧(しゆりけん)·騎射·柔術·隱形(しのび)·鋂(めづり)含針·棒·十手·索·水泳·水馬·を數へ、或は弓·擊劍·騎馬·薙刀·鎗·水戯(すゐれん)·隱形·拳法·鐵砲·蟇目·火矢·棒·鋂·鉄杁(つくぼう)·鉄叉(さすまた)·十手·烽火·大銃を擧げ、或は又、弓術·馬術·水泳·刀術·拔刀·短刀·十手·銑鋧·含針·鎖鎌·鎗術·薙刀·砲術捕手·柔術·棒·鋂·隱形を擧ぐるが如し。

元來武藝十八般と云へる稱は支那より來れる語にして、恐らく貝原益軒の武訓などに屢々見ゆる『兵錄』と云ふ支那の書に出でたるものなるべし。

然らば支那に云ふ武藝十八般とは如何なる種目を指稱するかと云ふに、これ又漠然たる名稱にして武藝を十八通りに限りて、それを指稱したるものにあらざるが如し。

我が國の武藝十八般の種目の一定せざる又宜なりと云ふべし。尙又以上第二に擧げたる武藝十八般の種目に加ふるに流鏑馬・犬追物・牛追物・騎馬・笠掛・水馬・坐擊（ゐあひ）鎖鎌・騎射・銃鋧・の十種を加へて本邦武藝二十八般と稱するものあり。

かくの如く多數の武藝あれど、就中、弓・馬・刀・槍・の四術は最も永く且廣く用ゐられたるものにて、鐵砲の渡來以後は弓・銃・劍・馬を武藝四門と稱し、最も大切なる武藝とせられたることは、甲陽軍鑑の記事によりてもこれを知ることを得。

又『續清正記』淸正家中へ申出さるゝ七ヶ條の中にも、

「大小身によらず侍共可覺悟條々」として、「一奉公の道油斷すべからず、朝寅の刻におき候て、兵法をつかひ、飯をくひ、弓を射、鐵砲をうち、馬を可乘候。武士之嗜よき者は別而加增を可遣候事。」

と、ありて、劍・弓・鐵砲・馬の四事が武士にとりて最も緊要なる嗜なりしことを示せり。こら等のことによりて見ても亦劍・槍・弓・馬、及び鐵砲が我が武藝史上如何に重要なる地位を占むるものなるかを知るに足らむ。

然れども、此中にて弓術は我が國の武術としては最も古く且頗る重要視せられたるものにして、武士を弓取と稱し武道が弓矢の道と稱せられたるよりしても之を推知するに難からず。朝廷及び世々の幕府皆これを獎勵し、斯術の進歩極めて著しきものありしが、砲術の傳來漸次發達するに從ひ次第に衰へ、藤田東湖の頃に至りては彼をして其の書簡に「天下一統鐵砲世界にて射術は地に落申候云々」と認めしむるに至り(嘉永元年十二月六日藤田東湖より市毛谷衛門宛の書狀)遂に幕府の武術中より射術の演習を廢除するの悲運に陷らしめ、今日に於ては體育或は娛樂として行はるゝに止り、實戰には全く使用せられざるに至れり。

槍術も亦其起源新しきに拘らず一時は頗る隆盛を極め、一番槍・二番槍或は七本槍又は槍合せ等の稱あるによりても略々其の盛なりしを察するを得べし。然しながら今日は殆んど其跡を絕ち、今日の實戰に於ては、弓術と同じき悲運に立ち至れり。

次に馬術は古來弓馬の道と稱せられ、弓術と共に其の由來頗る古く且重んせられたるものなるが、今日のものは舊來のものとは全く異なり、且乘馬するものは戰士の一小部分に過ぎざるなり。

又鐵砲に至りては、その傳來新らしきに拘らず、我が國の文化の上に或は戰術の上に一大變革を與へたるものにて、此の點に於ては頗る重大なる意義を有するものなれど、今日の砲術は、馬術と同じく舊來のものと全く異り、殊に我が國に於て發達したる我國獨特の武藝としての價値に至りては極めて少なし。

然るに劍道に至りては、鐵砲傳來發達の結果弓術及び槍術の如く衰運の悲境に陷ることなく、兵器の進步戰術の發達著しき現代に於ても尙頗る重要なるものにして、彼の日露戰役の結果、其敎訓によりて改良せられ、世界無比の稱ある我國獨特の步兵操典の綱領にも「白兵戰鬪主義」を採用して最後に於ける勝敗の決は必ず銃劍突擊を以てすべきの主義を明示せられたり。由之觀之時は戰鬪主義は白兵戰にして、射擊は此兵を使用せんが爲めに敵に近接するに必要なる戰鬪手段たるに過ぎざるなり。

操典斯の如く明瞭に白兵戰鬪主義を採用するに至りたる結果は、自然劍道の價値益々認められ、我が陸軍にては各隊に於て盛んに之を奬勵し又毎年戸山學校に將校下士の優秀なるものを拔擢して銃劍術修行の爲に分遣するに至れり。以て現今に於ても亦如何に劍道が其の實戰に於て緊要なるかを知るに足らん。宜なる哉、日露戰爭に於ける米國の日軍從軍武官マーチ大尉は、我が軍の銃劍及刀劍の使用に關して次の如く云へり。

「上流の日本人は先天的遺傳によりて刀劍の使用法を知る。サムライ及び士官等は皆實戰の用意に刀劍の使用法を敎授せられたる者にして決して之を以て日常の試合に功名を得んとするにあらず、日露戰爭に於ては夜襲を頻りに用ゐられたるを以て益々刀劍の效用は發揮せられたり。日軍側にありては刀劍に據りて死傷したる者甚だ少きに反して、露軍側に於ては頗る多かりき。蛤蟆塘の戰に於て三十六人よりなる日本軍の前哨が露兵の夜襲を受けて其中の十五名が悉く銃劍の爲に斃れたるは著しき事實なり。又八月二十五日より八月三十一日に到る遼陽戰にては日本の第一師團は銃劍の負傷者四十五名を出したり云々」

と報告せり。其後は銃劍負傷者に關して何等の公報無かりしもマーチ大尉の實見したる處には露軍には多數の死者（銃劍を以て殺されたる）ありしも日本軍にありては、只だ少數の負傷者ありたるに過ぎず。

兎に角に小銃・火砲・機關砲火の發達は爭ふべからざる事實なるも之を以て直ちに銃劍を以て古代武器とは爲すべからざるや明かなり、沙河戰の時近衞師團の渡邊少將の如きは彼の地位と老年とに拘らず、夜襲の際は刀劍を以て敵と渡り合ひたるなどは著しき事實なり。

又青島戰役に於て獨軍の最も怖れたる處は我軍の夜襲及び白兵突擊なりしことと彼等捕虜の言によりても明かなり。かくの如く我が劍道は今尙實戰上に盛に活用せられ敵の心膽を寒からしめ、敵壘を占領する上に於て偉大なる效果を收めつゝあるものにて、現今の武道界に於ても最も盛んに修行せられつゝあるのみならず、又益々隆盛に向ひつゝある武術の一なり。加之、馬術の如く一部の戰士のみに限らるゝにあらずして、戰士なるものは上は大將より下は一步卒に至るまで帯劒せざるものなく、實に決戰或は護身上缺くべからざるものなるのみならず、我國に於ては太古より維新に至るまで武士は皆日常大小を帶し行住坐臥これを離すことなく、或時代に於ては三刀を帶したることあり或は武士以外の庶民僧侶に至るまで帶刀したることありしなり。されば其の使用法とも云ふべき劒道は、我が國の武藝中最も長く最も廣く且盛に行はれ、最も重せられたる亦當然なりと云ふべし。

淺見絅齋は「吾國武術其法不一矣、而急務之最莫踰腰劒云々。」と云ひ、大道寺友山も亦其著武道初心集上卷に士法を說ける中に、「次に兵法と申は腰刀の勝負を最初と致し、鎗をつかひ、馬に乘り、弓を射、鐵砲を發し、其外何によらず、武藝とさへあれば、數奇を好みて稽古仕り、修練を極めて、其身の覺悟と致す義に候云々」と述べ、其他前記兵法傳書中にも

「然り而して弓馬·劒·槍·柔の如き百世に傳はり、先師各々其妙術を究め以て大に治亂に益す、是故に苟も武を講ずるの士此諸術を試みざる者なし。就中兵器の第一とする所は劒を舞するの道なり。劒を舞するは敵を殺伐するのみに

非ず、最も身を護るの要術にして敵を伐るを其次とす。既に東照公及び秀忠公は鹿島神陰流の三代奥山休賀齋に就て劍道の奥儀を究め給ふこと載て傳記に見えたり。譬へ星移り世代り文運隆盛の今に遇ふの男兒と雖も必ず此道を學び試みて護身の術を失ふ無るべし云々。」とあり。

これ皆劍道が德川時代に於て諸種の武藝中最も重せられ第一に務むべきものとせられたるを證するものと云ふべし。かくの如く以上述べ來りし點のみより見ても、日本武藝史上 劍道が極めて重要なる地位を占むるものなること明かなり。然るに劍道が日本武藝史上に重要なる位置を占むる更に有力なる理由あり。そは外國に發達し其傳來最も遲く從つて又何等我國の特色の認むべきもののなき現今の砲術の如きものと大に其趣きを異にし、大に我が日本民族性の特色を發揮し獨特精妙の域に達せること到底他國に其比を見ざる點なりとす。殊に其武器たる日本刀は我が國民の殊に尊重する處にして、皇室に於ても草薙劍を以て三種の神器の一とせられ、源家の寶刀鬚切膝丸に對して、平家の小烏丸の如きは言はずもがな。大小名は勿論名もなき武士に至るまで皆傳家の寶刀を備へ身を守り家を護るの威德あるものとせり。かくて日本刀は實に我が國民性に深き關係を有し我邦獨特の宗教的神祕的の靈物となれり、故に武士は日本刀を以て自己の魂とし、其心を磨き公德心、自重心を涵養せしめしものにて、日本武士道は實に此刀劍を中心として發達せりと云ふも不可なし。かくの如く我が國民は刀劍を以て一個の器物と視ずして宗教的神祕的なる靈物と見做し常に之を畏敬愛重し、之によりて精神を鍛練し來れり、されば其の刀劍の運用を講ずる劍道が、これを學ぶ人に如何なる精神的感化を與へ、又如何に修養鍛練に資する處ありしかは推して知るべきなり、我國民が劍道を尊重する又他の武藝の比にあらざるを知るべし。

これを要するに我が民族固有の性情と我が國の歷史とは相俟つて武藝の發達を促し、其の種類の豐富なる點に於ても、其の技術の精妙なる點に於ても、實に世界に比類なく、恰然一種の武藝國たるの觀あらしめたり。而して此等多數の武藝中にても、弓・馬・劍・槍・及び鐵砲の如きは最も重要視せられ、又頗る盛に行はれしものなるが、就中劍道は此等の武藝中最も永く最も廣く行はれたるのみならず、我が國民性の特色を最も發揮し、最も我が國民に尊重せられたる武術にして、一言にしてこれを盡せば劒道は實に日本武藝中の武藝にして、眞に日本武藝の標徴とも云ふべきものなり。また以て日本武藝史上に於ける劒道の位置を知るべきなり。

第三節　劒道の特色

前節に於て我が國の武藝は日本民族固有の性情に、加ふるに日本武士の使命が齎せる境遇上の結果として我が國獨特の發達を促したるものなり。而して我が劒道は其の中軸精髓とも云ふべきものにして、最も我が國民性の特色を發揮し實に日本武藝の標徴とも云ふべきものなることを述べしが、然らば日本武藝殊に劒道は外國のそれと比較して如何なる特色を有するか、將た又日本劒道に我が國民性の特色が如何に發揮せられたるかを觀察せむ。

抑も支那朝鮮に於ても西洋諸國に於ても古來刀劒の使用法存在し、夫れ〴〵練習せられたること勿論なれど、到底我が劒道の精妙深遠なるに比すべくもあらざるが如し。

先づ彼我劍法そのものゝ差異特色を考ふるに、西洋の劍法は其型に於ても、試合に於ても、一般に防御的性質を帶び攻擊的の刺擊の業よりも防御的の受拂の業を主とせり。例へば大英百科全書「フェンシング」の條によるに受業に八手法あるに對して、攻業には只だ僅かに突の三手法あるに過ぎず、而して受手の八手法は左右上下部に劍を當て又指の方向伏仰によりて名稱を異にせり。

卽左下部下向を Prime, 同上向を Septime 又は halfcircle. 右下部下向を Seconde. 同上向を octave. 右上部下向を tierce. 同上向を sinte. 左上部下向を quarte 同上向を quinte. といふ。而して又敵を攻むるにも先づ敵の刺擊を巧みに防ぎ、或は避け以て其機を利用して敵に刺擊を加ふることを常とし、我が劍法に於て最も尙ぶ處の所謂「先々之先」と正反對にして日本の所謂「後の太刀」の勝利を敎ゆるものなり。要するに彼の劍法は身を防護するに重きを置き、消極的受身の劍法なりと云ふを得べし。「フェンシング」といふ英語そのものが既に防御の意味を有するものにして、defence より轉化したるものなるを思へば思ひ半ばに過ぎん、これに反して我が國の劒法は常に積極的にして、常に攻勢を尙び受身を戒め、且攻勢に出づるや先づ我身を捨てゝ敵に斬擊を加ふるを敎ふ。

例へば

振りかざす(切りむすぶ)太刀の下こそ地獄なれ
　一と足進め先は極樂。（宮本武藏）

切り結ぶ刄の下ぞ地獄なる
　身を捨てゝこそ浮かむ瀨もあれ。

打合す劒の下に迷ひなく
　身を捨てゝこそ生る道あれ。（山岡鐵舟）

武士の生死の二つ打捨てゝ
　進む心にしくことはなし。（塚原卜傳）

山川の瀨々に流るゝ栃殼も
　身を捨てゝこそ浮む瀨もあれ。

の如き術歌及び

「鐔を以て敵の眉間を打割る考へにて充分踏込んで打込め」

或は

「敵に我が皮を斬らせて我は敵の骨を斬れ。」

と云ふが如き術語は卽ち此の精神を敎へたるものにて、また德川時代に於て幕府の御流儀として最も隆盛を極めたる柳生流を初め、新陰流の諸流派が敎ゆる所の極意は相討なり、卽ち敵を斬ると同時に己も亦敵刄に斃るゝ決心を以て打込むことを敎ゆ、かくてこそ初めて眞の勝利を得るものなり。

五輪書中に「三ツノ先ト云フコト」を述べて曰く、

「三ツノ先、一ツハ我方ヨリ敵ヘ掛ル先、之ヲケン先ト云フナリ（ケンハ懸ナリ）

「又一ツハ敵ヨリ我方ニカヽル時ノ先、是ハタイノ先ト云フナリ（タイハ待ナリ）

「又一ツハ我モカヽリ、敵モカヽリ合フ時ノ先、體々ノ先ト云フ是三ノ先ナリ、何レノ戰初メニモ此三ツノ先ヨリ外ハナシ、先ノ次第ヲ以テハヤ勝事ヲ得ルモノナレバ先ト云フ事兵法ノ第一ナリ云々」と。

又劒術名人法中劒術修行心得に曰く

「一、平素の稽古にも、兎角氣先々ト懸クベキコトナリ、立合へバ直ニ突クゾ、打ツゾト云フ氣ニ成ラネバナラヌモノナリ、受ケル止メルト云フ氣ニ成ラヌ様ニスベシ、直心影ト云フ流派ハ至極ノ術ニテ、一ト勝負毎ニ居敷キ、又ハ箕居シテハグットト大息シ、偖立合へバ上段ニ取リ、直ニ打ツ氣合ニナリ始終先々トナリ廻ハリ居ルナリ、又足ハ空ニ居ラズ、地ニ居ラズト云フテ浮足ニテ構へ、向フノ隙間次第ニ飛ビ込ミ、勝ヲ先ノ勝ト云フ、又後ノ先トモ云フ、向フヨリ此方ニ飛込ミ打タントスル、其籠手ヲ引切リニ打ツテ懸劒ト云フテ專ラ致シタルコトナリ」と。

かくの如く新陰流と云ひ、二刀流と云ひ、其他一刀流と云ひ、二百有餘の諸流中一として機先を制して攻勢に出づることを、教へざるものなし、この「先」と云ふことは兵法勝利の第一要諦なり、之を要するに我が國の劒道は機先を制して攻むるにありて、受くるも防ぐもなきものなり、敵に皮を切らせて我は骨を切ることを敎ふるものなり、否相討を敎ふるものなり。換言すれば我が身を捨てゝ、敵を我が一刀の下に斃すことを根本の敎とす、此攻擊的沒我的なる處は卽ち日本劍道の一大特色にして、これ卽ち我が國民性の一特色を發揮せる處なりとす。

「額には矢は立つとも背には箭は立てじ、」と、誓つて進むことを知りて退くことを知らざりし上古の東人、

「親は眼の前に戰死し、子は敵に打たれても、おめず臆せず撓まずひるまず屍を踏み越え〳〵」奮戰せし源平武士は言はずもがな、現今日本軍隊の所謂攻擊的精神、君國の爲に一身を犧牲にし、身命を顧みず、戰死を以て寧ろ武士の本望なり名譽なりとする献身的沒我的精神は、實に我が國民性の一大特色なり。此と彼とを對比し來りて、興味の湧然として盡きざるを覺ゆるなり。

現今の歐洲戰鬪は兵器の進步は、勿論日露戰爭の當時と同日の談にあらざること明かなれど、我が聯合軍の戰法の一般に防禦的に傾き攻擊的精神の缺乏せると、日露戰爭に於ける、日本軍の常に攻擊的にして、或は夜襲、或は拔刀隊、

或は強襲突擊等常に攻擊的なりしに比して著しき懸隔あるは其の原因種々あらんも、彼我國民性の差異に基因することも亦其の一因たらずんばあらず。

尙ほ彼我の劍法に於て、彼は防を主とし、我は攻を主とすることを證すべき幾多の證據あり。例へば、

「汝の劍の短かきを嘆せば、一歩を加へて之を長うせよ。」

とて母が其子を勵ましたる、「スパルタ」の劍法は頗る我が攻擊的の劍道に似たるが如きも、其の戰士の短兵接戰するや、右手に刀を執り、左手に楯を携へ身を防ぎつゝ鬪へり。羅馬の軍人も、中世の騎士も、武備志に載する支那の團牌も亦皆然り、亞弗利加蠻人等にも此の戰鬪あり。然るに我國に於ては、嘗て歩楯と稱して、歩兵の携へたる小さき楯ありしかど、こは只だ矢を防ぎて敵に接近する爲めの手段にて白兵接戰に使用せしものにあらず。

この事實は又前記彼我劍法の差異ある處を語ると同時に日本劍道の特色を示せる面白き事實なり。以て我が劍道が如何に身を捨てゝ敵に突擊するかを知るべく又其間に如何に我が劍道が勇敢決死の精神を砥礪するかを味ふべし。

以上の外日本劍道には、其の手法の上に於て、更に諸外國のそれに比して大に其の趣きを異にする一特色あり。

　これは諸外國殊に西洋諸國の劍道は、古來刺突の業を主とするに反し、我が國の劍法は擊斬を主として、刺突を副とする點なりとす、例へば、前記「フエンシング」に三攻手法、八防手法あることを述べしが、其の攻手法とは、如何なるものなりやと云ふに、其第一手法は單に腕のみを動かし敵の胸部に向つて急速に加ふる一刺突の業なり、第二の手法extensim及び第三手法longeing & recunringの如き或は八受手法の變化の業の如き多く刺突の業に屬せり、又朝鮮の劍法につきて之を見るに、擊法には、豹頭擊、跨左擊、跨右擊、翼左擊、翼右擊の五手法あるに對して、刺法にも亦逆鱗刺、坦腹刺、雙明刺、左夾刺、右夾刺の五手法あり(附錄の圖參照)

　これを西洋劍法に比すれば、擊法刺法同數にて、大に擊法の重んぜられたるを認むべきも、これを我國の劍法に比すれば、其の及ばざること甚だ遠し、又支那劍法の手法につきては、之を詳かにすることを得ざるも朝鮮の刀法と大差なかりしなるべし、(支那に現在も劍法傳はれど、多少日本劍法の影響を受けたる形跡あり)然るに我が劍法に於ては、面・甲手・胴を斬撃する業數十種の多きに達するに反し、突刺の業は頸部に加ふる十數種に過ぎず。例へば各流派によりて多少其の數を異にすれど、今突業を以て最も得意とせる千葉周作の創始せる北辰一刀流の手法を列記せんに、

劍術六十八手

(一)面業二十手

追込面・起頭面・直面・半身面・兩手成面・諸手面・片手面・左構面・右構面・中手外・摺上面切返面・地生面・卷落面・張面・籠手引懸面・籠手懸面・諂拂面・片手延面・深籠手懸面

(二)突業十八手

兩手突・片手突・二段突・拔突・切落突・表突・押突・籠手引掛突・引入突・利生突・上段利生突上段引入突・籠手色突・籠手外突・地生突・卷落突・突掛突・三段突

(三)籠手業十二手

深籠手・並籠手・左籠手・起頭籠手・受籠手・突拂籠手・上段籠手・誘引籠手・留籠手・押籠手

面色籠手・居敷籠手
（四）胴業七手
摺上胴・居敷胴・立胴・籠手懸胴・利生胴・飛込胴・手元胴
（五）續業十一手
籠手張面・籠手突・籠手外し摺上・左右胴・籠手面胴突・片手籠手面・䅣張落面・面足柄・一文字投・抱揚・組打

にして、六十八手の業の中、突業は、突業十八手と續業二手を合して二十手に過ぎず、これ突を以て最も得意とする北辰一刀流に於ても尚かくの如し、以て彼の殆ど全部突業を基として組立てられたる西洋の劍法に比して我が劍法の打業を主として組立てられたることを知るべし。

尚ほこれを古來我國及び他の諸外國に於て使用せし、刀劍に徵せんに、日本古代の武器中、我國に於て發見する青銅劍は、概して皆兩刃にして、歐洲支那等に於て掘採するものと其の形狀酷似し、皆青銅を熔解して鑄造したるものにて、各國の製造と同一なるが如し、然れども我國古代鐵製の刀劍は其長短を論せず、眞直にして兩刃片刃並び行はれたること古墳の發掘品等に徵しても明かなり。かくの如く古代より片刃の刀劍が我が國民に使用せられたること明かなるのみならず、其の數に於ても亦兩刃に比して、片刃のもの多かりしにはあらずやとの疑なき能はず。よし然らずとするも、時代を經るに從ひ、我國に於ては兩刃の刀劍は次第に其の形を潛め遂に片刃にして、反身の刀が盛んに世に用ゐらるゝに至りしことは爭ふべからざる事實なり。之れを打太刀或は打物と稱す。

これに反して、西洋諸國に於ては、一時羅馬の「フラウヰャン」時代に長き片刃の刃を用ひ、又「スカンヂナビヤ」の後海賊時代に多く片刃にして、柄頭は往々列片をなし、鐔の大にして敵の劍擊を防ぐに適切なるを用ゐ、或は又「アングロサクソン」の步兵が「スクラマサクス」Scramasaxと稱したる片刃の小刀を用ゐたるが如き、極めて少數の例外を除きては、希臘、埃及、羅馬時代は勿論「スカンヂナビヤ」古代の刃も「アングロサクソン」初代の劍も共に双刃の劍にして「ノーマン」人の劍も亦これと同じく、長直兩刃の劍なること「バユー」の古布中に多く見ゆる處によりて明かなり。かくて「ノーマン」戰勝後歐洲の刀劍は大概「ノーマン」式となりしと云ふ。而して此等は殆んど皆片手劍にして我が刀劍の如く之を用ふるに兩手を要する雙打劍なるものゝ現出は實に第十五世紀なりと云へば、我が足利中季以後に相當せり。これを要するに西洋諸國に於ては、希臘羅馬時代は勿論日本の古墳時代頃までは一般に雙刃の劍にて、よし然らざるもの稀にありしとするも、尖端丈は雙方なりしものなり、否寧ろ第十三四世紀の頃（卽我南北朝の頃迄）迄は恐らく雙刃の刀劍が一般に使用せられしものならむと云ふを適當とす。支那、土耳其、波斯の古代には早くより片刃の刀劍使用せられたるも、我が國の刀劍が殆んど片刃のみとなり、益々其の精巧を極むるに至りしに比すれば、到底同日の談にあらざるなり、朝鮮の如きも亦附錄第二に收めし武備志所載朝鮮劍法の圖によりて、雙刃の刀劍を以て練習せしを知るべし。

斯の如く我が國の刀劍が古くより片刃のもの多く、遂に片刃の反身のものゝみとなりし事實は、蓋し我が國の劍法が專ら切るを旨とし、突くを第二とするが如く發展せし事實を語るものにして、而も古き時代より片刃の刀多かりし處に、日本劒道が世界無比の發達をなす一要素の胚胎を古代に認むることを得るなり、何となれば、切ると突くとは、其太刀業の數に於て、其の變化の點に於て、或は其業の發達の點に於て著しき差異あればなり。

これに反して他の諸外國殊に西洋諸國に於て、古來多く且永く兩刃の刀劒を使用せし事實は、其の劒法が突を專らとし、切るを第二とせしことを證するものにて、又其の劒法が日本の如く精巧の域に發達することを能はざりし一因たらずんばあらず。

尙此外我が國の劒道の技術上の特色として認むべきものの一にして足らず。例へば我が手法は擊法と刺法との如何を問はず、共に一刀兩斷的にして而かも剛强的精妙なり、彼の手法は技巧複雜にして而かも纎弱的精巧なり、我が太刀は宮本武藏の歌「筑波山葉山繁山繁けれど、打ち込む太刀は眞の一太刀」式なり。之に反して彼の太刀は然らず、彼の劒は皮を切るに適せんも骨を斬斷するに適せざるなり、かくの如く眞に一擊一刺の一動作一業に於ても亦特色の認むべきものあり。又これを平素練習の際に於ける心懸の上より見ても、亦彼我の間に著しき差異あるを發見するを得べし。例へば北辰一刀流千葉周作の高弟高坂昌孝が著せる劒術名人法に。

「昌孝曰、本文死する覺悟を以て修業云々の話實に予が肺肝に徹し即日日常に用ゆる面の裏へ竊かに討死の二字を記載爲し置き、面を着する毎に此の稽古にて死すべし。此の試合にて討死と覺悟を定め、日々修行爲せしより遂に此の業を完うせり、是れ皆師の賜なり。」

とあるが如く、我が劒道にては日常の修行に於ても尙此稽古にて死すべしと云ふ覺悟にて勵みたるものにて、彼れの只だ末技に巧妙ならむことを念とする外國劒法のそれと到底比較し得べきにあらざるなり。

以上彼我劒道の手法其のものゝ比較によりて、彼は突業を主とするに反し、我は打業を主とし突業を副として發達し來りしことを述べ、更に彼我刀劒製作上の差異によりてこれを裏書し茲に日本劒道の一特色を認めしが、此特色はやがて前述の第一の特色と相俟つて愈々世界に比類なき我國獨特の劒道を發達せしむるに至れりと謂ふべし。

尙此外他の方面に於て更に注意すべき一大特色の認むべきものあり。然らば其一大特色とは果して如何なるものなりやと云ふに、そは日本劍道が精神の修養に重きを置き、殊に德川時代に至りて武士道の大成せらるゝや、これと結合し否寧ろ其の中心として日本武士の心性を陶冶し、膽力氣力を涵養すると同時に、所謂劍禪一致して、靈妙の境地に達せし處、到底他國劍法の及ぶ處にあらざる點なりとす。

蓋し西洋諸國の劍道にも、決して修養法として練習全く行はれざるにあらざるや明かなり。大英百科全書に記する處によれば、「エリサベス朝以來フェンシング」の術は常に紳士的藝能として、全歐羅巴大陸の到る處に非常なる熱心を以て練磨せられたりと。而して其劍法の實習は健康を更新し、擧措を優雅自在にす。體格の薄弱の人、學問に從事する人、坐業的習慣の人に對し、適當の劍法が與ふる效果は、第一流の醫者が證明する處にして、演說家に取りては、他の練習によりて得られざる身振りの輕快自在を與ふ。是れ劍法の實習中輕快にして、優美典雅なる動作を全身に與ふるが爲なり。又勇氣に滿ちたる雄々しき態度容貌を養ひ、忍耐自制の尊き敎訓を與へ、氣質の鍛練に與つて力あり。」と云ひ、同文中「劍法の理論と其實習」の著者Roland氏の言を引用して曰く、身體の力と活動とを發達せしめ、修練せしむる爲めには、劍法に勝れる練習法なからむ、騎馬遊步·拳鬪·相撲競走·等の如き、何れも僅かに有益なる方法なり。然れども劍法の如く多數の利益を兼備せる練習法なし。之によりて全身各部分の筋肉皆用ゐられ、胸郭を擴げ、血液を全身平等に配分せしむ。肺患の兆候あるものにして、この練習によりて全快せる實例は予の觀察せるものにても一二に止まらず」と。

かくの如く彼の地の劍道も單に業の巧拙練習のみを唯一の目的とせず、明かに或意味の修養法として、練習せることを認め得ざるにあらざれども、其の劍法實習の效果が、果して上記の範圍に止まるものとすれば、こは恰も我が國の普通體操實習の效果と何等の選む所なし。

これを我が國の劍道が精神修養の上に重きを置き、其效果の偉大なるに對比

せんか、到底同日の談にあらざるや明かなり。支那朝鮮の劍法との比較又同前と大差なきこと贅言するまでもなし、

只だ茲には水戸義公に仕へ、彰考館の編修となり、大日本史に力を盡せし儒者森儼塾の左の言を引用することに止めんとす。氏は日本の唐に勝れたるもの八つを數へ、其一に武藝を擧げて曰く、

「武藝、唐の藝を講ずるは、由基の射を善くし、宜僚の丸を弄ぶが如くならんことを要す、是れ其業に精きのみ未だ心術の奥義を盡さず、我が國の武藝は業に居り、心を盡し事理一致ならんことを要し、引て之を伸べ天下邦家に及ぶと雖も可なり。夫れ、劍術は以て己に克ち、形體を忘れ、感應惟れ形響のごとし、鎗は以て物我を忘れ、妙用自然に任ず、著する所なし、射は自ら省みて己を直くし、直道妙に恕ひ、中和を存養す、御は心の外に馬なし、人馬相忘れ自然に矩に中る、砲は主一無適思邪なし、大意かくの如く其目尋ぬ可し、其道に達する者を觀るに心の開悟するところ、書生は及ばざるなり云々」と。

凡そ世に處し事に當りては、常に至誠を以て一貫するを要す、心誠なれば世に懼るべきものなし、劍道も亦實に此根柢に立ちて始めて不動の精神と精妙の技術に達するを得べし。

心だに誠の道にかなひなば
　祈らずとても神や守らん。

と云ふ菅公の歌は、神陰流に於て頗る尊ばれ、同流の術歌として、盛に敎へらるゝ處なりとす。劍道は其形に現はるゝ技術以外無形なる精神の作用に俟つ所極めて大なるものにて、其の鍛練修養の結果眞に堂奥に達せんか、心は明鏡止水の如く、彼もなく我もなく、生もなく死もなく、萬機に應接して靈活自在。よく一人の敵に勝ち、百人の敵に勝ち、天下敵なきに至るべきものなり、と云ふ。斯の如きは多年の修養を要し一朝一夕に達せらるべきにあらざれども、又以て我が劍道が如何に精神的方面に深き根柢を有し且つこれを重要視せしかを知るべし。

尙此外例へば祖先崇拜は、我が國民の一特色なるが、こは我國のみならず、希臘、羅馬等の諸國にも嘗て盛なりし處なり。されど今日は其跡なし、又支那人にも此思想なきにあらねど、彼の地の如き革命の國に於ては、これが國家と關聯しては何等の意味をもなさざるなり。然るに我國に於ては、太古の神祇政治・宗教政治の政體が今日まで依然として、殘存するが故に祖廟を貴み之を祭ることは太古以來今日まで、政治とは不離不斷の關係を保ち祖先崇拜の念は古今一貫せり。茲に我國民の一特色の存する所以あり。日本劍道も亦恰かも斯の如し、古代羅馬の如き頗る斯術の隆盛を極めしが如きも、今日に於ては見るべきものなく、支那朝鮮の如きも亦一時行はれたりしも今は其跡なし。之に反して日本のみは然らず、時に多少の盛衰なきにあらざれども、太古以來現今に至る迄殆んど一貫して存續し、而かも漸次發達して今日の隆盛を致せる點の如き他國に其類例を見ざる處にして、此れ又日本劍道の一特色と認むべきものなり。而してこは我が國史の特性の一たる連綿性の一表現なりと見るを得べし。

又日本劍道と武士道とが互に相結合して、其發達を促したる當然の結果として、忠君愛國の精神が遺憾なく日本劍道の上に發揮せられ又これと結びつけられて、教訓鍛練せられしが如き、又我が劍道の一特色たるを失はざるべし。『劍術不識篇』に「唯人は忠孝の心を本とすべし、何程劍道に達し、乃至天下中の人に勝つ事習傳得るとも、輕薄暴悍にして人たる忠孝の心なき時は、危難の場に出會しては、忽ち仇を忘れ勢に附き苟も免るゝを幸とせん、如此節義を缺きなば日頃鍛練せし劍術も何かせん、云々」とあるが如き、或は一刀流極々祕密傳書一子相傳の中に、

「何もかも皆忠孝の爲めなれば、日夜かけて學びみがけよ」

とあるが如き卽其一例證となるべきものなり。

斯の如く、其形の上に表はれたる技術の點より見るも、將又形而上の精神の上より論ずるも、我國の劍道は如上幾多の特色を有し其の精妙深遠の域に達したること實に世界無比と謂ふべし。

第四節　劍道史の性質と其研究史料の梗概

抑も劍道史の研究には、劍道そのものゝ技術的發達のみを考究するものと、

我が社會現象の一事實としての劍道發達を明かにするものとの二方面あり、而してこの兩方面を併せ明かにして初めて完全なる研究と謂ふべきものならむ。而してこれをなすには其の技術的發達を明かにすると同時に、各時代との關係を考察し或は政治或は文學宗教其他當時の社會狀態等にも立ち入りて、相互の關係を明かにし、以て時代の相違或は民族の特性等をも此劍道の發達を通じて明かにせざる可らず。

本論文に於ても多少此の點に意を用ゐて執筆せんことを期せしも、元來かくの如きことは、短日月の間に於て纏めざるべからざる卒業論文の如きものに於て、能く其目的を達し得べきものにあらざるのみならず、殊に本論文の性質上其研究の頗る困難なる幾多の點あるに於ておや、而して此難點を明かにすることは、やがて本論文の性質を明かにする所以なるを以て、以下少しくこれを概述せんとす。

凡そ藝術史の研究には、其の繪畫史なると建築史なるとを問はず、單に一般學者の能くする所にあらずして、之を能くし得る者は、特に其技術に精通すると同時に史學者たらざる可らず。劒道史研究の如きも亦此の範圍に屬するものなると同時に、至難のものたるべし。

何となれば、同じ技術に屬するものと云ふも、繪畫、建築史等の場合に於ては、元來其の研究の對照物たる、繪畫、建築物等が永く遺物として後世に傳はるべき性質のものにて、其研究者に對して至大の便利を與ふるものなるに反し劒道の技術に至りては、其の演せられたる瞬間に限られ、而かも微妙の點に至りては、電光一閃直ちに現はれ忽ち消え、更に其跡を留めざる性質のものなれば、研究上其困難なること到底繪畫建築等の研究の比にあらざると明かなり。

然しながら劒道には今日に於ても、尙祖師の組織せる型なるものあり。蓋し此型なるものは、元來祖師が嘗て實地の眞劒勝負に於て勝を得たる刀法により て組織されたるものなるが、太平の世に至りて、更に發明增加したるものもあり、こは刀叉は撓等の試合の上に於て、研究案出したるものなり。されば祖師及び其他先師等の刀法技術が如何なるものなりしかを研究するには、極めて大切なるものなれど、これとて世を經るに從ひ漸次其の原型の損せらるゝは勿論其刀法の組織せられたる本來の精神が奈邊にあるやも忘れらるゝに至り全く形式的に流るゝの弊あり、從つて此型が研究の對照物としての價値は到底繪畫建築等の遺物のそれと比較し難きや明かなり。

假りに此型によりて、其の形の上の身體四肢の動作即ち技術の外形のみは充分に實現し得るとしても、斯道の奧儀と云ひ極意と云ふが如きものは、實は形にあらはるゝ技術上よりも、寧ろ精神の消息にあり、而して其精神の微妙なる點に到りては全く言説に絶し、只だ其境地に達せるものに限り以心傳心之を傳へ得るのみ、親しく其業を習ふ人に於ても尙且然り、況んや時代を異にし而かも、其の微妙なる精神の失はれたる型によりてこれを知ること能はざるは寧ろ當然のことと云ふべし。

かくの如く斯道の極致は、本來之を云ひ表はし、書き現はすこと甚だ難きものにて、彼の敎外別傳不立文字の禪と相通ずるものあるものにて、而かも禪に於て盛んに文字を用ゆるが如く、劍道にも亦た古來目錄傳書等ありて型の名稱方法より、其心持等に至るまで、委しく記せるものあり、こは型と共に實際に斯道の練磨研究する人には、極めて必要なるものにて、その程度に斯術に通達する人にとりては一讀直ちに會得し得べきこと、恰も拈華微笑の故事の如きものあり、卽ち片言隻語と雖も自得悟道の暗示たらざるものなし。實に斯の如きに對しては此型も目錄傳書と共に、斯道硏究者にとりて貴重なる史料となるなり。然しながら未だ爰に到らざる者には、到底了解する能はざるものにて、千萬言を費すとも何等の共鳴する所なきものなり。況んや古來の習慣として、其門人とならざれば其の型を敎へず、又目錄傳書の如きも深く筐底に祕して、他見を禁じ、所謂祕事祕傳の嚴なるものあるに於ては益々斯道硏究の困難なるを知るべきなり。これを要するに劍道史の硏究は殊に技術的方面に於ては繪畫、彫刻、建築等の史的硏究に比して、一層其硏究の困難なるものなり。然しながら硏究者其人を得れば、假令其型は美術建築等の遺物程、硏究の對稱物としての價値なしとするも、これに加ふるに現在の稽古試合を以て之を補ひ、更に先師傳來の目錄及傳書類に併せ稽へ、此等の特種史料を中心として、更に他の一般史料殊に武器及び稽古道具の變遷等を傍證として、考究せんか稍々完全に近き研究を遂ぐることを得べし。然しながら斯の如く實際に斯道の奥儀に達し、而かも史的研究の專門的知識を兼備する人を得ること極めて難し、これ即劒道史研究の頗る困難なる一重要なる原因にして、又從つて從來嘗て此種の研究の學界にあらはれざる所以なり。

以上は主として、技術的方面の研究困難なる所以を概述せしが尚技術以外の他方面の研究も亦頗る困難なりとす。何となれば、我が國古代の正史は勿論其他諸種の記錄文書中、劒道の發達を稽ふべき史料極めて乏しく、且先輩のこの方面の研究開拓に從事するもの殆んどなく、全く暗黑の儘に委せられたればなり。從つて今此研究を試みんとするものは、古來の傳説其他逸話の如きものも根本的に解剖解釋を加へ、此の傳説中果して何處迄を史實として認むべきか、將又全く史實として採るべきものなきかを悉く究めざる可らざる狀態にあり。例へば有名なる影流の始祖愛洲移香、一刀流の始祖僧慈音の如き、頗る重要なる流派の祖師なるに拘らず、此が果して實在的の人物なりしや、假想的の人物なりしやより研究し始めざる可らざる狀態にあり、以て其一般を察するを得べし。又こは技術的方面にも關すれども、往々斯道の達人名人と稱せらるゝ人の傳記中、其の修行悟道に關する逸話、或は試合に關する記事等に於て、一見頗る奇怪虚飾と思はるゝもの多し、例へば試合の記事中「甲は槍を執り上げ精神こめて、乙の胸板目がけて、只一突きにと突き出せば、乙は甲の突き出す其刹那一旦はつと消えて甲の背に立ち上り唯ゞ一打ちに甲を斬り落す云々」と。云ふが如き文字ありしとせんか、今日の一般學者は一讀直ちにかゝることはあり得べからざることゝ獨斷し、何等の參考史料たるの價値なきものとして一笑に附し去るべし。然しながらかくの如きは「消えて勝」と云ふ術を知らず、單に自己の常識を以て「甲の槍を以て突き出すや、乙は全く姿を空中に消え失せしめて、甲の目に見えずなり、これが又甲の後背に表れ出でたるが如く」自ら誤解して、此の正しき事實の記事を虚僞の記事として退くるものなり。何んとなれば「消えて勝つ」と云ふ術語を知れば何等の不思議なければなり。然らば「消えて勝つ」と云ふ術語は如何なることとなるやと云ふに、敵の突撃する一刹那我が身を遽かにはつと「地に伏せて」其の刺擊を避くることを術語にて「消ゆる」と云ひ、而して敵がその爲に空を突き、或は打ちて氣合拔け、姿勢の崩れたる其の刹那、此機を逸せず斬擊を加へて勝つを、消えて勝つと云ふ。この術語と其の業とを充分に會得して、右の記事を讀んか、思ひ半ばに過ぐるものあらん。然しながら後世の小說稗史等に載する處は此の術語を知らず猥りに筆を弄したるものなれば、此と彼とは史料の性質及び文字用法等に注意して、之を區別せざる可らざること勿論なり。

かくの如く劒客の史傳等を硏究するに當りても、何等虛僞の記事ならざる眞の事實を、何等の價値なきものと早斷せられ、葬り去らるゝ類例頗る多かるべし。此等のことは元より劒道史硏究のみに限らざれど、武術史硏究の如きものには、他の硏究に比して、殊に其の傾向著しく、從つて其硏究も亦困難なりと云ふべし、こは單に其の一例としてあげたるのみ、これを要するに、劒道本來の性質上、此を硏究する資格を有する人の得難き點に於て、或は其の史料の乏しき點に於て、或は古來の習慣上祕事祕傳として他見を憚る風多少今に存するありて、史料の蒐集其他に比して、一層困難なる點に於て、其の硏究の頗る困難なること明かなるべし。

然らば最後に余は此困難なる研究をなすに當り、如何なる史料によりしか其の概要を述べて此節を結ばんとす。先づ根本史料としては、各流の目録及び諸種の傳書類及び德川時代より現代に至る各流劒道の術理に關する諸種の出版書籍或は劒道名家の書狀及誓詞、起請文の類(以上皆別冊附錄に收錄す)を採り、これを中心とし更に傍證としては、刀槍等の武器の變遷、甲冑並びに劒槍修行稽古道具の起源沿革に考へ、或は戰鬪法の變遷によりて、武術發達の狀態を窺はんことを勤め、戰記類を讀み、或は武器甲冑類の實物並びに此に關する重なる著書を見、又繪卷物類を見其圖によりて其の時代の武器戰鬪其他の狀態を察し或は武術家の系圖類又は傳記又は武家故實の諸書の如きものを、重なる參考史料とせり。其他一般の記錄文書を參考せしこと勿論なれども一々記さず。又外國の劒法に就ては大英百科全書、支那の武備志等其の重なるものとす。茲には以上研究史料の大綱を示すに止め、其の特殊史料及び重要なる參考書名は次に附錄として記載することゝせり。

附錄第一　特殊劍道參考書解題

茲に擧ぐる參考書は特種のものゝみを採りて史家の一般に熟知せる古事類苑以下の普通參考書は別に記さゞることゝす、又初めは左の諸書につき委しく詳細なる解題を附し度き考へなりしも本論文の紙數豫定を超過したるを以て極めて略解に止め、且つ排列の順序は大體著作年代及刊本年次に從へど或一家の所藏にかゝる書、或は或同一書に輯集せるもの其他種々の關係上必しも年代順とならざる所あり。

◎甲、未だ出版せられず寫本のまゝ各師家に祕藏せらるゝもの、

一　新陰流月見の祕傳

此書は柳生宗矩の子柳生十兵衞三嚴が寛永五年より硏究し始め寛永十九年壬午二月吉辰筆を染め同十九年三月吉辰書き終りし同流祕傳書にして三嚴の自序によれば上泉武藏守秀綱、祖父柳生宗嚴、父宗矩の目錄を比較綜合して大成したるものなり。其編述には澤庵禪師の指導敎示を仰ぎし事を明記せり。其內容は例へ亡父（宗嚴）の錄には云々老父（宗矩）

の錄には云々こ列べ記して全く秀綱、宗嚴、宗矩、三人の目錄を對比して書せるものなり。又時々澤庵和尙かたり給ふ云々、道春物語云々こ彼等の簡單なる言說をも記入せり、又卷首には閑長老の新陰流兵法目錄の漢文の序こ天文廿三甲寅三月柳生但馬守宗嚴の記せし兵法落索を載す新影流の術理の研究史料こして最も詳細にして最も價値あるものなり。

二 玉淸集

上泉より柳生但馬守に送りし新影流の傳書の寫しなりこ云ふ、（其内容新影流の術理一切を記せるものにて同流の術理研究の一良參考書なり）年號月日等記載なきも其記事内容より見れば別に疑はしき所なけれご果して上泉より但馬守に傳へしものなるや否やは斷定し得ざるものなり。

三 玉成集

此書は柳生宗矩より鍋島紀伊守元茂に相傳せし新影流の傳書にして鍋島家に原物今に現存せり。其内容は天地人の三册に分る。天の卷は（二）の玉淸集を一層平易簡明に書せしものにて其内容は全く同一なり。地人の兩卷は鑓及居相の事又び其他の心得を箇條書的に說きしものにて宗矩の作成せしものゝ如く考へらる同流の術理研究に必須缺くべからざる好參考書なり。

四　新陰流之由緒、　五　同兵法之書、　六　殺人刀口傳詳解

(四)　此書は南紀德川史の中に收むるものにて新陰流の由緒は柳生飛驒守の頃までの同流の由來を頗る簡單に記せしもの。　同兵法の書は柳生流の目錄の寫しとも云ふべきものなり。　最後の　殺人刀口傳詳解は次の鍋島家に傳はるものと大同小異のものなり。　以上三卷共に年代を記さゞるも原本は德川初期のものと思惟す。

七　殺人刀活人劍

此書は宗矩より鍋島元茂に傳へしものにて今に鍋島家に祕藏せらる。　前記の殺人刀口傳詳解と殆んど同じ。　但前者に缺けたる活人劍の口傳書完全に保存せられ新陰流の極意の太刀殺人刀活人劍の理を說くこと詳細を極め同流の極意を知るには是非一讀せざる可からざるものなり。

八　新影流兵法目錄　　九　同殺人刀要解

一〇　活人劍口義　　一一　新影流極意

以上四卷鍋島家に藏せらるゝも前記の諸書より後人(鍋島家の)の拔書し又は口義せしものゝ如し。

一二　免兵法之記

鍋島家に現存する傳書の一にして藤原敬信と云ふ人の記述せしものなり、其内容は師之心得之事、門弟の心得之事、稽古次第の事、以下懸待表裏虚實之事、業理の事まで二十箇條に分ちて記述せるものなり。

一三　御流兵法之由緒

此書は寛延二己巳年十一月吉日鍋島兵庫藤原元辰が柳生家新陰流の小城の鍋島家に相傳の由來を述べたるものなれど柳生流研究に關して種々の點に於て參考となるものなり。

一四　雜武孤要註釋

此書は鍋島御流儀に附屬するものにて一座を取事、一穿戸ヲ入ル心持ノ事、一寢室に刀脇差置樣之事、以下一大勢騷動時我氣ヲ定ル事に至るまで五十九篇を前編とし、一駕ニ刀置樣之事、以下一息合之鍼之事、付血熱之針之事まで二十一件を後編とし武士の平常並に變時に心得べきことを述べたるものなり。

一五　疋田新陰流講釋聞書

此書は流祖疋田文五郎の後繼者上野左右馬佐より三代目の上野喜三右衛門藤原朝臣景根が同流の目錄類の講義をなせしを永山春賀と云ふ肥後藩士が聞書したるものなり。其内容は疋田新陰流の目錄類を解釋せしものにて新陰流外之物謀略の卷、口訣之條々、猿飛之卷、八組三學之卷、四動之卷、八種目付並先後拍子之事等につき一々詳解せるものにて同流術理の研究としては「疋田陰流口傳書」と共に必須の良參考書なり。

一六　劍術鍛練心得書
一七　劍術修行要草
一八　劍道初學須知
一九　新陰流後卷目錄口傳書完
二〇　免狀八箇條解秘書全
二一　秘書歸嬰書全
二二　直面目印可秘旨
二三　先師口授上下完
（針谷五郎左ヱ門夕雲及其弟子一雲等の口傳書なり）
二四　師役系圖一名師系集傳（重なる劍道家の略傳集とも云ふべきもの）
二五　劍術等級傳書全（劍術薙刀・居合・起請文誓詞・死活之事・殉國隊入門規則等を記す。）
二六　外物他流聞書二種
二七　遊歷日記（天保年間武者修行日記）
二八　加藤田平八郎東遊日記（同上）
二九　劍道比試記
（嘉永初年より明治初年に至る加藤田家の高弟松崎浪四郎の武者修行日記及當時師家に送りし書簡等を集めしものにて劍道界の狀況を知るに無二の史料なり殊に江戸に於ける

有名なる劍客との試合の模樣並に其月旦評を記すること極めて詳細なり、又當時劍道に關して仰出されし幕府並に藩制規則、或は明治初年劍術芝居盛んなりしことを記せし當時の新聞の拔書等、幕末維新前後に於ける劍道界の記事頗る多方面に亙り當時の劍道界研究の史料としては實に貴重なるものなり。）

以上十四種の傳書は皆久留米加藤田所藏のものにて同家祖先は初め加藤清正に仕へ、後久留米に轉仕し歷代同藩劍道の師範家たり。此等の書によりて同流の術理を知ると同時に、同家の門弟敎授の法等を詳細に知ることを得るなり。

三〇　安倍立劍道傳書（摘要）

此書は新影流の元祖上泉の高弟丸目藏人佐鐵齊の創めたるタイ捨流二代相良賴章の門人安倍五郎太夫尉一鎬士賴任が寬文七年更に一派を開きし安倍立の傳書なり。卷頭の濫觴五卷の末節に劍術卽爲二人倫日用道之立義一故除二古法前號一號二劍道一于時寬文七丁未我齡四十四歲於武州江戶三緣山輪堂之南花薗竹林孤村茅屋之幽閑書レ之　安倍賴任入道夢翁とあり本書の內容は濫觴之卷、五平之卷、以下大極意の卷、印可の卷、問授之卷に至る十九卷に分て說述し仁・義・禮・智・信・君臣・父子・夫婦・兄弟・朋友等の道に配して術理を說き或は陰陽五行の說を用ひ或は易經によりて說をなすなど餘りに空理に走り劍道の實際に適切なる傳書とは言ひ難きも德川時代に於ける劍道の一特色たる儒敎主義の最も著しく發揮せられたる代表的傳書として一讀すべきものなり。

三一　克己流根源記

克己流は新影流より出たる一流にして本書は克己流の開祖倉田本右衛門宗倫が正德四甲午年三月十五日に書せしものなり、其著述の目的內容は本書卷末に

「予本來其器ニアラザレバサセル功ナシト雖モ若カリシ比ヨリ聞傳ヘシ處又當流ハ何レノ流ヨリ出デ何時ノ頃ヨリ起ルト云フ事ヲモ末弟ノ人々ニ知ラシメンガタメニ拙キ詞ヲ綴リ殊ニ數ナラヌ予ガ修行ノ事ヲモ現ハシヌレバ是ヲ見ル人嘸嗚呼ガマシク片腹痛ク思ヒ給フラメド師恩流儀ノ爲メニハ身ノ譏リヲモ顧ミズ已後當流ヲ汲ム人アラバ此書ノ趣ニヨツテ其可ヲ取リ其不可ヲ捨テ宜ク書キ改メ給フベキナリ」とあるによりて明らかなるが如く愛洲移香の影流より上泉伊勢守信綱の新影流を出し更に柳生流の生じたる沿革を述べ更に柳生十兵衛の弟子森牛之助が開きし大圓鏡知流より延寶九年の春更に克己流なるもの丶生じたる由來及其他克己流に關することを叙述せり殊に同流祖倉田宗倫が武者修行せし記事の如きは當時劍道界の一端を知るに頗る參考となる一史料なり。

三二　直心影流兵法仕方書一卷　　三三　直心影流韜之形一卷
三四　同仕合之心得一卷　　三五　同兵法傳記一卷
三六　同極意一卷　　三七　同兵法吟味靈劍之傳一卷
三八　同覺悟之卷口傳書附他流試望一件一卷
三九　同究理之卷一卷

右八卷は山田平左衞門尉藤原光德が元祿の頃一流を開きし直心影流の傳書の一部にして同流が新陰流より本流を開くに至りし沿革より同流の術理は勿論其他同流に關する一斑を知るの好史料なり。

四〇　疋田豐五郎入道栖雲齋廻國記

本書は上泉信綱の高弟にして一時秀次の劍術師範となり後細川家に仕へし疋田豐五郎の廻國記にして彼れは長門·石見·出雲·伯耆·因幡·但馬·丹後·攝津·近江·美濃·信州·甲斐·武藏·下野·駿河·遠江·三河·伊勢·伊賀·大和·山城等を廻國し大坂より船に乘り慶長六年二月十五日豐前に着するまでの廻國記なり。　此廻國記の卷末に

「攝津の樣に立越大坂より船に乘り慶長六年二月十五日豐前に着して右之段申上御前へ被召出御尋ねに付申上之通書記置也云々」とあるによりて此書の由來も亦明らかなり。

本書の價値は當時の劍術の狀況を知るに無二の良史料たるのみならず。彼の經由せし國名等によりて當時交通狀況の一端を窺ふにも多少の參考となり、其他見方によりて種々の參考となる貴重の史料なり。

四一　柔術大成錄（未定稿）

本書は澁川流四代の師範澁川伴五郎時英が父祖三代の傳書を基礎とし此れを集成加筆せしものなり、本書は元來柔術の大成錄なれど劍術・槍術・棒術・居合等の事をも說き又當時武術界の弊風其他の狀況一般を窺ふに足る必讀の書なり。

四二　示現流聞書喫緊錄上中下三卷同附錄一卷

本書は島津公爵家玉里邸藏本の謄寫にして示現流聞書喫緊錄上中下三卷は同流の流名より術理を詳述したるものにて同附錄は同流が天眞正傳新當流より出でし由來より同流歷代の師範及び高弟の系圖及び略歷を記し實に同流の名人を中心としたる示現流の歷史なり、其著作者は久保七兵衞紀之英にして附錄の序文の末行に「寛政元年己酉十一月廿七日末弟久保氏紀之英攪筆於二官橋之窓眠堂序ス」とあるによりて其著作年代も略之を明にするを得べし。

四三　新當流（神道流）卜傳手筋劍術傳書

本書は新道流に關する諸種の傳書を集めたるものにて新當流卜傳手筋劒術表目錄及其解は享保十二年の記心懸三十三ヶ條、傳目錄は安永七年の記、十箇切紙は天明三年、高上極意の卷は天明八年の記にして其他同流に關する種々の記事を集めたるものにて新當流研究には必要なる史料なり。

四四 淺見翁劒術筆記口義（淺見絅齋の劍術筆記を米田權物翁の講義したる書）

四五 兵法祕術の卷 源家相承 一卷書

本書は伊達家の祕書にして卷末に曆應三年二月吉日授了空御房畢云々の記事あり、余は本書の著作年代には疑問あれど轉寫の書を見しのみにて原本を見ざれば茲に記さず內容はすべて眞言文字祕密の法を以て說けるものなり。

其他

四六 田宮流極意（南紀德川史にあり元祿十一年のもの）

四七 堤寶山流傳書（寬政年代のもの）

四八 劍道理學抄（天地人三卷寬政六年記）

四九 影山流武術傳書上下（劒道小具足捕手等の術理を記す）

五〇　三劍一當流
五一　小出切一雲の書翰集
五二　出雲藩の藝術師範系圖
五三　張藩武術師系錄（文化八年）
五四　肥後藩武術師役系圖（文政三年庚辰）等あり

◎乙　既に出版せられたるも特種的のものにて一般に充分知られざるもの。

一　本朝武藝小傳十卷
二　日本中興武術系譜略一卷
三　新撰武術流祖錄一卷
四　擊劍叢談五卷
五　不動智一卷
六　太阿記一卷
七　兵法三十五箇條一卷
八　五輪の書五卷
九　圓明流劍法書
一〇　劍法夕雲先生相傳一卷
一一　一刀齋先生劍法書一卷
一二　柳生流新祕抄一卷
一三　天狗藝術論四卷
一四　本識三問答附運籌流劍術要領一卷
一五　劍術不識篇一卷
一六　劍說一卷

一七 劒徵 一卷

一八 常靜子劒談 一卷

一九 劒攷 一卷

二〇 劒法略記 附 副言 四卷

二一 劒法擊刺論 一卷

以上二十一種の書は劒道研究史料として最も價値あるものなるが全部大正四年刊行の國書刊行會出版叢書中の「武術叢書」に收輯せられ其卷首に各其略解題を附するを以て玆には其解說を省くことゝせり、但其中五輪之書兵法五法之卷の解說は余の意に充たざる所あれば特に左に略解說を擧ぐることゝせり。

○五輪之書

宮本武藏が寬永二十年十月肥後國巖殿山に登り執筆せるものにして地水火風空の五卷に分ち、劒道の理論技術の全般に亙りて詳說し更に深く根本の精神に入りて一心を以て萬里に應ずるの妙境を說く、斯くの如く詳かに記せるものなし、蓋し劒道書として最も傑出せるものなり。正保二年武藏病急なるに及び之を高弟寺尾勝信に贈り、爾來武藏流の祕傳として傳はれり、宮本武藏遺蹟顯彰會編「宮本武藏」三橋鑑一郎氏註解「劒道祕要」雜誌時事評論大正三年一月號に載錄せらる。

○兵法五法之卷

肥後の太守細川忠利公の命によりて武藏先生が始めて兵法三十五箇條の覺書を自書して奉りしは寛永十八年二月なり、而して五輪書は正保二年に成りしものなれば四年後なり其箇條文句の上に於て詳略の差ありと雖も骨子とする所は三十五箇條を出です故に先生の兵法は此三十五箇條の覺書を以て根元とし、其他門弟の高足に書與へしもの多少の相違あるも要するに三十五箇條を省略せしに過ぎず、本文五法書は詰り五輪書を省略したるものにして辭句の間に多少の相違なきに非ずと云へども其精神は全く同一なりと云ふも不可なし、此書は先生が自ら書して門下の最高足寺尾求馬に與へしものなることは末尾に附記せる寺尾の言にて知ることを得べし。故に五輪書を讀むもの更らに此書を讀まば彼此相啓發して一層意義の詳かなるを得べし。

二二　兵法心氣體覺書
二三　戰機二天流
二四　武藏流修行心得之事
二五　二刀一流極意條々

是等の書は必ずしも武藏先生の自著にはあらず門人等が師の說を聞き平常心に記し手に存する所を傳へ記したるものなり、故に其言全く師說と同じく毫も異說あるなしと云へども中には自ら門人自己の見識を以て師説を咀嚼解説して多少の工夫を見るもののなきにあらず此意を以て此を讀まば劍道を學ぶに於て利する所少なからざるべし。書中淺井新右衛門榮廣とあるは武藏流を汲みたる一劍道家にして岡嶋要右衛門好和に學び、岡島は志方之唯に、之唯は新免辨之助玄直に、玄直は志方之鄕に學びたるものなるが之鄕の父半兵衞之經の師は實に先生第一の高弟寺尾求馬信行の四男新免辨助信森の實弟なり。

二六 二天記

此書の凡例中に、一、此書は豫め先師一生の事を記す。家父卜川正剛若年の頃老健なりし直弟子の人々の物語に、先師徒然の折節自然打話し有し事なり、或は先師自筆の文書等抄出する也。（中略）一、此書の文體は其人々の噺を直に書留置し覺書のまゝにて文言を不改書するなり、猶五輪の書等の中より少々書き加へ一書とするもの也。

寶曆五乙亥年二月　　橘八水正脩著

此の書武公傳とありしを二天記と改めて宇野惟貞に序を乞ふて全書と爲者也

豊田景英校

とあるによりて本書の性質の如何なるものなるかは略察することを得べし。

二七 塚原卜傳百首

塚原卜傳の作こ傳ふる和歌九十七首を載せ澤庵禪師の序こ云ふを添ふ、弓·矢·馬·太刀·甲冑·衣服·調度·武士の戰場及平生の心得等を事細かに三十一文字に綴れるものなり、但し劍道に關するものは十首を出でず刊本こしては史籍集覽の內武邊叢書に納めらる。

二八　兵法祕傳書

山本勘介の記す所なりこ稱す。刊本一冊先づ兵法に關する雜論を述べ夆法·劍法·棒·鐵砲·弓術を圖解す又劍法の理論種々なる時·場合·場所に於ける仕合の仕方を記す。(元祿十四年版)

二九　一刀流目錄正解辨疑極祕論

披雲軒觀水子の署名あり、享保十六年の寫本、一刀流の目錄を解說す。

三〇　藝術武功論

柏淵有儀選、明和五年の刊本四冊、薙刀·槍·劍等につきて說述す。

三一　兵術要訓

神武流始祖安達正寬の記せるもの、理論を說ける小冊子、寬政二年の作なり、井上哲次郞、有馬祐政兩氏編、武士道叢書に載す。

三二　劍術義論

寬政三年刊、山崎利秀の著、劍術の得失を述べ之を學ぶべきここを論ず、術理には全く觸れず。

三三　劒術祕傳獨修行

蒔園述、寬政十二年刊、此書は刀法を圖解し斯道の注意心掛を述べ、又獨修行の注意を示す。

三四　劒法叢書

田宮流第十世窪田助太郎清音の著、天保十二年より十五年の間に於て堀江四郎に傳へたるものを主とし、斯道に關する文章廿五編を集む。寫本四冊、技術の記述多からず理論も深くは述べあらざれど斯道に心得べき細かき條項を煩を厭はず綿密に記載しあり劒道書としては最も大なるものなり。

三五　一刀流遺書

水戶の人藤田柳軒の筆記にして水戶に於ける一刀流の由來名人等を記す。明治四十三年水戶文學叢書續編第一集として公刊せらる。

三六　千葉周作 同榮次郎 兩先生遺傳劒法祕訣

明治十七年刊行廣瀨眞平纂輯本書は編者が千葉道三郎に從ひ斯道を學びたるの日道三郎が實父周作及實兄榮次郎の遺傳として編者に口授傳習せしものを輯錄せしものにて修業

心得他流仕合眞劍果合、劍戒の四項を求め古來祕傳ヽ唱へたるが如き疎濶なるものにあらず、實驗より出でたる適切の注意を述べたり術理の實際的注意を說けるものとして屈指の好書なり。

三七　千葉周作先生遺傳劍術名人法

高坂昌孝著明治十七年刊、本書は著者が弘化年間より千葉周作の門に入り、修行八年後千葉の許しを得て江戸に擊劍所を設け子弟を敎ふる四年、其間師の門を叩きて質問せし時師の應答或は敎諭の主旨を洩さず筆記し併せて氏が多年經驗上得たる所を蒐錄せるものにして、千葉氏も之を一見し我流の妙奥祕訣ヽ稱して餘りありヽ賞賛せるものなりヽ云ふ術理に涉りて懇切詳細に記され、前の劍法祕訣に似て更に有益なる好著なり。

三八　武道敎範

明治二十八年刊行、本書は西南の役に拔刀隊を率ひて敵陣に突入し勇名を轟かしたる憲兵大尉隈元道實氏が日淸の役に從軍中執筆せるものにして武道に於ても最も精神修養の重んずべきことを力說したるは本書の特色なり理論技術に就ても詳細に記さる。斯道の書として卓出せるものゝ一なり、又同氏の著「體育演武必携」は明治三十年刊、立步拔擊、雙手劍術、練體柔術の三部に分ち簡單に圖解せる小册子なり。

三九　直心影流劒術極意敎授圖解

齋藤明信著明治三十四年流祖以來各代の略傳を掲け、同流法定形四本韜の形十四本小韜六本及刄引の形を圖解說明し又形の理歌等を擧ぐ。

四〇　諸藝指南

博文館發行日用百科全書第五十編にして明治三十四年に出づ編者太田才次郎氏が古書により又達人に聞きて記せるものなりと云ふ、名人法あたりの拔抄と思はる、

四一　鐵舟隨筆

山岡鐵舟居士の隨筆を集めて之に勝海舟の評論を加へたるものにして、中に劒法と禪理劒法邪正辨・一刀流箇條目錄など有益なる章あり、就中劒法と禪理は氏が劒道の至理を悟るに至れる道程を明かにし頗る有益なる文字とす。本書は再版に際し名を改め鐵舟言行錄として行はる、三十六年刊行。

四二　武道敎育

金子愛造著、明治三十七年主として眞劒立合二百二十本勝太刀の場合を列擧し、尙ほ種々なる注意を述べたり。

四三　武道修養錄

池田弘撰明治三十九年不動智神妙錄、劍術名人法を載錄し外に斯道の禮式。警視廳流の形等につき記す。

四四　劍道祕要

三橋鑑一郎註解、明治四十二年、宮本武藏の五輪之書、兵法五法之卷及武藏の門人等が記せる兵法心氣體覺書、戰機二天流、武藏流修行心得之事二刀一流極意條々及武藏の傳記こして最も確實なる二天記を收む。

四五　劍道敎範

柳多元治郎著、明治四十四年斯道の沿革昔時の劍道の狀況竹刀長短等の問題を始めこして國體敎授法型等を略述せり。

四六　劍術敎育指導法

明治四十四年刊行、軍需商會軍刀術の事を詳細に述ぶ。

四七　劍法至極詳傳

木下壽德著、大正二年、術理につきて心得べき事を百首の歌に作りて之に說明を加へたるものを骨子こし雜錄木下傳書檢證の心得を記し附錄こして鏡新明智流免許。眞神陰流直心影流究理之卷、同流目錄及免許、心形刀流免許、一刀流兵法箇條目錄、猫之妙術、

武術流祖錄刀術之部武德會範士、敎士の流名姓名等を揭ぐ

四八　劍術落葉集　三卷

大正元年十月廿五日軍需商會の發行(禁賣品)なれご印刷實費にて配本を受くることを得、著作兼發行者上田賴三こ記す。然し其實は陸軍戸山學校某敎官の著作こ信ずれご今は記さず、本書は多數の傳書を拔書して一定の章節に配列集成したるものにて内容豐富頗る參考こなるも出典を明記せざる點に於て遺憾多し、然し本書の目的は高野氏の著劍道こ同じく劍術實際家の爲めに編纂したるものなればこれを責むるは酷なるべし、要するに一良參考書こ評すべきなり。

四九　劍道

現時關東劍道界の大立物たる高野佐三郎(大日本武德會劍道範士)の著にして大正四年三月の出版なり、其内容は敎習、術理、史傳の三編十數章に分ち三一六頁に亙り詳述し技術並に心術の修練敎授上劍術修行家には勿論武術師範家に對しても實益を與ふる點に於て空前の快著たるを失はず。又本書の目的は元來劍道實際家の爲めに編したるものなれば、敎習術理に重きを置き史傳の如きは其副こしたれご、其記述却て簡にして要を得劍道史研究の一良參考書たるを失はず。

五〇　劍道極意

香川輝氏の著大正五年四月大正書院の出版總論に劍道は男女の別なく學ぶべき宇宙間の道なることを說き，此第一編に此道を東西の實例を引きて之を說き，第二編に劍體心三勢合一を說き其他劍道の術理につき歷史上の事例を引用して面白く說明し、附錄には自己の劍道修行の三時期につきて叙述せり平易簡明に劍道の如何なるものなるかを知らしむる書としては出色のものなり。

第二章　日本初期の劍道

我が國に於て劍道の著しく發達し最も靈妙の域に達したるは實に足利中期以後にありとす、而して其以前の劍道は言はゞ日本劍道の萌芽時代とも稱すべきものにして其發達後世の如く著しからざるが如し。而して其習法及び技術の程度も亦これを詳かにすること能はず。これに反して足利中期以後に於ける劍道の發達は頗る著しきものあると同時に其習法及び技術の程度も亦比較的にこれを推知することを得るものにて、到底前者と日を同うして語るべからざるものあり、されば此期以前卽太古より足利中期に至る間は稍長期に亙るも、一括して日本初期の劍道と云ふ名目の下に其沿革を概述し、以て本論文の主要點足利中期以後の劍道の源流を明かにするに止めんとす、而して此期間を更に(一)自太古至平安朝中期(二)自平安朝中期至足利中期の二期に分ちて概述せんとす。

第一節　自太古至平安朝中期劍道

ギツリング氏（Gidding）は其著『社會學原論』（The principles of Sociology）第四章に於て社會文化の發達を、（一）軍隊的及宗敎的（The Uhlitary Religions）（二）自由法律的（The Liberal-Legal）（三）經濟的及倫理的（The Economic-Ethical）の三階段に分ちて第一階段に於ける民族最初の行動は移轉と征服なりと說き埃及を侵掠せる遊牧民族アツカト人を蹂躪したるアツシリア民族、其他ヘブリユウ、ギリシヤ、ラチンケルマン種族等の歷史皆斯の如しと論せり。然しながらあらゆる民族の社會文化の發展階段には必しも同氏の說くが如き順序階段を經ざる例外あらむ。されど大體に於て最初の階段として彼の所謂軍事的宗敎的階段を經ることは拒む可からざる事實にして、凡そ原始野蠻の時代に於ける民族社會には、移轉征服の外尙常に爭鬪狩獵等をこととするが故に彼等は生存の必要上武器武力を尙ぶの風を生ずるは寧ろ當然なりと云ふべし、我が國の社會文化の發達に於て其最初の階段又其例に洩れざるは勿論なれど、我が日本民族のそれは殊に其軍事的傾向著しく、神代以來國民武勇にして尙武の風の熾なる到底他國の比にあらざるが如し。而して既に緖論第三節に於て述べしが如く諸外國に於ては一時然りとするも古今一貫する處なく、現時に於ては殆ど其跡を絶ちて之を認むること能はざるものあるに反し、我が國民には古今一貫して尙武武勇の精神旺盛なるものあるは殊に注意すべき事實なりとす。齊しく太古の民族には尙武の風ありと云ふも就中我が國のそれは又特異のものありしを知るべきなり。

今神代に於ける武器のみにつきてこれを見るも、御劒又は御太刀と稱し龍神の造る所と傳へ、大神の武裝し給へる御劒には八握劒・九握劒・十握劒あり、又蛇ノ麁正の劒あり、蛇ノ韓鋤あり天ノ蠅斫劒・羽々斬劒・大葉刈・神戸ノ劒・韴靈・あり頭椎ノ劒・天逆太刀あり天瓊矛・茅纏矛・廣矛・天逆矛・比々羅木ノ八尋鉾・嚴矛等あり。弓には御弓又の名御多羅支・天梔弓・座陳弓・發向弓・天の羽々弓等あり又御矢、天羽々矢・天津鹿兒矢・八目ノ鏑・鳴鏑矢等の矢あり其他一々枚擧に遑なく實に我が國は神代以來武器充足せし國にて所謂細戈千足ノ國なりしなり。これを以て見るも我が民族が如何に武を尙び戰鬪に秀でたりしかを知るべきなり。而して我が國に於ては太古以來刀劒が多數の武器中最も尊重せられしは殊に注意すべき點なりとす。例へば上記神代の武器として其名の紙上に傳はるものに於ても其數最も多く、又伊弉諾尊、素盞嗚尊の十握の劍、天照太神の八握、九握、十握等の劍は言はずもがな、天照大神の寶劍を以て傳國の璽とし三種の神器の中に之を加へ給ひ、或は垂仁天皇が韴靈を石上神宮の御神靈として奉祀せられしが如き或は又同帝が刀劍を作り諸國の神社に納めて神寶とし給ひ、或は神功皇后が三韓征伐の際に刀矛を大三輪社に献せしが如き、或は後世節刀を征討將軍に授け給ふが如き是れ皆我が國民が上古劍を最も尊重し寧ろ神聖視したるを證するものにあらざるはなし。

而して我が祖先は武を以て國を建て一種の國民尚武の氣象を養ひ來りしことかくの如くなるを以て、當時尚武の氣風は上下の人心に透徹し兵器の首位たる刀劍を使用するの法を自ら發明知得するは寧ろ當然のことゝ謂ふべし。

余は寧ろ斯くの如く我が國民が多數の武器中、殊に刀劍を愛重し神聖視せし所以は我が天孫民族が殊に此刀劍の使用に秀で他種族を討服する點に於て或は其他の利用に於て最も其效果ありしを以て刀劍に其靈妙の力を認め遂に此を尊重し神聖視するものと解するものなり、換言すれば余輩は我が天孫民族は太古より既に刀劍の使用に於て他の異民族に優りこれがやがて他の異民族を征服するに至れる諸原因中の一なりと考ふるものなり、何となれば、そもく我が天孫民族が他の異種族を征服し國内平定の事業を完うせし所以は一にして足らず或は結婚政略其のよろしきを得たるものあらん、或は同化力の頗る强かりしにもよらむ、然しながら未開の世は力の爭なり武力なくしていかでか異種類を征服するを得んや、余輩は我が少數の天孫民族が多數の先住民と戰ふて遂に彼等を征服し得たる原因を主として次の諸點に歸せんとするものなり。

蓋し本邦上古の戰鬪は諾冊二神の黃泉津平坂の戰、神武東征其他の戰にて知ることを得るが如く多く地形の險要に據りて戰ひ、稍々後世に及んでは宮廷都門の裡にて戰ひしこと多し從つて其戰鬪の性質も山地戰、隘地戰の類にして戰鬪者も少く其戰鬪のいかに小規模なりしかを察知すべきなり、從つて當時の戰鬪に於ては敵の利用せる地物の妨害を避け白兵接戰一擧敵の巨魁を斃すを以て最も策の得たるものと言ふべし。我が天孫民族は實に此戰法によりて遂に他の種族を征服し得たるものとす、而して此を成就せし天孫民族には少くとも次の二點に於て他の異民族より優秀なりしことを認めざる可らず、卽ち其一は我が天孫民族が智力に於て他に勝り、よく詭計欺謀を用ひて敵を陷穽に陷れ一擧彼巨魁を屠りしことなりとす。彼の素盞嗚尊の八岐大蛇に酒を呑ましめしが如き或は神武天皇が忍坂邑に大室を作り賊徒をこゝに誘ひて、一擧に誅せられしが如き、或は日本武尊が川上梟帥を誅し、或は出雲健を川泳ぎに誘ひ太刀を取替へて彼を一擧に斃さるゝが如き、或は神功皇后が天子崩せりと佯りて之を喪船に奉じて進み陸に近くや甲兵急に喪船より出でゝ戰ひしが如き其例に乏しからず。又其二としては弓矢の戰に於ては彼我共に長じたるも我が天孫民族は殊に一擧接戰によりて敵を屠るに弄槍、擊劍の術殊に劍法に長じたること卽ちこれなり。これを我が神話古傳說に徵するに例へば我が殷馭盧島の生成已に天之瓊矛の力による、伊弉諾尊の劍を拔きて軻遇突智を斬り三段となせしを始めとし天孫瓊々杵尊の葦原の中國に主たらんとするに當り、經津主命、武甕槌命の二神が先づ出雲の國に降り、大已貴命の經營せる國土を讓らしめしも二神が拔十握劍倒植於地踞其鋒端而して大已貴命に說きし結果にして卽ち十握劍の德なり而して天孫の愈々高天原を出發して日向の高千穂峰に降臨せられんとし給ふや天照太神は三種の神器の一として天ノ叢雲劍を授け給ふ、これより先き素盞嗚尊が出雲國簸の川上に於て八岐大蛇を退治したるも其帶刀せる十握劍の德なり其後神武天皇が丹敷戸畔を誅つに當り、神の毒氣にあたり皇軍振はざるや武甕雷神の劍韴靈を得て再び皇軍振ひしと云ふが如き、これ又劍の威靈によるなり此外日本武尊の川上梟師を誅戮し出雲健を斃せしが如き、いづれも劍を以て其效を奏せり。又尊が東征の際燒津の危難を免かれ給ひしも亦草薙劍の威德によれり。斯の如く我が神話古傳說に於ては刀劍を以て我が天孫民族が異種族を平げて國を建て、國內を統一せし大事業に於て用ひし武器の代表物となりたり、是れ卽ち我が天孫民族が當時既に刀劍の使用に長じ、これによりて能く平定の功を奏せしを證するものなり。又以て我が民族が殊に刀劍を尊重し神聖視する所以を明かにするを得べし。

　是に於てか後世の劍道書中には往々劍道の起原を伊弉諸尊が帶ぶる所の十握劍を抜きて軻遇突智を斬り三段となす云々の紀の記事に採り、或は同書に武甕槌命、經津主命の二神が出雲國五十田狹之小汀に降り則十握劍を拔て倒に地に植ゑ其鋒端に踞し云々とあるに採るものあり、新影流の傳書、武藝小傳の如き卽ち是なり、然しながら劍道は恐らく刀劍の製作と共に創まり幾多の年所を經て次第に發達し來りしものにて其起原を特定の一人の發明に歸するが如きは誤まりの甚だしきものにて以上の二說が荒誕なること言ふまでもなし。然しながらこれを要するに、我が國の上古に於ては既に神代より武器饒多充足し所謂細戈千足國にして我が國民の武勇にして尙武的精神に富み、殊に刀劍を尊重し自ら實際の經驗上其使用法に習熟し他の民族に比して著しく劍技に長じたること明かなりと云ふを得べし。

崇神天皇の皇子豐城命が夢に御諸山に登りて東に向ひ八廻弄槍（ホコユゲ）し八廻擊刀（タチカキ）す云々の記事崇神紀四十八年の條に見ゆ、擊刀（タチガキ）は卽ち太刀打のことなり然しながら此記事によりて其敎習法を察するに、今日普通に行はるゝが如く對敵練習にあらずして單獨練習の法卽ち今日の所謂素振の如きものなるべし、蓋し此記事はもとより夢占のことにて直に執りて以て此記事其儘を眞なりとすることは早計ならむも、これを以て當時既に皇族の尊き人々さへ平素撃刀の教習をせられしことの徵とすることは必ずしも不可ならざるべし、何となれば日本武尊の劍技に長ぜられしことは其事蹟に徵すべく、又稍や後のことなれど「懷風藻」に大津皇子(天武の長子)は壯に及んで武を愛し多力にして能く劍を擊つと見ゆ、かくの如く他の皇族の擊劍の道に長じたる例あるのみならず、崇神天皇以後は刀劍製作盛にして且大に尊重せられたる世にして武備大に整ひ皇威の發展著しき時代なればなり、例へば崇神天皇の御世には或は刀劍を石上神宮に或は鹿島神社に獻納するあり、又垂仁天皇三十九年には一時に太刀一千口を作らしめて大和の忍坂邑に藏めしのみならず太刀佩部を定め五十瓊敷命をしてこれを督せしめしたるあり、而して太刀佩部とは當時の軍隊たる大久米部及物部等の劍を佩いて奉仕するもの丶一分隊なり、又繼體天皇の二十一年筑紫國造磐井追討に物部麁鹿火に天皇は劍を授けて我が國節刀の起原を開くあり、或は推古天皇の十年來目皇子を以て將軍とし新羅を討しめ給ふや、皇子は大和忍海漢人に刀劍等の兵器を作らしめて軍隊に與へて新羅に向はれしが如く當時刀劍の軍事に使用せられしこと頗る盛なり、かくの如き時代なれば四道將軍の分遣ありて國内蠻民の綏撫せらるゝあり、或は神功皇后の韓土を征服せらるありて我が大和朝廷の武威は國の内外に輝き渡れる時代なり、

斯の如く我が日本民族は太古以來刀劍の使用を知り運劍の術に長じたるものにて、後世に至り我が國の劍道が世界無比の發達を致すべき萌芽は既に已に我が上古に於てこれを認むることを得べし。然るに眼を轉じて隣邦支那に於ける劍法の由來を見るに其發達頗る古く既に春秋戰國の頃には盛にこれを教習せしを知るなり。

「史記 八十六 刺客列傳」に魯勾踐、已聞荊軻之刺秦王私曰、嗟乎惜哉、不講於刺劍之術」也と見え、また項羽は少き時書を習ひ劍を學びしかど皆上達せざりしかば、「書足記姓名而已、劍一人敵而已、不足學」と放語せしこと同書に見ゆ、又「漢書藝文志」兵技巧十三家百九十九編中「劍道三十八篇、手搏六篇云々」とあることは緒論第一節に於て引用せし所にて此等の記事は皆當時支那に於て平素劍法の練習せられしことを證するものなり。亦後漢時代の石刻に見ゆる車騎交戰の圖中に騎上

より戰ふあり、歩立にて爭ひつゝあるものあり、而して歩兵は多く牌と腰刀とを以て戰へるを見る、武備志中に「茅子曰古之劍可施於戰鬪故唐太宗有劍士千人今其法不傳」云々とありて、當時支那に於ては戰爭に劍道の盛んに活用せられたるを知る、かくの如く支那に於ては少なくとも戰國の頃には既に劍道なるものの發達し此を敎習するものありしを知るべく又之れが戰爭に活用せられて漢代より唐代に及びしこと以上の記錄遺物に徵して明かなり、然しながら其敎習法及び技術の程度に至りては、これを詳かにするを得ず、隨て我が國のそれと比較して其優劣如何はもとより知るに由なし、然しながら余の察する處を記せば、平素に於ける劍法練習の形式外觀の體裁等は恐らく我が國のものより整ひ優れし點あらんも其眞劍勝負に於ける劍道の活用に至りては到底我が國のそれに及ばざりしなるべし、然しながらこは只だ一の憶說に過ぎざれば、暫く之を措き、更に我が國其後に於ける劍道發達の狀態を見るに、彼の劍士千人を有せし唐の太宗の世は實に我が國大化改新の前後に相當せり、而して當時は彼我の交通往來頗る盛にして大寶令の制度を始め百般の事物皆隋唐の制に倣ひ、彼の文物輸入に日もなほ足らざる時代にして我が國の兵制の如き或は武技の如きも皆彼に學び、我が國軍事上に於ける制度の如きも大に面目を一新し所謂軍團制の如き形式的、組織的、方面に於て大に整備するに至れり。而して武器の如きも或は弩の如き或は矛劍の如き皆彼國より輸入せらるゝもの頗る多く、從つて又使用法並に敎習法等の傳來するも亦當然なりと云ふべし。殊に天智天皇の二年三月白村江の戰に我が軍敗れ大に屈辱を受けし後天武天皇は雄偉の資を以て君臨せらるゝや最も意を兵事に留め、勅して曰く政要は軍事より大なるはなしとて諸王諸臣に兵馬を蓄へ武事を練習せしめ、文武官の馬あるものは騎兵•なきものは歩卒とし、兵器を闕亡せしむれば罰ありとし兵器は盡く官庫に藏め、親王大臣と雖も私有することを禁ぜられ或は諸國に詔して陣法を習はしめられ又持統天皇の朝には諸國の壯丁四分の一を點して兵とし武事を習はす、又軍防令始めて備はれり、高田石成の三兵(弓•劍•槍)に熟せるを賞賜し或は博士を諸國に遣はし陣法を習はしめたり、これ卽ち支那風の武事を習はしめ又其陣法を巡敎せしめたるものならむ。これと同時に當時は地方より京師に勤番する衞士は令義解によれば一日は上つて宮城に宿直し、宮門の開閉と監守とに從ひ行幸の時には御道筋の警戒に任じ、次の一日は下りて衞府にて弓馬を練習し刀法を習ひ槍法を學び、弩石の技を學び午時に至りて各放課となるとあれば地方に於ける軍團の兵の日課も亦た之と大差なかるべし、これ等の記事を當時の事情より併せ考ふるときは當時我が國にては諸王諸臣を初め軍團の兵士に至る迄武事を習ふものは皆唐法によりしものにて刀法の如きも亦勿論彼の國の法によりて敎習せしこと言ふ迄もなきことならむ。斯の如くして我が國古來發達し來りし運劒の道は一時支那劒法の爲めに全く壓倒せられ、これを顧みるもののなきに至れり、是れ恰も明治維新以後西洋文物心醉の時代、我が軍隊に於ては我が國獨特の發達をなせる劒道を捨て、反つて佛蘭西式軍刀術の採用となり軍人皆之を敎習せしと頗る相似たるもののあるは又奇なりと謂ふべし、而して又民族性と國情とを異にせる佛蘭西に於て發達せし軍刀術の採用が我が陸軍に於て成功せざりしが如く、支那劒法の採用は我が國民性と國情とに適せず、只徒らに其外觀を學ぶに止まり單に形式的摸倣に流れしめ、之れに加ふるに文を尙び武を卑め淫靡の風上下に浸染せし當時の風潮は遂に劍道をして殆ど一時廢滅の衰運に達せしめたり、これを要するに大化以後平安朝中期に至る我が劍道界は所謂支那摸倣時代となり又當時一般の世風に化せられて漸く衰へ、日本劍道史上一衰微期を劃するに至れり。

第二節　自平安朝末期至足利中期劍道

一時唐代文化に醉ひし平安朝はやがて地方政治の紊亂と大寶令兵制の弛廢とにより盜賊の蜂起と叛亂の續出とを促し、政府はこれを追捕鎭定するの力なく地方豪族の力によらざれば又如何ともする事能はざるに至れり、如上の事實と藤原氏の他族排斥等の爲め其爪牙として武士を引汲せしこと等、其他幾多の事情相纏綿して遂に武士の勃興となり、この武士の勃興はやがて又衰滅の悲運に陷りつゝありし支那摸倣の劍法をして漸次再興改變せしめ遂に我が國情と我が國民性とに順應せる我國古來の劍道の發達を促し、殊に天慶の亂より前九年後三年の戰は言はずもかな、保元平治の亂等頻々として戰亂打續き其實戰上の經驗によりて益々劍法を發明し或は其刺戟によりて愈々其敎習を促され遂に日本固有の劍道の再興發達の一時期を劃するものあるに至れり。

然しながら論者或は云はん、當時の戰爭は弓矢の戰なり、弓矢の實戰によりて何んぞ劍技の經驗を積み又其敎習の必要を感ぜんやと、然り我が國上古より當時平安朝末期は勿論尙足利末期以後鐵砲の使用漸く盛んとなるまで我が國の戰鬪は主として弓箭を使用せり。然しながら當時の戰鬪は必しも弓矢の戰のみにあらず、白兵接戰も同時に行はれたるものなり、續日本紀卷六（承和四年の條）に「辛丑陸奧國言、劍戟者交戰之利器、弓弩者致遠之勁機云々」と見え、平家物語卷八（水島合戰の條）にも「源平兩方鬨を作り矢合して互に舟共推合して責戰ふ、遠きをば弓で射、近きをば太刀で切り云々」とあり、又將門記及び陸奧話記の中にも「交刃合戰矣」「新皇揚聲已行振劍自戰」「冐白刃突重圍」「振利刃殺之」等の語あり、これ等の記事は卽ち弓矢の戰の外白兵接戰の行はれたるを證するものにて當時の戰鬪は原博士が日本中世史に「其戰ふや弓矢を以て主要なる武器となし一町許を隔てゝ楯を突き渡し各兵を出して戰牒を通じ其兵の返へるを以て兩方より矢戰を始むるなり、此戰牒の交換は或は開戰の前日を以てすることなきにあらず、矢戰終るの後に至りて短兵を以て急に接戰するを例とし戰鬪の規模稍大なるものにありては、數千の軍士一場に馳驅することなきにあらず」と述べられたり。かくの如く當時の戰爭は矢戰に次ぐに短兵接戰を以てしたるが故に當時の戰に於て我が劍道の發達を促したることは何等の不思議なし。

以上は記錄上より當時の戰鬪は弓矢の戰と同時に白兵接戰の行はれたるを證し引て此が我が劍道の獨特の發達を促したることを述べしが、更に眼を轉じて武器殊に刀劍の發達の上よりこれを考察せん。

そも〳〵我が國上古の刀劍は外國(漢韓)舶來又は歸化人等の鍛冶したるものにして、日月護身劍、三公鬪戰劍、丙毛槐林劍、七星劍等の韓名あるのみならず萬葉集等に詠める刀劍の歌を見るも多く高麗劍とありて大和劍と云はず、推古天皇が馬子を譽め給ひし歌にも「ますけよ蘇我の子等は、馬ならば日向の駒、太刀ならば句麗の麻差比」とあり、その後我邦人の鍛冶したるものありとするも唐の樣式に習ひて作りしものにて、平安朝中頃迄は一般に平造直刀なりしなり、從來天國を以て我邦の特色を發揮したる所謂古刀期鍛冶の最古の代表人物の如く信せられしも、余輩は之を執らず、何となれば天國なる人が既に印度又は支那の歸化人なりとの說あり、又其作品に唐の則天武氏の年號久視元年を切りしものありと云ふあり、又彼の作品の一と稱せらるゝ小烏丸を見ても唐大陸風の新樣を摸倣せし鋒兩刃の鎬作にして、所謂古刀の一主要形式たる反身となりをらざる也、又古來鞍馬寺の寶物たりし田村麿の佩刀の如き又古式鎬造の直刀に過ぎずして反身となりをらざればなり、これ昌平幾百年武備の弛廢其極に達し刀身の利鈍の如き當時の人の眼中になかりしに依べし、然るに宇多、醍醐の兩朝頃(西曆九百年前後)當時の衞府の兵士殆んご用をなさゞるに至れるより始めて帶刀瀧口の精銳を特選せられ、爾來漸く武士氣質發達し又常任世職の武人漸く定まりて以來刀の利鈍を研究し刀劍の鍛造漸く銳利となり、承平、天慶の實戰等種々の經驗により從來眞直なりしものを曲げ所謂反り身とすることを案出するに至りしものならむ、これ恰も支那摸倣の劍道が此頃よりして日本固有の特色を發揮し益發達するに至りしと頗る相似たり。元來刀劍は反身の方直身よりも手持輕く切斷に便なるは力學上明かにして戰闘法に騎闘盛と也馬上隻手打をなすにも可及的手元近くに刀身を曲ぐる方便用し易きが故ならむ。かくて(一)反身、(二)鎬造、(三)右側面在銘等の形式を具備する我が國獨特の所謂古刀式の現出發達は實に平安朝中期にして天國の大同年間にあらざるを信ずるものなり、而して實物の現存する在銘古刀の最古のものと認むべきは伯耆の安綱の作品なりとす、而して安綱は銘鑑には其年暦を大同となすも余輩は小此木氏の説に賛し此より約百年後のものと見るものなり。即ち我が國の特色を發揮したる古刀は實に平安朝中期(西暦九百年頃)に發し慶長まで約七百年間に亙るものにて平安朝中期は實に我刀劍史上の一新紀元を劃するものと云ふべし。

かくの如く平安朝中期以後には反身の我が國獨特の刀劍發明せられ、其劍相も益勇壯の調子を帶び來ると同時に新しく打刀と云ふものゝ出現を見、又俄かに此頃よりして我邦人の刀劍工の著しき激増を見るに至れり。

註『打刀とは鍔を入れたる長刀にて一名鍔刀とも云ふ、然しその長短は其所持者の力量に比例するものなり、こは腰刀と紛れ易きものなるが打刀は腰に帶びず、下緒にて太刀の帶取の如くし鎧の上より結び付け峯の方を上にして帶したるものなり又上位の者は之を侍に持たしめて從へさせしものにて軍陣にては雜兵もこれを帶せりと云ふ、こは源平の戰ひの頃より始まりしものにて其以前には太刀と刀子（腰刀）との二つのみなりしなりと云ふ』

曰く反身の發明、曰く劍相の勇壯、曰く打刀の現出、曰く邦人劍工の激增、是皆其反面に於て我が國の劍道が唐風摸倣の域を脫して我が國獨特の發達を致しつゝありしことを語るものと云ふべし、又溯つて當時の（卽ち平安朝末期より鎌倉時代に至る）我が社會の大勢を觀るに宗教・文學・美術・工藝等より其他百般の事物に至るまで皆外來の形式を脫して漸く我が國獨特の發達をなしつゝありし時代なり。換言すれば大町桂月氏が日本文明史に述べしが如く、七八百年來支那天竺より來りし文明の爲めに隱伏せし日本人固有の精神が此に至りて大に伸びし時代なり、又他面より之を觀ずれば中頃の公卿の世が三韓征伐以前に戻り武家の世となりし時代なり。されば大化以來輸入せられたる唐風の劍法が此に至りて其摸倣を脫して再び大化以前の我が國固有の劍法に立ち返り益其特色を發揮するに至りしは寧ろ當然の事なりと云ふべし。

然らば當時の劍法は果して如何なる程度まで發達したるやと云ふに、もとより之を詳かにすること能はざれども

平家物語巻の四　（宇治橋合戰の條）に

浄妙房が心地には一條二條の大路とこそ振舞たれ、長刀にて向ふ敵五人薙ふせ六人に當る敵に逢ふて長刀中より打折りて捨てけり。其後太刀を抜て戰ふに敵は大勢なり、蜘蛛手・角繩・十文字・蜻蛉返り・水車・八方不透切たり・矢庭に八人切伏せ・九人に當る敵が甲の鉢に餘りに打當て目貫元よりちやと折れくつと抜て河へさつぶと入にけり・憑む所は腰刀・偏に死んとぞ狂ける云々」

と見ゆ、この記事によれば當時既に、蜘蛛手・角繩・十文字・蜻蛉返り、水車等の名稱ある業の行はれたるを知るべし。

註『蜻蛉返り』の名稱は、仙臺伊達家所藏の兵法祕術巻一名源家相承一巻書（巻末に于時曆應三年二月吉日授了空御房畢大法師在判云々の奥書あり）　中第十二ヶ條合戰之時刃劍神通事の條に「一拜切・二蜻蛉返り・三篠分手・四傍眼手・五持切・六並切・七梋目切・八鬼鶩切・九逆擧切・十骨碎切・十

一皮骨連・十二横分ヶ切リ」の十二手法を擧げ一々其手法に解釋を加へたるものによれば

二蜻蛉返り 此手如二蜻蛉飛遊一前後左右上下進退不定法也 喩レ術レ敵僞不在手ヲ替テ術二透間一可レ思レ之」と解し、又寶山流の表十一手の中にも蜻蛉返の一手法あり、又新流と云ふ一流にも其勝負太刀は燕飛身の金と云ふ事を用ふ、是れは太刀を提げてすか〳〵と寄りて敵を誘ひ太刀打つて燕の返るが如く跡へ引き敵の付込んで打つ時は飛違へて身の金を以て打つ業にて又蜻蛉返りとも云ふなり、此種の業は名稱を異にして各流に行はるゝものなるが、又慶長前後より專ら薩藩に行はるゝ示現流には「蜻蛉打ち」と云ふ名稱の業ありて其流の基本の業となり居るが其業そのものは前數例と大差あり、されば業名異りて術業の同じきものあると同時に業名同じくして其實術業の異なるものもありと知るべし。次ぎに**水車**の名稱も同兵法祕術卷の長刀有二七手一事の條に「一甲手・二水車手・三受手・四乘手・五解手・六鉢破手・七長短手」を擧げたる中に「三、水車手、此手長刀の目拔涯ヲ取二一束一禪懸二左右一脇一可レ振廻一當ル物莫レ不二必破一隨二長刀血一付テ廻一滴血似二水車散一水故謂二水車手一」と解せり、また太平記（唐崎濱合戰條）にも「二尺八寸の小長刀水車に廻して躍懸る云々」と見え、亦本流と云ふ一流を初め諸流に亂車と云ふ業あり、此は名稱異なれどその業は同種に屬するものなるべし。

『劍攷』と云ふ書には「亂車は片手の太刀なり、本劍裡形にも片手の所作あり、この車と云へるも皆廻刀にして、亂とは定まれる所なきを謂ふ因て使ひ別には彼陽撃する者には我片手を以て對撃し彼の雙手を襷に左下り右下りと車撃し止む云云」と解せり、

十文字といふ名稱の業も後世の一流派の一の手法となれるあり、これは中條兵庫助の中條流の流を汲める末流にて二階堂流と云ふ一流の極意の太刀の一手法にて本流には一文字、八文字、十文字等の業あり。

かくて當時の實戰の經驗によりてのみ此等の業を感得せしのみならず平素盛にこれを教習修行せしものにて爾來劍道の高手、名手の續出せしことは次に記す記錄の一端にても之を證することを得べし。

（參考）保元物語二ノ五（白河殿攻落事の條）には

義朝宣ケルハ、只正清ガ思ヒナシゾ、八郎ハ今年十八歲ニ成ト覺ユ、セイハ大也トモ、イマダ身ノ力ハツノルマジ、筑紫生レノ者、遠矢ヲ射學ビ太刀遣フ樣ハ知リタルラシ（中略）打物遣フ事ハ筑紫ニ聞ユル肥後國住人ヲイテ（追手）ノ次郎大夫敎高九國一番ノモノ切也、ソレニ習テ師ニハ遙ニ超過シテオハスナル者ヲ、爭テツノラ

ズトモ彼程ノ勢氣體ニテ慕タル我等ニハ似マジキゾ云々」と見え、平治物語にも源九郎判官義經が幼時鬼一法眼と云ふ者に從つて夜々鞍馬山僧正谷にて兵法を學び其妙を得たりしことを記せり。其他「平家物語」には前記筒井淨妙（卷の四）の外越中住人入善小太郎行家（同上卷の七）宮侍長兵衛尉信連（同上卷の四）及び薩摩守忠度（同上卷の九）等が劒技に秀で高手名手を以て呼ばれたる記事あり、或は『古今著聞集』九京師本平治物語等にも義家、義經等が劒法に秀でしことを證すべき數多の記事ありて一々其事例を枚擧するに遑なし、然しながら此等の諸書は其性質上多くの史的價値を認むること能はざれば其記事其儘を直に執つて以て史實となすことはもとより注意すべきことなれど先に述べし刀劍界の狀態並に當時社會の一般情勢等より考ふれば寧ろ有り勝ちのことゝ謂ふを得べし。

かくて鎌倉時代に入るや賴朝の勤儉尙武主義はやがて幕府歷代の根本方針となり愈これを奬勵せしかば武人は競ふて弓馬の道に心を潜め平素の遊戲にも笠懸、草鹿、犬追物、流鏑馬等の武技を以てす、されば劒道の如きも亦自ら敎習鍛練せられ益々其盛運に赴き愈其特色を發揮するに至りしは想像するに難からざるなり。

『吾妻鏡』「天曆元年二月二日辛酉樋口次郎兼光梟首澁谷庄司重國奉之仰郎從平太男而斬損之間子息澁谷次郎高重斬之　但去月廿日合戰之時依被疵爲片手打云々」とあり、此片手打にて此を見事に斬りしは劍技の道に達せざるもの丶容易になし得べき事にあらざるなり。これによりても亦當時の武士の劍道に達せしを證すべし。尙之を我が國獨特の形式を表現せし古刀期（自平安朝中期至慶長約七百年間）の古刀作者につきて之を徵するも亦之を證して餘ありと云ふべし。即ち此期間の作者家中名あるもの約五千五百餘人を時代別にせんか

平安朝後期	約三百年間に	四百五十八
鎌倉期	約百五十年間に	千五百五十八
南北朝並に足利期	約二百五十年間	三千五百五十八

にして之を五十年每に平分すれば、平安朝には每期七十五人になれど、鎌倉期には一躍七倍五百十七人となり、南北朝以後に至りては更に四割を倍增して七百十一人宛の作者を出せり、此等の作者家を增加せしめし理由即ち刀劍需要の

增大等に想到せば其使用法たる劍道の發達せしとも亦自ら了解するを得べし。從つて未だ源平時代にては、さまで長き刀を用ゆるものなかりしが蒙古襲來の頃より漸く刀の長さを增し、元弘の頃は五尺餘の大刀を無雙と稱せしが建武以後に至りては五六尺の大刀は珍らしからず、傳へ言ふ因幡の人福岡三郎が佩きたるは長さ七尺三寸ありしと傳ふる程にて一般に當時の武士は好んで長大の刀を用ゆるに至れり、是を彼の二尺八寸、三尺二三寸などの小刀を用ゐし時代に比すれば、刀法も亦進步し之を運用するに足る一層巧妙なる劍技を有するに至れるを證すべきなり、(一)延元年中今川範國は官軍と四宮河原に戰ふて愛曾某を打ちしが此時其二枚兜を兩斷せしが如き、(二)或は正平年中赤松氏範が五尺七寸の太刀鐔本取進て只一騎返合〳〵馳並〳〵切りし時甲の鉢を立破に胸板まで破付け或は胴中を瓜切に斬つて落したるが如き名刀の利のみとは信せられざるのみならず、

太平記(神南合戰の條)に

「中ニモ山名カ郎等因幡國ノ住人福岡三郎トテ世ニ名ヲ知ラレタル大力ノ有

ケルカ七尺二寸ノ太刀タヒラ廣ニ作リタルヲ鐔本三尺許置テ蛤刃ニ揆合セ伏繩目ノ鎧ニ三鍬形打タル兜ヲ猪頸ニ著ナシ小跳シテ片手打ノ拂切ニ切テ上リケルニ太刀ノ刃ニアダル敵ハ胴中諸膝カケス切テ落サレ太刀ノミネニアタル兵ハ或ハ中ニワレト打上ラレ或ハ尻居ニトウト打倒サレテ血ヲ吐テコソ死ケレ」云々

太平記（唐崎松合戰條）に

「海東カ郎等是ヲ見テ二人ノ主ヲ目ノ前ニ討セ給剩ヘ首ヲ敵ニ取セテ生テ歸ルモノヤ可レ有トテ三十六騎ノ者共轡ヲ雙テカケ入主ノ死骸ヲ枕ニシテ討死セント相爭快實是ヲ見テ、カラカラト打笑テ心得ヌ物哉御邊達ハ敵ノ首ヲコソ取ランスルニ御方ノ首ヲホシカルハ武家自滅ノ瑞相顯レタリ、ホシカラバ、スハ取セント云儘ニ持タル海東ガ首ヲ敵ノ中ヘ、カハト投掛坂本樣ノ拜切八方ヲ拂テ火ヲ散ラス三十六騎ノ者トモ快實一人ニ被二切立一テ馬ノ足ヲソ立カネケル云々」

大友記上（多々良合戰之事條）に

「延元々年多々良濱ノ戰ニ於テ伯耆守戸次鑑連チカラ人ニスグレ太刀打ニ妙ヲ得タル手キヽナレバ四方ヲ拂テ切リクツス云々」

とあるが如きは正しく當時運劒の術が愈巧妙に進みしを證するものにして、此等名手の働き振りの如き或は其記事中に見ゆる拂切・爪切・坂本樣拜切・を初めとし其他天狗倒の笑切・袈裟懸・雷切・胴切・車切・片手打・拂切・撫切・下切・立割・梨子割から竹割等の斬り方の名稱の當時のことを記せし諸書に見ゆるが如き是皆當時の劒道が如何なる程度の發達をなし又如何なる刀法の行はれたるかを語るものと謂ふべし。

かくの如く平安朝末期卽源平時代に於て復興し益我が國固有の特色を發揮し來りし劒道は鎌倉幕府の武術奬勵の下に漸く發達し殊に南北朝以後は戰亂打ち續きし爲め益ゝ著しき發達進歩をなすに至れり。かくて足利中期以後德川時代の初期にかけて空前の盛觀を呈し我が國に於ける劒道の最盛期を現出する前驅をなすに至れり。

最後に以上二期に分ちて論述し來りし所謂我が國初期の劒道の發達變遷を約

言すれば我が國の劍道は我が國民固有の性情に基き既に建國當時より相當の發達をなしたるものにて大化以前殊に三韓征伐前後頃までは頗る盛なりしが如し然るに大化改新以後は軍團制の採用せらるゝと共に古來發達し來りし我が國固有の劍道は唐式劍法採用の爲め一時其形を潛め專ら唐式劍法行れしが平安朝中期以後天慶以來源平の戰亂打續くや一時其形を潛めし我が國固有の劍道は玆に再び勃興し爾來鎌倉時代より室町時代にかけ益〻發達し其後期に至り世界無比の發達をなすに充分の素養を整ふるに至れりと謂ふべし。

今これを我が國に於ける帶刀の沿革につきて併せ考ふるときは上述の我が劍道の盛衰發達の所論と一致し之を裏書するものあり、故にこれを略述して以上所論の傍證とし以て本章を結ばんとす、但し我が國に於ける帶刀沿革の全般に亙りての論述は既に黑川眞賴氏の考證あり且玆にこれを說くの必要を見ざるが故に玆には只本章の我が所論と直接の關係ある武人三帶刀の沿革について之を論述するに止めんとす。

そも〳〵武人帶刀の變遷は他面に於て我が國尙武の風の消長と刀劍使用の盛

衰とを語るものなり、而して我が國に於ては一人にて三刀を帶したる時代ありこは戰場に於て白兵接戰の結果自身に帶する刀劒の一口も二口も刃鈍ぶれ或は打折れる等のことありしを證するものにして換言すれば白兵接戰激烈に行はれ從つて運劒の術も亦當然進歩發達するに至りしことを語るものと謂ふべし、

而して武人の三刀を帶したる沿革を考ふるに

『日本書紀』卷の一神代卷

「日神本知素盞嗚尊有武健陵物之意及其上至便謂弟所以來者非是善意必當奪我天原乃設大夫武備躬帶十握劍、九握劍、八握劍。又背負千箭靫又臂著稜威高鞆手握弓箭親迎防禦」

とありて神代既に三刀を帶せられたることを證するものあり、以て當時既に尚武の風盛にして刀劒の運用又頗る盛なりしを察すべし、其後上古において武人の三刀を帶したる證未だ見當らざるも、當時は第一節に述べたるが如き情勢にして、大化以前は百姓に至るまで帶刀せし世なれば戰場に臨む際は三刀を帶せしなるべし。然るに大陸文明の摸倣時代に入るや、大化年間遂に脫刀令を見る

に至り爾來平安朝の末期に至りて武人の三刀を帶するが如きことは記錄文書の外繪畫等に徵するも亦これを見出すこと能はざるなり。然るに我が國固有の劍道が再び復興し來り愈其特色を發揮し初めたる平安朝末期より武人の三刀を帶するの記事(長門本平家物語十郎藏人行家被討條、平治物語六波羅合戰の條、判官物語忠信吉野山合戰條、)見え初め殊に劍道の著しく發達し始めたる南北朝より足利時代にかけては武人の三刀を帶する例愈多く或は我が國の記錄の上に(太平記、住吉合戰の條、同新田義貞討死の條。高館物語。明德記等)或は繪畫の上に(集古十種中なる足利尊氏、騎馬圖、狩野元信の描きし大江山酒呑童子繪卷中に徒步武者の三刀を帶する圖等)於て之を徵することを得るのみならず、明の鄭若曾籌海圖編及び武備志にもこれが確證を發見することを得べし。

武備志には

「倭刀大小長短不同、立名亦異、每人有一長刀、謂之佩刀、其刀上又插一小刀、以便雜用、又一刺刀、長尺者謂之解手刀、長尺餘者謂之急拔、亦刺刀之類、此三者乃隨身必用者也」とあり。

かくの如く以上述べ來りし武人帶三刀の沿革と第一節及び第二節に於て述べたる我が國初期の劒道の盛衰發達とは互に相一致するを見るべし、以て我が所論の正しき傍證となすに足らむ。

第三章　足利後期の劍道

第一節　足利後期劍道勃興と其誘因

前章に於て我國初期の劍道發達を叙せしが以下中期より其末期に至る劍道發達の狀況を逑ぶる所あらんとす。

凡そ劍技の發達するには一騎打の戰鬪たると團體的の戰鬪たるとを問はず、すべて白兵接戰の行はるゝを必要とす。而して白兵接戰の盛んとなるに從ひ事實上步兵集團戰の發達を見るが如し。從て步兵集團戰の發達は又劍槍の發達を促せしを推知すべきなり、然らば我國當時の戰鬪法は如何にと云ふに、從來の戰鬪に於ては前章に於て既に說きしが如く最後の接戰に於て刀劍の使用專ら行はれしも其實多くは弓矢の戰爭を主とし勝敗又これによりて略ぼ決する者多かりしが如し、足利以前の戰記を通覽せんか直ちに之を會得するを得べし、例へば『將門記』、『陸奥話記』の如き其戰の結果を記するに、「被射殺者何人被射斃者何人或は矢疵云々」の語を以て敗軍の死傷數を表はすを以て常とするによりても亦其一端を察するを得べし。然るに南北朝以後戰國時代に至る合戰の記事を通讀せんか、漸次時代の下るに從ひ弓矢の戰の外白兵接戰の記事漸く多く從來の被射殺者被射斃者云々等の語に代ふるに被斬殺者被斬斃者或は斬殺す、切ゝ落す等の語を以てし、或は從來の矢疵の語に代ふるに刀の手負、手疵の語を用ふるを愈多し、これ白兵接戰漸く盛んになりしを證するものなり、又刀劒其ものゝ上より觀るも既に前章に於て述べしが如く、本期に於ては平安朝後期並びに鎌倉期に比し刀劒作家の激增著しきものあるを見而かも應永以後は戰亂に次ぐに戰亂を以てし天下騷然として社會の秩序安寧を紊し武人の外僧侶百姓に至る迄帶劒の必要を來し、其需要の激增は前記多數の作者を以てしても尙從來の如く高雅品位ある名劒を鍛冶するの餘裕なきに至れり、加之需要者も亦時代の要求上實用主義に傾き切れ味好きを以て理想とせしを以て、當時の刀身は鎌倉時代の如き品位なく及の模樣悲愴兇惡の相を帶び專ら切れ味の好きを主とするに至れり、かくて鑑定家の所謂下作とすべき刀劒の作出せらるゝに至りしによりても亦如何に當時刀劍の使用盛んにして又如何に其需要の大なりしやを證するに足らむ、劍道の發達する又當然なりと云ふべし、又應仁文明の頃より白兵接戰の武器に槍を加へ續いて信長に至り長槍を創製し兵卒をして携持せしめ、始めて槍隊を編制し益白兵接戰の上に一威力を加へ一番槍・二番槍或は七本槍等の名稱起り、これ等に關する記事當時の戰記類に續出し以て益白兵接戰激甚なるを證するに至れり。然るに天文年中鐵砲傳來するや或は築城術に、或は戰鬪術に「或は戰略」に甚大なる變化を與へ遂に基本隊形は弓銃二隊を以て第一線に列し次ぎに長槍隊を置き第三線に士槍卽ち短槍隊となすが如き編制を用ふるもの多くなれり、かくて最初に第一線銃弓隊の活動によりて敵の陣形を亂し次で長槍隊、短槍隊と順次に突貫奮戰して勝敗を決するを普通とするに至れり從て古來武器の首班とも云ふべき弓矢は其過半を廢し唯銃の裝藥時間を補ふのみに用ふるが如き有樣となり其使用大に衰へしが之に反して刀槍の武器は當時の戰鬪が益白兵接戰の盛んに行はるゝに從ひ其使用愈盛んとなり延いては當時の武人は刀槍の技も亦實戰の經驗上自ら其妙用を會得し益其精妙に達し劍道史上特筆すべき一時期を劃するに至れり。以上は主として武器及び戰鬪法の變化に伴ふ刀槍術發達の誘因を概述せしものなるが、更に眼を轉じて當時の社會狀態の上よりこれを觀察せんに南北朝以來海內殺伐鬪爭絕ゆることなく義滿の南北兩朝合一以後僅かに小康を保ちたるが如きも、永享嘉吉の亂に次ぐに應仁の大亂を以てし、爾來朝廷の式微は言ふに及ばず將軍の威力全く地に墜ち、國內毫も統一なく群雄割據所謂弱肉强食の時代を現出せり。從て當時の世に於ては戰法の巧拙武術の優劣は實に自國の存亡一身の浮沈に重大なる關係あるが故に、群雄は自ら戰術を攻究し或は武技を練ると同時に其等の達人勇士を歡迎せり、從て武士も亦競ふて武術を練磨し軍術を工夫するに至れり。而して自國にて志を得ざるものは或は武者修行と稱し其他色々の名義のもとに諸國を歷遊し新たに其主君を見出しこれに仕へ身を立て名をなさんとするの風を生ずるに至り、其目的を達するもの亦甚だ多かりしが如し。伊勢新九郞長氏の如きは其最も成功せる一人ならむか、かくて益武術戰術の進步著しきもののあるに至れり。又當時に於ては夜討强盜野武士の跋扈するあり、僧侶・農・商其他一般人民の身命財產の安固を保し難き者あれば當時は士分以外の人々に至るまで皆刀劍を帶び自衞の道を講ぜざるべからず、從て其目的を完うせん爲め各自劍技を學び斯道の隆盛を促すに至れる又自然の勢と云ふべきなり。かくて彼等は單に消極的自衞のみに止まらず或は野武士となり或は兵士となりしが如き其實例に乏しからず、かくて當時は未だ兵農の區別全く確立せざりしが如し。かくの如くして從來の武人以外一般の人々も武術の心得あるを必要とし刀槍術を盛んに學ぶに至り發達普及吾人の想像以上なりしが如し、又當時の戰鬪は初期には小局地の小部隊に行はれたりしも强者併呑功を奏するに從ひ戰鬪の規模も漸次大に、從て兵數も益增加するに至れるは自然の理なり、從て戰鬪員は到底騎馬武者のみに俟つ事能はず步兵の數漸く增加し所謂足輕などの名稱を發するに至れり。此等は最下級の兵士にして前述の士分以外の農商民等より募りし者甚だ多かるべし。甲斐の武田信玄が斥候に用ひたる步騎兵の配合は約三と一との割合なりしが如し。（甲陽軍鑑）これ固より確證とする史的價値なしとするも步騎配合の一端を窺ふことを得べし。而して此等の兵士は多くは第一列線の鐵砲隊及長槍隊に編入せられて戰鬪に從事し或は其戰功により士分に拔擢せらるゝものも少なからず、茲に於てか士分以外の者に至るまで皆刀劍を帶び平素士分以上の者が武術を練磨するが如くに此れを習練せしが如し。かくの如く當時の社會狀態は上は諸將武士より下は一般庶民に至るまで劍を帶し武技を習はしむるに至り實戰上の經驗と其平素の鍛練とは相俟ちて空前の發達を促せり。而して信長秀吉によりて天下統一せられ德川氏三百年の太平に移らんとする過渡期（安土桃山時代より德川時代の初期にかけ）に於て絕頂に達したるの觀あり。然らば本期に於ける劍道界の狀況果して如何、以下節を改めて其概觀を說かんとす。

第二節　本期劍道の概觀

我國の劍道は其由來甚だ古く師授傳習の行はれしも全く本期に初まるにあらず、其萠芽は既に鎌倉以前鎭西八郞爲朝が肥後國追手次郞敎高に其敎を受け反て其術敎高を超え、或は義經が鞍馬の僧に其技を授かり其妙を得たりと云ふが如き（平治物語、平家物語、源平盛衰記、太平記）古傳說の中にも之を認むることを得るも尙師授練習の愈盛んに行はるゝに至りしは實に本期足利中期以後の事なりとす。從つて劍が其他の武術、例へば弓・槍・鐵砲等と共に諸種の流派名を生ずるに至りしも亦實に足利中季以後の事に屬す、爾來此流派なるもの愈分れて愈繁く、德川時代に至りては實に二百餘流を數ふるに至れり。今試に本期に於ける最も顯はれたる流名を擧げんか、足利中葉本邦劍道中興の祖と仰がるゝ下總香取郡飯篠村の人飯篠山城守家直入道長威齋の創唱したる天眞正傳新當流、一名神道流あり長威齋より三傳して神道流を繼げる塚原卜傳は更に卜傳流を開き、此外神道流より出でゝ一派を開きしものに長威齋の弟子諸岡一羽の一羽流又根岸兎角の微塵流と稱するあり、或は長威齋の門に、槍戰二十三次に首七十三級を得たりと稱せらるゝ松本備前守政信より傳を受け其妙を得たる有馬大和守乾信の有馬流等あり、此等は皆新當流の系統に屬する重なる諸流派なるが、又明の名將戚繼光が其書傳の彼國に流傳したるを採りて我永祿四年明の兵士に習はしたりと稱する愛州陰流は長威齋と殆んど同時代の人愛州惟孝の唱創したる流にして、正上野上泉の人上泉伊勢守は更に之を潤飾し名を改めて新影流と稱するあり、田陰流、柳生新陰流等其元皆此愛州惟孝の陰流に出でたるものなり、此外地福寺の僧慈音に其敎を受けしと稱する中條兵庫助の傳に中條流あり、又其流を汲める富田流、富田一放の傳一放流、長谷川宗喜の傳長谷川流、鐘捲自齋の傳鐘捲流等あり、又伊藤一刀齋景久の一刀流の如きは中條流系統中の最も有名なるものなり、又吉岡拳法の京流あり其他天道流、諏訪流、示現流、念流、伯耆流等足利中葉より慶長前後に至るまでの間に於て一流一派を開き之を敎授するもの一々枚擧に遑なし。就中戰國より德川太平の世に移らんとする過渡期安土桃山時代より德川の初期にかけて諸流派の續出最も盛んなりしが如し。

「劍法夕雲先生相傳」に

「先師夕雲の談ぜらるゝは、當世より百年計以前迄は、兵法さのみ世間にははやらず云云(中略)近代八九十年此方世上は靜謐となり干戈自らやみ天下の武士共安閑に居眠りする樣に成り行て、戰場に臨で直ちに試み習ふべき樣なければ、責ては心知る良友に相對して互の了簡を合はせ勝理の多く負る理の少なきを詮議して勤習すること治世武士の嗜となりて木刀革刀などにて互の了簡を合せ試みること、兵法のならひと成て、隙ありの浪人等朝夕工夫鍛練して所作にかしこき者は自ら他の師とも成りて敎を施す、如此する間に兵法者次第々々に澤山に成り諸流まち／＼なり、秀吉の天下を治め給ふ時分にあたつて鹿島の生れに上泉伊勢と云ふ者有りて兵法中興の名人なり、夫迄日本にある流には鹿島流、梶取流、神刀流、戶田流、卜傳流、鞍馬流、など云ふて日本國中に漸く六七流のみなり、上泉は世間の流にすぐれて所作上手にて道理も向上なるによりて諸人信仰す、云々」

とあり。是れ又論理上より見るも當然たるべきを信ずるものなり。これ等の事實によりても亦師授傳習の盛んとなりしこと推して知るべし、以下當時の師授傳習につき二三の注意すべき點を論述せんとす。

本期より德川初期に亘る武術の師授傳習の狀態は今日のそれのごとく、劍術柔術或は槍術居合等の各藝各術が全く分離して敎授せられしにあらず、刀術と槍術とは勿論居合柔術のごときも同一敎師によりて敎授せられたること甚だ多し、換言すれば當時の劍道敎授には槍術居合及柔術の技も併せ敎へたるものなり。但し其間刀術を主とするか或は槍術を主とするか將た柔術を主とするかはありしならん。之を要するに今日の分科專門的の敎習未だ充分に發達せざりしなり、二三の例證を擧げて此を證せん。元來戰場に出て決戰をなすや、先づ槍太刀を以て渡り合ひて勝負決せず或は槍太刀折れて組打となるや小刀を以て敵を刺すを普通とす、從つて當時の劒道敎授に於ては刀法を敎ふると同時に組打等も併せ敎ゆるの必要ありしなり、故に當時の劒道敎授には同時に槍・居合・劒術等をも加味して併せ敎へしものなり、現今まで因州鳥取に傳はる井蛙流と云ふ劒道は今尚槍、太刀、小太刀、組討と云ふ順序に組立たる古風敎風存せりと云ふ。勿論井蛙流は深尾角馬と云ふ者の德川初期に創めし流なれど慶長以前の諸流も亦上泉卜傳等の事跡と併せ考ふれば推して知るべし。武藏流劒道にも附屬の柔道あり、新陰流刀法にも古くは柔道附屬せしものと見え、久留米の加藤田家にては三代目の師範の時同流に附屬せし柔道は劒道より分離獨立して他家に傳はり維新に及べりと云ふ。此外九州地方には所々に新陰流柔道なるものゝ行はるゝ處ありと云ふ。こは恐らく昔新陰流附屬の柔道が獨立的に發達したるものにはあらずやと思はる。關口・澁川・二流の柔道の如きは、居合・劍術・槍術を併せ敎へたるものにて『澁川流柔道大成錄』地編卷の二」には居合訣・劍術訣・槍術訣を載せ當流居合の三事として習手・活刀・刀路を、又當流劍術の五事として氣肯・視殺・無形・移合準合を、槍術の五事としては劍術と同じきものを擧げて各稽古の方法及其各目につきて詳述せり。而して同卷の末節に、

一、時英曰、都テ禽獸魚虫ノ類ハ生來具足スル所ノ爪牙角刺アリテ讐ヲ防キ害ヲ避クルモノナリ、人ハ彼等カ如キ爪モナク牙モナク角モナク刺モナキ物ナリ、故ニ先ツ手近ノ內ニハ太刀刀ノ備アリ、今少シ手遠ノ場ハ鎗鈀眉尖刀等ノ設アリ、尙又遠キ所ハ弓銃等ヲ用フルト云フ樣ニ才智ヲ用ヰテソレ〲ノ器械ヲ製シテソレヲ爪ニシテ使ヒ害ヲ除キ難ヲ遁ル、モノナリ、故ニ既ニ氣體ノ練習ノ調タル上ハ先ツ差當リテ刀脇指ノ手ニ入テ能ク我ガ手先ニ成樣ニ習サズンバアルベカラズ、故ニ居合ノ稽古アリ、其居合ノ稽古ニテ太刀刀ノ手ニ入リ能ク手先ニ成タル上又敵ニ對シテ勝ヲ制スル所ノキザシグヤイヲ修練セズンバアルベカラズ、故ニ劍術ノ稽古アリ、凡ソ居合劍術ノ習ハ假令弓

術者ニテモ馬術者ニテモ槍術者ニテモ砲術者ニテモ軍學者ニテモ必ズ心掛オクベキコトナリ、如何トナレバ鎗長刀ノ用キラレヌ場アリ弓鐵砲ノ間ニ合ハヌ時アリ云々

一、又曰ク古人ハ刀ニテモ槍ニテモ眉尖刀ニテモ大制ニテモタトヒハ鐵扒木叉ニテモ兎角當合ニ執テ働キタル事ニテ、今時ノ如ク刀法者ハ鎗ノ法ヲ知ラズ鎗法者ハ刀法ヲ知ラズ其甚ダシキニ至テハ鑓鎗使ニ十文字ヲ持セテ見レバハヤ平日ノ如クニ働クコトナラズシテ甚不自由ニ成行トハ實ニ雲泥萬里ノ差アリ、上泉伊勢守ナドガ事跡ヨク〱考ヘテ見ルベシ」

勿論井蛙流・武藏流・關口・澁川流の如きは慶長前後より、德川初期・寛永・正保にかけて起れる流派なれど此等の諸流がかくの如く各藝全く分離獨立せず、澁川時英が大成錄に古人と今時の武術家とを比較し、今時武術家が一藝の外他藝に通せざるを歎じて「實ニ雲泥萬里ノ差アリ上泉伊勢守等が事跡ヨク〱考ヘテ見ルベシ」と記したるを見、又武藝小傳に、「本間勘解由左衛門者從塚原卜傳學神道流槍術得其宗云々」（武藝小傳卷七）「飯篠若狹守盛近者傳神道流槍法於長威入道而

得妙云々、」(同上)とあるによりて見れば、神道流刀法の開祖長威齋及び其流の名人塚原卜傳は刀法と同時に槍法を教授したるを知るべし。又上泉武藏守の新陰流の刀法を修行し別に疋田陰流と云ふ劒術の一流を開きたる疋田文五郎は同時に疋田流の槍術を併せ教へしことは『縣間錄』に

「予(大野一貫)が修行階梯とせる槍薙刀の流傳と云へるものは疋田流と號して傳來せり、疋田流は疋田文五郎景兼入道栖雲齋が流なり云々」

とあるによりても之を知るべし。又柳生流の劒術に影之流の鎗なること、『御流兵法之由緒』に見え又同柳生新影流の傳書『玉成集』に新陰流には劒槍の外居合の事を記せり。又林崎甚助重信、及び田宮平兵衛重正、丸目主水正、片山伯耆守久安等は皆各流居合の流祖と仰がるゝ人々なるが皆刀術の精妙を極め拔刀の妙術と共に劒道をも併せ教へたる人なり。又德川以前には柔道は竹内流の外一つの名あるものなく皆劒道の内に鎧組、組打等の名にて附屬せりと思はしむるもあり、以上述べ來りたる諸點を綜合して考察せんか、本期の武術教授は今日の如く、劒・槍・居合・柔道・等各分科專門的に分離獨立せしものにあらざること明かな

り。これ本期劒道につき殊に注意すべきものゝ其一なり。

其二は本期に至りて劒道に弓術・砲術・等の他の武術と共に傳授祕事なるものゝ盛んに起りしことなりとす。本期は武事のみならず文學にも傳授あり入木道及び音韻亦然り、音樂には笛箏等の傳授祕事あり、又平家琵琶の如きに至るまで傳授祕事なるもの行はれ、傳授祕事大流行の時代なり。されば劒道其他の武術が此時代の情勢に從ひ傳授祕事なるもの起り盛んに行はれたるは怪むに足らざるなり。然らば劒道の傳授祕事の起りしは何時頃なるやと云ふに固より其年代を詳にすること能はざるも、

『武備志八十六』に、

茅子曰、武經總要所載刀凡八種、而小異者猶不列焉、其習法皆不傳、今所習惟長刀、腰刀、腰刀非團牌不用、故載於牌中、長刀則倭奴所習、世宗時進犯東南、故始得之、戚少保於辛酉陣上得其習法、又從而演之、幷載於後、此法未傳時、所用刀制畧同、但短而重可廢也」

と記し其次ぎに影流目錄猿飛の卷の斷簡及び猿の刀を使ふ圖を載せたり、(目錄

の斷簡及圖共に附錄に輯集す參照）

然るに松下見林は其著『異稱日本傳中六』に此記事及び繪を全部其儘轉載し更に記して曰く、

今按戚少保叔繼光、辛酉明嘉靖四十年、當日本正親町天皇永祿四年、影流日本劍術者流名也、影當作陰、

凡日本自古雖多致劍者、源義經稱絕軼、鞍馬寺有僧正谷、寂寞無人之境也、昔權僧正壹演、嘗修行佛道于此、故名僧正谷（出眞言傳）世傳義經少年避平治之亂、到僧正谷、逢異人、異人敎以劍術、義經善修刺擊之法、其後劍客居多、及于足利之季、有日向守愛州移香、磨霜刀年久、詣鵜戸權現祈業精、夢神顯猿形示奥祕、名著于世、名家曰陰流、其徒上泉武藏守藤原信綱、用心損益之、號新陰流、有猿飛、猿回、山影、月影、浮舟、浦波、覽行、松風、花車、長短、徹底、磯波等手法、茅子擧猿飛、猿回、虎飛、靑岸、陰見之名、而收入國字、傳寫之誤、滂草有缺畫

とあり。之によりて之を觀れば彼の辛酉の年は我永祿四年に當れば、少なくとも此以前既に我國に於て劍道に目錄相傳等行はれつゝありしことを知るなり。

而して永祿六年は實に箕輪城陷落せし年なり。而して又上泉伊勢守は武邊譽高き士なるを以て武田信玄に招かれしも、「愛州陰流と申兵法を習得て此中より某仕出せし流を新陰と名付け兵法修業仕度候奉公致すに於ては信玄公へ注進可申候奉公にては無く修業者罷成候」とて之に應ぜざりし年にして辛酉卽ち我永祿四年より後るゝこと僅かに二年なり。而して愛州移香の影之流の正統を繼ぎし上泉は少くとも永祿六年以前既に新影流を立てたること明かなり。されば明國に傳はれる此影流の傳書は恐らく愛州移香より何人にか傳授せし目錄の一なるべし。而して愛州移香は元來日向の人なれば其傳授者も恐らく九州邊の人なりしなるべく、而して其傳授者は恐らく明世宗嘉靖四十年卽ち辛酉の年所謂倭寇として支那東南海岸を犯し、其際彼れは此地に遺失せしか或は他の方法にて彼國に傳へたるものなるべし、而して余は此愛州移香及び飯篠長威齋の頃より始めて劍道にも所謂傳授、祕傳、書傳なるもの起りて盛んに行はるゝに至りしにはあらずやと考ふるものなり。何となれば古今傳授も應仁の頃武人東常緣なるもの頓阿の曾孫堯孝の門に學びて二條家の正統を得たりと稱し始めて古今傳授を唱へ其弟子宗祇に傳へ、其人にあらざれば猥りにこれを傳へざりしが如く、愛州移香なる人も亦日向鵜戸權現に參籠して劍術の微妙を得んことを祈り、神の示現によりて其奧祕を得たりと稱し、自ら其流を影流と號し、其人にあらざれば傳授せざることとし遂に其子小七郎を經て其正統を上泉に傳へたるものならん。然かも古今傳授に傳統系圖を重じたるが如く、劍道傳授にも亦其傳授師系を尙び必ず其各卷の末に此れを記し、或は又古今傳授に幾多の傳授を作爲して、其傳授料を取りしが如く、劍道にも幾多の傳授を作爲して其傳授料を取りしが如し。尙此外時恰も吉田兼倶は吉田神道を立て盛んに切紙傳授と稱して之を授け傳授料を取るあり或は上述の如く當時は笛の傳授、箏の傳授或は平曲の傳授あり、或は入木道、或は音韻等にも傳授行はれしが如く、實に傳授祕傳の最も盛なる時代なりき。かくの如く同一の社會狀態に於て而かも同じ時代に於て同一或は類似の事象の起り、又盛んに流行するは寧ろ自然のことゝ云ふべし。而して愛州移香の生死年月の不明なるも色々の點より殆んど同年輩位なるべしと思はるゝ飯篠長威齋が長享二年六月十五日に死したる事實などより考ふれば愛州移香、飯篠長威齋、東常緣、卜部兼倶等は殆んど同時代の人なり。是に於て劒道も亦此時代の情勢に促され歌道に古今傳授、及神道に切紙傳授等が始めて唱道せられたる頃殆んど之と前後して愛州移香などによりて唱道せられしものならんか、然しながら茲に一言すべきは上泉伊勢守の弟子に神後伊豆と云ふものあり、其神後の傳書に曰く、

「往昔平清盛劒術ヲ好ミテ妙ヲ得玉フ、鞍馬ノ僧其技ヲ習フ、後判官義經鞍馬寺ニアリケル時件ノ僧ニ從テ其技ヲ學ビ傳書ヲ得玉フ、後義經其傳書ヲ下鴨社ニ奉納ス、上泉信綱諸國ヲ修行シ京都ニ到リ下鴨社ニ參籠シ靈夢ヲ蒙リ義經奉納ノ傳書ヲ得タリ、此ニ於テ上泉其神慮ヲ仰テ神陰流ト號ストナリ」

これに依て見れば義經の少年時代已に劒道に所謂傳書の授受行はれたるが如し勿論此時代は前章に述べしが如く我國獨特の劒道が大に勃興し始めたる時代なると同時に新羅三郎義光が足柄山の關に於て豊原時秋に大食調と云ふ笙の祕曲を傳授したりと云ふ傳說、（『古今著聞集』第六及『時秋物語』（群書類從四百八十三にあり）などに見ゆ）そのものが多少事實の誤あるにせよ、高倉帝の嘉應二年の作なる續世繼と狛朝葛の作續教訓抄等の

記事によりて當時既に箏の傳授行はれつゝありしことは明かなることとなれば、平安朝末期に於て劍術傳授の行はれしことも亦直ちに否定すべからざるに似たれども、神後傳書の說を直ちに採りて事實とするも亦早計ならむ、假りにこれを或程度まで認めたるにせよこれ恰も和歌の敎授が既に二條家と六條家とが互に反目したる俊基、俊成、定家と顯季、顯輔との時代卽ち平安末期或は鎌倉時代に於いてその萠芽をあらはしたるものありしも所謂古今傳授は實に東常緣によりて唱道せられたるが如く、平安朝末期或は鎌倉時代の劍術傳授たるものは應仁の前後愛州移香等によりて始めて唱道せられ盛んに赴く萠芽に過ぎざるものと見るべきものなり。而かも平安末期、或は鎌倉時代に劍術傳授祕傳行はれたりとせんか、義經の虎卷傳授の傳說以外其以後劍術傳授の行はれたる史料の見るべきものなからざるべからざるに、今日の所にては未だ一つもこれを發見すること能はざるのみならず、義經の得たる傳書そのものも亦頗る疑はし、愛州移香以來行はれたりとすれば永祿四年支那に傳はりし影流の傳書に續きて元龜二年七月廿七日の條に、

「雖未申通候、幸便候間令啓候、仍上泉武藏守被上洛、公方以下、悉兵法軍敗被相傳無比類發名之事候、云云」（言繼卿記）

とあるによりて此頃兵法傳授公家の間まで行はれたるを知るべく、それより以後は續きて益々傳授祕傳の盛んに行はれし證左甚だ多く。文祿慶長以後のものは余の親しく手にせしものゝみにても可なりに多し、殊に德川時代に至りては其數の多きこと枚擧に遑なき位なり。又殊に注意すべきは各傳授書の終りに必ず記載せられたる師系傳統圖を見るに、慶長以前のものは皆鵜戸權現より直ちに愛州移香、愛州小七郎、上泉武藏守順になるが「新影流」或は飯篠長威齋より始まるか、「新當流」或は僧慈音より中條兵庫助に至る「中條流」系圖のみにて要するに其以前の人に始祖を求めて記せるものなきことなり。或は義經に、或は堤寶山の如き、平安朝末期鎌倉時代に流祖を求めたるもの皆無ならざるも、此等のものは皆元祿時代以後に起りし流派にして故意に其流祖を古く求めて作爲したるものらしく、其系統系圖を見れば容易に其僞作なることを見出し得べし。

以上述べたる所によりて余輩は劍道の所謂傳授祕傳の如きは卽ち本期に其起源

を有し目錄相傳の如きものも亦此頃より俄に盛んとなりしものと信ずるものなり。然らば其傳授祕事目錄相傳の性質內容等は果して如何なるものなりしや、これ次に起るべき問題なり。然れどもこは節を更めて說くことゝし、茲には主として外人側の史料を中心として本期劍道の技術が如何なる程度の發達をなせしやを考察して本節を結ぶことゝせむ。

然らば本期劍道の技術的發達の程度如何と云ふに、當時支那朝鮮乃至は歐洲人等の之を目擊し之を筆にせしものによりて、彼等が我が當時の劍道を如何に觀察せしかを見るも亦其一端を察知するの一方法たるを疑はざるなり。

元の黃鎮成は島夷行と云ふ歌を作つて曰く、

島夷出沒如飛隼、右手持刀左持盾、大舶輕艘海上行、華人未見心先隕、
千金重募來殺賊、賊退心驕酬不得、爾財吾槖婦吾家、有命防城誰敢責、

これは早くも元代に倭寇が右手に刀を持ち左に盾を持して彼を犯したるを畏れたる證にして華人未見心先隕とあるに至りては其程度も亦察するに餘りありと云ふを得べし。然るに明朝に入るや更に慘憺にして我劍法の精妙にして其威力

の大なるを證するものあり、

彼倭行　　王問（明）

去年倭奴刼上海、今年繹騷臨姑蘇、橫飛雙刀亂便射、城邊野草人血塗、五郡陳紅王外稟、洪武以來無一警、自從妖嘯失農耕、伐鼓敲金窮且暝、四月五月圩水平、睨下悉索驅上城、官軍豈無一寸鐵、坐勸彼倭來橫行、

兩朝平攘錄曰く、

倭人用兵善埋伏、數遶出我軍後、兩面夾攻、每以寡勝衆、刼營壘華人輒墮其術、其未戰也團結分散、三三五五、一人軍扇、伏者四起謂之蝴蝶陣、凡住兵處牽開四壁、令前後相望、以謹禍患、然長於步戰、怯於水鬪、精於刀法鳥銃而疎於槍弓、刀長五尺餘、用雙刀則及丈餘地、又加手舞六尺、開鋒凡一丈八尺、舞動則上下四旁盡白不見其人云々」

武備志曰く

倭夷慣爲胡蝶陣、臨陣以揮扇爲號、一人揮扇衆皆舞刀而起、向空揮霍、我兵倉皇、仰首則從下砍來、（中略）每隊相去一二里吹海螺爲號、相聞卽合救援、亦有二三人一隊者、舞刀橫行、薄暮卽返云々」

即ち其技の精妙なる彼等をして「舞動則上下四旁盡白不見其人」と書せしめ或は「一人揮扇衆皆舞刀而起、向空揮霍我兵倉皇、仰首則從下砍來云々」と自白せしめ或は三才圖會の一節に「按使刀無如倭子之妙云々」と云ふが如き當時我國の劍技が精妙の域に達し、又如何に彼等に畏怖せられたるかを想見するに足れり。

又日本西敎史上卷第五章に、アレキサンドル、ワリニャン大師が西暦一五八一年、即ち我が天正九年信長父子に再會せし際演武大會の開催せられしを參觀したる記事に曰く

「余今諸者の爲めに此演武の景狀を說く左の如し。

演武場開式ノ日ニ當リ衆諸侯此ニ會ス前行者ハ七百ノ騎兵ニシテ各從者ヲ倶シ盡ク之ニ着セシムルニ一樣ノ衣ヲ以テシ騎兵裝飾ノ美ナル名狀ス可カラザルナリ、次ギニ進ム者ハ信長ノ三子ニシテ其容貌ノ尊大ナルト衣服ノ華麗ナルト共ニ衆ニ超絶セリ、其衣服ハ絹ニシテ金銀ノ繡ヲ以テ飾リ眞珠及其他ノ寶石ヲ點綴シタルモノナリ、馬具ノ裝飾モ亦此ノ如ク而シテ衆多ノ步兵ヲ牽ヰタリ、此ノ三公子ノ場ニ入ルヤ信長ニ次テ進行シ常ニ喇叭ヲ吹キ其前ニ一

隊ノ歩兵ヲ進メタリ、衆諸侯信長ヲ認視シ其喝釆ノ聲田野ニ響キタリ、信長ノ衣服ハ支那ノ精巧ナル繡工ノ製造ニシテ寶石ヲ以テ點綴シ肩飾リト馬具ノ華麗ナルコト實ニ名狀スベカラザルナリ、信長ハ微笑ヲ含ムト雖モ其勇氣及ビ位階ノ尊キヲ表スル所ノ傲然タル體面ヲ失ハズ部下ノ騎兵千人ヲ牽ヰ其裝飾各美麗ヲ極メタリ、信長ノ場ニ入ルヤ此ニ會スル所ノ衆人ハ各其位次ニ就テ備ヲ立テ尋デ騎士或ハ二人三人各馬ヲ驅テ其ノ技ヲ盡シ競フタリ尋デ三公子出デ其馬術ノ巧ナルコト馳驅ノ迅速ナルト就中劒ヲ揮ヒ槍ヲ把リ其他ノ諸術皆衆人ヲ驚カシメタリ、最後ニ信長ハ悍馬ニ騎リ先ヅ力ヲ極メテ之ヲ驅リ以テ場中ニ縱横シ劒ヲ揮ヒ槍ヲ把リ的ヲ睨ミテ槍ヲ投ズルニ正鵠ヲ失ハズ其技ノ精巧ナルヲ見テ衆人喝釆ノ聲天地ニ震動セントス、此演技ハ午後四時ニ至レリ、此日此式ニ會セル者ハ十三萬餘人ニ至レドモ一モ紛紜混亂ノ事ナクシテ畢レリ云々」

これ西人の眼に映じたる我國當時の演武觀なるが、諸將士の演技の精妙なるは勿論信長父子に至るまで或は馬術に於て或は劒槍の術に於て頗る精妙の域に達したるは、彼等西人をして驚異の感に打たれしめしが如し。

次ぎに文錄征韓の役に於て我が軍の朝鮮及明軍より、優勢にて大體に於て戰勝を博したるもの其理由決して一ならざるも、當時我國の武藝は其發達殆んど絶頂に達し、就中刀槍の術の如きは其最も著しきものなり。かくて當時の將士は皆其練技によりて心膽を鍛練し其技亦精妙の域に達せしこと云ふまでもなし此勇膽の氣と此精妙の技とは則ち敵をして畏怖せしめ我軍の鋭鋒に當る能はざらしめし一因として確かに之を認むることを得べし。

當時朝鮮の要路にありし柳成龍の著と稱せらるゝ

『懲毖錄』に

「我國之軍、但持弓矢而不習他技、敵至數步內始可發矢、而既發之後、無以繼之、賊持短兵突進而白刃交前、又無以應之、則不過拋弓矢而走耳」

とあるはこれを證して餘りありと云ふべし。其他同書に當時の戰況を叙するを見るに或は、

「賊用步兵及皆三四尺精利無比與之突鬪左右揮擊人馬皆靡無敢當其鋒者、提

督見勢危急徴後軍未至而先軍已敗死傷甚多云々」

と記し或は、

「唐軍悉騎馬欲出門門堅閉不可易開馬足如束街路塡塞既而門開軍馬爭門而出、倭兵在城外圍匝數三重各守要路奮長刀亂斫之唐軍俛首受刃適月明得脱者無幾云々」

と叙するあり、或は、

「賊見光彥等稍懈發白及大呼突出光彥等倉皇索馬欲走不及皆爲賊所害諸軍聞之震惧云々」

とありて、彼等が如何に我將士の刀槍の術に苦しめられ、又之を震惧し、以て敗軍の止むなきにいたりしやを知るに足れり。これのみならず彼等が日本刀防禦の手段を講じたる逸話、同懲毖錄に記せるところを見るに朝鮮の諸臣は日々朝廷に聚りて防禦の策に苦心したりしが、或人は建議して曰く、「日本軍は善く刀劍を用ゐ我に堅甲の禦ぐべきものなし、故に敵する能はざるなり、若し厚銕を以て滿身の甲を造り賊陣に入りなば賊も隙の刺すべきこともなく、我は必ず勝を制すべし」と云ひければ一同其議に賛し大に工匠を聚めて晝夜に製造しけるが既に成りて其厚甲を被りしに重くして身動きもならざりし故遂に廢止したりしと云ふ。重量の輕重をも測らずして製作したる其周章狼狽の樣を知ると同時に如何に彼等が我軍の刀劍運用に對して窮せしかを觀るべきなり。

「註」懲毖錄卷四

壬辰四月賊連陷内郡我軍望風潰斂無敢交鋒者備邊司諸臣日聚闕下講備禦之策而無以爲計或人建議曰賊善用槍刀我無堅甲可禦故不能敵當以厚鐵爲滿身甲長不見物入賊陣則賊無隙可剌而我可勝矣衆曰然於是大聚工匠晝夜打造余獨以爲不可曰與賊鬭雲合鳥散貴於捷疾既被滿身厚甲其重不可勝身且不能運何望殺賊數日知其難用遂罷云々」

これ等の鮮人の記事に對照するに我國の記錄加藤清正の右筆下川兵大夫が朝鮮陣に隨從し其見聞を記せし『清正高麗陣覺書』の中、清正朝鮮地へ歸陣仕候所兀良哈人猛勢にて送候事の條に

「次の日高麗へ歸陣仕べしと存ぜられ候に兀良哈人幾十萬といふ數も知らず清正陣所へ寄せ懸け申候其時清正自身馬簾の馬印を振り切懸り切懸られて日

本人は八千四五百の者手を碎き相働き申候、淸正下知には首は入らず候間切捨との儀にて日本人一人として兀良哈人二三十切り申さずと云ふことなし夫に就て敵少々退き申候云々」

とあり、又同書、「陳州城日本勢攻むる事附木曾判官を川へ追はめ其頸日本へ渡候事」の條に

主計頭手前よりの一番乘森本儀大夫、飯田覺兵衞、三人目には加藤主計頭城内へ切込まれ候續いて手勢殘らず切入り候へば、黑田甲斐人數も一所に入組み切りかゝり申候、此由總勢見候て平乘に乘込申候それについて木曾判官は川へつかり總勢は三分の一も城中にて首を取申候唐人皆日木の劍を恐れて川へ入り申候を引上げ〳〵首を討ち申候」

と見え就中「日本人一人として兀良哈人二三十人切申さずと云ふことなし夫につきて敵少々退き申候」又「唐人皆日本の劍を恐れて云々」の如き記事あるによりてこれを前記懲毖錄の記事と併せ考ふれば、彼等が如何に日本軍の劍道を恐れしやを知ると同時に、彼等が我軍に對して敗戰の止むなきに至れる原因の一

として我軍の武藝の發達、殊に刀槍術の精妙を認むることを得べし。

以上述べ來りし支那及朝鮮並に西人の記事を綜合して考ふるときは、略ぼ足利中期以後德川時代の初めに至る間に於ける我劍技發達の程度如何を察知するを得べし。

第三節　目錄相傳祕事傳授

余は前節に於て目錄相傳及祕事傳授の起源につきて、其萌芽とも云ふべきものは古く足利時代以前に認め得ざるにあらざるも、正しくこれが行はれ初めたるは足利中期頃ならんと推定せしが、然らば其目錄相傳と云ひ祕事傳授と云ふものは果して如何なるものなるや其種類性質並びに其傳授の內容或は傳書の作者など幾多の研究すべき問題あり、この各につき詳述することは到底時間の許す所にあらざれば、左に余の所見の大要を述べて餘は他日の研究に俟たんとす但し余の茲に論述せんとする所は足利後期を主とすること勿論なれど、德川時代の目錄相傳及祕事傳授をも包括してこれを叙述せんとするものなり。

先づ劒道の傳授には、（一）業の傳授（二）口傳（三）書傳の三に大別することを得るなり、而して業の相傳が其本體なること言ふまでもなし、業の相傳とは如何なるものなるやと云ふに、足利後期の狀況はこれを詳かにすること能はざるも、德川時代に於ては目錄相傳、或は免許皆傳等被相傳者の技術の進步發達する程度に應じて豫め難易輕重によりて幾階段にも業を分類配列せしものを相傳せしものなり、而して各階段の業(例へば目錄相傳の太刀、免許の太刀)の最初の敎授を殊に其階段の業の相傳と稱し、當日は嚴肅なる儀式のもとに其業の相傳をなしたるものなり、其相傳の式には師弟共に當日は齋戒沐浴し殊に免許皆傳の如きに至りては三七日の別火をなし身を淸淨にして初めて其席に列するを例とせり、式場には流祖以下先師の畫像に神酒を供へ師弟共に此れを拜し、其神前にて師より被相傳者に對して平素熱心修業鍛練なるにより本日は何々の相傳(例へば目錄相傳)をなすべしと申渡し、直ちに神前に供へられたる撓又は木太刀を執りて其何々の(例へば目錄の)太刀の相傳をなし、次て神酒を配み交して祝盃を擧ぐるを例とす。尙此相傳式に於ては多くは弟子より師に對して起請文を差出し或は神文帳に記名血判するが如きことをなせしものなり、これ足利末期より德川の初期にかけ頗る嚴格に行はれしが如く將軍諸侯の如きも其師に對して誓紙を出したるが如し。(附錄誓紙起請文の部參照)而して其相傳式の際業の相傳濟むまでは殿樣(被相傳者)も其臣下(武術ノ師)に上座を讓らるゝを例とせしと云ふ、(細川與増男より細川侯爵家に於て、行はれたる目錄相傳式の狀況につきて直接聽きしところ)以て其他の臣下の目錄相傳式に於て其儀式の嚴格に行はれたることは更に茲に贅するまでもなし。此相傳式後は平日に於て平素の稽古の通りにこれを敎習して其業に熟達するに至るべきものなり、而して此技に熟達すれば更に次の相傳を受けたるものなり、又相傳式の日被相傳者より相傳者に對して神酒料或は謝禮等の名の下に金錢を送ることは武藝以外の傳授祕事の際と變ることなし、古くは柳生十兵衞が祖父宗嚴及宗矩の劍術に關することを自筆せし寛永年間の記錄の中にも此證となすべきものあり、近くは現代まで尙此風依然として行はれつゝあるによりても亦此れを知ることを得べし。(以上述べ來れる各階級の太刀とは型の太刀なることゝ云ふまでもなけれど誤解なからしめむ爲め一言茲に贅言す)

次ぎに口傳とは文字の示す通りにて、文字を以て記載せず直ちに口づから傳授するところの奥祕を云ふ、禪門に面授の口訣と云ふことあると一般ならん、然れども本來は眞言より出でしものなるべし、而して多く業の相傳に伴ふて此れを授けしが如し、又此口傳の主旨精神は本人のみに傳へ他見他言を憚るの祕密主義に基きて起り來れるものならむも、一切これは文字を以て記載せらるゝことなかりしやと云ふに決して然らず、德川時代に至りては口傳書なるものを生じ詳細に記載せられ書傳中の最も大切なるものとなれり、而して既に堂奧に入りし人にあらざれば決して與へず又此階級に達せしものゝ外かゝる口傳書なるものゝあることすら知らしめざりしが如し、第三の傳書には切紙目錄類及口傳書其他幾多の傳書あり、切紙目錄は附錄中に所輯するものによりて其形式の如何なるものなるかは一見容易に之を了知することを得るものなり、卽ちこれは單に被傳授者の敎習したる術名を列擧し其列記せる業を修業したることを證する一種の修業證書にて明治年間に行はれたる學校の修業證書と全く同性質のものなり、從て一見術名の羅列のみにて其流派の技術を研究するには何等の價値なきが如きも決して然らざるなり、殊に史的研究には各流派の敎習する技術の如何を知るに缺くべからざるものにて術名の對比研究によりて種々のことを推知するを得るものなり。元より其流派の技術其物につきて些かの智識なき人には術名のみによりて其技術の如何なるものなるかを知ること能はざらむも、多少此實際方面の智識を有する人には勿論口傳書程の參考にはならざるも尙ほ多大の參考となるものなり。『劍攷』の著者の如きは口傳以上に目錄の術名が後世の研究者にとりて參考の價値ありと云へり、其文は同時に目錄と口傳との性質差異を明かにするものあるを以て左にこれを引用せむ、

『劍攷』

「余惟ふ、劍術に先師の意を極めんと思はゞ、刀名に據るべし、刀名とは卽ち目錄に記する所の名目也、今は此のこと無く、目錄は徒傳ふる而已にして、渾べて口傳に任かす、故に目錄は棄てゝ無きが如し、爰に余が云ふ處の意は口傳は固より其師の口傳にして、其原先師より出ると雖ども時歷て人違ひ師亦一人に非ず而して師と雖も亦優劣あり、因てこれを疑へば口傳は則ち信なき

が如し、然れども目錄の名は則ち先師の言にして、其口より出づるものなり、而して其名の有る、皆其劍法の義をこめ、其進退の度、此名の文字に知るべければ、則ち是れ先師の眞面目なり、今百年前の眞面目を見んと欲せば此名に據らずしては有るべからず、且つ此刀法、口傳の太刀、喩へ其傳を受けたるも、これは其手足の進退、勝敗に至りては茲に知り難し、其故は師授を信ずる者は、其心純一に似たりと雖も、爰を離れ人と其術を以て對せん時忽ち師授の言立つべからず是れ師授を疑ふに非ず、學ぶ者其理を究めざるなり、理を究むるとは何ぞ、刀法の勝敗を試みるときは師授の刀法を以て人と勝負し、必勝の勢を極めて而後止むべし、故に師授と雖も、其太刀勝つべきの勢無きときは余に於てはこれを師敎とせず、中頃口傳の失となるなり、故に曰く口傳は信無きが如しと、斯くの如くにして唯信ずべきものは刀名也、抑も此の刀名のこと人余が言を以て還つて不信の思ひをなさん、然らずんば能く刀名を辨じて、師授の刀法或は口傳と比照せよ、目錄の名義と協ふ者は皆これ必勝の勢あり、目錄の名義と合はざるものは其術皆信ずべからず、故に其名は皆其理の的傳、實に神の如し、是れ則ち前に先師の眞面目と謂ふものなり、因て今別に其名の說を一々後學に示さんと爲す、此言固より其義の至れるに非る可し、然れども其志に於ては不遠乎、尙後人の删正を竢つ、」

而して此の切紙目錄の如きものは、往々前記各階級の業の相傳の度每に旣に修得せし術名及本數等を記せし證書(切紙目錄)を授與するが如きことなきにあらざれど、多くは被相傳者が凡ての技術に熟達せし最後に一括して書傳せしが如しこは現今にても此方法に依れる師家あるのみならず、古く文祿、慶長、寬永、以後の新影流の切紙目錄が皆同一年月日となれるによりても此を證するを得べし。(附錄參照)それまでは何々相傳何々免許言渡しをなし目錄格、免許格、と稱し、其業を授かるのみ。次ぎに切紙目錄以外の傳書には口傳を書き纒めたる口傳書と云ふものありて、其流派の奥義又は斯道學習上緊要の事項を記せるものあり、但し初めのものは簡單なる箇條書に簡單なる說明を加へたるものに過ぎざりしが、德川時代に至りて或は解說或は流派の型の遺方の說明、或は其流派の奥義其他につきての講義錄の如きものの等種々のものを生ずるに至れり。又口傳書其他の傳書類は目錄階級位の修行者には此れを相傳することなく、免許皆傳の地位に達し其師流を繼ぐに差支なきものに限りてこれを傳へ、又は其轉寫を許したるものにて、最も祕密とせられたるものなり。然らば業の傳授に伴ふ口傳たると其傳書たるとを問はず、凡て劍術否武術の傳授祕事なるもの丶內容價値は果して如何と云ふに、中には猥りに其流派の神聖且つ深奥ならんことを欲する爲め、或は梵字を用ゐ或は陰陽五行說を說き、或は易に、或は眞言の九字十字護法に其說明を求むる等徒らに牽强附會の言說を弄し何等劍法其物の實際上に毫も益する處なきものあれど、一般より論ずれば其價値頗る大にして技術の運用上にも、心法膽練の上にも、極めて緊要なる敎訓にして到底古今傳授の祕事等の如き實益なき空文と同日の談にあらざるなり。傳書祕事等の中には先師が生死の巷に出入して經驗感得したる貴き敎訓あり、或は單に竹刀上のみとするも先師多年の修行工夫の上の貴き經驗より割出したるものにて、演技上並びに其他の場合の貴重なる心得なども決して僅少ならざるなり、然しながら時代の降るに從ひ一般に實際に遠かる空理文字の增加する傾向あるは又止むを得ざることゝ云ふべし、これ等傳書の內容は頗る多岐豐富なれば茲に其例證の文を一々引用するの煩を避け、一般學者にとりて最も得易き代表的傳書名を示すことに止めんとす、其傳書とは國書刊行會出版の武術叢書所輯の不動智、大阿記、兵法三十五箇條、五輪書、一刀齋先生劍法書、柳生流新祕抄、劍攷等の如きもの卽ち是なり、此等を一讀せば武術傳書の價値內容の如何なるものなるかを容易に了得することを得ん。

かくの如く傳書には切紙·目錄·免許·皆傳等の幾多の階級的修行證書樣のものと上述の口傳書以下幾多の傳書ありて各被相傳者の斯道上の素養並に技術上達の程度に應じて授けたるものにて其人に非ざれば授けず、甚だしきは一子相傳一國一人印可等の制も設けられ他言他見を禁じたるなり、而してこれ等のこと大體に於ては實行せられたり、（但し目錄申渡し免許申渡しと稱し業のみ授け書傳は後にすることこ多きことは前に述ぶ）然しながら事實上に於て細かに穿鑿研究すれば、裏面に於ては案外此內規の制禁を犯し、或は情實の爲め或は金錢の爲めに此れを嚴守すること能はざりしものあることを發見すべし。

例へば一子相傳の如き、表面は何處までも一子相傳すべきものにて數子に傳ふべきものにあらざれど、小城の鍋島家に傳はれる、「御流兵法之由緒」（寛延二年記）に

「但馬守殿御嫡子十兵衞殿不行跡ニ付勘當有之候ニ付一子相傳ノ大祕事御附屬ノ御子ナク月堂樣、（鍋島元茂）御眞實ニ付右一子相傳三箇條ノ大祕事御附屬被成其末弘德院樣（鍋島直能）御相傳被成候以後御代々御相傳トハ相成候今ニハ柳生殿御家ニハ此祕密ハ絶エテ無之御家ニ而已有之儀ニ候左程祕密ノ儀此方之家ニ有之（由緒）ハ弘德院樣御思慮深く大切之儀御一子斗リテハ末々斷絶ノ儀モヤト被思召實際院樣へ御傳授被遊置候然ル處金粟樣奥詰等被遊間モナク御隱居被遊候ニ付見性院樣ニハ實際院樣ヨリ御相傳被成候樣ニ被仰置候處於江戸見性院樣御早世其後圓覺院樣御代數年押移居候處實際院樣御存知ノ段被聞召於櫻岡御相傳相澄候其後拙者儀モ相傳仕候然處圓覺院樣御病氣ニ付當殿（直員）樣ハ拙者ヨリ御相傳申上候樣ニト御逝去前日御直ニ被仰付候故任御遺命先年江戸へ罷越（直員）樣へハ拙者ヨリ御相傳目出度相澄候之ヲ袋シナイノ傳ト

申候御祕密之儀書外ノ大極傳也、」

とあるによりて明かに一子相傳の必しも嚴守せられざりしを知るべし。又柳生十兵衞の記せる書に祕事傳授(傳書の相傳を含む)に三通り行はれたることを記せり、三通りとは義理許、(師弟の間に於て或は主人筋により或は義理ある人により其他種々の情實により劍術の未だ不充分なるにも係らず弟子の請によりて據なく之を授くるもの)金許(先生の都合上金寶を得て未だ其不熟練なるにも係らず傳書を授くるもの)術許(全く腕前によりて授くるもの)これなり而して父宗矩がこれに一々理由を附したることを記し、又祖父宗嚴時代にはかゝることなき事を明記せり。要するに此等の記事によりて德川時代の初期より明かに一子相傳も絕對的には嚴守せられず又元來は斯道の奧儀を得ざれば授くべからざる傳書の如きも、情實の爲め或は金寶の爲めに其技發達せざる者にも授けたることあるを知らざる可からず。然しながら此等裏面の事は古今東西を問はず又武術の傳授のみに限らず萬事に通じて行はるゝ事は今事新らしく言ふまでもなき事なれば、以上の記述によりて直ちに劍術の傳授祕事目錄相傳等の順序其他の內規が全く有名無實なりしならんと速斷するは早計なり。寧ろ大體に於てはこれ等の事は比較的に確守實行せられたりと見るを適當とせむ。

蓋し武術に於て祕事口傳を重じて猥りに人に傳へず又猥りに書傳せざりし理由を考ふるに時代により人により其説區々にして定説なし、例へば元祿十四年版『兵法奧儀書』の「兵法可祕事」と云ふ條には

「夫兵法は變化を用とすれば祕するを以て第一とす、あらはしては敵に利をあたふるとひとしき者也」

と見え、又德川初期の書と思はれる『鍋島祕書』の「殺人刀之條」には

「道は祕するにあらず祕するは知らさんが爲めなり知らざれば書なきに同じ子孫思之已上」

とあり、又

『先師口授』(寛永前後の人夕雲及一雲等の先師の口傳書)には、「眞明劍ト名附ケタル極祕ノ劒アリ齋戒沐浴シ禮ヲ厚フシ傳授スベキ事也輕々敷爲スベカラズ如是重ク尊バザレバ假初ノ樣ニ成リ傳授シタル甲斐ナク謹テ師傳ヲ受クベキ事

也口訣ハ書記サズシテ詞ニテ云心附カヌ事ヲ無下ニ合點スルナリ祕傳ト云フハ猥リニ人ニ敎ヘズ人ニ知ラセズシテ傳フル事ノ樣ナレ𪜈左ノミニアラズ其人ニアラザレバ子弟ト雖モ傳ヘ難シ孔夫子モ吾道一以テ是ヲ貫クト被仰候ヲ曾子ハ直チニ合點シテ唯々ト答ヘラレシナリ唯々トハ速ヤカニ呑込タル返答也外ニモ同樣ニ聞エタル人アレ𪜈悟ラズ孔夫子其坐ヲ立給ヒ跡ニテ一以貫之ト被仰候ハ何事ゾト尋ネタルニ今合點行間敷ヲ知リテ曾子忠恕而已ト答ヘラレシト也忠トハ他人ノ事ヲモ我事ノ樣ニ如在ナクスルヲ云ヒ恕トハ我否ト思フ事ハ人モ否ナラント思ヒヤリ爲サヾルヲ云フ忠恕ト云フハ一ツニアラズ止ムコトヲ得ザル答也祕傳ト云モ如此合點ノ行ク人ニアラザレバ益ナシ口訣祕傳ハ修行ニアリト知ルベシ修行功積レバ自然ニ自得スル期アルベシ然レ𪜈古クヨリ大將ト仰ニハ壇ヲ築キ斧鉞ヲ授ケ重スコトアリ少シノ事ヲ傳フルニモ齋戒沐浴ノ上ニテ吉日良辰ヲ選ビスルハ道ヲ重ンズル爲也コヽヲ以テ印可傳授ノ節ハ彌々以テ身ヲ潔メ麁略ナキ樣師弟共ニ重々敬愼ヲ加ヘ可有相傳事古來ヨリノ掟ニテ候」

とあるが如し、かくの如く人により時によりて各自異なる解釋をなせしとは又一の興味ある問題にして強いて此を一定の理由に歸せしめんとすることは無理なるべし、又其必要もなし。然しながら余も亦之に對する私見を述べんに、抑も劍道に傳授祕事口傳等の起り來りし所以を考ふるに余は寧ろ其起源を眞言の傳法祕事に歸せんとするものなり。何となれば劍道の祕事傳授の形式內容共に眞言宗のそれと全く符合し、此に眞似たるの形跡歷然たるものあればなり、今其二三の例證を擧ぐれば、劍道傳書の記する所によれば、七箇の大事三箇の大事と云ふことあり、こは眞言祕密の九字十字の護法に出づること明かにして、七箇の大事（天·龍·大·虎·惡·鬼·勝）三箇の大事（土·水·食）右合せて十字也卽ち此れに倣ひて劍道にても七箇の大事三箇の大事としてこれに業を配せしものなり。又切紙傳授の法の如き、或は灌頂の卷、の如き皆其起源を眞言に求むべきものなり。蓋し灌頂とは元來眞言宗にて法水を受くる者頭頂に灌ぎて以て附法の信となせしものなり、故に傳法結緣の二種あるものなるが、傳法灌頂は附法の灌頂にして其器を選びて之を行ひ苟にせず、以て血脈を相承せしむるものなり。而して眞言宗に於て灌頂を受けたるものは阿闍梨となりて一個獨立の師範職となり、又他に灌頂を授くるを得るものなり、かくの如く劍道家にて此灌頂の卷を授けられたるものは成業を證明せられたるものにて所謂免許皆傳の地位に達したるものなり、故に他の師範となりて敎法を授け又これに種々の傳受を授け得る獨立の師範家たる資格を得たるものにて、又其器にあらざれば容易に授けず、以て其血脈を相承しめたり。かくの如く彼此全く相一致せり、又其記事の內容に立ち入らんか、或は[梵字]の如き梵字を用ふるあり或は卍を使用して之を說明するあり、或は慶長十五年新陰流目錄九箇の中には、「此道傳事偏摩利支天奇瑞新所也眞言云ヲンアヒヤマリシエイソワカ、縱雖□(一字不明)(爲か)千金於眞實無心念不可傳之也」(附錄慶長十五年の目錄參照)とあるなど一々枚擧に遑なし。

次ぎに其傳授の方法につきても亦眞言傳授の方式と頗る相似たるものあり、卽ち密宗にて灌頂を受くる前には受者潔齋して灌頂準備の加行をなすが如く、劍道にて灌頂の卷を傳受するには三七日の潔齋をなして其準備をなすを要す、而して其儀式に檀構をなし種々のものを供へ頗る莊嚴にすること亦眞言のそれに出でこれに多少我が國風を加味するに過ぎざるが如し。附錄目錄の部慶長十五年の新陰流の傳書中、道場莊嚴儀式供物の品名を列記するもの及文政年間の灌頂極意の卷とを合せ見るときは容易に其儀式の大略を察知するを得べし。かくの如く劍道の傳授祕事が其源を眞言のそれに發することは疑ふ可からざることにて、又傳授祕事は當時足利末期一般の風潮に促されて世に行はれ、延いて德川時代に及びしものに過ぎざるべし、

然しながらかゝる風の行はれたる裏面には或は其傳授料を得んとする動機もありしなるべし、或は其傳授祕事を神聖にし尊重せしめてこれを輕視するの弊を防がんとするの意思も絕無なりしとは云ひ難し。要するに本來の精神は鍋島祕書にあるが如く絕對に祕するが爲めの祕事口傳にあらずして、人に確實に知らせん爲の祕事口傳なりしと解すべきものなり、又事實に於て戰國時代たると德川時代たるとを問はず、師範家にては實際斯道に熱心にて其傳授を受くべき技倆の弟子の一人にても多く出づるを希望すると同時に、金許の多數なることをも頗る歡迎せしものなり。次ぎに武術殊に劍道に於て口傳を尙び容易に書傳

せず、偶々與ふれば最初は切紙目錄の如き術名の羅列に過ぎざるものを以てし愈修行の功を積み堂奧を極め免許皆傳の地位に至りて初めて一切の傳書を與へたるが如き慣例の行はれたることは、武術の性質上大に其よろしきを得たる法なりと思惟するものなり。何となれば其技術未だ熟達せず、又其呼吸を充分に會得せざる以前に此等の奧祕を記載せる傳書を傳授するが如きことあらんか、其傳書に依賴心を起して此を體得熟達するの熱心を薄弱ならしむる恐れあり、鍋島祕書に傳書を受くるも實地に知らざれば書なきに同じ、子孫之を思ふべしと云ひしは卽ち之なり。武術は只だ傳書の上のみにて其方法を知り其理を知るも實地に之を運用するの技を練り其妙用を極めざれば何等の益なし、從て嚴密に論せば修行時代には書傳の必要なしと云ふも可なり、要は體得心養にあり。而して愈其流派の奧祕を極め免許皆傳の地位に達し他人の師範となるの身分となりし時に其流派一切の傳書不殘相傳を受け以て一方には備忘錄の用に供し、他方には自己の體得せし技術心法を傳書の敎ゆる所によりて對比研究して更に一層の研究をなすの資料とすべきものなり。又其流派の敎を極めし證として其流派一切の傳書を受くるの意味もあるべし。

要するに劍道其他の武藝に於て傳書を苟且にせざるは多少の弊なきにあらざるも大體に於て大に其宜しきを得たる法なりと考ふるものなり。最後に德川時代以前に於ける目錄其他の傳書の作者に就て一言論及して此節を結ばんとす。

そもく劍道の傳書の內容及傳授の形式等に於て大に眞言祕密のそれと相酷似し兩者の關係密接なるものありしことは既に述べし所なるが此外此等傳書の內容には禪宗とも密接なる關係あるを發見すべし。例へば新影流の目錄につきて言へば、

斬釘截鐵、殺人刀活人劍、踞地獅子、三學、正眼之構等

「註」斬釘截鐵

宗師の大機用を云ふ銳利なる刀劍の釘鐵をも斬截するが如く學人の知見の枷鎖を截斷して大解脫を得せしむるを云ふ、「碧巖集」第十七則「斬釘截鐵始めて本分の宗師と爲すべし」とあり。

殺人刀活人劍

「碧巖集」第十二則に「殺人刀活人劍乃上古の風規亦今時の樞要なり」とあり。

踞地獅子

地に踞まれる獅子の氣力全身に滿ちて寄りつくこと能はざること衲僧の勇氣威風當る可からざるに喩ふ「碧巖集」第八則に「有る時の一句は踞地獅子の如く有る時の一句は金剛王寶劍の如く」とあり。

三學

一に戒學二に定學三に慧學なり具には戒律、禪定、智慧と云ふ之を三藏に配すれば經藏は定學、律藏は戒學、論藏は慧學なり、學は猶飾りの如し、器飾らざれば以て美觀を成することなし、學ばざれば以て聖德を成することなし、故に此によりて修するものは聖果を證するなりと云ふ、

正眼

正法眼の略本分の事を證得したる宗師家の活眼睛を云ふ蓋し妄想分別を離れたるを以て一切時一切事に對して見誤ることなきが故なり、「碧巖集」第八十一則に「正眼從來獵人に付す」とあり。

の如き術名（附錄目錄之部參照）は卽ち禪語に出でたるを知るべし。

かくの如く目錄の內容及傳授の形式等に於て、眞言宗或は禪宗と密接の關係

ある所より考ふる時は此等の傳書の執筆者は、或は多く此等僧侶の徒にはあらざりしやとの疑ひを生せしむ。何となれば當時の武士は一般に學問の素養あるもの少なく、到底此等の梵字佛語等を用ゐて傳書を書き、或は適當の術名を選定するが如きことは容易になし得るところにあらざればなり、加之當時戰國時代の佛教は、大名等結托することを力めしが如き傾向あり、同時に武人も亦宗教的信仰を得んことを力めたり、或は又大なる寺院には各僧兵を養ひしが如き世なりしかば、當時の宗教家は武藝者と極めて接近し易き地位にありしなり、從て當時一般に無學なる武士が比較的文字を有する僧侶に依賴して之等の目錄傳書を執筆せしめたるが如きことは極めてあり易き事と謂ふべきなり、又僧侶神官等をして親しく筆を執らしめざりしとするも、或は此等の人々を顧問とし、或は文字的教示を仰ぎて著作せしが如きことも亦絕無ならざるべし。而して德川時代に入りては宮本武藏の親しく兵法三十五箇條及五輪書を著し、或は柳生宗矩及其子十兵衞三嚴が親ら新影流につきて種々の記錄をなし、當流の傳書數多出來せしが如く、漸次學問の一般に普及するにつれ一流を立てたる武藝者は自ら種々の傳書を作製するもの漸く多くなるに至れり、然しながら宗矩、三嚴の傳書編纂には尙裏面に澤庵和尙ありて其顧問となりしこと、三嚴の自著「新陰流月見之祕傳」の自序によりて明らかなり。又

克己流根源記にも

「然ルニ汝年來吾ニ給仕シテ劍術ヲ求ムル志日々ニ彌增暫ラクモ懈ラス眞ニヨツテ既ニ其功アリ我汝ガ爲メニ代々ノ家傳兵法ノ骨髓ヲ以テ新ニ一流ヲ建立シ與ント則同姓ノ禪僧ヲカタラヒ是ヲ執筆トシ流義ノ意ハ五智ノ一ツヲ取リテ大圓鏡知流ト名附ケ云々」

とあり、又宗矩に澤庵より心法傳授書として與へし、不動智神妙錄の如きは實に劍禪一致を說き明したる心法傳授書として空前の名著とも云ふべきものなるが此書も柳生流皆傳者には心法祕傳書として相傳することゝなれり。此等によりても亦僧侶と傳書との關係の密接なることを知るべし。之を要するに德川時代に入りては武藝者自身に執筆著述せし傳書類漸く多くなりしも、尙禪僧等の顧問となり、或は執筆者となりしもの少なからず況んや其以前の傳書類が、僧

侶、神官等の筆になり、或は其補助のもとに成りしもの多かりしは寧ろ當然のことゝ考ふることを得べし。

第四節　劔道流祖の見神悟道の傳說と其解釋

古來我が國には佛神に祈誓して心願の成就を冀ふの風遍く行はれ夢想により て其目的の成就せる例亦尠なからず。武術家も亦其例にもれず就中劒道家中には殊に其例の甚だ多きを見るなり。

先きに述べたる愛州移香の日向國鵜戶權現に參籠して夢に神猿形を現はして斯技の妙奧を傳へしを始めとして、彼の有名なる飯篠長威齋家直の香取の神に祈りて奧祕を授けられ、齋藤傳鬼は鶴岡八幡宮に參籠して妙旨を悟り、伊藤一刀齋は同じく鶴ケ岡八幡宮に祈りて無想劒を得、川崎鑰之助は上州白雲山の神に祈り、小田孝朝は常陸國芦男山の神に祈り、東下野守元治は鹿島香取の神に願ひ、福井平右衞門は信州飯綱權現に、若名主計豐重は下野太平山の神に祈願して何れも斯道の妙奧を悟り一流の祖となれり。

以上は皆劍道家なれど居合に林崎甚助重信の林崎明神に祈りて明神の老翁に現して長柄刀の益あることを授けられしが如き、或は片山伯耆守久安の阿太古の社に居合の神妙を祈り是夜貫字を夢みて大いに悟る所ありしが如き、或は又槍術に大内無邊の羽州横手郡仙北眞弓山神に祈りて靈夢を蒙り其神妙を悟れるあり、此外柔道にも亦揚心流祖秋山四郎左衛門義時の太宰府天神に祈り遂に其の祕術を悟れりと傳ふるが如き其例一々枚擧に遑なし。

凡そ干戈を執りて戰場を馳驅し生命を賭して戰ふべき武士に神を敬ひ佛を信ずるの念深きものあるは當然の事なるが、就中一擊の下に生死を決すべき運劍其他の妙技の練磨を業とする武術家に敬神崇佛の念深く從て又其奥祕の成就徹底を其神佛に祈願して其目的を達するもの多きも亦た怪むに足らざるなり。然らば以上列擧したる一流一派の創祖とも云ふべき各武道家の奇蹟的傳說は悉くこれを史實として取扱ひ得べきやと云ふに、余輩はこれに對して直ちに然りと答ふるを憚ると同時に、一言の下にそのすべてが悉く否らずと斷定するも亦早計なりと信ずるものなり。然らば此等の劍道家の奇蹟的傳說を如何に解釋すべ

きや。享保十五年十二月三日六十二歳にて歿したる井澤蟠龍子の著、『武士訓』の五の中に

一、俗間劍術を以て、人にてらふものあり、其劍術の祖何某といふ者、いづかたの神社にまうで、藝をいのるに、其神社あらはれて、つたへ給ふといひあるひは夢想をうけて、覺えたりといひ、禪法をまなんで劍術を得たりといひ、又はいづくの山にて、天狗にならひたりといふ。是皆大なるいつはりなり。神明は、一明德をさす、こゝろまことなるときは、心裏の神舍、たちまちひらけて自得するのみ、神明やしろのうちより出でたもふにはあらず、もしかたちをあらはし給はゞ神にはあらずして野狐なるべし。又禪法をまなんで、劍術を得たりといふは非なり、禪學者にも劍術師ありとはいふべし。又天狗は畜類なり、萬物の靈たる人倫、何のかけたることあつて、天狗金花猫などをまなばんや、人より人につたへたるこそたゞしき道なれども、それはめづらしげなしとて、かゝることを妄作し、愚昧をたぶらかし、米錢をむさぼるはかりごとをなすにくむべきのはなはだしきなり。

とあるが如く此等の傳説中には斯道の勿體を附し米錢を貪る等の策略上かゝる妄作をなしたるものゝありしは確かに事實なるべし。又元暦元年の正月に鹿島神社の禰宜等は使者を鎌倉に進めて社僧の夢に明神義仲及び平氏追討の爲めに京都に向はれしを見、又續きて奇瑞の起りしことを頼朝に進言せしめたる事實あり、或は又治承四年九月諏訪明神の神官大祝篤光は其妻をして頼朝を助けんとして信濃に在陣せし、武田信義、一條忠頼の陣を訪はせて吾者當宮大祝篤光妻也、爲夫之使參來、篤光申、源家御祈禱、抽丹誠參籠社頭、既三个日、不出里亭、爰只今夢想、着梶葉文直垂、駕芦毛馬之勇士一騎、西揚鞭畢、是偏大明神之所示給也、何無其恃哉、覺之後、雖可參啓、待頭之間參進云々」と告げしめたるあり。或は又其後吉田兼倶は夢に天照大神の吉田神社の大元宮の所に遷座せられしを説きしが如き、何れも靈夢に托して自社の神威を大にし或は社格を上んとし、以て世の信仰を厚くし自家の勢力を大にせんとするの例決して乏しからず。されば此等劍道家の奇傳的傳説中にも此種の神官等の妄説に基き後世にかく傳へられしが如きことも皆無とは云ひ難し。然しながら井澤氏の如く此等の全部が悉く然りとするはまた過言なるべし。何となれば劔道家が熱誠純潔なる精神を以て一向專念神に祈願を籠めたる結果遂に靈妙なる心境に達して其精神技術の至妙を得ることは現今の心理學上此を說明し得るのみならず、幻覺的神佛を見、或は靈夢によりて其奥旨の妙境を悟り得るが如きことも亦容易に說明することを得る事實あればなり。

註「從來の心理學者の見解によれば、一個人の精神は必然的に唯一なり。一の精神は徹頭徹尾唯一にして又之を分解して幾個かの精神にするとの到底出來ざるものなり。然れども最新の心理學的研究によれば一個人の精神は必ずしも唯一と限るべきにあらず。人は相互獨立無關係に活動する二三の精神を具へ得るものなり。又一個の精神は必ずしも不可分的のものにあらず。一個の精神は或は事情によりて分裂し以て二三の精神となり得るものなり。而して此に付て最も注意すべきことは斯く分裂して生じたる二三の精神は孰れも完全なる一人格として存在することと是なり。(中略)斯く一個人の精神が分裂して數個の人格的存在者となりたる時、此の事實を稱して複重人格と謂ふ。複重人格に於ける數個の人格には第一第二等の區別を附す。從來精神の顯在的活動を繼承しをるものを第一格と云ふ。其潛在的活動が顯在的活動より分裂して獨立に發達したるものを第二人格と謂ふ。（中畧）第二人格は第一人格を補助し之に忠告を與へ之を慰藉し之を指導し以て彼の善良なる朋友として現はるゝことあり。而して其最も善良にして最も勢力強き第二人格は時として神或は佛の形相に於て第一人格の目前に現はるゝことあり。幻覺的神佛是なり。（福來博士心理學講義附錄聖者見魔の條）

而して第二人格が幻覺となりて現はるゝことの心理學的過程に付ては同氏『催眠心理學』第十二章（催眠と錯覺及び幻覺）中に

外界の物理的或は化學的力が吾人の感覺機關を刺戟して茲に一定の神經興奮を惹起し此興奮が神經纎維によりて內向的に走向して皮質中樞に進入し茲に感覺的生理過程を生ずるは則ち日常の感覺或は知覺を生ずるの心理的過程にて別段論ずるに足らざる事なり。此場合に於て感覺或は知覺を惹起するの原動力は外界の物理的或は化學的の力是なり。此の現象に馴致せる通常人は感覺或は知覺の原動力は唯獨り外界の物質力是のみと思惟し、精神中の主觀的觀念にも亦此の物質力と同等なる力あることを思惟せざるなり　然れども觀念は感覺或は知覺の原動力として實に外界の物質力と同等の働きを有するものなり。是本章に於て論ぜんとする題目なりとて「觀念は中樞よりして刺戟を外向的に傳搬し感覺機關を刺戟し茲に外來刺戟が感覺機關を刺戟することにより生ずるところのものと同一なる解發を感覺機關の感覺細胞に生ずる力を具ふ而してかくして生ぜられたる神經解發は内行的に走行して意識域内に入り以て茲に最初の觀念に相當する所の感覺又は知覺を生ず」と説明せり。

元來幻覺的神佛なるものを觀念の刺戟によりて現はるる主觀的産物にして之に對等する何等の實體も精神外になきものなり。然れども幻覺の此の心理學的過程につきて何等知る處なき人にありては幻覺的神佛を捕へて直ちに客觀的事物、卽ち實體の神佛と誤想するに至るは勢の免れざる所なり。彼の劒道の祖師が(熱誠純潔なる精神を以て)武道の奥至を悟らんがため神社に參籠祈誓したる結果、遂にかくの如き幻覺的神佛の出現を觀、是を客觀的に實在の神佛と信じたるものならむ。或は又時としては宗敎家が神を見、佛に參するものが眞正に見性悟道するが如く此等劒道家中にも熱誠純潔なる精神を以て一向に祈誓を籠めたる結果遂に靈妙なる心境に達して其精神技術の至妙を得たるもの卽ち幻覺的ならざる純正の見性悟道に達したる一種の宗敎的經驗に得たる人も皆無ならざるべし。又かゝる一種の宗敎的經驗の感得毫もあることなく全く蟠龍子の批難せるが如く、斯道を神聖にして世人の信仰を得或は自己の名を賣り米錢を貪るが如き策略上かゝる僞作説を敢てせしものもありしなるべし。而して其何れが眞にして孰れが僞なるかは容易に斷定し得べきものにあらず、要するに此等の奇蹟的傳說の總てが眞なり或は僞なりと速斷するは孰れも當を得たるものにあらざるなり。余は世の學者中往々これ等の記事を以て直ちに悉く眞の僞作妄說として排するもののあるを以て一言茲に辯じたのみ。

第四章　重なる諸流派

足利末期に至りて空前の發達盛觀を呈せし劍道界は、各門戸を張りて其子弟を教養するの風を生じ遂に幾多の流派を生ずるに至りしことは既に述べたる處なるが、此等の諸流派中當時に於て最も著しき代表的流派とも云ふものを選んで左に述べんとす。

第一節　影流の諸派

足利末期に於ける劍道の諸流派中最も注意すべきものを影流、新當流（神道流）及び一刀流の三流派なり。就中影流は陰流とも書し其由來頗る古く明國にも傳はりしこと『武備志』に見え、且つ本期に於て最も盛んなりし新影流を出せしのみならず、德川時代に至りても亦諸流派中最も隆盛を極めし柳生流を始め其他幾多の分流を生じ各藩に於ても亦恐らく諸流派中最も盛んに教習せられし流派なりしならむ、然らば此の影の流は、そも〳〵如何なる由來を有する流派

なるやと云ふに、上泉武藏守の自ら著せし新影流の目錄中の『當流由來の卷』（附錄第二參照）に

たうりうのきほんは、あいすいかふ、といふひとあつて、へいはうのしよりうをきはめ、そのなかよりいちりうをえらみいだし、よにひろめんとほつす、しかるのち、きうしうのくにに、おもむひて、れいしやあり、これをうとのだひこん氣んといふ、いかふ、かしこにいたつてさんろうすること三七日たうりうをてんかにおいてるふせんことを、ふしねかふ、すてにむちうにつけをかうむつてこうしようこくいをさたむ、（中略）これよりしてなをしかひにおいてあけほまれをきうしうにおいてふるい、かけのりうとかふす（下略）

と見え、其他本朝武藝小傳、異稱日本傳、日本中興武術系譜略、及び、新撰武術流祖錄、新影流の諸目錄卷末〃師系圖等の記事によりて、本流は正しく愛州惟孝（移香とも記す）と云ふ兵法者の開きしものにて、日向國鵜戸權現の社に參籠し靈夢を蒙りし後に始めて影の流と云ふ流名を稱せしことを知るなり。然しながら其流名の字義につきては未だこれを詳かに記するものなし。柳生流四代目の師範柳

生對馬守宗在の門人佐野嘉内源勝舊と云ふ人の、正德六年に著せし柳生流新祕抄の中には、

「愚見には陰は茂れる草村を見るが如く流儀の奥蘊とや云はん流は一滴よりながれて四海に溢るべきなり」

とあれど余はこれを採らず。余の考ふる處によれば同流の表に猿飛・猿廻・山影・月影・浮舟・浦波(附錄第一參照)とある山影・月影・(山陰月陰とも書す)の陰(影)を採りて影(陰)流とせしものにて勝に進む所の一心を指して陰と云ひ、劒を振ふ身體四肢の動作を陽とす、而して敵に未だ動作に現はさず、只心の内に思ひ定めし其刹那、恰も水が月の影を移すの速かなるが如く、直ちに我心に敵の心卽ち影をうつして之に對して勝を制するの義にとりて影の流又た陰の流と名づけしものと信ずるものなり。何となれば、山影月影の業を實際に考へ、又影流全體の敎法を總括して捕へ得る處の全精神等より、かくの如くに解するを以て最も適當なりと思はるればなり。

又本流の開祖愛州移香は、

『師系集傳』に

「奧州の產足利氏季世の時の人幼より刀槍の技を好み廣く諸州を修行し九州に渡り鵜戸の磐屋に參籠し劍術の微妙を得んことを祈る夢に神猿の形に顯はれ奧祕を示す一旦惺然として大悟す自ら其名を影流と號し其人に非れば傳授せず是中興刀槍の始祖也上泉信綱其傳を繼ぐ」とあり、『新陰流外の物謀略卷略解』の中「口訣之條々」の條には「此卷は遙に彼の愛州移香の書なりさるによりて當代の人下根と也代々の愛州氏藤原家にて古より代々相續して鵜戸大權現に仕奉り則神主社職を蒙り今に至り日向國の社に在住せり（此書享保三年ニ書セシモノ）上泉武藏守在世の時にあたり移香の嫡男の愛州小七郎と云ふ人當流の達者名譽によりて初て武藏守是を爲師兵術名人と唱えられたると也疋田豊五郎と武藏守と劍術仕合の事、物語口達者此時より武藏守を豊五郎師と憑みて修行有、程無、劍術成就してそれより上野左馬助に授け持續す」

とあり、前者は奧州の產とし後者は代々鵜戸權現の神主社職と云ふ恐らく後說正しかるべし。されど上記の諸書其他には其生國を記するもの一もなく、其生死年月は勿論、其他の記事詳かならず。余は只彼の子に愛州小七郎惟修と云ふものありて其傳を繼ぎしこと新陰流目錄の卷末の系圖及び武術流祖錄等にも見え、又上泉武藏守との關係及び明國に傳はりし影流の目錄等より考察して應仁前後の人ならんと推知するものなり。而して又此流の敎授せし術名の如き彼の明國に傳はりし影之流の目錄（附錄第二參照）によりて略ぼこれを推知すること能はざるにあらねど、こは暫く略して上泉武藏守の新陰流の術理と併せて之を說くことゝせむ。

抑も上泉武藏守は劍道史上極めて重要なる位置を占むる人にして影流の諸派が戰國時代より德川時代にかけ全國に流布して諸流派中最も隆盛を極むるに至りし素地は多く此人によりて造られたりと云ふも不可なきなり。

抑も上泉武藏守信綱の家系は代々上州群馬郡上泉村に住したる處より、其地名上泉を採りて苗字とせしものにて其先は遠江國俵藤太秀鄉より出で代々上野國大胡の城主なりしが、父上泉武藏守義秀（初憲綱）の時城を落されしと云ふ、其子信綱は初めて長秀又は秀綱と稱せしが後武田信玄の一字を賜はりて信綱と改む、又後年信綱は其子と共に禁裏へ參內し伊勢守は從四位下武藏守に任じ、子は從五位下常陸介に任ぜらる、故に諸書始めは伊勢守と書し後武藏守と記せり。

註、「かくの如く或は伊勢守こ云ひ或は武藏守こ稱し或は又信綱こ書し或は秀綱こ記する處より、余は始め此等は果して同人なるや否やに迷ひ又他人よりも屢々其尋問に接せり故に特にこれを記せり、」

彼は長野信濃守に任へ上州箕輪城にありて屢々戰功を樹て此家にて十六人の槍と稱せらる、中にも信濃守、同國安中の城主(姓名未詳)と合戰の時槍を合せ上野國一本槍と云ふ感狀を信濃守より授けられし程の人なりしが、幼より刀槍の術を好み後愛州惟孝の子小七郎につきて影之流を極め遂に精妙の域に達し、後工夫を加へ之を潤飾して新陰流と號せり。當時戰國の世は文字の使用亂雜を極め固有名詞の如きも同音同訓なれば、平氣に異字を用ふるの風あり、例へば匹田文五郎を株田文五郎と記し、或は疋田豊五郎(附錄起請文の部參照)とするが如し、從つて上泉武藏守自身にも新影流と書くべきを眞影流と記せし實例あり、(附錄第二劍客の書狀の部參照)從つて後世に至りても、本朝武藝小傳、武術系譜略、武術流祖錄等の諸書の如き多く神陰流の文字を使用し、其他神陰・新影・新陰・眞陰・を混用するもの尠からず。然るに元祿前後に起りし直心影流の傳書の如きを神陰と云ふ文字に附會して流名の由來を說くに此流祖を杉本備前守政元とし、神より秘術秘傳を授けられて一流を開きしものなれば全く神の御蔭によるものなりと云ふ處より神影又は神陰流と名づけたりと云ふに至れり。又柳生新陰流の傳書、新陰流由緒中

「當流新陰流と申事は宗嚴兵法の劒術調練たるの故を以て師匠武藏守と仕合することに師に増るによりて師の云敎事悉く術勝て予に増るは是凡人にあらず汝は摩利支天たるを賞して今日よりして汝は予の師たり以上流儀を新たにすべきとの免有之より新陰流と改めらるゝなり」

とありて、柳生宗嚴に至りて初めて新影の名稱を用ひたるが如くに說くものあり。然しながら本來此新影流は上泉武藏守信綱が、愛州惟孝の影流に工夫を加へ更らに潤飾して一流を開きしものなれば愛州惟孝の影流卽ち古影流に對する新影流の意にて名づけたるものにて神影とするは非なり、新影と書くを正しと

す。又柳生宗嚴の初めて新影を稱せしとするも非なり。上泉武藏守初めて此流名を稱せしものなり。何となれば新影流の開祖上泉武藏守自身にて著作せし新影目錄中の、

當流由來の卷（附錄第二目錄の部參照）

「たうりうのきほんはあひすいかふといふひとあつてしよりうをきわめそのなかよりいちりうをゑらみいたしよにひろめんとほつす、（中略）けたしたうりうゑんひ、いけのたちそのしつあつてその花なしせんしんこれをちうことかふすよかひさくせんとほつしてくわしつとそなへんとおもひて云々（中略）よいまあにさんらんならすやなんそくわしつとそなへてもつてしんかけりうとかふすものなり」

とあり、其他同一類の目錄皆新影の文字を使用し、

鶯飛の卷にも

「（上略）於倭者從伊弉諾尊伊弉冊尊命至今日不可一日無之其中間上古流・中古念流・新當流・亦復・影流・其他不勝計究諸流奧源於新流別抽出奇妙號新影流、云々」（附

錄慶長十五年の目錄參照）とあり、其他の書中にも古影に對する新影の義なることを明記するものありて、是を確證する史料多々あればなり。

以上は流名新影の由來につきての考證なるが、之を要するに彼れは斯くの如く新影の一流を開く丈けの劍道の達人なれば、箕輪城主長野信濃守に仕へて度々戰功を樹て其盛名を馳せしが如きは寧ろ當然なりと云ふべし。然るに永祿六年武田信玄の爲めに箕輪城遂に落城するや、信玄は兼ねて上泉武藏守の盛名を聞きしかば禮を厚くして之を招き自己の麾下に列せんと務めしも、上泉を辭して仕へず神後伊豆守疋田文五郎等の高弟を從へ武者修行して諸國遊歷の途に上れり。

註、上泉武田信玄の招きを辭するに次の如き口實を以てせしこと、甲陽軍鑑に見ゆ、甲陽軍鑑の史的價値につきては既に定評あれば此記事の如き直ちに採りて正しき史實とすることを憚れども　其當時の事情としては當然ありがちのことゝ思はれるが故に參考のために註として左に其記事を引用し置かむ

甲陽軍鑑曰く

「永祿六年箕輪城を攻落され信濃守衆二百騎餘り召おかるゝ中に、上泉伊勢守と申者も武變譽多き士なるが信玄へ御いとま申上候仔細はあいすかけの流と申兵法を習ひ得て此中より某仕出し新陰流とたて、兵法修行仕度候奉公いたすにおいては信玄公へ注進申べく候、奉公にてはなく修行者に罷成候と申上る故御暇被下る也」

かくて彼れは一時尾張の織田信長の處に滯在せし後遂に京都に上り來れり、京都に來りし年月詳かならざれど、言繼卿記に永錄十二年二月二日の條に、大胡武藏守が言繼卿の宅を訪ねしこと見え初めし以來、元龜二年七月二十一日（永祿十三年四月二十三日元龜と改元）の條に、「大胡武藏守本國へ下向云々暇乞ニ來ル」（以下略）とあるまで約二年六ヶ月間の日記中、上泉武藏守の記事三十二ヶ所に見ゆ、これによつて考ふれば少なくとも永祿十二年二月以前に上洛し、元龜二年七月本國へ下向まで約三ヶ年間に亙りて多く京都に滯在せしを知るなり、（此間大和に行き或は宇治まで出陣せしこと等あれど）然るに彼れは義輝將軍に召され劍術のことにつき種々の御下問に應答し又義輝將軍の御前にて兵法を御覽に供したることありき。其時伊勢守門弟八十四人中より丸目藏人佐が選拔せられ伊勢守の討太刀を命ぜられ足利義輝公より上泉及藏人佐に左の如き感狀を賜はれり。

「上泉兵法古今無比類可謂天下一並丸目打太刀是亦可爲天下之重寶者也

三月十日　　義輝花押

上泉伊勢守殿

丸目藏人佐殿」

かくて義輝は上泉の兵法無類なるに感じ召抱へんとせしもこれを辭し其高弟神後伊豆守を推薦して、義輝に劍術を敎へしめたりと云ふ。これによつて考ふれば少なくとも上泉は、永祿六年箕輪落城以後、永祿八年三月以前に上洛せしことを知るなり。何となれば將軍足利義輝は、永祿八年五月、松永久秀等の爲めに弑せられしが故也、これ等を綜合し考ふれば、上泉は永祿六年箕輪落城以後、永祿七年三月までの間に上洛し、元龜二年七月上野へ下向まで約七八年間京都に本據を据ゑ近國にも往來して新影流の兵法を流布せしことを知るなり。

大和國柳生にありし、柳生宗嚴が上泉を迎へ師として其兵法を學びしも此間の事なり。言繼卿記元龜二年七月三日の條に、「大胡武藏守從和州昨日上洛云々國之儀來談了」とあるは恐らく宗嚴の處より歸り來りしものなるべし。かくて彼れは言繼卿の結城殿宛書狀に、「仍上泉武藏守被上洛公方以下悉兵法軍敗被相傳無比類發名之事實云々」とあるが如く上は將軍公卿より信長麾下の將士並に柳生宗嚴の如き、或は九州より其盛名を慕ふて來れる丸目藏人の如き勇將勇士に至るまで、此新陰流を敎習せしめ、非常なる盛名を博したるを知るべし。尚此外上泉武藏守信綱より、丸目藏人佐宛の書狀(附錄第二劍道名家書狀の部參照)の中に

「仍九州他流之兵法皆以打拂之由其聞候別而滿足之至不過之候云云」

「京都諸奉公衆歷々閣他流眞影流繁昌之儀に候間可有御悅儀候坂より東當流成申候云々」

の文句ありこれを事實に徵するに、

「示現流聞書喫緊錄に

東新之丞者奉始公（公とは薩、日、隅、三之太守少將忠恒公を指す）御國一統之雖師範立合於重位被打伏于重位之後難居於鹿兒島移于福山凡半年計居于此所、其後亦移莊内居凡三年計、其後出他國也居于福山之時有弟子故體捨流傳福山云々、東氏者元來肥後之住士也、而來蒲生居住焉、體捨之上手也、故忠恒公召鹿兒島命御師範矣、東氏之師者肥後國住人丸目藏人入道鐵齋也」

とあり、而して重位と東新之丞との試合は、慶長九年二月のことなれば其以前に於ては新影流之一派體捨流（上泉武藏守門人、丸目藏人佐の開きし流名）が三州の大守忠恒公のみならず、御國一統之劍術として修行せられたるを知るに足る。又肥後の國に於ては丸目藏人佐の本國なれば、此を修行する者多きは當然にして、藤井六彌太がタイ捨流の極意に達せしが如き其證とすべきなり。（附錄第二劍道名家書狀之部參照）

又「大友興廢記」（五郎御曹司御そたちの條に）

「大友義鑑公の御長男五郎義鑑公御幼少の頃は御行儀あらく手習にも御心を入れられず朝夕兵法のみはやわさにすかせ給ひて御近邊にめし仕はる若侍をみなそのころはやる體捨流の弟子になし常々仕相をさせ御らんせらるゝ云々」

とあり、其他德川時代に至り、筑前福岡地方に體捨流の一派阿部立と云ふものが盛んに行はれ、或は肥前佐賀地方に體捨流が德川末期まで盛んに行はれしが如き事實より綜合して之を考ふれば、上泉の門人丸目藏人佐が新影流より開きし新影體捨流が北は筑前地方より南は薩摩地方に及び、西は肥前の佐賀地方より、東は豐後地方に至るまで弘流せられしことを知るを得。彼の書狀中の「仍九州他流之兵法皆以打拂之由其聞候別而滿足之至不過之候」とあるの決して僞りならざるを知るべし。上泉の本國より遠かる西方九州に於て斯くの如し、況んや上泉の本國地方坂東方面に於て此新影流の盛んに流布せられたる推して知るべし。彼の書狀中「坂より東當流に成申候云々」とある亦事實なるべし。かくて其高弟疋田文五郎の、豐臣秀次の師範となり、更らに豐前小倉の細川忠利に仕へ、遂に疋田影流を起して之を九州地方に傳へ、德川時代を通じて肥前の唐津藩、肥後の熊本藩、筑後の久留米藩を始め、九州の各地に傳はるあり、或は柳生宗嚴は其子宗矩と共に德川幕府に仕へ遂に新影流をして將軍の御流儀となし德川時代を通じて其繁盛を呈するに至れり。かくの如く述べ來るときは、本期に於て上泉武藏守の開きし新影流が地理的分布に於ても社會階級に於ても、如何に廣く且つ盛んに行はれしかを知り得るのみならず、德川時代の劍道界にも如何に重要なる地位を占むるかを知るべきなり。

次ぎに新影流の術につきて研究せんに、新影流の開祖上泉武藏守信綱が、柳生但馬守に直接傳へしと云ふ、傳書、『玉淸集』及び丸目藏人への直傳の切紙『殺人刀、活人劒』等を實見せしのみにて未だ其目錄類の全部を見ること能はざれば、信綱の傳へし技術の種類、其術名等悉く知ること能はざれど、明國に傳はれる影之流の目錄、慶長十五年七月吉日の日附ある上泉伊勢守信綱より、西一頓を經て山北三藏に傳はりし目錄十種、及び上泉武藏守より疋田文五郎に傳はり、更らに山岡太郎右衞門を經て嶋田佐源太に(寛永五年)傳はりし疋田新陰流の目錄、及び上泉より柳生宗嚴に傳はり、同宗矩より鍋島元茂に傳はりし柳生新影流の目錄等を比較研究すれば、略ぼ上泉の傳へし技術を推知し得ると同時に、同じ上泉武藏守の新影流より出でし柳生新影流、疋田新影流、タイ捨新影流等の間に如何なる異同あるかを明らかにするを得べし。されば左に此等の術名表を作製して比較研究の便を計り、併せて二三の注意すべき點のみを述べ其技術の一々につきての解釋は之を略し、若し此一々の術につきて知らんと欲せば如何にして之を研究了知し得べきやを述ぶるに止めんとす。

影流に屬する諸流派中最も著しき

新陰諸流の目錄異同表

武備志記載影之流目錄斷片（文祿四年）	上泉より西一頓に傳はれる新陰流の目錄	上泉より疋田文五郎に傳はる新陰流の目錄	上泉より柳生宗嚴に傳はる柳生流の目錄
影之流目錄 猿飛 虎飛青岸 陰見 猿回 第三山陰（以下圖略ス）	燕飛 前書（略） 猿廻 山陰 月影 浦波 浮舟 山霞	新陰之流猿飛目錄 前書（略） 一、猿飛　一、猿廻 一、山陰　一、月影 一、浮舟　一、浦波 新陰三學之卷 前書（略）	三學 一刀兩段　斬釘截鐵 半開半向　右旋左轉 長短一味 九箇 必勝　逆風

獅子奮迅

三學
一刀兩段
斬釘截鐵
半開半合
右轉左轉
長短一味
九箇
必勝
逆風
十太刀
花木
捷徑
大詰
小詰
八重垣
村雲

一覽行　一松風
一花車　一長短一味
一徹底　一磯波

新陰位詰之目録

前書（略）

一、高波　一、逆風
一、岩碎　一、殘心
一、清月　一、眼勝

天狗書祕傳之卷

前書（略）

一、亂勝
一、鈎極
一、雲截
一、電光

手留

十太刀　和卜
捷徑　小詰
大詰　八重垣
村雲

天狗抄

花車　明身
善待　手引
亂劒　二具足
打物　二人懸

廿七ヶ條截相

序
上段三　中段三
下段三
破
上段三　中段三
下段三

禁制 一ヶ條
天狗書
心光劍
殺活劍
當流起本
口傳次第之事
道場莊
謀略大事口傳

曲 勝曲 勢
手 縛 亂 勝
新陰流灌頂
極意之卷
前書（略）
三光之利劍
新陰流紅葉
觀念之卷
（略）
八所之目着並ニ
先持後拍子之事
（略）
外之物謀略之卷
三十三ヶ條（略）

急
上段三 中段三
下段三
燕飛
燕飛猿廻
月影山陰
浦波浮舟
折甲十力

右の表中、猿飛・猿廻・月影・山陰・等の術名は既に明國に傳はりし影流の目錄の斷箇に見え、新影流之目錄（慶長年間）其他柳生新影流の目錄及び疋田新影流にも見る所にして、是等は明かに愛州惟孝の發明命名せし技術中の一部分なることを推知し得るのみならず、上泉武藏守之を傳承し柳生、疋田等に傳へ彼等も亦各自の立てし流中に其術名其儘を踏襲せしことを知るなり。而して此等の術の多くは新影流に於ては今日と雖も型として行はれつゝあるものなり。（附錄第二目錄の圖參照）又此猿飛（燕飛・燕廻・月影・山陰・浦波・浮舟）と三學（一刀兩斷、斬釘截鐵半開半向、右轉左轉、長短一味）九箇（必勝・逆風・十太刀・花木・（和卜）捷徑・大詰・小詰・八重垣・村雲）、其他天狗書の如きは比較的研究上上泉武藏守の所謂新影流の中の術名なりしことを推知するに難からざるなり。而して此等の中には愛州影流より傳承せしものも多かるべし、而して又殺人刀、活人劍、及び心光劍、心妙劍と稱する太刀あり、何れも上泉新影流の至要祕傳之太刀なり、尙此外上泉信綱の傳へし術名あらむも柳生、疋田、或は丸目等の高弟が各自の得意とせる術を新たに加へ、或は其業に多少の修正を加へて其術名を變じ、或は術の配列組織を變更して遂に自流を立てしが故に此等互に相混淆して之を辨別すること能はざるなり。但し技術の外唯心を剛にして用心を臆病にせよと云ふ事卽ち、「天雖高踞地雖厚不荒踏」と云ふが如き心持を敎へたる『外物謀略卷』の一書は(附錄參照)上泉武藏守の書きたる事、疋田文五郎より四代目の師範藤原景根(上野喜三右衞門)の講義せる新影流謀略之卷畧解中に見えたり、又疋田新影流には以上の外位詰、紅葉觀念の卷、灌頂極意の卷、又極意之太刀、三光之利劒など稱するもの既に寬永五年の同流目錄に見ゆるが、こは恐らく疋田文五郎より初まりしものなるべし。又丸目藏人佐鐵齋の新影タイ捨流の目錄は(刀之截斷·截合重段·半開重截·兩强勝弱·左截仕合横切仕合)極意(懸之卷·保壽劒·高妙劒·風勢劒)極々意(無石熖刀·空開·柳風力(目付之事)遠山之目付、陽之目付、陰之目付、甲乙中、虎籠詰)とありて上泉傳の術名と著しく異なるもこは恐らく同流目錄類の全部にあらざるべく、而して此目錄に記する所が主として丸目氏自身の發明せし得意の技術なるべし。

以上は上泉信綱の開きし新影流を中心として、其源流。影流、及其末流柳生流、疋田流、丸目のタイ捨流、の敎へし技術に如何なるものありしやを述べたるが、此各術の如何なるものなるかを知らんと欲せば、其師範家に傳來せる幾多の傳書（附錄第一參照）中此等の術名の各につき其遣ひ方及び其心得等まで解說せるものあり。又此等の多くは今日尙其流の師範家に型として傳來敎習せられるが故に、此等の實地の演技と傳書とを併せて考ふれば容易に之を知ることを得るものなり。

最後に影流の主なる師系圖を擧げて此項を結ばむ。

愛州影流 愛州移香（惟孝）— 愛州惟修（小七郎）— 新影流 上泉武藏守信綱

鹿島神陰流 杉本備前守政元 …… 上泉武藏守信綱（一說ニ依ル）

上泉武藏守信綱
- 神後伊豆守
- 疋田影流 疋田文五郎
  - 山田浮月齋
  - 中井新八
  - 上野左右馬助
- 柳生新陰流 柳生但馬守宗嚴 — 宗矩
- 新陰タイ捨流 丸目藏人鐵齋
- 奥山孫次郎公重 — 眞新陰流 小笠原長治
- 西一頓源高乘 — 山北三藏

第二節　天眞正傳新當流(又新道流)の諸流派

天眞正傳新當流(神道流)の祖は飯篠山城守家直入道して長威齋と號す下總香取郡飯篠村の人也後同州山崎村に移る幼より刀鎗の術を好み鹿伏兎刑部少輔に就きて之を學び遂に精妙に達す、傳ふる所によれば彼は常に鹿島香取の神に祈誓して其技術を天下に顯はさむことを願ふ一夜夢に神明來りて一卷の書を授け汝後に天下劍客の師とならむと告げ給ふ、家直夢裡に之を受けて之を讀む、覺めたる後猶之を記憶す、よつてこれを其術に試みるに千變萬化の妙を得茲に天眞正傳神道流と號すとあり。其眞僞は別として、彼れが鹿島香取兩神宮に其精妙を祈り天眞正傳新當流と潛稱せしは事實ならむ。天眞正傳新當流は普通之を略して新當流と稱し神道流或は新道流とも書せり。(理由前說と同じ)此流名の義につき神道流刀術者は之を說明して曰く、「鹿島香取の兩神より長威へ授け給ふ刀術故傳書に天眞正傳と有り天眞正とは兩神の御事なりと云へり」と如何にや。之を要するに彼れは愛州惟孝と共に、我國兵法中興の祖と稱せられ劍道史上

の重要なる劒道家なり、長享二年四月歿す。（一說には長享二年六月十五日とあり）
謚號泰巖院殿來翁道本大居士と云ふ。

註擊劒叢談には上泉伊勢守信綱も此人に就て學ぶとあれど余はこれを信ぜず、何となれば長威齋の歿せし長享二年信綱假りに十歲とすれば永祿六年箕輪落城の時は信綱は八十六歲となればなり。

其門に諸岡一羽、塚原土佐守、松本備前守政信等の名手を出す、末流多く斯道中興の祖と稱せらる。例へば諸岡一羽の一羽流、其門人根岸兎角の微塵流、塚原土佐守の子塚原卜傳の卜傳流、松本備前守政信門人有馬大和守乾信の有馬流の如き最も名あり。北條五代記、早雲記等に委しく見ゆる諸岡一羽の門人岩間小熊と、根岸兎角との勝負の如きは頗る有名なるものなるが茲にはすべて此等を省略することゝし、本流の系統中最も有名なる塚原卜傳の卜傳流を本期に於ける神道流諸流派の代表として之を述るに止めむ。塚原卜傳は常州塚原村の人也名は高幹幼名は朝孝と云ふ鹿島の祠官卜部覺賢の第二子なり、塚原土佐守安幹は飯篠長威齋に學びて天眞正傳神道流の傳を受く、其子新左衞門之を繼ぎしが不幸にして夭死す、こゝに於て卜傳は入りて塚原土佐守の嗣となり其傳を繼ぎ、其後諸州に修行し大に其名を顯はし一の太刀を發明し遂に卜傳流の名を後世に傳ふるに至れり。後京都に到り將軍義輝の師として室町に候せしが、後室町を退き武者修行して坂東坂西の國を遊歷するに多數の從者を從へ其權勢頗る盛んなりしと云ふ。

（武藝小傳、關東古戰錄、常山紀談、武道百首奥書、新當流傳書、擊劍叢談、明良洪範、管信友全集等）

註甲陽軍鑑曰

「つか原ぼくでんは、兵法修行仕るに大鷹三もこすゑさせ、のりかへ三疋ひかせ上下八十人計召つれありき、兵法修行いたし諸侍大小共に貴むやうに仕なす、ぼくでんなど兵法の名人にて御座候」

卜傳すべて軍の場を踏めること九度、譽れの高名せしこと七度にして敵の首を捕ること二十一度なりきと云ふ（古戰錄）

註塚原卜傳百首奥書に曰く

「十七歲ニシテ洛陽淸水寺ニ於テ眞刀仕合ヲシテ利ヲ得シヨリ五畿七道ニ遊ビ眞劍ノ仕合十九ヶ度軍ノ場ヲ踏ムコト三十七ヶ度一度モ不覺ヲ取ラズ疵一ヶ所モ被ラズ矢疵ヲ被

ルコト六ケ所ノ外一度モ敵ノ兵具ニアタルコトナシ凡仕合軍ノ場トモ立逢フ所ノ敵ヲ討取ルコト一分ノ手ニカケテ二百十二人ト云ヘリ五百年來無雙ノ英雄ナリト云フ」

晩年郷里に歸りて斯道を教授し元龜二年歿す、齡八十三。かくて列侯諸士の卜傳に從て其敎を受くるもの甚だ多く就中伊勢國には國司北畠權中納言具敎卿、(關侍傳記、勢州軍記古戰錄、武藝小傳)京には細川兵部大輔藤孝朝臣(松永貞德記古戰錄)の二人卜傳の發明せる一の太刀の極意を得、卜傳の死後其子彥四郞幹秀は父の遺言によりて北畠具敎卿を訪ね其一の太刀の極意を得たりと云ふ。(野史)其他武藏忍城主成田十三郞入道(北條記)常陸眞壁城主暗夜軒道無、結城政勝、佐野大德寺、齋藤傳鬼坊、上泉伊勢守(古戰錄)松岡兵庫助則方(鹿島大視舊記、武藝小傳)等其名高し、

「註」卜傳と上泉武藏守との師弟の關係に就て

明良洪範、武術流祖錄、常山紀談、大日本人名辭書其他近來の武術書にて塚原、上泉の事を記せるものゝ殆んど皆塚原卜傳は上泉武藏守にも學びしとし其門人に加へ或は流派の傳統系圖などに卜傳を上泉より出るが如く記せり。又武藝小傳にも明かに弟子と記さゞるも、「此時野州有上泉伊勢守者陰之流刀槍の達人なり卜傳則赴野州謁上泉究心要」とあり、然し乍ら余は之を採らざるなり。何となれば卜傳は勢州軍記、座主日記、常陸國志

等に元龜二年三月十一日行年八十三にて歿したる確證あり、而して前節に言繼卿記等を引用して上泉武藏守が元龜二年頃まで京都地方に滯在して新影流兵法を遣ひ盛んに活動せしことを記しおきしが、卜傳は上泉が未だ歸國の途につかざる元龜二年三月十一日既に八十三の高齢にて歿せし事實より考ふれば上泉より卜傳の方遙に高齢なりしが如く考へらるゝなり。勿論名人に於ては年齢の少長によりて技術の優劣を判じ師弟の關係を論ずべきものにあらねど、それも程度問題にて年齢も著しき相違あることは又看過すべからざるなり。況んや『垂統大記抄』には『與上泉伊勢守講究其技』とあり、『北條五代記』及び『關東古戰錄』には反つて上泉伊勢守を以て卜傳の弟子とするものあるに於ておや。然らば余はこれを如何に解するやと云ふに以上二說中につきて其贊否を求むれば、年齢の關係上寧ろ後說の方可なりとすれども余は更らに說あり、それは兩氏の關係と見ず交友研磨の關係にていづれを師とも弟子ともなし難きものと信ず、かゝる事實は今日に於ても其例頗る多し、而してかくの如き關係なるが故に其筆者の立場及見方によりて互に或は師とし或は弟子とせしものならむ、尙上泉武藏守の歿せし年と其年齢との確證を得ば更に此問題の解決上其利益多からんも未だこれを發見し得ざるは遺憾なり。

最後に卜傳流の術につきて其大要を述べんに、卜傳流の傳と卜傳以前の三代卽ち飯篠長威齋、塚原土佐守安幹、塚原新左衞門までの傳とは相違するところ多しと云ふ、是れト傳に至りて大に改良修飾を施し又一の太刀の如く新たに工夫發明せるもの多かりしによらむ。長威齋の傳は未だこれを見ざれどト傳流の傳は其目錄並びに傳書の寫しを得たれば之を詳かにすることを得れども玆には其術名を擧ぐるに止めんとす。卽ち、

七重、（一、引　一、車　一、違　一、薙　一、亂　一、手縛）

霞、（一、遠山　一、瀧落　一、鳴羽返　一、磯波　一、突留　一、上霞）

間、（一、間太刀　一、天卷切　一、角切　一、夜太刀）

右太刀數十八本の外に

三本の十箇として（一、陰縛　一、下縛　一、上縛）

小太刀五箇（一、正劍　一、奇劍　一、間違　一、裏留　一、打別）　五箇（一、大陰劍　一、花雄劍　一、劉亮劍　一、皓侈劍　一、大極劍）

あり、更らに高上極意の傳として、

一文字、横一文字、英傑、天利、無想、一ノ太刀を傳ふ。

之を要するに飯篠長威齋の創めし天眞正傳神道流に於ける塚原卜傳は、愛州惟孝の創めし影流に於ける上泉武藏守の如き地位にある人にて神道流系統の大立物と云ふべし。

天眞正傳新當流（神道流）飯篠長威齋家直
- 一羽流 諸岡一羽
  - 岩間小熊
  - 土子泥之助
  - 微塵流 根岸兎角
- 塚原土佐守―塚原新十郎―卜傳流 塚原卜傳
  - 北畠具教―塚原彦四郎
  - 細川藤孝
  - 松岡兵庫助
  - 眞壁道無
  - 天道流 齋藤傳鬼
- 松本備前守政信―有馬流 有馬大和守乾信

第三節　中條流系統の諸流派

そもそも中條流の由來は頗る古く其濫觴は少くとも應仁の前後に溯らざれば

これを解するを得ず、其開祖中條兵庫之助及び其師とも云ふべき地福寺の僧慈音を正しく影流の始祖愛州惟孝及新當流の開祖飯篠長威齋と殆んど同時代の人と見るべきなり。而して此中條流よりは富田流と一刀流の二大派を生ぜしが中條流と富田流との二流名を後世に至るに從ひ一刀流の名が益々世に振ふが如くに隆盛なることと能はざりしが如し。然しながら此中條流より富田流は寶山流・二階堂流・長谷川流・一放齋流・無海流・鐘捲流・等の諸流を出し此等の流名にて世に行はれたることとは又看過すべからざることなり。以下中條流・富田流・一刀流の由來につきて簡單に敍述せん。

中條流及び富田流

中條流の流名は其開祖中條兵庫之助の姓に出でしこと云ふまでもなし、此中條兵庫之助は相州鎌倉人にして地福寺の檀越なりしと云ふ。

「註」壽福寺の名高き處より地福寺を壽福寺の誤りの如く解する人なきにあらねど別に眞言宗に屬する地福寺なるものあれば如何にや

此時(應仁頃)地福寺に刀槍の術に長じたる僧慈恩と云ふものあり、中條に之を授く、中條甚だこれを喜び精勵多年遂に其奧義を極め更らに自ら發明する所ありて遂に一派を開き中條流と號せり、越前の人甲斐豐前守其傳を繼ぎ更らに大橋勘解由左衞門に之を傳へたりと云ふ、かくて中條流は漸次世に行はるゝに至れり。

然るに大橋勘解由左衞門の門人中に富田九郎右衞門と云ふものあり、越前朝倉家の家臣にして其術拔群なりしかば、大橋勘解由左衞門は彼れに授くるに中條流の小太刀の皆傳を以てせり、これ富田の家祖なり、其子治部左衞門箕裘藝を繼ぎ其子二人あり、兄を五郎左衞門と云ふ、彼れは永祿三年七月二十三日美濃の齋藤山城守義龍の兵法師範、常州鹿島の住人梅津と試合して名聲を揚げし有名なる勢源の事なり。然し乍ら五郎左衞門卽勢源は眼病なりし爲め弟治部左衞門代りて父の業を繼ぎ前田家に仕へたり、

此時關白秀次公甚だ刀鎗の術を好み各流の名人を招く、治部左衞門亦召されて其技術を敎授し大に名をなす、此治部左衞門より富田流の名世に行はるゝに至れり、（本朝武藝小傳、擊劍叢談　武術流祖錄）此流は小太刀を使ふ流義にして今尙越前

には此流の傳はるものありと云ふ、一小刀は一定の寸法なきが如くなれど最長を一尺三寸とす、勢源と梅津との試合に於ても梅津の三尺四五寸の木刀に對するに一尺二三寸の割木を小太刀に代用せるを見る、此の小太刀の業は先方に飛込みて切入るものにて總じて入身の術也、余未だ其術名を得ざるも富田治部左衛門の門人にて鐘捲自齋通家が開きし鐘捲流は、中條流及富田流の小太刀を用ゆる代りに太刀と小太刀との間なる中太刀(二尺五寸以下二尺一寸位迄)を用ふるものなるが、其業の名は、

表　電光・明車・圓流・浮身・拂車

裏　妙劒・絶妙劒・眞劒・金翅鳥王劒・獨妙劒

此外極意には、高上金剛刀等あり、以て中條流、富田流の術名も亦察すべきなり。

一刀流

一刀流は中條流系統中の諸流派の中最も有名なるものにて徳川時代に於ては新影(柳生)流と共に將軍家に採用せられ頗る隆盛を極め、小野派一刀流、梶派

一刀流、中西派一刀流、北辰一刀流、無刀流等の諸流派を出し、現今の劍道の大家中にも此等の流派に屬する人甚だ多し、然しながら此等のことは德川時代の重なる諸流派中に敍述することゝし、茲には一刀流の開祖伊藤一刀齋景久につきて本期に於ける一刀流の概略を記すに止めんとす、

伊藤一刀齋景久は永祿三年伊豆に生れ幼名を彌五郎と云ひしといふ、鐘捲自齋に從て中條流の小太刀及び自齋の發明せる中太刀を習ひ其精妙を極め後諸國武者修行して諸流を究め又名ある人と勝負すること三十三度未だ嘗て敗を取らざりしと云ふ。かくて眞劍勝負に於て勝を得たる刀法と諸流の長を採りて自ら工夫發明する所あり、遂に自己の一流を作れり、これ即一刀流なり、從て中條流の如く單に小太刀のみを遣ふにあらず、鐘捲流の如く中太刀のみを主とするにあらず、小太刀・中太刀・大太刀の區別なく種々の太刀を用ゐて敎法を立てたり、即其刀法は

五十本・刃引・相小太刀・正五點を以て組織せり、（附錄目錄の部に術名あり參照）

次ぎに一刀流と云ふ流名の由來は一般に伊藤一刀齋の初めし流儀なるが故に

一刀流と云ふが如くに解せられたるも、こは如何にや「一刀流祕事」に

一、小野派一刀流ニテ最初ノ組太刀一ツ勝（切落シノ意味）一本發明スレバ今日入門シタルモノニモ明日ハ必ズ皆傳渡スベシト申敎ユルナリコレ甚ダ六ツケ敷コトノ樣ナレドモ矢張一心一刀ノ處ニテ切落スト共ニ敵ニ當ルノ意受ケルト直ニ當ルノ意ニテ二心二刀ニナラヌコトヲ申シタルノミノコトナリ一刀流ト名ツケタルトコロノ意味是ナリ能々自得發明スベシ」

とあり、又一刀流假名字書之口傳書（北辰一刀流ニテハ此ヲ免許卷ト云フ。之ニモ）

「一刀流ト云フハ先一太刀ハ一ト起テ十ト終リ十ト起テ一ト納ル處ナリ故萬有物ヲ數フルト右ノ處ナリ習ヒツカヘテ見ルニ本ノ一刀ト云フ此ハ一ト起テ十ト切リ其太刀ニカマワズ氣分ヲ元エ納ムル處ナリ亦敵ヨリ十ト起ルトキハ我一ヲ持テシメトル故也故ニ一ト納マル也ソウシテ一刀ニキス故ニ一刀流ト云フ」

と見え、況んや山岡鐵太郎の無刀流之目錄の中に收むる、一刀流兵法箇條目錄の中に

「抑も當流刀術を一刀流と名付たる所以のものは、元祖伊藤一刀齋なるを以ての故に一刀流と云ふにあらず、一刀流と名付たるには、其氣味あり、萬物大極の一より始まり、一刀流と名付たるには其氣味あり、萬物大極の一より始まり一刀より萬化して一刀に治まり、又一刀に起るの理あり、又曰く、一刀流は活刀を流すの字義あり、流すはすたるの意味なり、當流すたることを要とす、すたると云ふは一刀に起り一刀にすたることなり、（中略）十二ヶ條は一ヶ條づヽ十二ヶ條目錄をあげて其次第を傳ふるところなり、一をつみて十二とあけたるは、意味深長なるところなり、一刀より起つて萬劍に化し萬刀一刀に歸す、年月の數十二ヶ月あり、一陽に起て萬物造化し、陽中陰をめぐみて萬物生じ陰こゝに極りて年月つくるものと見れば、陰中陽を發してまたいつか青陽の春にかへる、陰陽循環して玉のはしなきが如く當流守行も亦如斯一よりをこりて十二にをはる、而してまたもとの一にかへりてつくることなし、云々」

とあるに於ておや、これによりて一刀流と云ふ流名の由りて來る處又明かなるべし。

一刀齋嘗て劍道の妙旨を悟らんことを鶴岡八幡宮に祈り夢想劍の經驗したること、或は地摺の晴眼止めやうの傳授に關する逸話、或は一刀齋暗討に遭ひて一刀流の所謂拂捨刀にて辛じて危難を逃れしこと、或は同流にて至寶とする瓶割刀に關することの如き彼の傳記中幾多の逸話の傳へらるゝものあれど、之等の記事はすべて之を略せむ。

要するに彼れは中條流系統中の第一人にして本期末に於ける劍道界の中特筆すべき一人なり。武藝小傳及び武林隱見錄等には高弟神子上典膳忠明に祕術を傳へ行く處を知らずとして彼れの晩年につきて一切の記事なし。然るに山岡流の先達柳多元次郎氏の著『劍道敎範』中、天正頃尾州にて織田信長に仕へ承應二年九十歲にして歿すとあり、然れども其出典を知らず後日の硏究に俟つ。其門人中最も有名なるは、神子上典膳、古藤田勘解由左衞門俊直等なり古藤田勘解由左衞門俊直は相州北條家人にて弱冠より刀槍の術を好みしが、伊藤一刀齋の武者修行して相州に來りし際之を師として其敎へを受け精勵遂に其宗を得一刀齋の系脈を相承けるに至り其子仁左衞門俊重、其子彌兵衞俊定等相繼で家聲を揚げ濃州大垣城主戸田氏信に仕へ其末流處々に傳はるに至りぬ。然し乍ら一刀齋の門人中最も有名にて、其傳統の本系を繼承したる者は彼れにあらずして、神子上典膳忠明なり、彼れは後年小野二郎右衞門と改名し小野派一刀流の家祖となりし人なり、次期德川時代の重なる流派の章に於て之を說くことゝせむ。

（重なる參考書）

小野派一刀流目錄及傳書、北辰一刀流目錄、無刀流目錄、山岡鐵舟言行錄、武藝小傳、擊劒叢談、武術流祖錄、日本武道敎範、（千葉長作著）劒道敎範（柳多元次郎著）劒道（高野佐三郎著）一刀流祕事、武德會誌、一刀流聞書、

以上本期に於ける中條流系統の重なる師系傳統系圖を示せば、

- 僧慈音
  - （中條流）中條兵庫助長秀
    - 甲斐豊前守
      - 大橋勘解由左衛門
        - （富田家祖）富田九郎右衛門長家
          - 同治部左衛門景家
            - 同五郎左衛門（入道勢源）
            - 同治部左衛門景政
              - （富田流）同越後守重政
                - 同主計
                - 同越後守重康
                - 同主計宗高
                - （一放流）同一放
                - ……（無海道）無一坊海圓
              - 山崎左近將監
              - （長谷川流）長谷川宗喜
              - （鐘捲流）鐘捲自齋
                - （一刀流）伊藤一刀齋
                  - 神子上典膳
                  - 古藤田勘解由左衛門俊直

第五章　德川時代の劍道の概觀

第一節　本期劍道の特色

德川時代の劍道を論ずるに當りて先づ注目すべきは、此の時代の世相と、本期劍道の特色との關係なり。そもそも我國に氏族制度行はれ上下の區別劃然として存したるは上古以來のことなりしが、大化新政の際唐制輸入のため一時その形を潜め、奈良朝以後藤原氏繁榮し世官世業を世襲するにいたり、再び氏族制度に逆轉し鎌倉時代以後も亦武士階級の確立するありて階級的色彩を帶びし世となり、一朝戰國の世となるや、此の階級制度は頽れて實力の社會となり、下流の士も器量によりて侯伯の位に上り、臣僕時に主君の地位を簒奪して怪まず、所謂下剋上の世をなし、社會の秩序紊亂し無政府の狀態に陷れり。茲に於いてか德川幕府の世となるや、此の戰亂時代の風習を掃蕩して、社會の秩序を挽回し更に階級の制度を正しくして上下其分を守り、苟も分に超えたることは爲し得ざることゝ定め、所謂士農工商の四階級の制を生ぜしめたり。此の四階級の稱は更らに公卿・武士・町人・百姓の四階級とするも亦可なり、その何れを問はず此の四階級中最も武藝に關知する所多きは卽ち武士なり。當時武士は人の中の人と謠はれしものなるが、德川時代の劒道は實に此の武士階級の表藝の隨一として發達せり。而して此の四階級中の武士は更に幾多の階級に分たれたり、例へば馬上格・步兵格と稱し、或は上輩と云ひ輕輩と稱せり。或は幕臣全體を大別するにも、目見以上目見以下とするあり、又大名を區別するには、(一)御三家(二)御家門(三)譜代及外樣と其家によりて分ちしもあれば(一)國主(二)準國主(三)城主(四)邑主と領士の上より區別せるあり。而して此等皆家格の上下によりて順序差別あり、苟しくも分を超ゆるを許さゞりしなり。かくの如く階級の制嚴しき世なれば、漢學・和學・詩歌・俳諧より繪畫・挿花・茶道・聞香の遊藝百技に至るまで上下一として其束縛を受けざるものなし、例へば學問・技藝皆入るに式あり習ふに法あり、其習得に嚴規を立て形式に縛したるのみならず、藝術其ものまでも拘束を加へて、中免し、奧免し、免許皆傳、祕事口傳等樣々の形式を整へ些細の事も殊更らに之れを重んじ、愈々技藝其ものゝ本意に遠ざからしむるに至らしめ殊に學問たると技藝たるとを問はず、一度其門に入れば其流派の外に出るを排斥せり。當時の世風既にかくの如し、されば當時の四階級中最も禮儀形式を重んじ階級の制最も嚴しかりし武士階級の表藝たる劍槍其他弓馬・柔術・水泳等の武藝に此等の禮儀・形式・差別階級等の色彩を現はすに至りしこと、また怪むに足らざるなり。

先づ武藝の種類につきて之を見るに軍學・兵法・の如きは光圀卿より、綱條卿への教訓中に、

「軍法は大將御存知無之候て不叶儀、萬一御用御承知御出馬の時士卒之被召仕樣備立御存不被成候ては不相成儀云云」

津輕耕道子著『武治提要』の武事の條中に、

「武學の要旨、古典を讀て我國の風俗を知、武治の本意を辨へ、猶先進に問て其奥旨を曉すべし、軍書を學んで勝負の情を切にわきまへ、或は古戰の得失を論じて今日を知、以て勝利の淵源に通ずべし、爰に至つて事理の大段明

なり、武術に及んでは御法を第一とす、劒法之に次ぎ射法鐵砲等之に次ぐ蓋しこれ武將武術を學習する序なるべし」

又貝原益軒著「武訓上」に

「士たる人は高きいやしき弓馬劒戟の法をまなぶべし、武藝を知らざれば戰にのぞみ敵に對しがたし、されど大將たる人は、まづ兵法をならひて、次に武藝をならふべし、武藝に專なるべからず、武藝はたゞ其の大略をならふべし。武藝は末なり、兵法は本なり云々」

とあるが如く武士中にても、大名の如き大將格必須の藝と見做されたり、之に反して捕手やわらの如きは、一般に下級の武士の學ぶものゝ如くに思はるゝに至れり。勿論兵法が必ずしも大將格の武士のみに限られて學ばれしにあらずして、下級武士にも學ばるゝことありしが如く、捕手やわらにても時に德川頼宣(南龍公)の關口柔心に之を學びしが如き、或は鷹司關白公の竹內藤一郎(常陸介)に之を習はれしが如きことなきにあらざれど、こは多く德川時代の初期前後のことにて、時代の降るに從ひ漸次下級武士の武藝の如き傾向を生じ、罪人を捕縛するものなどの多く學ぶ所となり輕輩階級の者に專ら修行せられたり。これは軍學、兵法の師範が一般に其錄高高く捕手やわらの師範の如きは多く最下級にありしによりても亦之を證するを得べし。

斯くの如く武藝其ものゝ中にても、軍學最も高く、劒槍之に次ぎ、弓矢鐵砲其他の武藝之に續き、捕手の如き最も低く取扱はれたるが如き觀あり。以下主として劒道の上に表はれたる特色と、此世相との關係を考察せん。

前期足利時代に於ては、『本邦刀劒考』に「中古(足利季世を指す)より農工商買の類まで皆刀を差て武士と姿替る事なし」とあるが如く、單に武士階級のみならず、庶人皆帶刀し、兵農の別の如きも未だ全く分離せざりしが如き時代なりしかば、武士以外の百姓町人が自由に劒技を修めしのみならず、公家・僧侶・神官・の如きも亦劒道の修行をなすもの少なからざりしなり。以下各其一例を擧げて之を證せむ。先づ町人の例より擧げんか、『雍州府志七』土產門に

「西洞院四條吉岡氏始染黑茶色故謂吉岡染、倭俗每事如法行之稱憲法、斯染家吉岡祖每事如此、故世稱憲法染、此人得劒術、是稱吉岡流而行于今也」

とあり。

又『駿府記』の慶長十九年六月二十二日禁裏にて猿樂の際の變事を記して、

「右之狼藉者、憲法と云ふ劒術者は京之町人也云々」

とある外、『時慶卿記』四十一（六月二十二日條）『孝亮宿禰日次記』四（六月二十二日條）『常山紀談』『本朝武藝小傳』及『改定史籍集覽』中の吉岡傳等の記事によりて彼の有名なる吉岡憲法は京都の染色屋（町人）なりしが劒術に長じ世に吉岡流と稱し其流後世に傳はる程の劒客なりしことを明かに證することを得るなり。こは卽ち町人が劒道を學び而も其術は一流を開きし程に達せし一例なり。（勿論此例は慶長年間の事なれど古岡が劒法を學びしは寧ろ戰國時代のことなれば足利末期の例として見るべきなり）

次ぎに公家が劒道を學びし證は前記『言繼卿記』元龜二年七月二十一日の條に記せる言繼卿より結城氏宛に認めたる書狀中に

「（上略）仍上泉武藏守被上洛、公方以下、悉兵法軍敗被相傳、無比類發名之事候、又貴殿拙者山科と結城とは、無名之流、同流一家之儀候間、無御等閑候者、可滿足候云々」

とあるの外、これより先き永錄十三年五月二十六日の條にも

「上泉武藏守來、予倉部等取向以下之相傳了」

とありて明かにこれを證するものあり。

次ぎに神官僧侶の例に至りては、其數頗る多きのみならず、其技神に入り遂に一流の開祖となれるものも亦決して尠なからざるなり。中條流の祖慈恩は實に地福寺の僧なり。（武藝小傳、武術流祖錄）又南都寶藏院覺禪房法印胤榮は、柳生宗嚴と共に劒道を上泉伊勢守に學び又大膳大夫盛忠につきて槍法を習ひ工夫鍛練遂に鎌槍を發明して寶藏院槍術の流祖となれり、又鹿島流、神明流と稱する刀術は、鹿島神官を以て其流祖とする（流祖錄）が如し。

斯くの如く士農工商の別なく、又公家・僧侶・神官の分ちなく、各自自由に學ぶことを得、又實際盛んに之を學びしものにて、劒道の鍛練は決して武士のみの獨占的武術にあらざりしなり。又之より先き、通憲（信西）淸盛僧となりし後も仍帶刀し（愚管鈔、源平盛衰記）延暦寺の僧徒も亦劒を帶し武技を練りしことあり。（太平記）

此れ固より私に帶することとなれど、此等の事實と當時の情勢とより類推すれば、足利時代以前に於ても亦、劍道の如き武術の習練は獨り武士階級のみに限らざりしなるべし。又近く現代に徵するも、劍道の如き武術の習熟は獨り軍人社會の獨占ならざるや明らかなり。

然るに德川時代のみは然らず、天和二年武士以外の農工商は、短刀一口を免ぜられたる外、一般に帶刀を禁ぜられしを初めとし、階級制度の漸次確立するや、屢々武士以外の帶刀を禁ずると共に、劍道の如きは武士たる者の學ぶべき者にて、士分以外の者の學ぶべきものにあらざることゝなれり。先づ公家につきて考ふるに、武家法度には、

一、文武弓馬之道專可ニ相嗜一事

とあげ、左文右武者古之法也云々、とありて明かに文武兩道を嗜むべきことを明示するに拘はらず、禁中又は公家中御法度には、「一、天子御藝能のことは第一學問也不學則不明古道云々」とあり、公家衆法度も亦

「一、公家衆家々の學問晝夜無油斷樣可被仰付事」

とあるのみにて、毫も武を云はず、之卽ち消極的の禁止を意味するものにて、朝廷にて武術を嗜み給ふが如きことは、幕府の大に好まざる處にして萬一朝廷にて武藝の道を修行奬勵せらるゝが如きあらんか、忽ち幕府の疑を受け、種々の不利益を招くのみならず、又必ず幕府よりは禁中並びに公家法度を楯にして此を檢束するの擧に出でしが如し、されば公家側にては、本來餘り好まず、又其地位にふさわしからざる劍道の如き武術を、自ら敢て修行し故意に幕府の疑を招くが如き愚をなさゞりしなるべし。次ぎに士分以外の農工商の階級につきて之を見るも亦同樣にて、武士階級の從屬的性質を帶べる武術殊に劍道を、帶刀の特權を有せざる農・工・商・の階級者が修行するが如きは、自ら階級の區別、上下の秩序を紊すのおそれあるを以て、彼等が劍道修行するが如きことの、許されざりしは怪むに足らざるなり。然しながら階級制度の確立未だ充分ならざる德川幕府の初期、並に一旦確立せる階級制度が破綻し初めたる幕末に於て士分以外の町人及び公家中に武術の稽古をなすものあるに至りしは、又止むを得ざるなり。然しながら幕府にては尙之を禁せしを見るなり。例へば公家側につきていへば、近衞家の臣廣瀬賴穀は、幕末に於て戸田一心齋に劍術、及び某氏に就て槍術を學び、日夜其修行を怠らざりしが遂に幕府のとがめを蒙り閉門を申付られたる實例あり、又町人側につきては、

德川禁令考（四十九文武藝術）天保十四卯年六月十八日

「武術師範之者町人江は教授無用之御書付

越前守殿御渡　　大目付江

町人共從來其產業を守、武術稽古等不致筈に候處、當時世上、武備盛に被行候に隨ひ町人共之內、稽古致候ものも有之師範のものの も、中には其望に任せ、町人共江教授致し、免許目錄など差遣候向も有之趣相聞、如何之事に候、向後武術師範之もの町人共江は其道を教授いたし候儀、一切可爲無用候。

右之趣向々江可被達候

六月」

と見ゆ、文中、

「町人共從來其產業を守、武術稽古等不致筈に候處」とあるは明かに德川の盛

期、町人等の武術を稽古する能はざりしを證するものと謂ふべし。斯くの如く徳川時代に於ては、公家町人等の武士階級以外の者は劍道の修行を禁ぜられ恰かも、武士階級獨占的の藝術たるの觀を呈し、茲に劃然たる區別を設け、各々其分を守らしめんため、劍術の修行までこれを束縛するに至りしは、實に當時の世相が本期劍道の上に表現せられたる一大事實にして、又本期劍道の一特色とも云ふべきものなり。次ぎに武術の稽古修行、並に傳授の方法につきて考ふるも亦此階級的形式の愈確立鮮明するに至れるを認むるを得べし。先づ本期の武術界を通觀するときは直ちに次第階級てふ語が劍道並に其他の武術界一般に亙りて盛んに流用せられしのみならず、實際其稽古修行の上にも傳授の上にも次第階級の整然確立せしを知るべし。

溢川伴五郎時英著『柔術大成錄天編第一卷』の稽古次第の條に

一、柔術稽古の次第を云ふに表の勢法手續二十、車取十六、固メ七、立合六、組合十、總計五十九也先づ此五十九の勢法を以て打返し繰返し無怠慢練習して不堪の氣體を變化し一身の節制を調て身の負を無くする事也手續より固メ迄は坐したる處の節制を調る所作、立合組合は立ちたる所の節制を調る所作也、次に居合の勢法十一本あり是は刀脇差の手に入て心の儘に活きて働く様を習す爲也。

劒術の勢法十本あり、是は居合にて太刀刀の手に入りたる上の敵に對し勝を制する處のきざしぐあひを習はす爲なり、又外物と云て胸押・帶引・鬼拳・袈裟固・四ッ手押・帶曳・兩鬼拳海老占引立・腰付抔と云ふ類の勝負の掛る所作も數多あり是は形の習の足らぬ所を補ふため又は節制の調ふた歟調はぬ歟を試る爲にすることとなり、(中略)故に奥の形は表の形にて得と下地の出來たる上の仕揚にする事也、是柔術稽古の次第階級の大略也云々」

と見え。又島津公爵家玉里邸藏本『示現流聞書喫緊錄』は示現流の劒道につきて、寛政の頃同流の學問ある人によりて書かれたるものなるが、同書上卷に、

「此錄に初學と云ふは初て當流を學、今云ふ初度誓詞之輩也、學士と云ふは今の兩度誓詞之類也、賢と云は初段二段を傳授せし類也、聖と云ふは三段四段を惣傳せし士を云ふ、君子と云ふは當流之高弟を云ふ」

とあるは、同流の弟子に（一）初學、（二）學士、（三）賢、（四）聖、（五）君子、の五階段あるを示し、又同書下に、

「初段、是より當流打の業也、打は香取大明神の神敎也、故に十二打皆高上深遠也、而して打臥敵於業は雖勝劣其業如登高天して不得次第階梯をは難敎得の業有り、又業雖高上以表藝爲階梯導入當流の業有而して位分るゝこと四品あり故に分て爲四段也、初に傳授するの業を以爲初段次之爲二段此以初段二段爲賢之位而其業同類を以て立名目分四段事を正明にす云々」又、

「二段、二段目迄は賢の位也故初段と一時傳授ある事也仍此聞書にも初段二段並載有也然共有譯先傳初段二段目後被爲傳授事有と云ふ、三段四段聖位雖譬三段如伊尹伯夷四段如堯舜不能無其間故三段傳授書有四段傳授書有被傳授三段殘四段事多云々」

とあり、又久留米藩の劒道師範加藤田家の新陰流傳書によるに、之も亦劒術傳授の等級を五段に分ち、其敎授すべき業も之に配して區別を立てゝ組織的に分類せらるゝこと澁川流の柔術並に、示現流の劒術のそれと異なるところなし。

其五等級とは卽、(一)目錄、(二)後卷目錄、(三)免狀、(四)奥免許、(五)直面目印可、卽是なり。而して此順序、次第によりて傳授するものなるが、最後の直面目印可は、其器の人なければ授けず、上古の則闕官及び當時の大老職の如き觀あり。此外流派により、其師範家により、其階級、名稱、必しも同一ならざれど、要するに稽古修行の上にも、將又傳授の上にも、次第階級ありて、差等、區別の確立せるものありしを知るべきなり。蓋し武術傳授の方法は、既に述べしが如く眞言傳授の形式に倣ひしものにて、幾多の傳授に分れ其被傳授者の熱心技術の程度に應じて之を授くるに等差ありしことは、德川時代に入りて始て起りしにあらざるも、特に本期に入り階級制度の確立するや、此風潮に促され從來より一層其等差階級的色彩を濃厚ならしめ、本期劍道の一特色たるの觀あらしむるに至れるものなり。而して其傳授式にも亦各一定の方式ありて、其階級的色彩頗る鮮明に師弟の間、並に高弟、末弟の間、亦嚴然たる別ありて一絲の亂るゝを許さず、生みの父母は身體の親、藝術の師匠は才能技術の親なり。彼れの家名を尊重し、血統を重んずるが如く、之が流名を尊重し師系を重んじ、彼れに祖先祭あるが如く、これに先師祭あり、弟子七尺去つて師の影を踏まず、師の敎ふるところは斯道の骨髓祕事口傳の沙汰喧しく、手本の神聖を瀆すものは豫め破門の辱めを期したりしなり。されば當時の武道は其何流何派たるを問はず、一般に其流の傳授を受くるに際して慣用せられたる起請文前書の中には、「一、御流儀御相傳仕候上ハ唯今迄他流得傳授候共、決而相交へ申間敷事」とか或は「何々流御相傳の上は他流與相交遣申間敷候云々」(附錄參照)と云ふが如き文句を連ねて、日本國中の大小神祇に誓をなすを常とせり。

斯くの如くして德川幕府の階級制度の確立は、劒道其他の武道にも其色彩を現はし、延いては師系の尊重となり、又職業世襲の風は、師資相承、父子傳統の風を生ず。こゝに於てか、一子相傳等の風益々其意義を深くす、然れ共かくの如き傳承の弊は幕府の消極主義と相俟つて因循姑息に流れしめ斯道の進步發達の上に著しき障害となれり。例へば、道場の武者窓を高くして容易に他より盜見することを能はざらしめしはまだしもあれ、唯授一人、一國一人允可等稱し

て容易に其奥儀を傳授せざるのみならず、其目錄免許等の相傳をなすにあたりても、或は

「御相傳之祕事親子兄弟たりとも決而他見他言仕間敷候事」とか或は、

「御流儀御相傳之上は(中略)他見他言之儀は勿論師之無免而猥りに仕合致間鋪云々」と云ふが如き、或は

「何々流受兵法御指南同中之外一切出會稽古仕間鋪事」とか、或は

「他流與試合仕ヶ間鋪義仕間鋪事」

と云ふが如き誓詞を起請文に記さしめて他見他言を禁ずると同時に、又他流試合を禁ぜり。されば外國船近海に出沒し海防問題喧びすしく武事奬勵愈々盛んとなり、德川幕府の鎖國主義愈々破綻を生ぜんとする幕末に至りて、始めて紀州藩及び其他の諸藩に於ても武術祕事の禁を解くに至れり。それまでは極めて少數の武藝修行者、或は從來修めし流儀を捨て、更に他流に正式に入門して子弟の儀を結ぶが如き異例の者を除くの外一般の武藝家は自流と他流との長短を比較研究するの方法と機會を有せず、且氣分の上に於ても亦斯道の進步發達の

上に頗る遺憾の點少なからざりき。蓋し武事に祕事・祕傳を尙ぶの風ありしは、武事の修行傳授に差等、階級ありしことの古くより行はれたるが如く、決して德川時代に始まれるにあらず。其由來古けれど、德川時代に入るや、當時幕府の割據的狀態なりしと、幕府の鎖國、非公開的祕密主義とは、又當時の武士をして一層祕密鎖國主義的色彩を著しく階級的特色と共に本期に於て劍道其他の武術の一特色として認め得るに至れりと謂ふべし。『南紀德川史』に

一、武術の上に於て往昔は適宜の良法たりしも、後世大に弊害を感ぜしものあり。國初當座は戰國割據の餘習祕法密技の漏泄を懼れ專ら祕密主義（御流儀御主意一子相傳口傳抔云ふ）を取り開放進取の法を禁ず、此制深く人心に固結苟も流派を異にすれば例へ同藩同術と雖も藝事の沙汰言辭にも出さず、他流試合抔思ひもよらず、況や國外廣く名師を求め又は他藩に交際飽迄練磨講究なさんとする者おや、唯子々孫々自國に屛居自流をのみ自負尊信して頑益頑なり、軍學・軍法・法家あれ共、嘉永癸巳亞國渡來に至るまで嘗て隊伍、練兵之事なく砲術十四家あれ共一つも銃隊訓練の用をなさゞりしは全く祕密主義の結果とい

わざるを不得漸く嘉永六年祕事の禁を解かれしも時機既に遲し、然と雖練兵のなかりしは獨り前記のみに拘はらず幕府の制度に牽束せられしを以て諸侯の國、もし軍實を檢し練兵等なせば大に嫌疑を蒙る、彼の龍祖が鯨船を操從海軍演習に擬せられし時の如く、又天保十二三年の比水戸源烈公の千波原に於て甲冑著用追鳥狩を催されしが後日の難となりしが如し、是等の事追思し來れば唯怪訝の至りと判ずべき次第なれども時に在ての形勢事實は全くかくのさまにて勢ひ止むを得ざりしなり」

とあるは實に此間の消息を語るものと云ふべし。

以上論述し來りたる處を概言すれば當時の形式的階級的世相と、幕府の祕密的鎖國主義とは、武術の種類の上に於ても、或は四民階級と劍道修行との關係に於ても將た又劍道其ものゝ修行並びに傳授の方法及び形式等の上に於ても明かに其表現を認めることを得べく、これ實に本期に於ける劍道の一大特色と謂ふべきなり、德川時代に於ける武術殊に劍道を論ずるに當りて、幕府の階級制度、及び祕密鎖國的主義の影響を受けたることを述べたるのみにては未だ以て盡せりとは云ふべからず、之より更に大なるもの二つあり。

其一つは、德川時代の一特色とも云ふべき右文左武の文武兩道主義武士道なるものゝ發達に伴ふ劍道の理論的發達是なり。更に其根本に溯りて之をいへば、儒佛二道の影響による文理的道德主義の加味せられて渾然として融合せられたる事なりとす。他の一つは元和偃武以來太平打續き人心自から文弱怯懦となれるに伴ひ劍道の如き武術も亦實用を離れ、所謂型劍術となり、或は華技に走り徒らに技巧を凝らすの傾向ありしこと是なり。

抑も武士道の根本精神たるや、國初以來我國民の特質として深くその胸憶に包藏せられ、皇室を尊崇し、祖先を崇敬し武勇を尊び沒我的精神の旺盛なるは早くより現はれたりしが、其最も著しく現れ來りしは平安朝の末葉諸國に武士起りし後の事なり。殊に戰亂多端の武家時代にありては、武力强き者は勝ち、弱き者は滅ぶ、故に臣家たる家の子郞從が主君の爲め盡し得る最善の手段は唯武力の强大なるにあり、命を惜まず勇戰して主君の馬前に討死するは最も名譽とする所なりき、かくの如くにして忠君の思想と尙武の氣象とを中核とする武士道は漸次發達せり、故に武士道とは我國民道德が戰鬪的方面に現はれたるものを稱せしものにて、內に膽を練り氣を養ひ、外に弓・馬・刀・槍・の技術に達することを極めて肝要なることなりしなり。されば弓馬刀槍等の技術は、武士道を實踐するに最も必要なる方法として專ら修行せられたり、兩者の關係かくの如くなれば武術と武士道とは、互に相依り相助けて發達したるものと云ふを得べし。

然るに此の武士道なるものは、德川時代に至り儒敎入りて初めて其內容と形式とを兼備し、其發達高潮に達せり。之に反して德川時代以前の武士道は、未だ一般人士の日常實踐法として、頗る不完全なるものなりしが、家康の文敎奬勵以來、儒敎漸く盛んとなり、其力によりて其內容を豐富にし、茲に初めて其內容と形式とを兼備し、所謂文武兩道を合一せる武士道となり、其發達高潮に達せり、こゝに於てか之と密接なる關係を有する武術のみ其影響を免るゝ能はず、鎌倉時代以來影響を與へつゝある、禪宗の力と相俟つて文理的、形式的の發達を促せり。かくて武術は武士道により精神と理想とを得て、儀禮も形式も備り益々精妙の域に達し、武士道は武術の嚴肅なる修練によりて愈其精華を發揮するに至れり。又等しく武術と云ふも就中劍道は殊に武士道と其關係頗る深し。蓋し刀劍は武器の至要、至粹なるものにて、行住座臥身邊を離さず、武士の魂とせられ武士の面目をかけて刀の手前と云ひ、武士の名譽をかけて誓約をなすに金打をなせしものにて、玉と鏡と共に我國民の精神的修養上には多大の力あるものにて、我國の武士道は亦此刀劍を中心として發達せるものと云ふも過言にあらざる位なり。從つて劍道と武士道との關係が、他の武術の比にあらざるを知るべし。以上は德川時代の劍道が儒佛二敎の影響を受けて、理論的、形式的の發達をなすに至りし理由を述べしが、次に文理的修養を加へて如何に說かるゝに至りしやを說かんとす。

先づ德川時代以前の劍道も既に目錄の傳授あると同時に、諸種の祕傳書の類ありしこと勿論なれど、其記する處は單に術名の羅列に止る目錄、或は單に其技術其ものに關する動作心持のみを記述せしものにて、其說く處廣からず、又詳しからず。要するに當時の劍道は實際の修行鍛練によりて、其技の精妙に達するを念とし、書傳其他の說話上にて理論的方面より修行すること、後世に比して極めて少なかりしが如し。然るに德川時代に入るや、單に技術の實習的修練のみにては滿足する能はず、劍術の修行は業と理との二方面よりなすべきものとして、盛んに其所作並びに心術につきて文理的說明を企て、心法の鍛練精神修養的分子を加味する傾向愈々顯著となれり。例へば、

「一刀流兵法箇條目錄」の中(橫竪上下之事)の條に、

橫竪上下とは眞中の處なり、上より來るものは下より應じ、下より來るものは上より應じ、橫より來るものは竪に應じ竪に來るものは橫に應じ、心は中央に在つて氣配自由なれと云ふ事なり、之を圖に示せば左の如し。

(一)角形の圖は正方立方形と心得べし

(二)圓を描きて其內に心を箝めたるは、是れ則ち心中央にあれと云ふ事なり。

(三)是れ劍法のみならず、天地萬物の極意こゝにあり。

此の如く心中央にありて、動かざれば、橫竪上下の規矩にはずれずと云ふことなり。云々」

又宮本武藏著、五輪の書中にも

「一、兵法心持ノ事、

兵法ノ道ニオイテ心ノ持樣ハ常ノ心ニカハル事ナカレ、常ニモ兵法ノ時ニモ少シモカハラズシテ心ヲ廣ク直ニシ、キツクヒツパラズ少モタルマズ、心ノカタヨラヌヤウニ心ヲ眞中ニ置テ心ヲ靜カニユルガセテ、其ユルギノ刹那モユルギヤマヌヤウニ能々吟味スベシ、靜ナルトキモ心ハ靜カナラズ、如何ニ疾キ時モ心ハ少モハヤカラズ、心ハ體ニツレズ體ハ心ニツレズ、心ニ用心シテ身ニハ用心ヲセズ、心ノ足ラヌコトナクシテ心ヲ少モ餘ラセズ、上ノ心ハヨワクトモ底ノ心ヲツヨク、心ヲ人ニ見分ケラレザルヤウニシテ小身ナルモノハ心ニ大イ成事ヲ殘ラズ知リ大身ナルモノハ心ニ小キコトヲヨク知リテ大身モ小身モ心ヲ直ニシテ我身ノ贔負ヲセザル樣ニ心持チ肝要ナリ、心ノ中濁ラズ廣クシテヒロキ處ヘ智惠ヲ置ベキナリ、智惠モ心モヒタト研クコト專ラナリ、智惠ヲ磨キ天下ノ理非ヲワキマヘ、物事ノ善惡ヲ知リ、萬ノ藝能其ノ道ニワタリ、世間ノ人ニ少モダマサレザル樣ニシテ後兵法ノ智惠成ルナリ、兵法ノ智恵ニ於テ取分ケチガフ事アル物ナリ、戰ノ場萬事セワシキ時ナリトモ兵法ノ道理ヲ極メ動キナキ心能々吟味スベシ」

とあり、又『不動智神妙錄』に

「又悟リニ近キ人ハ不動智ヲ表ハシタル所ヲ悟リ一切ノ迷ヲハラシ、則チ不動智ヲ諦メ得レバ、我身卽チ不動明王ナル程ニ、此心法ヲ能ク修行シタル人ハ惡魔モ惱マサヌゾト知ラシメンガ爲ノ不動明王ニテ候、然レバ不動明王ト申モ人ノ一心ノ動カヌ所ヲ申候、我心動轉セヌトハ物ニ心ヲ止メヌコトナリ、物ニ心ヲ止ムレバ物ニ心ヲ取ラレ候、物毎ニ止ムル心ヲ動クト申候、物ヲ一目見テモ心ヲ留ヌヲ不動ト申候、何故ナレバ物ニ心ヲ留ムレバ色々ノ分別ガ胸ニ候ヒテ心色々ニ動キ候、止マレバ動キ、止マラヌ心ハ動キテ而モ動カザルニテ候、假令ハ十人ニシテ一太刀ツヽ太刀ヲ入ル、ニ、一太刀受流シテ跡ニ心ヲ止メズ跡ヲ捨テ跡ヲ捨テ候ハヾ十人ナガラニ働キヲ缺ケヌニテ候、十人ニ十度心ハ動ケドモ一人ニモ止メズハ、ソレ〳〵エ取合テ働ハカケ申マジク候、若シ又一人ノ前ニ心ガ止マラバ、一人ノ打ツ太刀ヲバ受流スベケレドモ二人シテノ時ハ手前ノ働ガ拔ケ申ベク候、千手觀音ニハ手ガ千御入候ニ弓ヲ用ユル手モアリ、鉾ヲ用ユルモアリ、劍ヲモタルモアリ樣々御入候、若シ弓ヲ取ル手ニ心ガ止マラバ九百九十九ノ手ハ皆用ニ立ツマジク候、一處ニ心ヲ止メヌ故ニ千ノ手ガ一モ缺ケズ用ニ立候、觀音トテ身一ツニ千ノ手ガ何トテアランヤ、不動智ガ開キ候得バ、其身ニ手ガ千アリテモ皆用ニ立ツゾト人ニ示サン爲メニ作ラレタル形ニテ候、縱令バ一本ノ樹ニ向テ其内ニ赤キ葉一ツヲ見テ居レバ餘リノ葉ハ見エヌナリ、葉一ツニ心ヲ懸ケズシテ只一本ノ木ニ何トナク打向ヒ見レバ數々ノ葉殘ラズ見エ候、葉一ツニ心ヲ止メ候得バ夫ニ心ヲ取ラル、ニテ候、一所ニ心ヲ止メヌト云フ所ヲ得心シタル人ハ卽チ千手千眼ノ觀音デ候、然ルヲ一向ノ凡夫ハ只一筋ニ身一ツニ千ノ手千ノ眼ガアリマス、誠ニ難有ト信ジ候、又ナマ物知リナル人ハ、一身ニ千ノ手千ノ眼ガ何レニアランヤト云ヒ破リ誹ルナリ、今少シク物ヲ知レバ、凡夫ノ信ズルニテモナク破ルニテモナク道理ヲ能ク心得テノ上ニテ尊ビ信ジ候、佛法ハ物ニヨソヘ物ニ表ハシテ、道理ニテ候ト見及ビ申候、有ノ儘ニ思フモ凡夫、又打チ破ルモ悪シク候、其中ニ道理アルコトニテ候、住地ヨリ能ク修行シテ、不動智ノ位ニ至レバ立歸リテ元ノ住地ノ初心ノ位ヘ落ル子細御座候、劍術ニテ申べク候、始ハ身モ手モ構ヘモ何モ知ラヌ者ナレバ、身ニモ心ノ止マル事ナク人ガ打テバ遂ニ取合タル計リニテ何ノ心モナシ、然ル所ニ樣々ノ事ヲ習ヒ身持太刀取樣、心ノ立所、色々ノ事ヲ習ヒヌレバ、色々ノ所ニ心ガ止マリ、人ヲ打ントスレバ兎ヤ角トシテ返テ人ニ打タレ抔シテ殊ノ外不自由ナリ、如斯不自由ナル事ヲ日ヲ重ネ、月ヲ重ネ、稽古スレバ年ヲ經テ身ノ構ヘ太刀ノ取樣モ皆ナ心ニナクナリテ初ノ何モ知ラヌ何心ナキ時ノ樣ニ成リ申候、是レ始ト終リト同樣ナル心持ニテ候云々」

の如きは單に其一例を示せるに過ぎざるなり。又之と同時に武士たる者の平生の心得等、所謂武士の實踐道德とも云ふべき事を敎ふるものあるに至れり。斯て武術殊に劍道と武士道との關係益々近接、寧ろ融合するものあるに至れり。今其二三の例を擧ぐれば、タイ捨流の流れを汲める『安倍流劍道』と云ふ書中、「五平之卷」の如きは「平は平生の意常と訓し、五平を溫・應・嚴・察・一とし、これを仁・

義・禮・智・信・の人倫五常に配して説示し、此の道に背けば勝利を得ること能はざることを述べ、又同書「五十之卷」は五十は五ムスビにて長短、先後・進退・強弱・相打とし此を說くに儒道の五倫の道にかよはせ、其理一致して毫も違ひなしとて(一)父子の卷、(二)君臣之卷、(三)夫婦之卷、(四)兄弟之卷、(五)朋友之卷、に配して説示せるあり、或は又影山流武術傳書中にも、業によりて人道を說くあり、或は柔術大成錄、(天編ノ二)の中ニも、「畢竟して柔術の柔術たる所以は、何事ぞと云ふに(中略)武士の武士たる所以の誠を盡して國家の干城と頼まるゝ人間を陶冶せんが爲めに立てたる事也」と云ひ其他の諸書に劍術の目的を說くものを見るに、「或は「劍術は人を斬る爲めにもあらず、人に斬られざる爲めにもあらずして其目的とする所は勝負に關せず武の大勇を養ひ、忠孝二道を明かにする精神の鍛練にあり」と云ひ或は「劍術の目的は武士道を明かにするにあり」と說き或は「劍術の目的は業の熟達と共に五恩五德の道を明かにするにあり」と述べ或は又劍術を習ふ目的は靈劍の德をおとさず義理に死なむ爲めの修行にあり」と論說せらるゝが如し。

又第一章の緒論に於て既に述べしが如く、劍術に於て忠孝の道を力說せしが如きも亦、本期に至りて愈々高潮に達したるものにて、宮本武藏の五輪書地の卷に

「（上略）武士の兵法をおこなふ道は何事に於ても人にすぐるゝところを本とし、或は一身の切合にかち或は數人の戰に勝ち、主君の爲め、我身の爲、名をあげ身を立んと思ふ、是兵法の德を以てなり、又世の中に兵法の道をならひても、實の時の役にたつまじきと思ふ心あるべし、其儀に於ては、何時にても役に立つやうに稽古し萬事に至り役に立樣に敎る事是兵法の實の道也」とあり、又、

示現流聞書の中に

「當流ノ意地ヲ示ス序之終ル處ニ忠孝之以二二字一示スコト先師長宗翁之心入殊勝ト云フベシ武器之中ニテ劍ハ和漢共ニ士大夫以上之長器ニシテ雖二天下太平禮讓之席一トモ常ニ不レ離レ身シテ令レ守二護我カ體ヲ一之仁器也然シテ是ヲ取テ人ヲ切害セント立合フコト非レ爲二君父一ハナシ是則仁義忠孝之道也然ニ兼テ忠孝之思入レ薄シテ

ハ我身ヲ我用トシ君父之物ト爲ル事ヲ不愼シテ忠孝ノ勵ミ淺キモノ也ソレニテハ爲君父取太刀向讐心入不強明爲讐可打故ニ武士タルモノハ二六時中君父之恩ヲ不忘仕之テ可盡實義者也況學當流於學士テヲヤ學モ當流ヲ長煉シ之ヲ譬ハ我一人ニテ爲守護君父之時俄ニ多人數之賊黨起來トモ我一人シテ悉切靡令安君父當流之功ニシテ大成忠孝也然ニ我奉守護君父ト雖ドモ太刀業ニ不達爲賊君父不免死身死シ義雖知無疵奉守護之無詮カ故ニ我死鬼苦シミ止トキ可無也壯士是ヲ思ハヽ仕君與父之子臣トシテハ孰カ劍術ヲ嗜サルベキ而シテ劍術多トイヘドモ我示現之味ニナケレバ賊之多人數ヲ可キ打果不能處也俄ニ左右ヨリ襲來賊黨共ヲ一々打果之業ハ當流月船三才二橋二字之味心之不動ヲ以爲スル本ト體有也母之體內ニ宅生シ有時之婆羅奢佉之心ヲ斥シ云フニ始テ至臨死不離身忠孝之心ヲ以示ス處學士心ヲ入テ可思慮處成ヘシ我仕君父我カ忠孝之實心ヲ盡之心入ト忠勤孝行之形ヲ不殘君父ニ爲知度オモフト又爲知マシクトヲモフトハ心之動故也動ハ工也此工ヲ推廣レハ我勤行ヲ爲知度オモフ其根差利欲名聞ニシテ眞實ノ忠孝ニアラス時ニ依テ變替スルコト有也不知トオモフモ兎角忠孝

之功ヲ積テ後自然ト顯レ出一時ニ君父之怡ヲ求之心入心之動處ハ同シキ也可知セト思テハ小利ヲモ早ク欲求不知セト思フハ一時ニ大利ヲ欲求違有ノミ也爲知度モ不思不知トモ不思誠心ヲ盡シテ奉仕ヲ忠孝之不動ト云フ也二字ハ心不動ヲ以當流意地之極意トナル敎法其親切高遠深ク可仰處也忠孝之二字ハ誰モ既ニ生ル、ヨリ及老死今日用身ニ不離之行狀ニシテ誰モ勤行事故手近道理ヲ以不動味ニ義理ヲ以助ケ示元師ノ高才思フベシ。忠孝二字ヲ揚レハ人身日用子弟夫婦朋友ニ交レル之間ヨリ廣ク鳥獸草木器物ヲ翫ニ至マテ心之動處己ト察シ可戒愼處勿論也如此手近處ヨリ心之動コトヲ誠不爲修行ハ向于敵テ不覺心之利劒刃ネブリサヒ付居ル故臨敵合ニ心動恐懼疑惑スルノ意識起事也」

とあるが如きは其一例なり。以て當時の劒道が如何に儒敎の影響による文理的道德主義の加味せられて武士道と渾然融和せるかを知るべきなり。

かくの如く德川時代に於ける劒道は、形式的及び文理的方面に著しき發達をなし、從來の劒道が殆んど技術の上達のみを念とし殺伐粗野の傾向甚だしかりし缺を補ひ、劒技を練ると同時に武士の實踐道德の道を敎へ、所謂武士道敎育の中軸たるの觀ありしが、かくの如く武士の實踐道德的と云はんか果た又、精神修養的の方面と云はんか、要するにかゝる文理的抽象的の發達は太平の世の永續と相俟つて漸次實戰實用的方面を閑却せしめ、其技術をして型劍術の弊に陷らしめ、或は小さく輕き竹刀、或は長きに失する竹刀を使用し、只だ徒らに實用に適せざる竹刀上の勝負を爭ふ末技に走らしめたり。かくて所謂疊上の水練の如く實用を離れたる板の間劍術に陷らしめしことも亦本期劍道の一特色とも見るを得べし。勿論本期の初期と末期とに於ては、大に其趣を異にするものなれど、こは其期間比較的に短かく、且つ德川時代の劍道の特色を論ずるには寧ろ幕府隆盛時代を採るを以て適當と認むるが故に茲には暫く之を措いて、問はざることゝす。

正德五年正月、和漢の學に通し又劍術、柔術に通じたる井澤蟠龍子が、正德五年に著したる『武士訓五』に

「一世に劍術を敎ゆるもの、小さき竹刀をこしらへ、敵と間をへだてゝ間合をうつと云ひ、せゝりを存すといふことあり、眞劍にてさやうに、こまかな

ることとなるものにあらず、たとへ仕合よくて一二寸きりたればとて、もの〻かずとせんや、いはんや甲冑を着、着込をかさねたるものは、すこしもきずつくべからずこ〻ろあらん人は、か〻るつたなき術をならふべからず。

と見え、又、『護園祕錄上』比較

「今時ノ鎗モ劍術モ皆治世ノ人ノ工夫多ケレバ大方ハ一人ヲ相手ニシテ尋常ノ立向ヒアタリニ見物ヲ多勢置テ見事ニ勝コトヲ第一ニス(中略)竹刀ノアタリモ痛マヌヤウニスルヲ面トシ、或ハ拭板敷モ胡桃ノ油ヲヒキ足皮ヲハキテコロバヌ所作、或ハ長袴ニテ使フト云フヤウナル類皆高妙ノ至極シタレドモ、戰場ノ用ニハ無益ノコトナリ」

とあり。又前記『柔術大成錄』天編卷之二の中にも

「今時ノ人ノ仕合ト云フヲ見レバ追鎗ヲ以テ鎗合ノ眞似ヲシテ見タリ、革刀木刀ヲ以テ太刀打ノ眞似ヲシテ見タリシテ其間ニ聊カノ當リ外レヲ爭ヒ其勝負ヲ分テソレニテ實ノ勝負ノ試シカスムト心得テ居也、能々考ヘ見レハソレハ唯ワスカノ手傷吟味ノヤウナルモノニテ實々生死決斷ノ場ハ今一段モ二段

モアルコトナク如此僉議シテ見レバ今時ノ人ノスル仕合ト云フモノハ畢竟遊事同前ナルコトニテ云々」

とあるによりてこれを見れば、正德・寛延・前後の劍道修行の狀態が如何なる有樣なりしやを窺ふに足れり。

又森山孝盛は幕府の世臣にして祿四百俵を賜り赤坂淸水谷に住せし鯁直の人なりしが、享和二年頃著せし、「賤のおだ卷」と云ふ書中に

扨武藝も翁が若年の比はいまだ有廟の御餘輝殘りて、(翁が十四五歲の頃薨御あり)諸藝とも實の稽古にて今日のことくうきたる事にはあらず今は若くても免許さへすめば弟子をあつかふ、弓馬にてもあれ槍劍にてもあれ器用にて業のきゝたる人には例より貴樣にならへば心易くてよし第一近所なれば往來も心遣なくてよしなどゝいふて忽弟子と成あつかふものも何の心得もなく人の下墨も思はずさらばとて弟子にして何を敎るやらんひた者あつかひをするなり、藝術書上などにも何の某悴何の誰門弟など書て功もゆかず自己の工夫一つ二つ發明したることもなく、先生と呼ばれてことの濟は心易きことなり、(中略)昔

は弟子も師をゑらひて當時のごとく子供同様の人にもの習ふ人もなく又免許さへすめば弟子を取ると云ふこともなし、總て人は歳二十五をこさゝれば定まりたる了簡はなきものなりと古人も云置たり、ましてや弓馬などは第一六ケ敷藝にて士の表藝なれば重きことなり槍劍とてもたとひ一分の働きは免許にもあれ習の外に如何なる濫矢あるやも知かたし又は勝負の上にいかなる理外のことあらんとも申かたし年をつみ功をかさねてこそ人おも道びくべきに何の辨もなく無念無想に師を立るは藝の廢ると云ふものなり」

とあり、又『東湖見聞偶筆』に、

「川路曰く近來試合劍術盛んに行はれ一世形劍術の中に甚だ長きしないもて片手にて刺突を專とすること流行せり試合もかくありては又實用に遠く形劍術と同一の論なりされば其弊を矯るには人々双刀のしないを帶び鎗を遣はせ迫りたらば鎗を捨刀をぬき戰はしめることを調練せば甚だ長き劍の實用に遠きを悟るべしと嘆息せり彪亦嘗て憂を同する故共に慨嘆せり嗚呼川路可謂識者矣」

とあるによりて、寛延以後天保頃までの武藝殊に劍道の狀態が如何なる弊に陥りしかを明かにすることを得べし。

以上全體を總括して本期劍道の特色を一言にして述んか、形式的階級的色彩を發揮せしこと其一なり、祕密的鎖國的主義の甚だしかりしこと其二なり、文理的修養を加味せられつゝ理論的發達を促したると同時に武士の實踐道德敎たるの觀を呈するに至りしこと其三なり、實用的殺伐なりし劍技の、實用を遠かり形式的華法に流れたること卽ち其四なり。是れ卽ち本朝劍道の特色なりと云ふべし。

第二節　幕府及び諸藩の武術奬勵と士風

士風の强弱は國家盛衰の關する所にして時に又國家の安危存亡を決するが如きことなきに非ず。

彼の歐亞兩大陸を卷席蹂躪したる蒙古の大軍が我が國に襲來せし時は、恰もよし我國は頼朝以來幕府世々武藝を奬勵し節義を重んじ來りし結果我國の上下共元氣横溢し士風の頗る盛んなりし時代なり。されぱさしも强勢なりし蒙古の大軍も遂にかくの如き大敗を招くに至れり。これに反してもし彼の駿河遠江兩國の兵を擧げて新羅人七百人の叛を鎭定すること能はず相模武藏等七ケ國の大軍を發して漸くこれを鎭定すること得たりといふが如き、或は新羅の海賊船二隻が豐前の國府より太宰府へ送れる年貢などを掠奪するにかゝはらず警固の兵はこれを怖れて捕ふる能はざるが如き、或は嘉祿年中松浦黨の無賴の徒が高麗の民家を刧掠し我兵と高麗兵との戰ふの報京都に達するや、公卿大に驚き、「末世の事か敵國來伐可恐可悲」と慄え上りしが如き、無氣力の平安時代に此强勢ある蒙古軍の來襲ありしとせんか、我が國の安危は果して如何なりしならむ、思ふて茲に到れば慄然たるを禁ずる能はざるなり。茲に於てか士氣の消長盛衰は實に國家の安危に關するものありと云ふも亦過言ならざるを知るべきなり。豐太閤が征韓を企て鷄林八道はもとより大明國までも我が武威を輝かすに至りたるも亦當時我が國民に士氣の極めて旺盛なるものありし結果なり。而して此れ等の士氣極めて旺盛なりし時代はいづれも我將士は日夜武藝を勵み心膽を練り技術を磨きし時ならざるはなし。

鎌倉時代と云ひ、戰國時代と云ひ共に我が國に於て武藝の最も發達し隆盛に赴きし時代なり。是に於てか士氣の盛衰强弱と武藝の盛衰とは極めて密接なる關係を有することを知るべし。而して三百年の太平を致せし德川時代に於ける士氣の消長亦此武藝の盛衰と關係なき能はざるなり。卽ち幕府に於ても諸藩に於ても名君名臣と稱せられしが如き人は多く茲に著目して士風士氣の振興策として武術の奬勵をなしたるを知るべし。德川の初期三代の頃までは戰國の餘風尙熾んにして殺伐の氣横溢し劍槍其他の武術最も隆盛を極めたる時にして士氣の旺盛なること前後に比なかりし時なり。而して家康は馬上に天下を定めしも政治の要道は文敎によらざるべからずとなし大いに文敎の奬勵に力を用ひしと雖も而かも武道の事を決して輕視したるにあらず。家康は慶長五年柳生宗嚴に命じて刀術の事を言上せしめ之を褒賞し次で府下に迎へ又其子宗矩を用ゆ。かくて宗矩は家康・家忠・家光・三代の師範となり遂に柳生流は將軍の御流儀となるに至れり。

又武家諸法度を制定するや第一條に

一、文武弓馬之道專可₂相嗜₁事

左文右武者、古之法也、不₃可₂有₁不₂兼備₁矣、弓馬是武家之要樞也、號₃兵爲₂凶器₁、不₃得₂已而用₁之治不₃忘₂亂何不₃勵₂修練₁乎、

と規定せり。此法度は德川幕府の憲法として將軍繼代毎に多少の增減することなきにあらねど、根本は其主意を失ふことなく殊に此の文武奬勵の一條は一貫して以て幕末に至れり。此外諸藩にても御三家を始め大名小名に至るまで武事奬勵の事蹟枚擧に遑なし。就中上は紀伊家賴宣公の如き、下は小城の小藩主鍋島元茂の如き、武術に熱心なりしこと驚嘆に堪へざるものなり。されど茲には一々其事蹟を述ぶるの煩を避け代表的に黑田、加藤兩氏の敎訓の一部をあぐることとに止めんとす。

黑田如水の敎誡に

一、總じて國を守護するは必大事なりと思ふべし、尋常の人と同じく心得ては成がたし、先政道に私なく、其上我身の行儀作法を亂さずして、萬民の手本

となるべし、又平生の嗜好む事を愼み選ぶべき事なり、主君の好む事をば、必諸士又は百姓町人に至るまで、翫ぶものなれば、大事の儀なり、文武は車の兩輪の如し、一も闕てはかないがたき由、古人もいへり、勿論治世には文を用ひ、亂世には武を以て治るとは有ながら、治世に武を忘れず、亂世には文を捨てざるが、尤肝要なるべし、世治まりたりとて、大將たる人武を忘るゝ時は、第一軍法すたり、家中の諸士も、おのづから心柔弱になり、武道のたしなみなく、武藝に怠り武具等も不足し、持たる武具は塵に埋れ、弓鎗の柄は虫のすみかとなり、鐵砲はさびくさりて、俄なる用に立たず、かく武道おろそかなれば、平生軍法定まらずして、俄に兵亂出來たる時には、如何せんと驚き、騒ぎ、評定とゝのはずして軍法たゝず、たとへば溜にのぞんで井を掘るが如し。武將の家に生れては、暫時も武を忘るべからず、又亂世に文を捨る人は、軍理を知らずして制法定まらず、國家の仕置私曲多く、家人國民を愛する意なき故、人の恨多く血氣の勇のみにて、仁義の道なき故、士卒をもひ付ず、忠義のはたらきまれなるによつて、たとひ一旦は軍に勝利ありといへども、後には必ず亡ぶるものなり、大將の文道を好むといふは、かならず書を多く讀み詩を作り故事を覺え文學をたしなむにはあらず、まことの道をもとめ、諸事に付て吟味工夫を委しくして、すじめをちがへず、ひが事なき樣にして、善惡を糺し、賞罰を明にし、心に憐み深きをいふ、又大將の武道を好むといふは、專武藝を好み、心のいかつなるを云ふには非ず、軍の道を知て、常に亂をしづむる智略をなし、武勇の道に志て、油斷なく士卒を調練し、功ある者に恩賞を與へ、罪あるものに刑罰を施して、剛臆をたゞし、無事の時合戰を忘れざるをいふ、武藝を專にして一人の働きを好むは、匹夫の勇とて小身なる士の嗜にて、大將の道に非ず、又鎗太刀弓馬の諸藝手づからするは匹夫の事なりとて、自身かつてとり行はざれば、諸士其武藝すゝみがたし、大本を心得て、いかにも自身にも武藝に遊び、又文をも自ら學びて、諸士をすゝめ行はすべきなり、古より文武の道を失ひては、國家を治め難しといへり、能く心得べき事なり。

又加藤清正が家中に示したる七箇條の條目あり

大小身によらず侍共可覺悟候條々

一、奉公の道油斷すべからず。朝寅の刻におき候て、兵法をつかい、飯を食ひ、弓を射、鐵砲をうち、馬を乘べし、武士の嗜よき者には、別て加增を遣すべき事

一、慰に可出候はゞ鷹野、鹿狩、相撲、かやうの儀にて可遊山事

と見ゆ、以て其一般を察すべし。

次で三代家光亦幼少より武術を嗜み宗矩に劍術を學び、(家光が武術を嗜み其道に達したること、就中殊に劍法を好みしこと等、大猷院殿御實記附錄卷之二中寛永譜、天野逸話、日記、羅山集、江城年表、天享東鑑、日記等より引用せる記事あれど略す)又其他あらゆる武道を修め以て自ら範を示し、且つ屢々劍槍其他武術の名人を諸藩より召して御覽あり、銀、時服を賜りて之を賞し、或は諸家陪臣の劍槍に達せる者の姓名を註記して奉るべしと命ぜらるゝが如き、大に武術を奬勵して士風の振興を計りき。

然るに星移り年替り干戈元和にをさまりて、茲に六十年館林綱吉五代將軍立

つや、さなきだに文弱・奢侈に陥らんとする世運に加ふるに彼の淫に近き文教の獎勵を以てす。是に於てか豪華文弱の所謂元祿時代は現出せり、蓋し元祿の世は赤穗義士の如き從來の暴虎馮河の勇に、文理的修養を加へ文武調和せる武士の出現せし時代にして、決して文弱淫靡に達せし文化、文政時代の如く士風の廢頽せし時代に非ざりき。されど此を初期三代の殺伐武辨の世に比すれば一般に奢侈文弱に傾き士風の衰へたるは否む能はざる事實なりしなり。然しながら紀州、名古屋、兩藩の如きはかゝる一般の風潮に逆行して藩主自ら武藝を練り、又盛んに此を獎勵せしかば當時兩藩の如きは頗る士風の盛んなるものあるを見るべし。殊に名古屋藩の如きは三代の藩主綱誠(元祿六年家督を嗣ぎ同十三年死す)四代吉通(十二年相續正德三年死す)の如きは共に自ら武藝に熟達し大に武藝を獎勵し、綱誠は自ら遠的のことを發明し、又着込に注意して自ら工夫創作するあり、吉通亦常に武藝を獎勵して當時儉約勵行の世なりしに拘はらず軍用武備の爲めには巨費を厭はずして其備はらんことを欲し、自身も水練馬術に熟達し劍術は本多・鈴木・等に柳生流を學び、弓術は竹林流を、槍は貫流を、其他鐵砲組討のことに至るまで一として學習せざるなし。而して吉通の近侍たりし近松茂矩は近侍の際、吉通より武藝を授かり後年吉通の生子の武術指導係を命せられたる人なりしが、其晩年藩主吉通に授けられし御直傳の趣き少しも私意を加へず輯錄すと稱して、「圓覺院樣御直傳十五箇條」を記せり、其書を見れば、吉通は決して世に云ふ殿樣稽古にあらず、眞に修行して殆んど其堂に入り殊に居合の如きは其蘊奧を極め武道の眞諦を會得せしことを知るに足るものあり。藩主自らかくの如し。されば當時の名古屋藩は當時吉宗を藩主とする若山藩と共に、他藩に比し頗る士風の見るべきものありき。(翁草明德祕書南紀德川史)かくの如く同じく元祿の世といふも、綱吉の如き文敎のみの奬勵と、尾張侯及び紀州侯の如き武事を奬勵せしとは其間士風の大なる差あるを知るべきなり。然るに其後吉宗八代將軍として幕府に迎へらるゝや、元祿以來漸次世は文弱奢侈の風潮に流れ士風の廢頽亦漸く大ならむとするを慨き幕府の祖なる家康の文武奬勵に則り勤儉尙武を實行して大に士風の振興を計りき。今其武事奬勵の事のみにつきて略述せんに、吉宗は綱吉將軍の時殺生禁斷のため廢止したる田獵を復して鎌倉右大將家の古例に傚ひ下總の小金ケ原に大規模の狩を催して以て士氣を鼓舞し或は黑木書院、或は白木書院に於て柳生流、小野派一刀流の劍技、或は山本流南都寶藏院流の槍術等御覽あり、時服又は銀などを賜ひて之を奬勵し、又武術傳習所を砂村に設け旗本の士をして水練、騎馬の術を習はしめ、或は大的を設けて之を射させ、其上に小笠原、伊勢等の故實家をして其家傳を書きあげしめ吉宗自ら小笠原の弓馬を修めし所より弓場を吹上の苑内に設け年始には必ず弓馬始めの式を擧げ其他草鹿·圓物·笠懸·流鏑馬·等の式を再興し或は修正し、或は放鷹の途に於て供奉の弓鐵砲の輩に對して鳥の射擊を命せらるゝが如きことも亦少なからざりき。

吉宗はかくの如く諸士を奬勵するのみならず自ら文武の諸藝に達し、劍道馬術·射藝·砲術·水練·より笠懸·流鏑馬·犬追物の故實に至るまで研究せざる所なく夙に弓·馬·劍·の三術に熱心なるより常に近侍の輩を相手に稽古ありしかば、此等近侍の輩は競ふて此等の武術を修練せしより表方の諸士も之に傚ひ各武藝に勵精し一般に學問より武藝の方行はれ、當時旗本の士は勿論諸國にも武藝練達の士、彬々として輩出するに至れり。

今左に錄する所にて其一端を證すべし。

御家人等太平になれて武藝におこたらむことをなげかせ給ひ、ひたすら講武の事を沙汰せられける、享保十一年九月朔日柳生但馬守俊方が劍術を御覽あり、やがて常の御座所に召されて時服を賜はり、家の藝よく傳へたりと賞美せらる、此日但馬守よりも鮮鯛を進上して謝し奉る、同月十九日持弓頭、小野次郎右衞門忠一家の劍術を傳へて堪能なる由聞召、其業を台覽ありて時服を賜ふ、後土岐大學頭朝澄、鈴木忠左衞門之房（小納戶）を其弟子となさる、また拳法は岡村彌平直時、秦直左衞門武善などを敎師にせられてはげまされければ、いくほとなく武藝に達せしもの多くなりたり、其頃一藝一能ある處士共はをのが口を糊する時至れりと悅び所々に敎場を開きしきりに古禮をとなへ、又異風なる事を傳へたり、中に講武の一助ともなるべきものは、地所を恩借ありて講習せしめらる、三宅伴左衞門といへるものは昌平坂の下にて射術の敎場を下され、正木彌九郎といへるものも、神樂坂下にて地處を恩貸せられぬ、然るに年を逐て武事盛んに行はれ、材藝のすぐれし御家人多くいできしかば、彼の異風を好み世にてらひたる處士等は日あらずして次第にうせけるとなむ(御實紀附錄)

と見え、又『享保盛典』には

「つねに天下の政務に御心をつくされ、士風を勵まさんとの盛慮にて一藝一能あるものをば普く擧用ゐしかば、材藝あるもの時にあひし事を悅び諸國より多く出來れり、劍術は木村左衞門某、山田新十郎某、鎗術は小南市郎兵衞達寛、大筒は齋藤十郎大夫某、兵學は松井勝右衞門某、射藝は安富軍八某、馬術は岩波沖右衞門延幸、これは諏訪因幡守忠林が家人より召出さる、その餘依田佐助某、熊谷平內某のたぐひ、外にも猶多かるべし」云々

斯くの如き有樣なりしかば奢侈、文弱の風も漸く質素剛健の風に變じ士氣大に振ひ、六十歲以上の老人にて寒中頭巾も被らず高股立馬上にて登城するもの少なからざりしと云ふ、以て其士氣の盛んなりしを想ふべし。

尙天明四年三月廿四日、田沼意知が佐野善左衞門政言の爲めに殿中に於て殺

害せられたりし際、政言が意知を切付つゝある有樣を目擊したる面々は誰一人之を押留めんとするものなく、反つて右往左往に迯げ隱れ其周章狼狽、卑怯未練の振舞、武士としてあるまじき事にて當時の士風頽廢の有樣又以て察すべきなり。然るに大目付松平對馬守忠郷遙かに之を見付駈來りて政言の後より組付たるに、目付柳生主膳久通も駈付て忠郷に力を合せ、政言の脇差を奪取りしかば先きに迯げ隱れたる面々も追々駈付て政言を徒士目付に引渡して警固せしめたり、此事を實見せる某氏の話とて『甲子夜話』には

初め佐野が切付しを遙かに對馬守見るより袴のそばを挾み乍ら徐々と佐野が後ろへ來りて是は善左亂心かと聲を掛しに佐野は尙も焦つて切込刀に山城守息絕えたる樣子を見ると對馬守急に善左衞門に組付たりしに佐野は血氣の壯年對馬守は六十三歲の老人なりしに佐野を押えて少しも動かせざりしは流石享保仕込の士なりと諸人今更の如く感心せりと、又山城守の息絕るまで組付ざりしは何れにしても深手なれば山城守存命覺束なければ頓て死を賜る善左衞門の事なり十分にしおふせたるを見するは武士の情にて彼

の淺野吉良の梶川が仕方とは格別なり、是も享保仕込の爲めなるべしと人々申合へり」

と見えたり、これ又吉宗の武術奬勵の結果當時の士風が如何なる影響を受けしやを察する一例證と見るべきなり。

吉宗以後安永、天明の間に至り幕政また衰へ世はたゞ華美。浮薄に流れ士道の頽廢せることと底止するところなからむとす、此時にあたりて補佐松平定信、十一代將軍家齋を輔けて幕府を挽回し士道の頽廢を振興せんとするや、如何なる主義により如何なる方法をとりしやと云ふに、これ亦文武の奬勵によりて士氣を鼓舞し享保の偉績を繼述せんとせしが如し。抑も定信は八代將軍吉宗の外孫にして田安權中納言宗武の第三子なりしが、少時既に國本論を著したる程の英才にて白河の松平氏を繼ぎ、後特命によりて執政たりしものなり、而して彼は吉宗の遺風を慕ひ質素儉約を以て施政の根本となし、屢々政俗を矯すると共に文武の奬勵によりて士風を振興せしめたる實績は既に在藩時代に於ても之を觀るを得べし。

桑名松平家譜に

城中に先祖定綱を神道の禮をもて鎭國大明神と崇祀し幕府へ達して春秋武術の祭をなし又武備の祭とて備立をなし國家不慮の用のならしにせしなり、學校を設けて立教館と號し學は程朱をもて目的とし禮、樂、書、數の局を開き書院の中央には天照皇太神宮太廟を崇祀し、漢土の學は尙べ共令條を自ら書て、皇國の大本を子孫及び藩臣等にも永く示しおしえ、武場を泮宮の傍に建ならべ、學校には教官を備へ、武場には師範をおき、幹事は有司に命じ、文庫は和漢の書を幾萬部と數を知らずたくわへ、監吏に掌らしめて、廣く覽る事をゆるし、文武の業進むに隨ひて賞賜を與へ、自ら巡覽して、賞罰を正しければ文業大に開け、追々俊才を出し、武藝にも超群なるもの少なからず、又世に文武の名ある人を愛して、交道も廣く、其道を尋問て自らも衆に先だつて修行しければ、文武の盛んなるは世にも稱せし事なりし。」

と見え、天明七年六月老中首座に任じ、田安意次の弊政の後ちを承けて幼主家

齋を輔くるや、當日卽ち天明七年六月十九日、幕府令を下していふ、

一、萬石以下末々に至迄常に分限に應じて、可成程は儉約を用ひ、勝手向取亂不申、御奉公出精相勤専要に候、儉約相用ひ候迚、知行高相應の人馬武藝等不相嗜義は有之間敷候、武道・文道・忠孝は前々御條目第一の事に候得ば、別而心掛可申義に候、若き面々は平日武藝も隨分出精可致候、亂舞其外は畢竟慰めの筋に候へば程能相用ひ可然候、專らに致し候而は自然に武道薄く可相成候間其所心を用ひ候樣可致候、

右之通被仰出候間無怠慢可被心掛候

天明七未年七月、

一、文武の道は誰にも相嗜候儀勿論の事に候得共別而當時其道出精並師範なども致し候もの候はゞ、其ものゝ名前頭々支配々々より書出候樣可被致候

一、學文致指南候程之もの且講釋などいたし候程之もの並軍學、天文學之類も右に准候事

一、武藝・弓馬・劍鎗・柔術・火術之類、當時別而出精いたし候もの並免許目錄を得、指

南等いたし候者之事、
右之學文武藝共、其師の名前、並流儀の名且其もの之年齡とも書出候樣可被致事
右之趣頭々支配々々より可被相達候
天明八年五月令す
　　大目付へ
「一、諸向藝術書出之儀、去冬書出候以後免許又は目錄請候者、且此以後免許目錄請候者共、御目見以上以下共年々書出候樣可致候」
但、頭支配にて取集每年被差出候
其後寬政元年四月、同四年十一月にも同主意の令ありしを初めとし、爾來大的射込場六ヶ所を定めて射術を習はしめ或は大筒を閱し、或は乘馬·騎射·水游等の御覽あり、或は角力を吹上に召して上覽に供し、又屢々田獵を催し小金ヶ原の狩獵を再興せしが如き、或は流鏑馬の式を興し其他大番頭以下布衣以上の役人の武藝より寄合及び布衣以下役人及び番衆、番士に至るまで其武藝を閱する

等、旗下の士を戒飭して儉約を力め武藝を勵まし以て大に士氣の振興を勉め、蜀山人をして「世の中に蚊程うるさきものはなし文武と云ふて夜も寢られず」との狂歌を作らしめ、或黄表紙に喜三二をして「文武二道萬石通」などの作を筆にせしむる程なりき、以て定信の文武奬勵の程度も亦察すべきなり、其結果四方より江戸に來り門戸を張り武藝を指南するもの甚だ多く、其重なるもの二三を擧ぐれば、砲術に亦松、荻野の二流を生じて幕府の田付・井上と肩を並べ、劒術に戸賀崎熊太郎の神道無念流を起して柳生の兵法を凌ぎ、鎗術に早川流、柔術に間影流、其他計るに遑あらず、何れも往時形とて形式の修練を專らにせしを是に至り一變して鎗劍は卽ち實鬪試合となり、柔術は亂取卽ち取組を專とせるなど其振興の形況を察知すべし。中にも平山行藏の如き自ら實踐して其實用上の利害を研究して之を子弟に敎授せしより、諸大名の家臣等多く其門に出入せるより旗下の士にありても亦之に倣ひ各文武に勵精せしかば、士風一時に振ひ定信の執政前とは恰も隔世の感あらしむるに至れりと云ふ。

德川十五代史第十編に

「ソモ〳〵天明ノ初メニ至リテハ士民ノ遊惰奢侈甚シク、諸藩士ノ宿直ヨリ退ク者、鎗挾箱ナドヲバ從僕ニ荷ハセ其宅ニ返シ、一同ニ袂ヲ連ネテ遊里ニ赴クヲ常トス、又其自宅に會合スルモノハ皆下方ノ學ビヲナシ、歌舞伎、狂言師又ハ藝者女ヲ友トシテ淫樂スル事ヲ恥トセズ、武家ノ作法、町人野郎ニヒトシク男女ノ間ノ猥リカハシキ樣實ニ言フベカラザル惡風ニシテ、文武廉節ハ地ヲ拂ヒタル世態ナリシヲ定信ノ出ツルニ及ンデ悉ク之ヲ改革シ、老壯子弟ヲイハズ皆俄カニ學問武藝ヲ勵マシテ更生人ノ如クナリシヿハ其世ノ記録ニ見エテ誠ニ目覺シキヿ也キ。然レ共コレハ近ク尋常人ノ聞見ニ接セシ處ニシテ其遠大ノ謀、永久ノ慮ニ至リテハ又庸人ノ窺及フ所ニ非スト云フベシ」

とあるは、又此間の消息を裏書するものと云ふべし。

定信寛政五年七月輔佐の役を退きし後も、幕府は政治向の事大小となく定信の成規に隨つて之を行はんと欲し、毎年諸士の武藝を閲し、又狩獵其他武事の奬勵を勉めしが如き形勢なきにあらざるも、時代の趨勢は之を如何ともなすこと能はず世は滔々として文弱淫靡に流れ、武技すたれ、よし武術の修行をなすものありとも、そは只形式のみにて徒らに有名無實の免許を得ることを目的とし、眞の修行なすものなく、士風の頽廢愈々甚だしきに至れり。

されば幕府も享和二戌年五月

「近來武術免許の旨申立候面々之內修行年數無之ものも未だ年若なるも有之候、上達の遲速は性質の器用又は修行の次第にもより候事にて、あながち年數にも拘はるまじき筋には候得共少しも早く免許を得申度抔存違、未熟に而も競望いたし、師範のものも無餘儀傳授に及候樣なる儀にも有之候ては、一體の風儀にも拘はり不宜事に候間、師弟共に心得違無之樣可致旨、頭支配より敎諭可被致事」

の令を發するあり、又文政六年四月廿二日、西丸御書院番士松平外記の刄傷事件の如きは實に當時士風の頽廢を遺憾なく暴露せるものと云ふべし。

今左に其梗概を擧げて當時の士風頽廢の一端を示さむ。

そも〳〵外記刃傷事件の據つて來る處は實に當時の番士等の風習士風の頽廢を以て其遠因となすが如し。

元來番士とは御書院御小姓の兩組を兩御番と稱し各十組づゝ合して二十組となせしものにて往時將軍の出陣には其旗本にありて之を守衞すべき役柄なれば何れも武功の者若くは、武術鍛錬のものを拔選して組織せしものにて、三代家光の頃は頗る精鋭の者なりしといふ。然るに昇平久しきに涉り武備廢弛せし時代には此の精鋭なる番士は終に變じて腰拔連中の寄合組となるに至れり、殊に寬政以降文化文政時代には其士風の頹廢惡習慣の流行其極に達したるが如し．而して其證例とするもの頗る多きも、今左の一事を擧げて其全豹を窺はんとす、こは行厨の品評の慣行なりとす、凡そ番士番入の當座は行厨も殊の外美味を撰び凡そ五人前程の菜を用意し、喫飯の時には先づ之を古番の人に薦むるに、古番の人々は一禮にも及ばず、傲然箸を下して之を喫ひ、恣に是が割烹の善惡を品評し甚だしきは斯樣の無味のものは喰はれずなど罵るに至れりと、されば新番者は次の當番には更に念を入れたる品々を供すれば又もや種々の惡口を並べつゝ之を喫ひ盡すなど、武士たる者の所行とも思はれず、併しながらかゝる擧動に及ぶといへども愼んで怒を押へ、之に抵抗せざる様務めざるべからず、然らざる時は反つて其侮慢嘲弄を招き遂には行厨の中へ竊かに灰をふりかけおき、或は佩刀を隱し墨を以て衣服の紋所を塗抹するなど、種々なる惡戯を試みられ、怒れば怒る程益々甚だしきを加ふるに至れり、以て番士の腐敗の狀態を察すべきなり。然るに松平外記は文化八年に番入し遂に安政六年に至りて刃傷事件を惹起するに至れり。此間實に十三ヶ年の久しきに及べば彼も一時は鄕に入れば鄕に從ふの譬への如く此惡慣の中に屈從したるならむも、彼の性行は全く此惡習に屈從同化し去る能はず、遂に刃傷事件を惹起するに至りしなるべし。

然らばそも〳〵松平外記なるものは如何なる性行の人なりしやと云ふに、其父賴母は劍術の達人にて既に道場を開き旗本の子弟を敎養し居りし程の人にて、當時は白川樂翁が文武の諸政を擴張せし餘溫の未だ去らざりし時とて將軍家齋公の御聽に達し、享和二年の四月白書院にて賴母が劍術の試合を上覽ありしと云ふ、八代將軍吉宗公の創意にて古例に徵し、騎射の法式を制定し、之を小笠原縫殿之助に授けたまひ、旗下士をして其門に入り射法を習はしめたりしより以來代々之を因襲し旗下士は皆小笠原流のみなりしに、頼母は別に一流の騎射法に練達せしとて、是も吹上園にて上覽に供し、又將軍家の御弓にて屢々鳥を射留め凡そ是等の事にて黃金時服を賞賜せられしこと前後十數回に及び終に番士より拔擢せられて小納戶役を仰付られたり、此父ふりての外記なれば其薰陶せられたる如何は以て推知すべきなり。松平次郞氏の談に擊劍は父の頼母程には至らざれども普通の腕前よりは立越え、其弓術と馬術とは却つて頼母より遙かに勝れ居りしと、又傳ふる所によれば彼は品行方正にして活潑なれど平生暴怒せしことなく、召使の卑僕の類に至るまで其罵詈叱咤を受けしことなかりしと云ふ。これ等の點より考ふれば當時一般旗下士の游惰我儘なる風習に比すれば、實に稀有の人なりしと云ふを得べし。かくの如き性行の外記なれば番入以後懶惰なる一般の番士と意見の相異なども多かりしならむも、彼は自ら抑損し、殊に人のなすべき事まで身に引受けて毫も其勞を厭ふことなかりしかば、一時は番頭與頭等の評判もよかりしかど、遂に御帳掛御供押へ等の勤務星順の事につきての外記の正論は相番等の懶惰心を刺戟して不和を生じ終に常例以外の侮慢嘲弄を受くるに至りたり、然るに外記は前述の如く弓術と馬術とは其諸藝中の最も熟練にして得意とする所なるを以て、御供弓にても、亦大的騎馬の上覽にても、つひに射外したることなきより、御小納戸頭取衆にも、殊の外に最負せられ、何れの上覽にも必ず名指にて外記に射手を仰付られたり、普通は二年に一度歟、三年に二度もあるべき上覽を、外記は一年に四度まで勤めたることあり、されば我技藝の未熟なるには氣も付かず、只管外記の父頼母が奥の衆を勤めしより萬端其取成にて仕合よく斯く度々上覽もあることなりと不平妬心のもの共も亦之を機會として外記を罵詈、攻擊し、喧々囂々たりしと云ふ。然るに德川家代々の恒例として初夏の候には必ず駒場野に追鳥狩を催し、以て演武の式を習へり當日兩番士を以て勢子に宛て、組中より古番のもの二人を選び、勢子の進退駈引を指揮せしむ、之を拍子木役と云ふ、文政六年四月此追鳥狩あるべしとて、外記の側には豫てより曲淵大學此役を勤め、向側にては、岡部半之助と極まりしに、大學眼病にて此役勤まり難しと內々相番中へ申置きし所、小納戸頭取衆より松平外記を指名し來れり。かくて外記はいよ〳〵拍子木役を勤むることになりしかど、前記の如く相番共と不和なりしため、此を機會に彼等は外記の命を奉せず大に嘲弄して其惡戯言語に絶する程なりしかば外記は遂に拍子木役を辭せざるべからざることゝなり、茲に殺意の臍を固めたりしが如し、愈々四月廿二日夕七ッ時頃西丸書院番士休息所の樓上にて外記は本多伊織外二人を斬殺し二人に疵を負はせし上にて靜かに二階を降りて落椽に出で打水鉢の水にて血刀を洗ひ其處にて割腹に及びたり。

此時諸番士の狼狽腰ぬけの樣、言語に絶し、前記平時に於ける彼等の腐敗と相俟つて益々當時の士風の頽廢せし程度を證するものなり。今其一般を記さんに外記が本多伊織を斬たる時二階に居合せし相番共多かりしが伊織の斬られたるを見ると其儘取押へんすべもなく、腰拔の本相を現し我先きにと二階を逃げ下りたり、其中にも池田吉十郎は最初伊織と外記と一言二言爭ふ內、外記の顏色俄かに替り、何とやらん尋常ならざる樣子を見て白衣のまゝ肩衣袴をも付けず急ぎ二階を下りしと、又間部源十郎は前日追鳥狩の勢子に出疲れしとて横臥して居りし處へ切付られ、深手にて其儘氣絶なし、神尾五郎三郎も同じく寢轉び居りしが此の體を見て二階上り口の方へ逃んとするを追掛られ帶の結目を斷斬られて臀部へ淺手を受け其儘二階より轉げ落ち帶のなきにも心付ず狼狽して御番所へ迯込み相番ともに血の流るゝを敎られて始めて手疵を被りたるを知り其まゝ其處へ倒れしこと、沼間右京と戸田彥之進の兩人が斬殺るゝ時、二階には最早一人も居らず、唯最前深手にて氣絶せし間部源十郎がふと氣付て見たりし時、右京は既に斃れ、彥之進は深手ながらに小窓の障子を以て外記を支へ居りしと後に源十郎之を語りしとか。扨て又虎の間の番所に居りて番士ともは、外記が相番を斬りしことを聞き、平生嘲弄、罵詈を恣にせしものども故、今にも外記の來らんかと狼狽廻り番所を逃げ出すもあり、或は夜具を入るゝ番葛籠を積み重ね其陰に身を潜むるものあり、雪隱へ迯入り、椽の下へ這込むに至りしと。又御番所へ居る者共は外記の切入らん事を恐れ、御杉戸襖を締切り大勢にて之を押へ、又井上政之助の如きは更に見苦しき振舞ありて、白衣無刀のまゝ城門を遁れ出で我が屋敷まで逃げ歸りしなど一人として武士らしき擧動をなせしものなかりしとなり。如何に昌平無事の世とはいへ此の輩の平生養ふ所なきは此れを以て察するに足れり。

又外記自殺せりと聞きて始めて書院番所の襖を開きたれども誰一人として二階に赴き見屆けんと云ふものはなく、其他御小姓番及び新番の番士等は御書院番二階屋の騷動を聞き今にも此所へ切込み來らむかと狼狽し右往左往に逃げ廻り番所を明けて逃げ出したるに獨り御徒番所ばかりは少しも動搖の氣色なかりしと云ふ。當日の當番は御徒頭の佐山佐門組下の者にて組頭鈴木伴次郎といへる人にて書院番士の部屋にて騷がしき樣子聞き付けいづれ尋事事ならずと休息せしものまで番所へ詰めさせ、一同に令して銘々刀の下緒を柄に卷付け膝本に差置かしめ、且裏口出入を禁じ固く鎖して張番を置くなど拔目なく手配なし一同嚴然として番所を固めしは適當なりしと、此伴次郎は當時劍道の師範をせし者にて、刀の柄へ下緒を卷付けさせしは蓋し殿中の事故敢て拔刀せず、暴人の來らは之を捕獲せんとの覺悟なるべし、西丸城中にて武

士らしきは唯是人あるのみ(古今史譚、松平外記刄傷顚末の大意を取る)

先きに記せし佐野政言の刄傷事件の際に於ける享保仕込みの松平對馬守忠郷と云ひ、此の鈴木伴次郎と云ひ、共に武藝を鍛練し其道に達せし人なるが、かゝる變事に際して劍道其他の武藝によりて眞に心膽を練りし者と否との間に如何なる差異あるかを證するに足らむ、又以て幾多の名君賢相が士風の振興策として武術の奬勵を努めし所以を知るべきなり。尙此の外川路聖謨は文政元年十九歳にて支配勘定出役に採用せられし以來、文政四年支配勘定本役に上り、六年には勘定留役に登用せられし程の人なるが、聖謨は當時留役の劇職にありながら、公務の餘閑には好んで書を讀み、又劍を學ばんとて、劍客酒井良佐の門に入りて竹刀を鬪はし又、稻生一雲齋と云へる武人につきて槍術を學び以て武士といふものゝ本分を忘れざらむことを欲せり、是より聖謨が六十七歳中風病に罹るまで如何なる繁劇の時といへども、武技を練ることは一日も怠ることなかりしといふ。然るに當時は幕府の士人は文弱に流れしのみならず奢侈遊樂を好み、武技等を顧みるもの極めて少なかりし世なりしかば、聖謨が綿服を着し竹刀を携へ劍客、槍士の門に出入するを見ていと怪しみ、彼は奇を好むものとて罵詈する輩多かりしと云ふ、而して或人聖謨に忠告して曰く「足下近頃武藝をなすと聞く、これ甚だ足下の爲めに惜むなり、萬一酒を飲みしが故若し謬て負傷するも人これを一笑に附して怪まざるべし、されど武術の爲め自身體を毀損することあらば足下を誹る者多く終には足下の位置も危きに到らむ、よくよく注意せよ」と。

この話は聖謨が其孫川路寛に直話せしを、寛自身に筆を取りし書に見ゆれば誤にあらざるべし、以て當時の世態知るべきのみ。當時旗本の士かくの如き有樣なりしかば外記刃傷の際、相番の士が周章狼狽腰拔武士の正體を遺憾なく暴露せしも亦當然なりと云ふべし。此と彼とを併せ考ふるときは、當時士風の頽廢殆んど其極に達したるを知ると同時に、武術の鍛錬に身を委ぬる武士の極めて少なかりしを知るに足る。延いては士風の興廢と、武術の盛衰との關係も亦知るを得べし。

之を要するに余輩は文化、文政の頃を以て、德川時代中士風の最も衰頽せし時にして、同時に武術の最も衰微したる時代なり。よし武術の修行をなすもの皆無ならずとするも、すべて美觀を求めて實用を全く忘れたる時代なり。然しながら他面より考ふれば武術の衰微絶頂に達し、やがて又此頃よりして、武術は漸次衰頽を挽回し隆盛の運に向ひ、士風亦漸く振はんとする時なりとす。卽ち余此時機を以て武術の盛衰、士風の興廢の分水嶺にして實に兩者の過渡期なりと思惟するものなり。何となれば此より先き林子平の如き海防の事を論著して之がため罪を得たる程なるが、（六無齊全書泰平年表寛政四年）魯西亞、英吉利の、北邊及び長崎を侵擾するありて東西安からざるに至るや、流石に文弱の世とはいへ多少幕府諸藩の注意を惹起し、武備の必要を感じ武術の奬勵をなすものあるに至りたればなり。例へば寶暦二年肥後藩主細川重賢が、文藝敎授所時習館を建つると同時に、武藝演習所東西兩榭を創建し、馬術・居合・薙刀・劒術・槍術・砲術・射術・軍學・柔術・棒術・陣具・等平日各師範の家にて修行し定日此兩榭にて演習せしむることを制し、安永二年鹿兒島藩主島津重豪は造士館を創設するや、其傍に演武館を設けて、弓馬・槍劒・柔術を敎へしむることゝし、金澤藩の如き寛政四年藩主治脩は明倫堂と同時に經武館を建てゝ、弓術・槍術・馬術・劍術・柔術・居合・組打・軍螺・等を課し、或は各師範家にて練習し定日に師範も共に其術を此に演ずることを制したるあり、或は同年佐倉藩に演武所を設けて藩士をして文武を修めしむる事とせしが如き、比較的早くより藩校に於て武藝の修行を課するが如きことなきに非ざりしも、幕府の安政三年講武所を創設せるを筆頭として、文化年間には仙臺藩主齊宗、養賢堂に學事を奬勵すると同時に兵學・劍術・槍術・等を課して文武を藩士に兼修せしむるあり。又秋田藩は文化八年に至り明德館に改め本館敷地内に演武場を設け、刀槍・居合・柔術・弓術・軍學・等を演習せしむるあり。文政年間には又、津藩主藤堂高兌は有造館を(文政三年)創立し又、二十八個の演武場を設けて殊に武事を敎へ、其學科を學門の外兵學・弓術・馬術・居合・劍術・薙刀・柔術・騎射・等とし、十五歲以下は專ら文學に從事し武術の初步を修めしめ十六歲以上は心を武事に專らにし、文學の如きは必ずしも督責して之を修めしめず、又武術一流の皆傳の者には藩主より紋模樣の麻上下一具を賜ひ終身之を用ふるを許せしが如きあり。次で天保年間以後には水野正邦、安部正弘等の文武奬勵と、漸次外國との交渉頻發する世運とは、益々武事の獎勵を促し、天保九年、水戸藩主德川齊昭弘道館を建つるや、文武二館に分ち、武館には兵學・軍用・劒術・槍術・居合・薙刀・柄大刀・柔術・馬術・射術・砲術を課し、此外操練場を館中に、水術・火術・を館外に置きて藩士を敎養し更らに文武敎師をして皆家塾をおかしめ或は寄宿寮に入れて、日夜文政を研習せしむるあり、而して當時は武技は流派日に分れ互に門戶を立て長短を比較し、流弊極めて多かりしかば、齊昭、其相近きものを合せて一となし又自ら薙刀に於て常山流を創立し、砲術に於て神發流を創し、諸流と共に之を學館に用ひたり、而して三・八及五・十の日は國老或は番頭、執政等學館に會して私試を行ひ或は槍・劒等行はれたり、尙此外秋季には文武の大試ありて、藩主之に臨み、文武の業の優等なる者には職をすゝめ、俸を加へ或は紗綾、白銀を賜はる等あり、之に反して怠慢放逸の生徒の爲には、奪職、降等、增課等の法を設けて黜罰せしかば武術頗る盛んに士風又愈々振ふに至れり。彼の藤田東湖の如き實に文武兩道の達人を出したる宜なりと云ふべし。佐賀藩の如きも、天保十年に至り、藩主直正弘道館を改築して內外寮武藝場等皆具はるに至れり。名古屋藩の如きも慶應の比より從來の弓術の外に馬術·劍術·槍術·練兵を加ふるあり。和歌山藩亦同年藩主茂承大に文武の擴張をはかり、本館を文武場内に移し文武合併の教授とす、文武場は從前武術及び軍學、蘭學の講習所たり、是に於て、國·漢·蘭·兵學·洋算·習禮·劍術·槍術·體術·の教場を設け、藩士五十歲未滿の者は必ず、此に學ばしむることゝす。廣島藩亦同年皇學の外、洋學傳習所、並に講武所を置きて英式の調練を始めたり。山口藩、鳥取藩の如きも嘉永、安政に至りて愈々教養を盛んにするあり、文久二年山內豐範の致道館に於て皆文武を兼修せしむることゝし、其材力に應じ時として其一を偏修せしむることあるときは武藝の內にては必ず、槍劍を學ばしめ、其餘は本人の意に從ひて之を修めしむるが如き　其他の諸藩多くは此幕末に至りて愈文武の奬勵殊に武事の鍛練に注意を拂ふに至れり。

斯くの如く、諸藩は文化、文政頃より漸次に藩校を建つると同時に、武術を課し、或は新たに弓馬·劍槍·居合·柔術·水游·鐵砲·軍學·等の諸課を加設するに至り、殊に嘉永六年浦賀の變以來、其傾向著しく顯はれ、單に幕府諸藩の要路者のみならず、上下一般の人心大に動搖し、長夜の眠り太平の夢一時に醒め、俄かに武術練習の再燃して、各藩の祕事の禁は解かれ幕府を初め諸藩は他流試合の禁を解くのみならず、反つて之を奬勵し自らこれを實行するあり、又和歌山藩の如きは能役者にまでも武術の練習を命ずるに至れり。以て當時武術隆盛の一般を察知すべきなり。從つて又士風頗る振ひ延いては遂に維新の大業をなすの意氣を生ずるに至れり。

第三節　教習法の變遷

往古より刀劍の使用法を練習せしことは疑ひなきことなれど、其方法如何に至りては、これを詳かにすること能はず、強いて之を解すれば第二章の中に崇神天皇の皇子豐城命の御夢に八たび擊刀し給ふことを述べたる條に於て既に論じおきしが如く、當時の擊刀卽ち刀の使用法の練習は後世一般に行はれたるが如く、相手を要せず、單獨にて刀を空中に打振りて其刀筋を正確にし、或は四肢の運動並びに之に伴ふ呼吸の練習をなす、今日の素振の如きもの或は後世にも薩州に於て盛に行はれたる示現流の敎習法の如く、或は立木に向ひ或は丸木を一定の高さの位置に横たへたるに對して切り返し擊ちて太刀筋・氣力・體刀等を練りしが如き方法多かりしにはあらずやと想像せらるゝのみにて其委細を知るに由なし、然れども足利の末期劍道の隆盛を極むるに至りて稍其狀況を窺ひ知るを得、更に德川時代に至りて初めて愈之を明かにするを得るなり、されど茲に注意すべきは元來劍道には足利末期以後德川時代にかけて其流派の分立甚しく其數實に二百餘流に及びしこと既に述べたるが如し、されば其敎習法の如きも其流派により各其形に相違あるは勿論なるが中には往々著しき相異あるものあり、例へば雲弘流の如く篠竹を革袋に塡充せる大なる韜を上段又は八相に構へ全身の氣力を凝らし双方より敵に向ふて突進し走り込みながら間合になるや否や雷光石火我が身を捨てゝ敵を兩斷すると共に我が身も亦敵に委する覺悟にて唯眞の一太刀を打おろすの修行をなすものあれば、タイ捨流の如く前後左右縱橫無盡に飛びめぐりて切たて薙たてして遣ふを敎ふるあり、或は直心影流の上段のみを用ゆるあれば、柳剛流は脛當を用ゐて脛を擊ち、或は先に述べたる藥丸流の如く相手を要せず打ち、又木二本を約三尺位の高さに五尺位を隔て相對して樹て、其上に長さ六七尺直徑二三分乃至五六分の柞の丸木三十本ばかりを束ねて横に掛け渡し此を以て群がる敵の姿に假裝し長さ三尺乃至四尺計りの枇杷の木太刀を以て充分の氣合を込め一氣充實する時、滿肚の雄叫を發して一刀は深く大地底に沒入するが如き意氣を以て、斬り下し、切返し、縱横馳突行き過ぎては斬り飛び違ひては打つことを習はすなり、或は心貫流の二派の如き殊に珍らしきものあり、其一派は紙に張りたる笊を被り、敵に恣に頭上を擊たせて敵の太刀筋を見覺ゆるなり、我は短かき、しなへを持ちて進み出づるのみにて業をなさず眼明らかになりて後勝負太刀を授くるなりといふ、他の一派は背に圓座を負ひ短刀を提げ身を屈め背を打たせて進み寄る勝負は手元によりて勝つことを專らとなせりと云ふが如き種々の特異なる敎習法あり。

されば敎習法の變遷を論ぜんと欲せば各派各流一々につきて其變遷を論ぜざる可からず、然れどもこは頗る煩はしきのみならず、又短日月の間に委曲を盡すこと容易のことにあらざれば、茲には一般普通の劍道諸流派の敎習法の變遷を概括的に論述することに止めんとす。

そも〳〵足利季世永祿・元龜・天正の頃より慶長、元和の頃に至る劍道の隆盛の當時に於ては、眞劍の試合十九度、戰場に臨むこと三十七回一度も不覺を取らず少しも疵を蒙らず、矢疵を蒙ること六個所の外、一度も敵の兵具に觸れたることなく、仕合戰場を通じて敵を討ちたること前後二百十二人に及べると言傳へらるゝ塚原卜傳、鹿島、香取の取合に鎗を合する儀二十三度、はれなる高名の首數廿五、並の追首七十六　二度の首供養に結局首一つ餘也と記さるゝ松本備前守（甲陽軍鑑結要本）の如き幾度か戰場を馳驅して生死の間に出入し或は眞劍試合に於て得たる經驗を基礎とし其內最も代表的なる動作を執りて形一名組太刀を組織し、後世の如き稽古着、道具、竹刀等を用ゆる事なく、常の衣服にて或は木刀を以て或は刄引又は韜を以て師弟相對して形を演して刀の運用、身の構へ、四肢の動作・氣合・間合・等を練習せしが如し、かくの如くにして形によりて心氣力を籠めて熱心に幾百回となく繰返し練習するときは、これ等の刀法は言ふまでもなく形以外の刀法も機に臨み變に應じて自由自在に運用することを得るに至りしものなり。

又此形の練習に加ふるに素面素手にて木刀又は韜等にて仕合をなしもつて愈精妙の域に達したるが如し、而して他流との仕合にては、武者修行の變遷に於て述べしが如く、往々眞劍又は棒或は木太刀等を以て技を戰かはしたるを以て或は死し或は不具者に陷るもの少なからざりしが如し、伊藤一刀齋は三十三度(武藝小傳)宮本武藏は十三歳より六十八九歳までの間に六十餘度の眞劍又は木刀の勝負をなしたりと云ふ(五輪書自序)其技神に入り古今の名手と仰がるゝも偶然にあらずと云ふべし。

次ぎに徳川時代に入りても其初期三代家光の頃までは戰國時代の敎習法と大同小異にて別に變化の著しきものなきが如きも太平久しく打つゞき人心は一般に文弱に傾くや流祖が苦心の餘になれる形もこれを學ぶものは漸次其眞意のある處を忘れ只徒らに形の末に走りて其形骸を眞似るのみとなり、又祖師の實戰或は眞劍勝負の結果案出したる形を單に竹刀上の工夫によりて漸次變形し或は新たに作成して猥に其數を增し徒らに其技功を複雜にし外觀の美、巧妙を衒ひ心身の鍛練も、技術の練磨にも實效少なきに至りしが如し、然るに德川時代以前より或る一派に往々使用せられし、しなひ及び德川時代に入りて漸次發達し來りし、面竹道具の類、正德・寶曆の頃に至りて大に整ふや如何に烈しく心身の勢力を盡して練習するも危險苦痛なきに至れるを以て從來の形の外に更に打込稽古を加へ、又仕合の如きも漸次盛に赴きしかば敎習法の上に一時期を劃するに至れり。

斯の如く竹刀及び面籠手胴等の如き劍道稽古道具の使用せらるゝに至りしことは劍道敎習法の變遷を考ふる上には至大の關係を有するものなり、此竹刀及面籠手胴等の稽古道具は何時頃より製作使用せられしやと云ふに直心影流にては山田平左衛門光德(一風齋ト號ス)形稽古の形式のみに拘泥して氣勢の缺如せるを慨き全氣勢を傾注して打込稽古をなすも危險の虞なき防具の工夫を創め其子長沼四郎左衛門國郷の時代正德年間に至り完成せしを以て之を製作使用して全氣勢を傾注して打込稽古を創む是れ竹刀打込稽古の始めなりと云ひ一刀流にては寶曆年間に至り一刀流中興の祖中西忠藏(字子武)なる人當時の劍道の弊風を慨して遂に甲冑に擬し現今用ふる所の面甲手胴等を着し竹刀を以て打込稽古の方法を創む之を竹刀稽古の濫觴とすと説けり。

然れども予は此等の諸道具は同時に發明せられたるものにあらずして長年月に亙りて漸次發明改良せられ正徳寶暦の頃に至り完備するに至りしものならんと思惟す。

先づ竹刀・面・甲手・胴等の製作使用せられし起源沿革を論ずるには竹刀・面・甲手・胴等が必ず同時に發明製作せられしものなるや否やを考へざる可らず、然るに撓と防具とは必ず同時に案出せられたるものなりと云ふこと能はざるごとく又其製作發明の年代を必ず異にするものなりとも斷定し難しされば精細に之を論ずるには其各につきて各別に考究するを要す、然れども其史料乏しく其起源沿革を詳かにすること能はざるも少なくとも、しなへは慶長の頃既に製作使用せられたること明かなり。恐らく其製作起源は慶長以前にあるべし、何となれば上泉伊勢守信綱の高弟四田文五郎は其出發年月不明なれども、長門・石見・出雲・伯耆因幡・但馬・丹後・丹波・攝津・近江・美濃・信濃・甲斐・武藏・下野等の諸國まで武者修業し歸途は更に江戸駿河・遠江・三河・伊勢・伊賀・大和・山城を經て大阪より船に乘り慶長六年二月十五日豐前に著し直ちに細川忠興公の御前に召出され委細を言上せり、而して其言上のまゝを自ら書記し置きし廻國日記と云ふものあり、これによれば彼れ四田はしなへを携帶して武者修業せしことを知ると同時に丹後吉坂にて池田十藏、美濃大垣にて莚田主殿、武藏岩付にて筑摩利兵衛、伊賀上野にて篠原一學、大和松山にて丹生藤太夫と云ふ五人の相手も亦撓を以て彼れと立合ひしことを明記すればなり、今左に其記事の一例を擧ぐれば

一、「但馬豐岡にて松島金彌三尺餘の木刀中段にさし來る先方のしなへを、木太刀の切先に指付れば引貫て打あまして其頭を打、云々」

一、「丹後吉坂にて池田十藏と云者、三尺餘の鞱、柄者紫皮にてぬいたゝみたり、立合ニ中段、片手構差出し左の方へ廻り云々」

一、「伊賀上野にて篠原一學と云者立合三尺五寸斗りのしなへに指渡六寸程の樫鍔心懸け差出來る、此方のしなへを切先に押當るに無理に押來る彼が左にぬけて、頭を勝ぬ云々」

と見ゆるが如し、又當時の兜に、しなへの前立を用ゐしものあり、此等の事實より考ふれば慶長以前に其起源を有することを察するを得べし。

先師口授と云ふ書中に寛文年中甲胄の丈夫が針谷一雲に謂て曰く「先生に撓にて打たるれば堪へ難しときく試に我を打と」と、一雲卽ち其高弟眞里谷圓四郎義旭に命じて打たしむ、丈夫木蔭に行き吐血せり」と云ふ記事見え、甲陽軍鑑第十四小幡上總守の兵法つかひ兵法者、兵法仁の三種の劍道家を批評する言葉の中に

「其上かうよりをなげしにつばきを以てつけてさがりたるを前原一學(筑前守)しなひにて、いくつにも切おとし候殊更六十二間のかぶとを同しなひにて打くだきなど仕る程の上手にて云々」

又伊澤蟠龍子が正德五年正月著せし武士訓の五に「世に劍術をおしゆるもの、少きしなひをこしらえ云々」とあり、

又佐野嘉内源勝舊は柳生宗在の門弟となり、新陰流を學ぶこと三十年に及びし後卽ち正德六年に書を著して『柳生流新祕抄』と云ふ、其中に

一宗冬の撓は三尺三寸に切り柄八寸、小太刀は二尺に切り、柄五寸にして各革さきを突詰にせられしことなり。

一宗在の撓は宗冬の寸法を其儘用ひられ云々」

と見え、其撓の長さ及び革さきを突詰にせられし袋竹刀なりしことなども察知せらる、又享保二年に出でたる片島宗矩の武備私訓にも「若竹刀の如く心に任せて力を奮へば立所に打殺すべし」と見え、又寛延二年十月小城藩の鍋島兵庫藤原元辰氏が柳生宗矩より其鍋島元茂へ柳生流を傳へし由來を記せし「御流兵法の由緒」の中に

「嫡子シナイ取初ハ木太刀ニテ致サセ申スモノナリ」云々袋竹刀拵へ様本ノ仕形ノ儀一々書キ付ケ書物箱ニ入レ置申候也」云々などあり。

尙此外諸書にも、正德寶曆以前に使用せられし記事見ゆ、かくの如く慶長年間になりし廻國日記より正德・寛延・享保等になりし諸書に撓の使用せられし確證歴々として存する以上は少なくも慶長以來寶曆、正德の頃に至る凡三百五六十年間引續き撓の使用せられたる事明かなり、然しながら此等の諸書の內容又は著

書等の上より考察すれば、かくの如く早くより撓を使用せし流派は多く柳生流四田陰流の如き皆新陰流の流を汲める諸流派にして其他の系統例へば一刀流、二刀流の如き諸流には未だ當時撓を使用せし確證を見ず、或は寶暦年間一刀流中興の祖中西忠藏子武は從來新陰流一派にて使用し來りし撓及び道具に改良を加えて一刀流に於て初めて此を採用したるを一刀流の某氏は誤りて一般に論じたるにはあらずやと思はるゝなり、

次ぎに面甲手胴等の如き防具につきて考ふるに、こは撓に比すれば其史料乏しけれど慶長の前後は武術の仕合に往々鎧勝負の行はれたるものにて、又眞劒勝負に完全なる甲冑又は鏈肩平等を使用するあり、一刀流祖師の畫像等より綜合して考察するときは身體を保護する道具の工夫あるべきは自然の理にして素面素手の試合の外何等かの防具を着けて稽古又は仕合せしことも亦有り得べき事なりとす、而して前記廻國記に

一、「山城に立越、彼れ藤太夫物語にて富島主計を尋ね候得ば、兵者留守にて不逢候間、愛宕堂の有けるに休み居候處彼主計來り勝負と云立合、五尺斗

りの大太刀を四方に筋金を渡し紅のうてぬき付たり云々」

とありて紅のうてを使用せしを知るべし、次ぎに荻生徂徠の(護園秘錄十一)

「竹刀ノアタリ、シナヒノアタリモ痛マヌヤウニスルヲ面トシ、或ハ拭板敷モ胡桃ノ油ヲヒキ、足皮ヲハキテコロバヌ所作、又ハ長袴ニテ使フト、イフヤウナル類皆巧妙ノ至極シタレドモ、戰場ノ用ニハ無益ノコトナリ云々」

又神澤貞幹の翁艸第二卷柳生但馬守猿を飼ふ事をいふ條に

「猿は竹具足に相應の面を掛け、小さき、しなへ持云々」

とあり、元より但馬守が死せるは、正保三年にして、神澤貞幹が生れたるは寶永七年なれば、其間既に六十餘年を隔つるが故に此記錄のみにて其儘の事實と見るは早計なれど以上述べ來りし多くの史料を併せ考ふるときは、宗矩の在世中既に竹具足、面を使用せしことありと見るも敢て不可なかるべし、此を要するに、しなひ、竹刀及び面小手等の防具の使用せられし起源由來は必しも同時なりとは限らざるも慶長の前後頃より不完全ながらも次第に發達し來りて少なくとも、新陰流の諸流にては早くより木太刀の型試合の外、しなひ及び面甲手等の道具を使用しての稽古ありしこと明かなり、木村久甫の『三識問答』の記事中にも當時柳生流は殆ど主として撓を教習せることを思はしむるものなり、されば正德寶暦以前より撓道具の有しこと論ずるまでもなし。而して正德寶暦の頃に至れば、其面・甲手・胴の如き道具も殆んど今日の道具に近きまでに發達し來りしが如し。然しながら茲に注意すべきは以上述べ來りしが如く劍道に於て撓は勿論其他の面甲手胴等の防具の次第に工夫せられ發達し來りしこと勿論なれど、面甲手胴の如き防具其ものゝ製作發達を考ふるには、槍術のことをも看過すべからざるなり。

既に説きしが如く足利の末期より德川の初期に至る頃までは、劍槍の二術は全く分離せず所謂刀槍術と云ふ一つの術として修行せられしものなるが故に二術共に此等の防具を使用せしならんも、元來其發明使用のありしは劍道よりは主として槍術修行の上にありしものにて二術が漸次分立專門となるや益〻槍術の方に於て此防具の改良發達の著しきものありしなるべし、換言すれば面胴の如き防具の發明は槍術稽古の初めて產出したるものにして劍道修行に使用するに至りしは寧これに倣ひしものにはあらずやと考ふるものなり、何となれば斬擊を主とする劍術と刺突を主とする槍術との業其ものゝ性質を考ふるときは其稽古修行上孰れが危險にして孰れが防具を必要とするか容易にこれを知ることを得べければなり。現に明和五年に出でたる粕淵有義の『藝術武功論』に竹鎧、鐵護面綿護腰を圖示し其用法を示す(附錄參照)其製、現今の劍道々具に類似すれども之を劍法の練習に用ふるに言及せず。槍に對して誤傷を防がん爲に之を用ふるを說くが如きは殊に注意すべきことなりとす。

長沼、中西二氏の如きは此等のものに更に自ら工夫改良して自流に採用したるものならむ、かくて從來型劍術の弊に陷り空しく其形式のみに流れて、心術の練磨、刀法の眞理を究むるもの漸く少なからむとするを慨き、面甲手を着け竹刀を以て打込の方法を創め劍道敎習上に一時期を劃するに至りしものなるべし。

然らば當時の竹刀を以ての打込法とは如何なるものなるやと云ふに、竹刀を木劍と同じく多く十握の劍に擬して三尺二三寸(或は一刀流聞書には三尺三寸五分)

を定寸とし今日の長竹刀の如く四尺にも及ぶが如きものにあらざりしなり、此定寸の竹刀を持ち此甲手等の道具を着け構備、防備の姿勢を正しくし正確なる刀法を以て體力のあらん限り、根氣の續く限り、充分の切込をなさしめ以て堅忍不撓克己勇敢の精神を養ひ、靱强剛健なる腹力と身體とを鍛へ、漸く實用と遠かり來れる斯道の練習法を改善せんとせり、されど從來の木刀を以てする形の練習はこれが爲めに決して廢止したるにあらず、眞の氣合、間合、刀の運用等は皆これによりて嚴正に敎習し、竹刀の打込み稽古と木刀の形修行とは共に併せ用ひられたり。かくて寛政より文化にかけて此竹刀稽古盛に行はれたるが如し。然しながら其稽古修行には順序ありて初めより竹刀打込稽古をなさしむるものにあらず。殊に竹刀道具を創めたりと稱せらるゝ中西忠藏の孫中西子正師範の頃には寧ろ其濫用を戒めたるものなり。一刀流聞書(中西子正より其弟子高野正苗が聞きし所を記し置きしもの)の中に

一、「かねて起請文の通り竹刀打の儀は、此方より許しなくして爲すべからざる事に候、此度御面々に竹刀打ち許し候事は御好みの方も有之趣聞き及び且つ

は組合勝負の爲にも相成べしと存じ許し候へども竹刀打成され候方を見るに誠に素人の切り合を眞似られ候やうに拙者は存じ候習ふ心もなく面々我意を以てなされ候やう存ぜられ候

一、當家へ隱して他所にて私の竹刀打を致し候事、起請文に有之決して有る間敷儀は勿論に候、併し御心得違の仁もこれあり候ては如何に候、愈々御愼しみなさるべく候」

とあるは、當時修行の順序本末輕重を顧みず、師の許なく濫に竹刀稽古に奔るもの多かりしを語るものと云ふべし。

そもそも當時劍道修行の一般の順序を考ふるに、守破離と云ふ術語あり、卽ち守とは修行の或程度に達するまでは必ず一定の流儀を固く守り決して他流を學ぶ可からずと云ふ意なり。破とは修行を積み充分其流儀の劍法を練磨せし後は自ら固守の精神を破り廣く諸流の劍法を學び大に自己の技術を擴張するを云ふ。離とは諸流の劍法に熟達したる後其諸流を離れ自ら新奇巧妙の技術を發明するを謂ふなり。而して諸流の祖師が刻苦精練して組織せる刀法の眞理は其流の組太刀卽ち型に存するが故に各流の生命は其型にありと云ふべし、各流とも其型を以て敎習の根本とし、先づ此型より敎習するを順序とす、卽最初入門の際血判を以て師弟の契約を爲し、先づ三年間鍛練の功を積み、流儀の體を備へざる間は決して他流試合の如きを許可せず、又初め一年間は相互の試合を禁じ先づ流儀の組太刀を以て敎師は一人毎に手を下し嚴肅なる禮儀に依り、執刀法・構備・防備・突擊の正確なる刀法及び進退等の諸法を充分習熟せしめ而して後竹刀を以て擊込稽古をなさしむ、これ恰も柔道の敎習に於て始め其流の形を修行し此を習熟して其流儀の體を備へざる間は亂取卽ち組合稽古を許さゞると一般なり。かくて竹刀を以て擊込稽古を許すや常に手足體と心氣力との働きを一致して進退突擊する樣に敎へ敎師は其不正確なる打擊は受け流し正確なる打擊は頭を差出して充分に打たしめ其元氣を伸暢せしむ、かくて打込法稍習熟して進退突擊の動作は隨て輕妙となり、執刀の手元も柔ぎ、腕力を用ゐず、氣合を以て竹刀を操縦するに至れば危險の憂もなく習癖に流るゝこともなく此に於て始めて相互の試合を許せしものなり、是れ德川中期以後明治二十七八年頃までに至る劒道敎習法の一般なり、然しながら此間と雖も各流派により又各年代に於て多少の差異變遷あるは論ずるまでもなし。例へば長沼、中西氏等が竹刀の打込稽古を初めしは從來の型劒術が形式に流れ實用に遠かり來りし斯道の敎習法を改善せんとするの目的なりしことは既に述べたる所なりしが泰平打續きて眞劒を試むるの機なく士風日に奢侈惰弱に赴きつゝありし當時に於ては此竹刀稽古の如きも唯徒らに外觀の美を專らとし巧に竹刀を振舞はして見事勝たんことのみを求め反つて實用に遠かるの弊に陷り藤田東湖、川路聖謨の如き識者をして嘆聲を發せしめ、天保年間筑後柳河の藩士大石進が六尺の長竹刀を携へ全國を横行し到る所に勝利を得たる爲め、是より各流は競ふて彼師祖が苦心精練の結果組織せる刀法の眞理を忘れ從來各派の定寸の竹刀を棄て四尺以上六尺の長竹刀を用ゆるに至り、安政三年幕府講習所を創設するに當り三尺八寸以上の長竹刀を禁ずるの止むなきに至りしとは第六章武者修行の變遷に述ぶる所の如し。隨つて各流の生命とも云ふべき型の練習の如きも亦大に長竹刀稽古に壓倒せらるゝの傾向を生じ、其敎習法に多少の變化を生じたるが如きは其一例とも云ふべきなり。

之を要するに始めは多く素面素小手に木劍にての型試合の敎習法なりしが撓防具の發明改良に伴ひ木刀、刃引の型の敎習を主とし竹刀の打込稽古と試合とを副として並び行ふに至りしが遂には竹刀打込稽古及び試合を主とし型の稽古は副とするに至り主副其位置を替ゆるに至りしが如し、而して維新以後殊に此傾向著しくなりしことは皆人の知る所なり、以上は皆個別個人敎育なりしが最近團隊敎授の一新法加味せらるゝに至り漸次盛ならんとする趨勢なり。

第六章　武者修行と劍道の發達

第一節　武者修行と劍道發達との關係

抑も武者修行は日本武藝史の研究上に於ても、或は單に劍道の發達を考察する上に於ても、看過すべからざる問題の一なり。何となれば武者修行の行はるゝ結果は武藝發達の上に至大の關係を有せしものなればなり。而して武者修行には劍・槍・薙刀・弓・鐵砲・柔術・馬術・棒術等各種の武藝に亙りて行はれしも、就中、劍道の武者修行最も盛んに行はれしが如し、從て武者修行は劍道發達の上にも著しき影響を與へ至大の關係を有するに至れり、彼の足利末期に塚原卜傳、上泉武藏守の如き名人が幾多の高弟を率ゐて諸國を歷遊し其流派を弘布するに務めしが如きは勿論其他多數の劍客が各地の名ある武藝家と其技を角して諸國を巡歷修行せしとが其武者修行者並びに其相手の技術及精神鍛練上偉大なる效果を與へ、引いては當時の劍道發達進步の上に如何に偉大なる影響を與へたるかは本期劒道界の狀況を知る者の容易に了解する所なり。又德川時代に至りて他流仕合の一般に禁せらるゝや、各流派は各自の流儀を他に祕するの結果又他流の長短をも知ること能はざるに至れり、從つて日々自己の鍛練する流儀が他流に比して如何なる長所を有し、如何なる短所あるかを知らず、各流共に其研究鍛練上大なる缺點を有し、他流試合の禁は德川時代に於ける劒道發達の上には少なからざる障害となりしなり。而して武者修行も亦一種の他流試合なれば、一般には之を禁じたることありしも、武者修行は同一藩にて甲流派の門人と乙の流派の門人との試合をなし、其兩流派の師弟等が互に爭をなして相反目するが如き弊を生ずることあるに比すれば其害少なし。何となれば武者修行者は諸國を巡歷修行するものにて同一の場所に永く居住する性質のものにあらざればなり。加之武者修行者は他國遍歷中には幾多の同流派あれば、此等と試合をなし修行をなすことは何等他流試合の禁制に牴觸することなきのみならず、他國に於ける同流の修行者は寧ろこれを歡迎して互に敎習したるが如き例又少なからず、而して同流派と雖も其國を異にし其人を異にする以上は自國にて同流の同師弟間のみと毎日敎習するより其比較硏究の上に於て、或は修行試合の精神狀態の上に於て、遙かに後者の前者に勝るものあるは贅言の要なし、又此點に於ける效果は他流試合に於て更らに大なるもののあるは言ふまでもなし。要するにかくの如き事情の下に同一藩內に於て他流試合は嚴禁せられ各流派又此れを確守せし時代にも、武者修行は尙種々の名義の下に行はれ德川時代を通じて殆んご全く絕滅せしことなかりき、從て他流の比較硏究上大なる缺點を有せし德川時代の劍道界の上に、武者修行が如何に其對比硏究の上に光明を與へたるか、又太平の世に慣れ動もすれば其修行が形式に流れ、且つ怠り勝ちに陷らんとするに對して如何に興奮劑となりしかは又多言を要せずして明かなるべし。

かくの如く武者修行が劍道發達の上に與へし效果の頗る大なるものありしと同時に武者修行が各時代に於て試合せし狀況を詳かにすれば、又其各時代に於ける劍道發達の狀態を察知することを得べし。されば以下武者修行の變遷を敍して近世に於ける劍道發達の側面觀となさんとす。

第二節　武者修行の變遷

抑も武者修行なるものゝ初めて我國に行はるゝに至りしは應仁の亂前後（今より凡そ四百二三十年前）のことにして爾來足利末期より、德川時代の初期にかけ最も隆盛を極めしものなり。而して其發生發達の誘因は實に當時の社會狀態に歸せざる可からず、曰く無警察、鬪爭、實力の社會なり、曰く浪人の續出諸國流浪の時代なり、曰く禪僧の行雲流水漸盛の社會なり、曰く當時一般廻國下向の風盛んなりし時代なり、かくの如く細論すれば種々の原因あらんも、要するに當時の社會狀態に促されて發生せしものなり。而して同じく武者修行と稱するも足利末期より德川時代を通じて行はれたる多數の武者修行者の目的動機に立ち入りて考察せんか、或は主人を失ひし浪人の新たに良主を見出さんため、武者修行者として諸國を巡歷せしもあらん、或は他國の要塞・地理・人情等を偵察せんとする目的に出でし者もあらん、或は師君親兄弟等の爲め仇討をなさんがための武者修行者もあらん、或罪を犯せるものが處罰を免れんため、或は一時生活の手段として武者修行の名を假る者の如きも亦絶無ならざるべし。然しながら其最多く、且武者修行本來の目的とも云ふべき武者修行は、或は師につき、或は他の方法によりて其地に於て出來得るだけの武術の修行をなし相當の自信を得たるも尚滿足することを能はず、更らに諸國を遍歷し名ある達人を訪ねて試合を望み、若し自己より優れし名人あらんか、其門人となり敎を受け或は又山野に伏し險路を踰ゆる等あらゆる艱難を嘗め盡して以て自己の技術及心膽の練磨向上を目的とせしものなり、而して之に次ぐものは自己の修得したる藝能を自負し諸國を遍歷して名を揚げ又は自己の創めたる流派を諸國に弘めんとするを以て武者修行に出づるもあり、其目的の如何を問はず此等の武者修行が劍道發達の上に貢獻せしこと頗る大なるものありしならん、就中最後の二者の如きは殊に劍道發達の上に於て密接なる關係あるものなり。

然らば此等武者修行が足利中期に起り足利末期より德川時代を通じて現代に至るまでも尙行はれつゝあるが其變遷發達の狀況如何、余はこれより左の四期に分つて之を敍述せんとす。

第一期　起源より慶安四年家光薨去迄

先第一期中足利の中期以後の戰國時代より、家康の天下となる迄の武者修行者の狀態は、當時の時勢粧の影響を受けて頗る殺伐にして恰かも戰場に臨むが如き危險を伴ひ當事者も全く決死的覺悟を以て之に臨みしものゝ如し。而して元和以後慶安四年家光の薨ずる頃までは第一期より第二期に移る過渡期にして、戰國の遺風尙存し浪人者の發生亦盛んなりしかば、武者修行も頻に行はれ、第二期とは稍其趣を異にせり。

先づ彼等の使用せる武器につきて考ふるに、疋田文五郎の如き新影流の流を汲みたる一派は撓を以て試合せしこと多かりしが如きも、當時一般に使用せられたるは、木太刀・棒・眞劍・眞槍の類にして時には半弓の如き飛道具をも使用せしことあり、又單に棒と稱するも、其種類多く六尺乃至八尺計りの八角棒を使用せし實例など、當時武者修行をなせる人々の日記に見出すことを得。木太刀も同樣にして短かきは三尺計りより長きは五尺餘のものを用ひし實例もあれば、又四方に筋金を渡したる五尺餘の木太刀を使用せしことも見ゆ今最もよく世間に知られたる實例の一二を擧ぐれば彼の名高き慶長十七年四月十三日宮本武藏と、佐々木小次郎との船島（後の巖流島）の試合に於て、小次郎は備前長光の三尺餘の眞劍を、武藏は四尺一寸八歩の自作の木刀（松井男爵家に其雛形を藏す）を用ひ、又同十年武藏が洛の東北一乘寺村藪の鄕下り松の邊に於ける、京都の劍客吉岡又七郎及其門人數十人との試合に於て吉岡又七郎を斬りし武藏の眞劍は目下津村氏に傳はりたるが鍔先三尺八歩のものなり。

斯くの如く當時の試合は眞劍、眞槍若しくは小弓を用ひしが故に敗れたる者は忽ち死に致され、木太刀又は棒を用ゐる場合も多くは毆殺せらるゝか、然らざるも不具者たらしめらるゝものにして、唯稀に撓を以て立合ひし者無事なるを得たるのみ。次に試合の場所も今日と大に異なれるものあり、今の道場は殆んど板張とするを普通とするも、當時はかくの如き道場にて行ふことはなかりしに似たり。但し德川時代以前既に道場の設けなきにあらざりしが如くなれども、今日の如きものにあらざること明らかにして只地を平にして砂を撒き、周圍に青竹等を以て埒を結び、又は注連繩を張るが如き程度のものに過ぎざりしならん。而かも當時の武者修行の試合は必しもかくの如き道場に於てのみせられしにあらずして、寧ろ道場以外に於て行はれしを普通とす。彼の宮本武藏が最初の試合たる新當流の有馬喜兵衞との勝負に於て有馬を木刀を以て打殺したる際も、播州の或濱邊に矢來を結びたる中にて行はれしこと丹治峯均筆記に見え、鐵嚴と刑部丞なるものとの試合が千くり八幡前に埒を結びたる中に於て行はれたること大友興廢記に見ゆ、又前例武藏と佐々木との試合は小倉の絕島船島に於て行はれたるなり。更に京都附近に於て行はれたる例を擧げんか、同地今出川邊に住みたりと思はるゝ劍客吉岡直重と、武者修行者として來りし朝山三德との試合は慶長九年八月十五日東山八坂に於て行はれ關東より來れる武者修行者林齋と吉岡直重との試合は同十年六月二十六日今宮下り松の邊にて行はれ、共に吉岡の勝に歸し朝山は殺され林齋は一時人事不省に陷り漸く蘇生せしも、遂に病を得て京都を去りしこと、改定史籍集覽所輯の吉岡傳に詳し。此外宮本武藏が吉岡憲法の子、清十郞と試合せし時、清十郞の眞劍にて來るを武藏は木刀を以て一擊の下に氣絕せしめしことも亦洛外の蓮臺野に於て行はれ、其弟傳七郎が兄の敗辱を雪がんとして却て失敗せし試合の場所も亦洛外にして清十郎の子又七郎が多數の門人と共に重ね〳〵の復讐試合を武藏に申込みし所も亦一乘寺村下り松の邊なりき。（二天記及碑文）

又上泉伊勢守の高弟にして疋田陰流の元祖たる疋田文五郎入道栖雲齋が武者修行を終へて慶長六年二月十五日豐前に着し細川忠興の前に召出され問に應じて具進せし傳を記せる廻國記を見るに、都合二十一回の立合記事ある中、唯一回丈は山城國愛宕權現の拜殿に於て試合せし記事見ゆるのみ、其他の二十回の立合は其國名を載するのみにて場所を詳にせず。然れども前後の文章によりて其試合者の家又は屋敷内にあらざりしことは明瞭也。而して其中には相手と邂逅せし場所にて隨所に試合せしと思はるゝもの甚だ多し。試合をなすに先きだちて、豫め所用の武器は白刃を以てすべきか、又木太刀を以てすべきかを當事者間に合議し、其協定せる武器を以て執行することもあれば、（大友興廢記）又別に相謀ることなく、各自任意のものを以て立合ひし事もあり、何れかと云へば後者の方寧ろ多かりしが如し。又時日と場所とに就ても豫め之を約し、其期日に至りて雙方より其場所に出でゝ立合ひしこともあれば（吉岡傳二天記）又かくの如き豫約なくして邂逅せし場所又は其附近に於て直ちに試合せし場合も無之にあらざりしなり。

かくて當時の武者修行にては一人にても多く相手を斃せし武者修行者を以て名譽とし、又何時これに斃るゝも時人は毫も之を怪しまざりしなり、されど當時の武者修行者とて必しも皆殺され若しくは不具者となれるとは定らず撓にての試合の如きは雙方共無事なりしこと云ふまでもなし唯其何れに於ても決死的覺悟を以てせるは一なり。

而して試合後は敗者は勝者を師として其敎を受くるもあり、又師弟の儀を結ばずとも之を自宅に招飲して斯道の談話を聽き、自家の修養向上を計ることもありしなり。

今我戰國時代に於ける武者修行と西洋のナイトエラントとの重なる異同を比較せんか、我が國の武者修行が混亂紛糾の社會狀態に產出せられたるが如く、彼のナイトエラントも亦西歐中世の殺伐なる亂脈時代の產物にして、遠き國々を遍歷し種々の冒險に遭遇して其心膽の練磨に勉むるを以て任務とせし點相似たり、豫め時日及場所を協定して試合するを普通とすれどランセロット(Lancelot)の武者修行の物語にて推知せらるゝ如く、必しも然らざる場合もありしは亦我國のそれと畧相似し武者修行の武士が到る處の諸侯の賓客となる權利あり所々の寺院修道院に於ても之を歡待するの風習ありしこと等も亦甚だ類似せり、彼等の弱きを扶け强きを挫く義俠的精神は相類似するものあれど、其宗敎の爲め又は戀人のためにする心願ありてなすが如きは、我國の武者修行者に於て見出し難く、殊に西洋武者修行者が其意中の人の襟飾、腕輪の如き記念物を已れの肌につけ、又は棧敷より己れの身邊に注がるゝ愛情の眸に勵まされ力の限り鬪ふが如きは我國に於ては殆んどさる實例あることを聞かず、又西洋の武者修行者は恰かも我國の武士が戰場に臨むが如く堅甲に身を纒へども、我國のそれは決して然らざりしなり。

第二期　家綱より家齊親政時代迄

元和偃武以後の天下は名實共に全く德川氏の掌中に歸せしが、戰國の遺風尙存して武者修行の風未だ衰へず、慶安四年頃迄の德川時代初期に於て浪人者の發生尙頗る多く武藝を以て食祿を得んが爲め諸國大名の國々を遍歷する武者修行をも輩出せしめたり。今慶安四年以前約五十年の德川初期に於ける浪人發生の數並びに其後慶應元年迄二百十五年間繼嗣なき爲め除封となりし結果發生したる浪人者を比較すれば、

	總數	一年平均數
慶安四年前の除封結果の浪人	十萬三千六百人	二千〇七十二人
其以後	九千二百人	四十三人
前後比例	約十一分の一	約四十八分の一

（穗積陳重博士の「由井正雪事件と德川幕府の養子法」なる論文中の表に據る）

これに據れば慶安四年以前に於て如何に多數の浪人者を發生したるかを知るべきなり、これ慶安四年以前は幕府が末期養子を禁じ無嗣の諸大名は除封減封せしめ、又不軌を圖り藩治を誤り、殿中に鬪爭刃傷し、人に殺され、人を殺したるもの切支丹宗に歸依する等重大なる刑辟に觸れたるもの等は幕府は政策上

用捨なく特に其封土を沒收減削せし結果に外ならず、即ち慶安四年以前と以後とは、同じ德川時代とは云へ社會人心の風尙と浪人者の數とに著しき差異あり從て武者修行の上にも其影響現はれ、慶安四年以前迄は大體に於て戰國時代の武者修行と大差なく、其數に於ても亦多數なりしなり。是れ余が慶安四年迄を一期に屬せしめたる所以なり。

然るに本期に於ては大坂の役は勿論、島原の亂、由井正雪事件等悉く落着し、四代家綱、五代綱吉、六代家宣以下代を重ね年月を經るに伴つて、世は益〻太平となりしかば、武者修行者の狀態の如きも次第に其形を改め、其數亦著しく減少し、幕府に於ても從來の如く殺伐にして生命に危害を及ぼす勝負試合の如きは之を禁ずるに至れり。從つて各藩の各師範家にても從來の如き一刀の下に勝敗を決するが如き武者修行者との試合を嚴禁せり。されど此禁令によりて武者修行者は其跡を絕つに至れりと思ふは早計にして、事實上かゝる時代に於ても尙武者修行に出でたる幾多の實例を擧げ得るなり。彼等は勝負を爭ふ試合は國禁なるが故に之を避けしも、自己修養の爲めの稽古修行と云ふ名義にて廻國修

行を續行せしが如し。されど上述の如き社會の趨勢と此制禁とは武者修行の發達上に一頓挫を來さしめ、

『人倫訓蒙圖彙』にも

「昔は廻國修行の兵法者あつて盛んに是を敎弘めしが、動もすれば諸流と威勢を爭ひ仕合喧嘩の中立となりける、此事停止なり、今靜謐の時代なれば其家ならぬ外民間に於ては知らぬこそよけれ」

とあるが如く、元祿以後一時頗る衰微せしは否む可からざる事實なり。されど其愈絕えんとする頃には八代將軍吉宗の如き、松平定信の如き名君賢相出でゝ武藝を奬勵せしかば、武者修行の如きも國禁に觸れざる範圍内に於て漸次復活隆盛となれり、唯其修行の方法に於て第一期と著しき差異を生ずるに至りしは止むを得ざるところなり。將軍吉宗は延享二年八月職を家治に讓り、大御所と稱して猶政務を與り聽き、寬延四年六月二十日年六十八歲にして薨せしが、彼れの薨ずる二年前即寬延二年十一月に、澁川伴五郎時英とて有名なる澁川流柔術師範の著せし柔術大成錄と云ふ傳書の中に、

「眞の仕會と云ふものは相互に眞劒を以て勝負を決して一方の息絶えて是迄と云ふ限が見ねば誠の勝ちたるにてもなし、(中略)然るに今時の人の仕合と云ふものを見れば追鎗を以て鎗合せの眞似をして見たり、革刀、木刀を以て太刀打の眞似をして見たりして、其間の聊かの當り外れを爭ひ其勝負を分けて、それにて實の勝負の試しが濟むと心得て居候能々考へ見れば夫は唯僅かの手傷吟味の樣なものにて實々生死決斷の場は今一段も二段もあることなり、此の如く僉議して見る時は今時の人のする仕合は畢竟遊事同前なることにて、それほどのことは他流を探して試すにも及ばず云々」。

とあるを以て見るも、此時代に於ける武者修行の狀況を知るを得べし。

此の頃の武者修行武器に眞劒、眞鎗の如きは一切之を使用せず、革刀及木刀を以て仕合ひしこと明らかなるが、其仕合は當時未だ面籠手の如き防具充分に發達せざりしが故に互に負傷せざる樣注意せざれば多くの危險を免がれず、從つて形式的の試合に流れて實用に遠かれる型劒術の仕合の如きものに陷りしに似たり。然るに其後正德寳暦の頃より略ぼ現今使用するが如く、稍完全なる面籠手等の防具及竹刀（撓と竹刀とは異れり）發明改良せられて、武者修行者も多くは此等の防具及竹刀を用ゐるに至り稽古及危險の度を減じたるを以て却つて意を決して打込み充分氣力を籠めて戰ふを得るに至りし觀あり、且つ幕府に於ても武藝の奬勵をなせるため一時其隆盛を來しゝが如くなれども如何せん太平永く打續きて旗本の士を始め上下一般柔弱に流れ其武術の稽古は一般に形式的に流れて實用に遠く自ら進んで心膽を練磨し有事の際に充分の働きをなさんと云ふが如き眞面目なる武術者を出すこと少なく、從つて武者修行の如き比較的難行に屬する方面の事は左迄勃興せざりしと見ゆ。

之を要するに、此期間は多少の盛衰あるも概して武者修行の著しく衰微せし時代なりと云ふを得べく、各藩各武藝の師範家に就ても幕府の禁令を楯としこれに種々の理由をも附加して一般に武者修行の自己の道場に來ることあるとも其試合を避くるを務めしが如し。若し强ひて武者修行者より懇望せられて止むを得ず行ふ場合も試合とはせずして只稽古修行と云ふ名義の下に立合を許したり。其武器の如きも試合を申込まれたる人之を決定して、それ以外の寸尺の竹

刀叉は武器の使用を嚴禁し其他種々煩瑣なる手續を設けたる處あり、例へば直心影流にありては

最初取替候一札として

「稽古磨きの爲めの試みとして立合申候上は勝負の善惡によりて意趣意恨の儀決して有之まじく候萬一心得違等にて口論仕掛け候方片落の御取捌に何方迄も諸親類一同相願可申候

右之趣御互に相守り日本の神以聊も被申間敷候仍如件」

と云ふが如き、一種の起請文樣のものを取替し其他種々の盟約の下に此を許したり、他の各流亦之と略同一の手段を以て一般に他流試合を避けんとする傾向あるを免れざりき。

第三期　家齊の晩年大御所時代より明治四年まで

然るに家齊の晩年殊に天保年間水野忠邦の武事奬勵の時代以後になれば、漸次武者修行者の數激增し、明治四年廢藩置縣頃まで頗る盛んに行はれしが如し。是又當時の社會情勢の然らしめたる所なり、これ則ち彼の安永七年露人が東蝦

夷に來りし以來北海邊の警戒及海防論漸く起り、次で西方には文化五年英人の長崎港に於ける事件あり、降りて嘉永六年にはペルリの來航等外交事件頻々として續出し幕府諸侯は勿論一般國民も亦愈長夜の夢を破られ、再び武事を勵むに至りし結果に外ならざるべし。

卽ち和歌山藩の如きは嘉永六年十二月廿五日武術御流儀の祕事の禁をとかれ次で安政四年四月廿日には他流を兼ねて稽古することを許され同五年五月三日には江戸にて他流仕合を積極的に命じ實地に行はせたり。從つて武者修行の如きも大に奬勵せられ俄に隆盛となれり。其他の諸藩も亦同樣にして他流仕合漸く盛んとなり、引いては武者修行に出づる者も亦益多くなれり。今其一例を擧ぐれば、久留米藩の劍道師範加藤田新八は當年廿二歲にて文政十二年五月より十二月まで兩豐・四國・中國・五畿內・伊勢・近江等二十ヶ國を廻國修行して九百九十八人と試合せしことは當時新八が認めし日記によりて明かなり。又柳河の藩士大石進が長竹刀を提げて全國を修行せしことは人口に膾炙せることなるが、これ亦文政より天保年間に亙ることにして、此の武者修行は當時の劍道界に一大革命を及ぼし、劍道史上見逃すべからざる結果を生ずるに至りしものなれば以下少しくこれを述べん。卽ち大石進は六尺の竹刀(刀身四尺柄二尺)を提げて全國を廻歷して各藩の道場を破竹の勢を以て破り、遂に江戶に入りて當時江戶の三傑の稱ある北辰一刀流の開祖千葉周作の如きとも仕合して大に之を苦しめ竹刀の試合に於ては天下に敵なき慨ありしなり。當時千葉と大石との試合の有樣につき武術家の間に語り傳へられ、又書物にも書き記されたる有名なる傳說あり。曰く、「大石は例の六尺の竹刀を以てし、千葉は四斗樽の蓋を拔て鐔となして之に應じ互に奮鬪せしも終に勝負を決することは能はざりしと云々」

これ固より一種の傳說に過ぎざれば直ちに之を事實と見るは危險なり、況んや其話が餘りに滑稽なるに於ておや、然しながら之を以て直ちに僞說として全く否定することも亦早計ならん。何となれば當時竹刀の寸法は三尺二三寸乃至六寸を以て普通とせしに、大石が法外に長き六尺の竹刀を用ふるを見て、千葉は又法外に大なる鐔を以てし嘲笑的と云ふか或は諷刺的と云ふか兎に角始めより特別の考へを以て其相手となりしやも知るべからず。又當時は、「世の中は斯(蚊)

程うるさきものは無しブンブ(文武)と言ひて夜も寢られず」「太平の眠をさます上喜撰(蒸氣船)たつた四はいで夜も寢られず」と云ふが如き一種の冷笑的文學の盛んに流行せし時代なるが故に、大石が長竹刀に千葉が窮したる樣を冷笑的に當時の人が筆にしたるものに基づく話なるやも知るべからず、要するに說の眞僞如何は暫く措きて之を問はずとするもかゝる話の語り傳へらるゝ事は、少なくとも當時千葉が大石の長竹刀に對して如何に苦心せしかを知るに足らん。當時江戶の三傑と云はれたる千葉周作にして斯くの如しとせば、其他の劍客に於ては如何に大石の長竹刀に苦しめられたるかを推して知るべし。此結果は當時の劍客擧りて長劍の利あるを知り短劍を捨てゝ四尺乃至六尺もあるが如き長竹刀を用ゆること一般に流行し來りて全く竹刀上の試合にのみ心を奪はれ、各流各派の祖始が工夫し且つ長く傳來せる各流の竹刀の寸法は全く破壞せられ、又眞劍の長さに比較して考ふるが如きことはなく益〻實用を離れたる長刀劍術と變化し始めたり。

かくの如き長竹刀の流行につきて當時の識者は如何なる意見を有せしや、其片鱗を窮ふべき一例を擧ぐれば、藤田東湖先生が天保十二年、水戸烈公の命によりて幕府の閣老水野越前守に面會して用を達せん爲めに出府せし際の見聞を先生自身に筆記せられしものに『東湖見聞偶筆』と云ふものあり、其内に

「川路曰く近來試合劍術盛んに行はれ一世形劍術の中に甚だ長きしなひもて片手にて突刺を專らとすること流行せり、試合もかく成りては又實用に遠く形劍術と同一の論なり、されば其弊を矯むるには、（中略）と嘆息せり、彪も亦嘗て憂を同うする故共に慨嘆せり。嗚呼川路可謂識者」

とあり、此川路と云ふ人は有名なる川路左衞門尉聖謨と云ふ人にて與力の家より身を起して、寺社奉行吟味物調役となりし人にて武藝にもよく熟達せし人なり。又嘉永五六年頃東湖先生が或人に與へし書簡の一節に、

「拙塾演武場相開き長尾始め相招き壯士廿人斗來會の處云々。しなひの長にはあきれ拂中候已上」

とありこれによりて之を考ふるに、川路左衞門尉、藤田東湖の如き當時の文武兩道に達せられたる識者が如何なる考へを有せられたるかを窺ひ得るなり。

又或書には安政年間に和歌山に習武場を新築せられたる記事を載するを見るに其中に、

「世間に往々千葉周作、桃井春藏等の流派大に行はれ、皆長鞱を用ひ專ら他流仕合盛んなるに、獨古流にのみ拘泥すべからざるが故也云々」とあり。

斯くの如く當時の劍客は滔々として長竹刀に化し其長さも益甚だしくなるが故に幕府に於ても其儘に放任し置くこと能はず、遂に安政三年四月には講武所規則覺書の中に、「撓は柄共總長さ曲尺にて三尺八寸より長きは不相成云々」と云ふ禁令を發するに至れり。然しながら其効なく文久、元治の頃に至りては其弊益長じ各自勝手に己の身體に適する竹刀を製して之を用ゐ、身體倭小なる者に至りては鳥刺竿の如き細長き竹刀を用ゐるに至り、かくて諸流の祖師が刻苦して組織せし刀法の如きも一朝にして大石進の長竹刀の一流に化し去れり。大正の今日も尙ほ三尺八寸を以て普通の寸法となすに至りしが、これ恐らく安政三年四月に幕府が發したる禁令に其標準を採りしなるべく、これも其以前眞劍に等しき三尺二三寸位の撓を以て普通とせし時代と比較し考ふる時は、大石の武者修行の幕末劍道界に與へし影響の餘波が今日にも及べりと云ふことを得べし。かくの如く大石の武者修行なるもの〻影響は極めて大なるものありしを思ふと同時に吾人は當時の社會狀態が以上の如き實用を離れたる竹刀上の試合勝負のみに走りて、本來の目的と遠ざからんとする一大傾向を有せしことを注意せざるべからず。換言すれば當時の社會狀態がか〻る傾向風潮を惹起せんとする機に達せし所に、大石の武者修行ありて此氣運を促進する一導火線となりこれが形の上に表れて長竹刀の流行となれりと謂ふべし。

第四期　廢藩置縣以後今日まで

次ぎに第四期に於ける武者修行の狀態を一瞥せんに、明治四年廢藩置縣の斷行せらる〻までは、武藝の狀態は幕末のそれと大差なかりしが、此以後は急に一變せしが如し。是れ當時西洋文明の輸入に忙しく一にも西洋、二にも西洋と云ふが如く政府の方針も一部の人を除きし國民の大部も當時の世運の大勢に誘導せられ世は西洋文明崇拜時代舊物破壞時代の傾向を呈せしなり。從つて武術のごときも非常なる悲運に際會せり。然しながら茲に面白き事は社會組織の大變動に伴ふ時勢急變の爲め衣食に窮したる武士にして多少武道の心得あるものは、擊劍會と稱する一種の興行を創め、東京淺草公園奥山を根據として各地方を巡業し以て糊口の資とすること起るに至れり。一說には彰義隊の勇士榊原健吉が斯道再興の目的を以て創めたるものなりと云ふ人あり、事實上かゝる多數の擊劍會の中にはかくの如き特志の人必ずしも皆無ならざらんも、其大部分は前者に屬するものなりしこと疑を入れざる所なり。京都に於ても當時はかくの如き興行的の擊劍會なるもの屢開かれ、其中には武藝の神聖を汚すと云ふ所より其名義のみを變じて鞍馬躍りと稱し、或は只稽古と稱して木戸錢を取り其實擊劍會を興行したるものありしと云ふ。又一名擊劍芝居と稱し法螺貝を吹き陣太鼓を打ち鳴らして町廻りをなし飛入勝手次第とし、其內に或者に勝利を得ば吳服物を與ふべしと云ふが如き懸賞をなし、或は其他種々の方法を講じて世人の注意を惹くことに務め、其試合の情況の如きも觀客の拍手喝釆を博することを旨とせしが如し。九州熊本邊には明治廿七八年頃までかくの如き擊劍芝居の巡業興行を見ることを得たり。此興行的擊劍會なるものも一種の團體的武者修行にして、其の浪人者が食祿を求めん爲めに武者修行せしと比較して甚だ興味を感ずるものなり。只食祿を失ひし戰國の武者修行者が、明治時代の衣粧を裝ひ多少の姿を變へたるものにして其相異は戰國の社會狀態と明治維新後の社會狀態との差異を物語るものと云ふべし。

又此頃は個人的の武者修行者も行はれしがこれは多く衣食を得るための廻國にて、技術及心膽の練磨を唯一の目的とするものは甚だ少なかりしが如し。然るに日清戰爭後殊に日露戰役以後は又武者修行本來の目的、卽ち技術の練磨、及精神の修養を目的とする廻國修行が其數に於ては甚だ少なきも再復興するに至りしが如し。武術專門學校の第三學年が各地方へ毎年一回宛修學旅行の名義を以て、廻國修行するが如き或は陸軍戸山學校生徒が將校引率の下に數週間を費して京都に武道の修行に來りしが如きは卽ち大正時代の團隊的廻國修行の一種と見るべきものなり。

最後に尙一例擧ぐべきものあり、そは講道館四段前田光世氏の世界横行柔道武者修行のことなり、彼れは明治三十七年十一月柔道を彼の地に擴めん目的にて渡來して以來英・白耳義・西班牙・玖馬・墨西哥等の新舊兩大陸及び太西洋上の島國に至るまで廻國し到る處彼地の相撲取、及拳鬪家と技を鬪はして柔道の名聲を轟かせしが、此柔道武者修行は世界的のものにて、彼の見聞軍書の中に見ゆる諸國修行の兵法者戸田一刀齋が天正六年七月相州三浦三崎の浦に唐人十官と云ふ彼の地の兵法の名人と試合して大に日本の武名を揚げしと好一對の話なるが、同じく外人との試合に日本武術の名聲を揚げたりとは云へ、其間の相異又著しきものあり、又是れ當時の我國情と今日の我國情との間に著しき差異あることを説明するものにして、實に武者修行と云ふ微々たる社會の一現象も亦時代の一反映にして、かゝる微事によりても亦其當時の社會の一端を推知し得べしと云ふべきなり。又之と同時に以上述べ來りし武者修行の變遷は又足利末期より現代に至る發達變遷の一面を語るものと謂ふべきなり。

以上余は種々の方面より武者修行なるものを觀察してこれを概述せしが以上全體を總括して之を考ふるに元來此武者修行なるものは、抑も如何なる根本動力によりて起されたるか、又如何なる力によりて如上の如き變遷を來したるか其表面に現れたる原因は色々あらんも其根本の一貫したる動力は果して何物なるやと云ふに、余は是れを我國民性の發現がかくの如くあらしめし點も勿論認むるものなるが其根本動力としては當時の社會狀態に歸するものなり。即ち當時の外界の情勢によりて起され又其時代々々の情勢によりて發達し變遷せしめられたるものなり。從つて武者修行の變遷盛衰は實に其時代其社會の狀態の一反映たりと云ふことを得べし。即ち戰國の混亂狀態は武者修行を產み出し其殺伐なる情勢は武者修行をして眞劍勝負と其隆盛とを致さしめ、德川中期の天下太平奢侈游惰の情勢は殆んど中止の衰運の型試合と化せしめ、德川末期の海防攘夷の聲盛んになりし社會は武者修行の衰運を挽回復興せしめ、明治大正の新天地は武者修行をして國際的世界的の新傾向を興起せしめしが如く、武者修行の變遷盛衰の狀態はやがて社會の情勢の變化を物語るものあるを知ると同時に劍道發達の狀況を察知することを得べし。

第七章　徳川時代に於ける重なる諸流派

足利末期は劒道の流派分立漸く起り將に益〻多からんとする時代にして、謂はゞ劒道の流派分立發端の時代なり、之に反して維新以後明治大正の現代は多數に分立せし諸流派の漸次綜合統一せられんとする所謂綜合統一の時代なり。而して徳川時代は其流派分立の增多の絕頂に達せし時代なり、從つて重なる諸流派と稱するも其見解の如何によりては數十種の多きを擧げざる可らず、然しながら玆には此時代に於て最も盛んとなりし柳生新影流と一刀流とを逑べ、又此時代に於て始めて有名となれる二天一流一名武藏流を逑べんとす。

第一節　新影柳生流の諸流派

徳川時代に於ける劒道諸流派中最も名高く且勢力ありしは恐らく新影柳生流なるべし。此流儀は前記上泉武藏守の高弟たりし柳生宗嚴を以て祖とす、其子但馬守宗矩以下飛驒守宗冬、對馬守宗有、備前守宗永等代々將軍家劒道の師範となりしが故に御流儀とも稱せり。又本來は新影流なれども世人はこれを柳生流とも唱ふるに至れり。

抑も柳生但馬守宗嚴は和州柳生の人なり（因幡守重永の子）先祖數代相續ぎて柳生に居し其先は菅原道實に出づと云ふ。宗嚴幼少の頃より武術を好み最も刀術に長ぜり、前記永祿六年箕輪落城後上泉信綱、神後伊豆守、疋田文五郎等を從へて武者修行の途に上りし際、柳生に來る。

宗嚴上泉に見えて其敎を受けんことを乞ふ。上泉之を諾して其技を授け更に高弟疋田文五郎を柳生に留めて去る。これより疋田に從ひ精勵大に勉む、宗嚴時に三十二三の壯齡なり、技大に進む、其後上泉武藏守再び柳生に來り其奥祕を授け其進境の速かなるを嘆賞し誓書を授けたりと云ふ。

但し此際の事に關し、本朝武藝小傳、新陰流の由緒、武術流祖錄、柳生新祕抄等の諸書並に近時の劍道に關する出版物の傳ふる處の記事皆誤れるものあり。

然らば余の所謂誤傳とする記事は、如何なるものにやと云ふに、例へば『柳生新祕抄』に昔往は陰流と云ひ、後に新陰とは云へるなり、有とき宗嚴師に對し無刀の工夫を物語ありしに、信綱其功を見玉はんとて撓を取て向ふ、宗嚴は無刀にて互にうたん、とらんとめぐりあふ、信綱せかれけるか、撓をすて眞劒を取玉ふ、其とき宗嚴伏して仰けるは、流師にたいし全くあらがふべきに非ず修行のほどを見せ申さん爲めなりと．言葉を盡して申されしかば、信綱色をやわらげ感心ありて全う至極の位にして師の及ぶところに非ず、今よりは一流立てられよと甚悦の眉をひらきて此時新の字を給ひて冠に置かしむと云へり、正說知らざることとなれども舊弟の演說なりと宗在の累代の家臣庄田氏正俊語りしなり」

とあり『新陰流由緖』と云ふ柳生流傳書にも

當流新陰流と申事は宗嚴兵法の劒術調練たるの故に依りて師匠武藏守と仕合することに師に增によりて師の云敎事悉く術勝て予に增は是凡人にあらず汝は只摩利支天たると賞して今日よりして汝は予の師たり此上流儀を新たにすべきとの免有之より新陰流と改めらるゝなり」

とあり、『本朝武藝小傳』にはこれを

「後又來二柳生一授二與其奥祕一且褒二宗嚴之技一曰、宗嚴之刀至極妙實可レ謂二新陰一也我不レ及二其術一授二誓書於宗嚴一云々」

と記せり後世皆これを其儘傳へ新陰流と云ふ、流名を以て柳生宗嚴に初まるとすることと是なり。これ等の記事はもと柳生流を徒らに尊嚴にせんとする爲めの牽强附會の説にして採るに足らず、新陰流の流名は宗嚴の師上泉武藏守が箕輪落城後武田信玄の招きを辭して武者修行の途に上らんとする以前に於て既に名付られたることは、上泉武藏守を説きし條に考證し置きたる所にして更らに贅するまでもなし。宗嚴初め三好長慶及び松永久秀に屬したりしが、後將軍義昭及び織田信長書を以て宗嚴を招きしを以て遂に信長に仕ふ、凡そ列侯諸士其門に遊ぶもの算するに遑あらず、豐臣秀吉天下を治むるに及び弟秀長を大和に封ずるに際し其食邑を沒收せらる、後年自ら其故邑を復し後薙髮して柳生に閑居す慶長五年家康の命に依り刀術の事を言上して褒賞せられ又府下に招かる、かくて益々世に顯はる同十七年病みて卒す年八十。

其子又右衛門尉宗矩は文祿三年始めて家康に謁し、慶長五年家康、上杉景勝を討つに當り軍に從ひて下野小山に在りしが、公宗矩を召し汝急に馳せて鄕里に歸り父と謀りて兵を擧ぐべしとて書を宗嚴に賜ふ、宗矩直に大和に歸り故舊を催し軍に關ヶ原に從ひ天下統一の後柳生谷正木坂の地を賜り千石を加へらる、寬永六年三月從五位下に敍せられ但馬守と稱す、後度々加俸せられ一萬二千五百石に至る、宗矩武藝に秀でたるのみならず、才智人に勝れ家康より秀忠を經て家光の三代に歷仕す。家光公常に曰く「天下の務宗矩に學びてこそ其大體を得つれ」と又正保三年宗矩病篤かりし時、家光自ら駕を枉げて病苦を問はる、三月二十六日年七十六にて卒するや從四位下を贈られ後、事にふれて宗矩生て世にあらば尋問ふべきものをと深く慕はせられしと云ふ。以て其才智勝れ又將軍の眷遇如何に厚かりしかを知るに足らむ。

彼れは幼より父宗嚴に新陰流を學び其奧旨を極め、父に勝りて上手なりしと云ふ。殊に彼れは澤庵禪師につきて禪に參するや、其啓發自得する處頗る多く愈其心法を究めしが如し。從つて家光公にも宗矩より澤庵禪師を推擧したり、家光之より禪師につき不言の妙を悟り給ひしと云ふ。これにつき一言茲に論すべきことあり、それは『大猷院御實記附錄卷二』中に『寬永譜及家譜』を引用して「武技の中にはことに劍法を好ませられ、柳生但馬守宗矩を師とせられ、年頃たゆみなくまなはせ給ひ凡その傳授印可までのこるところなく傳へさせられけれは、宗矩今は外に聞えあぐべきことも侍らず此上はたゞ御心にておのづからその妙を得させ給へ、但し宗矩の若かりし時禪僧にちなみ悟道の要を聞はべりて頓に其道に進みたりしことの候ひしと申、さらばそれを召せと仰せられしに濟家の一派宗峯の遠孫澤庵宗彭といふを薦擧しやがて澤庵を關東に召され御面叩あり御氣色にかなひ深く御着詿ありて後には品川東海寺を剏建せられ澤庵をもつて開山となし給ひぬ、宗矩、澤庵ともに一家の書を撰びて奉り禪をかりて術をさとせしより忽ち不言の妙を悟らせ給ひ兵法ますく精詣したまひしとぞ云々」

とある中に「宗矩澤庵ともに一家の書を撰びて奉り禪をかりて術をさとせしより云々」とある其一書則ち『不動智神妙錄』なりと云ふ說是なり。

高野佐三郎著『劒道』の如きは此說の代表的著作にして、其他古來の劒道家中にも此說をなすもの少なからざりしが如し。又松島剛氏が明治十六年九月此不動智神妙錄を印刻するに際して此書の卷首に錄せられたる緒言にも、

不動智神妙錄ハ德川三代將軍家光公劒道ヲ柳生但馬守ヨリ受ケ給ヒ、已ニ其奧義ヲモ學ビ給ヒタル後但馬守申上ル樣、微臣ニハ最早力及ヒ申サス此上ハ僧澤庵ニ御下問アラマホシト、公乃チ澤庵ニ御尋ネアリケレハ禪師畏マリ之ヲ著述シテ上ケタルモノトモ申傳へ、又山岡鐵舟君ノ手錄ニ依レハ、根岸肥州ノ耳囊ト云フ書ノ中ニ、柳生但馬守心法ハ澤庵ノ弟子タルコト、或日、柳生但馬守門前へ托鉢ノ僧來リテ劒術稽古ノ音ヲ聞キ、大概ニハ相聞ユレト御師範抔トハ事ヲカシト嘲リタルヲ門番ノ者咎ムルト雖モ聊カ取合サル故但馬守ニ斯クト告ケレハ早ク其僧呼入レヨトテ座敷ニ通シ對面致シ御身出家ナルカ劒道ノ業心掛シト見エタリ何流ヲ學ヒ給フヤト尋ネケルニ彼僧答へテ御身ハ天下ノ師範タル由ナルカ劒術ハ下手ナリ、流儀ト云フハ劒術ノ極意ニアラズ劒ヲ遣フニ何ノ流儀カアランヤト笑ヒシカハ、柳生モサル者ト思ヒテ然ラ

ハ立合テ見ラレヨトアリケレバ心得シ由ニテ稽古場ニ至リ但馬守ハ木刀ヲ持チ、御僧ハ何ヲ持チ給フヤト尋ネケレハ某ハ出家ナレハ何ヲカ持ヘキ速カニ何ヲ以テナリトモ打チスヘ給ヘト稽古場ノ眞中ニ立チ居タリ、但馬守モ不覺ナルコトヲ申者ナル哉ト思ヒナガラ卒サト云ヒテ打チ懸ント思ヒシガ、右僧ノ有樣中々打懸ラハ如何樣ニ手込ニモ可成程ノ樣子ナレバ流石ニ但馬守ハ木刀ヲ下ニ置キ拜謁シ誠ニ御身ハ智識道德ノ人ナリ心法ノ修行コソ敎ヘ給ヘ候ヘカシト、只管望ミケレハ、彼僧モ劍術ニ於テハ普ク御身ニ繼クモノナシト稱シ互ニ極意ヲ契リケルトカヤ、右僧ハ後ニ但馬守ヨリ申上大樹家光公ヘ眤近セシ東海寺開山澤庵和尙ナリトアリ、又其手錄中、神妙錄ノ卷首ニ左ノ言ヲ記セリ、滿辰先生ヨリ貞雄先生ヘ右ノ印可ヲ傳授ノ時ニ左ノ一冊ヲ渡シ給ヒ、我劍術ノ修行此書ニテ大ニ益ヲ得タリ此書一度見レハ一度タケ上達スルナリ能ク熟覽スベシト云テ授ケ給フナリ、此書ハ澤庵和尙ヨリ柳生但馬守ヘ心法傳授ノ書ト云フ事也トアリ、是ニ依テ考フレハ此神妙錄テフ書ハ澤庵禪師ヨリ柳生但馬守ヘ與ヘタルモノカトモ思ハレ孰レカ實說ナルカ判シ難シト雖モ禪師ノ著作ナルコトハ相違ナシ云々」

とありて是には、(一)澤庵禪師一個人にて著作しこれを家光に獻したりと云ふ説と、(二)澤庵より柳生但馬守へ心法傳授の書として授けたりと云ふ二説ありしことを示し、其孰れが實説なりしかを斷せず。此に於てか此二説と、宗矩澤庵共著して家光に上りしと云ふ最初の説との三説あることゝなれり。然らば此三説中何れが正しき哉と云ふに、余は此不動智神妙錄を以て澤庵禪師より宗矩への心法傳授書とする最後の説を採るものとす、何となれば此不動智神妙錄の全文を一讀すれば容易に之を確證すべき幾多の點あるを發見し得ればなり。例へば「無明住地煩惱」と云ふ條にも、

「貴殿の兵法にて申候はば向ふより切太刀を一目見て其儘にそこにて合はんと思へば、向ふの太刀に其儘に心が止りて手前の働きが拔け候て向ふの人に切られ候、是れを止ると申候云々」

「人の持ちたる刀を我方へもぎとりて還て相手を切ると申心に候、貴殿の無刀と仰せられ候事にて候、(中略)これ皆心のとまりて手前拔殼になり申し候、

貴殿御覺之可有候佛法と引當申にて候云々」

とあるのみならず、本文の卷末に、「貴殿事兵法に於て古今無雙の達人故云々」以下、「また挨拶のよき大名をば御前に於てもつよく御取成しなさるゝ由重ねて能く〳〵御思案可然歟、歌に、「心こそ心迷はす心なれ心に心心ゆるすな」に至る全文を一讀すれば寧ろ余は他の二說の生せしを不思議に思ふものなり。

然しながら早くより世殊に劍道家中に傳はりし不動智神妙錄は多く其全文にあらずして、(一)無明住地煩惱以下、(十二)前後際斷に至る禪をかりて術を說けるの本文のみなりしが如し、余の從來見たる六種中五種迄は、(十二)前後際斷迄のものにて、此本文以下の「貴殿事兵法に於て古今無雙の達人云々」より心こそ心迷はす心なれ心に心心ゆるすな」までを載せたるを見しものは僅かに『澤庵和尚全集』の一種のみなり。

而して此卷末の記事は、劍道其ものに關係なきと、柳生家にとりてあまり好ましからぬことを露骨に書かれたるところ多きとの故に恐らく同家にて他に之を傳へ、又公にするに際しては其部分を削りて前記の本文のみを以てせしにはあらずやとの疑なき能はざるなり。是れ卽ち以上の如き異説の成立せし一因なるべし。以上余の推論は世に傳はる數種の不動智神妙錄を比較精讀せしものゝ容易に首肯する所ならむと信ずるものなり。斯く論じ來れば、不動智神妙錄と云ふ書は家光に上りしと云ふ二説の書にあらざること明かなり。然しながら大猷院殿御實紀附錄所載の説は、寛永譜及家譜に據れるものにて、史料の性質上より見れば最も尊重すべきものなるが、此説の宗矩、澤庵二人が共著して家光に上りし一書を不動智神妙錄とすれば此記事は前記の理由によりて誤謬たること勿論なり。然しながら此記事中、此一書が不動智神妙錄なることの記事一も見當らざるが故に、不動智神妙錄以外に別に二人共著して家光に上りし書ありしやも知るべからず。されば御實紀附錄の説は未だ以て全然誤謬なりとは速斷し難し、尚後日の研究に俟つべきなり。

　要するに不動智神妙錄なる書は、澤庵より宗矩へ心法傳授書として與へしものなることは疑ひなきことなるが、此一卷は劍道の心法を説ける書としては實に空前の名著にして古人が「我カ劍術ノ修行此書ニテ大ニ益ヲ得タリ此書一度見レハ一度タケ上達スルナリ能ク熟覧スベシ云々」と云ひしが如く、實に劍道家をして一讀三拜の感あらしむるものなり、而して此書が德川時代に於て柳生流一派の人々を通じ當時の劍道界の上に及ぼしたる影響又決して少なからざるを知るべきなり。

かくの如く宗矩は劍技に達せしのみならず、其心法の工夫鍛練に心を究め、之に加ふるに前記の如く明智の人なりしかば、柳生流は此人の時に至りて花實共に整ひ全盛を極め永く御流儀として德川時代を通じ劍道諸流派中最高の地位を占むるの基礎を固めたるものと云ふべし。従て柳生流の傳書の如きも宗矩時代に完備したるものにて、『新影流由緒』に

「元祖但馬守宗嚴は無筆なるによりて書と云ふこともなく歌書にて祕訣いたし候へば事濟—二代目の但馬守の代に書物盡く出來候、今に至ては卷數多あり、不動智等も三通あり淺右衞門は深く祕して門弟などへ大方諸の卷物拔書にして渡候方あり」

とあるによりて明かなり。其傳書とは如何なるものなるやと云ふに、今宗矩よ

り鍋島元茂に授けしものにて現今鍋島家に祕藏せらるゝものを擧ぐれば、殺人刀活人劒口傳、新陰流兵法目錄、極意卷、免兵法之記、玉成集、雜武孤要、而して柳生流不殘相傳とは玉成集迄の事也と(御流兵法之由緒)あれば以上を以て當時の柳生流傳書の總てと見て可ならん。

次ぎに柳生宗矩の子十兵衞三嚴は幼より家光に仕へ又父宗矩に兵法を學び長ずるや其技天下に敵なかりしと云ふ、『大和人物誌』『大日本人名辭書』、高野氏著『劒道』など云ふこれ等の書中に

「家光公九州諸侯の幕府に服するの如何を知らんと欲し深く心を碎く、則ち三嚴に命じ劒術に慢心し發狂せりと稱し家を宗冬に讓りて武藝修行に出でしむ、三嚴諸國を歷遊し熊本、鹿兒島に居ること十年精細なる地圖を製し人情、風俗を究めて歸る、公大に悅び厚く之を賞す、然れども故らに狂氣未だ治せずと稱し、伊賀國正木坂に隱居し劒術を敎授す門弟の業を卒ふるもの前後一萬三千六百餘人に及ぶ、伊賀越讐討を以て知らるゝ荒木又右衞門も亦其門に出づ」

とあれど其出所確かなる記錄によるにあらず、柳生名譽錄、柳生旅日記の如き、元祿以後になりし稗史小說の類に其材料を求めしが如き形跡あり、又宗冬の父の業を嗣ぎし理由の如き疑ふべき點ありて容易に信ずべからざるものあれど、『不動智神妙錄』にも、

「就中御賢息御行跡の事親の身正しからずして子の惡しきを責むること逆なり、先づ貴殿の身を正しくなされ其上にて御異見も成れ候はゞ自ら正しくなり御舍弟內膳殿も兄の行跡にならひ正しかるべければ父子ともに善人となり目出度かるべし。云々」

と見え、又鍋島家に傳はる御流兵法の由緖の中にも、

「時に但馬守殿御嫡子十兵衞殿不行跡に付勘當有之候故に一子相傳の大祕事御附屬の御子なく云々」

とあり、これによりて見れば三嚴の不行跡は如何なることを指すや不明なれど要するに不行跡なりしことは事實なり。これと前記の劍術に慢心して發狂せりと云ふ記事と併せ考へ、又家光と宗矩、三嚴との關係及當時幕府の九州の諸大

名等へ對する考へなどを綜合して考ふるときは、三嚴が家光の內命により、發狂せりと稱し武者修行に托し九州諸大名の動靜を探らしめしが如きことを必しもこれを否定すべからざるのみならず寧ろあり勝ちのことゝ云ふべし。況んや當時は武者修行の名儀にて諸國の動靜を探知すること盛んに行はれたる時代なりしに於ておや、然しながら此記事の眞僞如何は別問題として彼れの武藝に熱心にし其技拔群なりしことは明かなることにして、柳生流は此十兵衞三嚴によりて其流儀に著しき變化を與へたりと云ふことは、殊に注意すべきことなり。然らば如何樣に變化せしやと云ふに、同新陰流由緒の中に、

「當流表古流は勝事を第一と仕り先をとり勝ちたりといへとも三代目の柳生十兵衞累代にて內外そろひたる此道の達人なりし故考へふかくして其品かはいる敵の動きを待て其弱身へ先を取り勝事を修練すといへども終に眞劍働なき事をなげきて言上す某家代々劍術を司ると云へども終に眞劍の勝負に及ばずその是非を不改して天下師範と成事おほつかなき次第にて候願者蒙御免辻切仕度との意趣を述ぶる理に應じたるに御許容有之依て東武遊女の居住さんや

にて武士たらん者打留へきとの上意也不斜喜悦して或夜さんやに立越て事の樣子を伺ふに劍を帶する大男七人連にて立向ふを能幸を思ひより一尺五寸小脇差小尻あて口說まうけてすでに勝負の角になし虎口はなし戰ふ處に二人は腕を切り長刀共落し遁去る一人は膝を割れて其儘死殘る四人はにけさりぬ此旨言上するに早速檢使たちあらたむるに藤原大學徒の者たりかやうの事に身をやつして日々工夫長するによつて委く家傳の表心持考へ當流とせしなりさるによりて古流と違ひのひ〳〵と和かに敵の動きを受けて勝の心持なり程なく死去して弟飛驒守相續也云々」

と見ゆ、かくの如く宗嚴、宗矩までは上泉武藏守より傳授せられし刀法及び其精神を其儘繼承鍛練せしものにて所謂新影流卽柳生流表古流なりしなり。而して其刀法の根本は「勝事を第一と仕り先をとり勝たり」とあるが如く、三學の太刀以下すべての業は機先を制して先々の勝を敎へ若し敵より攻勢に出で斬つてかゝるとも其太刀受け防ぐが如きことなく我身は敵に委して己れも亦同時に敵に攻勢を加へ相討することを敎へたるものなり。此刀法は實戰の貴き經驗の結果茲に來れるものなりしが十兵衞三嚴に至り敵の動きを待て其弱身へ先を取りて勝事を修練し古流と違ひ伸び〳〵と和らかに敵の動を受けて勝の心持となりしことは尙ほ後の先の勝を敎へしものとは云ひながら多少受身的となり和らかに華やかになりしものにてこは木太刀又は撓の上の型試合の勝負には或は進歩せりと云ひ得んも眞劒勝負の上より云へば寧ろ退歩せりと云ふも不可なし。これ實に天下太平吹く風も枝をならさぬ世となりし社會の情勢の然らしめたるものと云ふべし。

　されば柳生流と云ふ流名を以て呼んと欲せば、此柳生十兵衞三嚴以後の流儀を指稱するものとすれば、名實共に適ふものと謂ふべきなり。要するに三代柳生十兵衞三嚴は柳生流兵法の上にも見逃すべからざる人物なり。三嚴を父宗矩の死後僅かに四年卽慶安四年に死し、其弟飛驒守宗冬（後俊矩）父宗矩の業を相續し次て宗有、宗永等相繼ぎて將軍家の師範となりしこと、及び宗嚴の子柳生兵庫が尾州義直公に仕へ共に子孫相繼ぎ代々尾州に其業を傳へしこと、宗矩の高弟木村助九郎、出淵平兵衞、庄田喜左衞門或は鍋島元茂等が諸國に柳生流を傳へしこと等は、野史、武藝小傳、擊劒叢談、武術流祖錄、藩翰譜、德川加除封錄、德川實紀、華族譜、柳生家譜及雜記、御流兵法由緒、南紀德川史武術傳、鍋島家傳の傳書、張藩武術師系錄等の諸書に讓りてこれを略し、茲には只柳生家代々天下の御師範なれば御流儀と呼び此の門に入りて學ぶ者業成りて免許を得れば己が弟子取ること苦しからざれど、此者より免許狀を出すことを禁じ此弟子熟して人に傳へんことを欲する者を改めて柳生家の門に入りて學び、此柳生家より直接免許狀を渡すことゝなれり。これ他流と其趣を異にする柳生流の一特色とも見るべきなり、往々邊鄙には受傳へて柳生流と稱するものあれど、そは皆誤にて正傳にあらざることのみを記して此節を結ぶことゝせん。

重なる參考書、御流兵法之由緒(鍋島家藏書)新陰流由緒(紀州家口傳)同兵法之書、殺人刀活人劒(口傳詳解)新陰流月見祕傳、柳生新祕抄、其他前記の諸書。

上泉武藏守信綱—柳生但馬守宗嚴○

- 同又右衛門尉宗矩
  - 柳生流 十兵衛三嚴
    - 跡部宮內
    - 渡邊久藏
    - 荒木又右衛門
    - ……克己流 安丸仲右衛門之勝
    - ……無滯體心流 夏見族之助
    - ……太平眞鏡流 若名主計豐重
  - 宗冬
    - 宗春
    - 宗有—宗永（柳生正統）—俊平—俊峯—俊則—俊睦
  - 庄田流 庄田喜左衛門
  - 木村助九郎（紀州ニ傳ハル）
  - 出淵平兵衛
  - 天心流 時澤彌平
- 利嚴○（兵庫）—嚴方○—嚴知○—嚴延○—嚴儔○—嚴陣○—嚴之○（尾張ニ傳ハル）

第二節　一刀流の諸流派

一刀流は伊藤一刀齋景久の開きし所にして、其門人に神子上典膳と云ふものありて其正統を繼承するに至りしことは、既に前節に於て一言論及したる所なるが、そも〳〵この神子上典膳なるものは其先伊勢の人にして萬喜少弼に仕へ上總にあり、幼少の時より刀槍の術を好みて其妙を得たり。時に伊藤一刀齋武者修行して上總に到る、典膳大に喜び彼れと勝負せしに、一刀齋の技神に入り遠く及ぶ所にあらず。是に於て一刀齋の門に入りて更らに之を學ぶ一刀齋他國に赴き翌年再び典膳の許に來りて其妙術を授けて曰く、汝技術を天下に輝かさんと欲せば我と共に諸國に遊ぶべしと、依りて一刀齋に從ひ多年諸國を修行し益〻其技を練る高弟善鬼の殺さるゝや、一刀齋は三十三度の勝負に用ゐし瓶割刀を典膳に與へ今より此術を止め佛道を修行すべし、汝國に歸り此術を以て世に顯はすべしとて遂に別れて行く處を知らずと云ふ。典膳遂に國に歸り其術を教ふ。門人甚だ多かりしと云ふ。

「註」典膳に關する傳記的逸話多々ありと雖も就中典膳と善鬼との勝負は一刀流の正統を傳承する上に至大の關係を有するのみならず、一刀流に於ては此話は口傳として語り傳へられ當流の誇りとする說話なれば殊に玆に記すこととせり、而してこれに二說あり、

『一刀流口傳』によれば、

「善鬼、典膳よりも早く一刀齋に從ひ其技術も亦典膳に長じたれども、心に邪なる所あるをもつて一刀齋は祕傳の一書を典膳に傳へんとするの意あり、典膳に夢想劍を授け二人をして勝負を決せしめんとす、善鬼高弟の故を以て頻りに乞ごとも許さず、善鬼隙を窺ひ竊みて逃ぐ一刀齋典膳と共に追ふ、善鬼遁るゝ能はずして偶々大なる瓶あるを見其下に潜む、典膳瓶を除かんとす、一刀齋老年の故を以て後れて馳せ到り瓶を除かば足を拂はん、瓶と共に斬るべしと呼ぶ、典膳心得たりと瓶諸共に之を斬る、典膳此時始めて氣合の妙機を會得したりと云ふ、此刀を瓶割の刀と名づけ小野家の重寶たり、善鬼は瓶と共に斬られたれども、目を開き彼の祕傳の書を堅く口にして離さず、一刀齋其術を慕ふの厚きを愍み、神子上典膳をして汝の後を嗣がしめ小野典膳となさんと言ひしより始めて瞑目して之を離せり」と云ひ

又、『武藝小傳』には

多年從景久弟子有善鬼者得精妙然景久常欲殺害之或時告典膳曰汝可殺害善鬼然不可及彼術今可以此太刀斬之乃傳夢想劍然後到總州相馬郡小金原近邊景久招典膳善鬼曰我自少年好此術雖遍遊諸州及我者幾希今志願既足矣吾以瓶割刀授於汝等然一刀豈授二人請定優劣於此廣野當授其勝者也善鬼典膳大喜卽拔刀決勝負典膳斬殺善鬼景久大賞之以瓶割刀授典膳曰吾自今以後可止此術修行佛道汝者歸國可以此術而顯於世也云々遂相別不知其行處也相馬郡善鬼塚今猶存焉世人呼曰善鬼松

とあり又其中に見ゆる瓶割刀の由來につきては他にも異說あり、その孰れを眞とすべきやを知らずと雖も此刀は恰も皇室に於ける三種神器の如く、一刀流に於ける正系傳統の重寶となり一刀齋自記の傳書と共に代々其正統を繼ぐものに傳ふることゝなり、歷代之を傳へて遂に山岡鐵舟に傳はる然るに鐵舟未だ弟子に授けずして病歿せしかば故夫人英子其刀の堙沒を憂ひ之を日光山神庫に納め以て永遠に傳へんことを期せりと云ふ。

後典膳武州江戸に赴き駿河臺に住居し、精勵刻苦其業益々進む、其技を習ふもの頗る多し、此時江戸近郊膝折村に、刀術者人を殺して民家に籠居しよく之れを斬るものなし、神子上典膳遂に命を蒙りてよく其任務を完うす、而して其手際最鮮かなりしを以て褒賞を受くるのみならず、遂に家康の聽に達し幕下に召され釆邑三百石を授けらるゝに至り、外祖父の氏を繼ぎ小野次郎右衞門と改む。是れ則ち一刀流が柳生流と共に德川幕府に採用せられ愈其隆盛を極むるに至れる端緒なり。

但し典膳の幕下に召仕せらるゝに至りし由來につきては異說あり。されど余はこれを採らず、其理由は左に註として記さん。

「註」典膳幕府に出仕するに至れる由來につきて一刀流口傳の說と、武藝小傳の說との二說あり。

『一刀流口傳』には

典膳江戸に出で柳生但馬守の名聲を聞き之と勝負を決せんとす、旅宿の主人に柳生邸の所在を問ふ、主人驚いて曰く、柳生邸に仕合を申込みて未だ曾て生還せるものなし我れから求めて死地に入るに同じ止め給へとて頻りに留む、典膳曰く柳生殿は武術のみならず仁德も亦高き人也何ぞ妄りに人を殺すべきとて柳生邸に至り仕合を乞ふ、大小を取り上げられ道場に出て暫らくありて但馬守出來り肩衣をはね太刀を拔き我が道場の掟とし て仕合を求むるものはこれを手討となす挨拶せんと欲することあらばいざ挨拶せられよと云ふ、偶々道場の一方の戶少しく開きて其處より一尺八寸ばかりなる薪の燃えさしの落ち居たるを見之を取りあげこれにて挨拶仕らんと云ふ、但馬守始めは輕くあしらひ居たるも相手が案外に强きより今は全力を盡して切り結び汗を流して戰ひしも遂に典膳に切り附くるを得ず、却て顏より衣服にかけ散々燃えさしの炭を塗られたれば深く其精妙に感じ刀を投げ出ししばらく待たれよと言ひ捨て炭の附きたるまゝの服裝にて直ちに登城し大久保彥左衞門に會ひ委細を述べて彼れを用ひられなば御籠脇至極安全ならんとて典膳を推薦し、是より柳生小野相並びて將軍家に用ひらるゝに至れり、但馬守の度量典膳の妙技まことに一雙の佳話と云ふべし。

とあり又『武藝小傳』には

此時江戶近隣膝折村刀術者殺人而籠居其民家、士俗等不能奈何之、其村長來江戶訴決斷所曰、刀術者殺人籠居於民家、非神子上典膳則不能斬之、願降命於典膳、事達東照宮、故以小幡勘兵衞尉景憲爲撿使、使典膳赴於其處、典膳既到其村邑、望戶前曰、神子上典膳由降命自江戶來、汝可出戶外爲勝負乎、我還入戶內乎、刀術者聞之曰、我聞典膳之名久矣、今相逢爲生前大幸、我出可爲勝負乃馳出拔大太刀、典膳拔可二尺之刀、斬其兩手而向景憲曰、可刎首否、景憲諾於此斬其首、衆皆畏服景憲歸江戶逐一達東照宮、東照宮殊有褒賞、被召於幕下、賜采邑三百石、繼外祖父氏改小野二郎右衞門」

とあり。此兩説いづれも其説其儘を實説として採ることを憚るも、其孰れが實説に近きやと云ふに余は寧ろ後説を採るものなり、何となれば前説は更めて考證するまでもなく、これ一刀流の者が自流の先師神子上典膳の妙技を將に誇張し以て自流を誇らんとする考へより僞作したるものなることは、一讀容易に之を了解すればなり、後説も稍や疑ふべき點なきにあらねど、其全部を直に抹殺する程のことにもあらざれば、其大體を採れり。

關ヶ原の役(1)には台廟に扈從し山道より上りしが眞田安房守昌幸が上田の城を攻めて槍を合す、中山勘解由、戸田半平、辻太郎助、齋藤久右衞門、朝倉藤十郎、鎭目市左衞門等と上田の七本槍と世に稱せられ軍功あり。されど些(2)も功を貪らんとする心なかりしと云ふ。後臺德公の命によりて劒術の事を言上す、公彼の藝の深きを感じ日々其術を學び給ひしが寵遇の餘り御一字を下し賜はりて忠明と名乘りしと云ふ。寛永五年十一月七日に卒す。

「註」慶長記上田御發向の條下曰、

(1)「九月六日辰刻に、眞田家臣根津長右衛門持口より、依田兵部、山本清右衛門物見に出で虎口より二町計向に堤あり是に居て物見する所に、亦歩行武者齋藤左助山伏出立にて右兩人居たる堤より先へ出で、槍玉を取て名乘ける所へ牧野右馬允備より神子上典膳、辻太郎助一文字に駈來るを見て齋藤は引取ける、辻、神子上は彼を追捨て、依田、山本が居たる所へ馳來る、依田、山本立上て堤の上こ下にて槍を組神子上辻堤の内へ飛入り戰ける所に、又朝倉藤十郞、戶田半平、中山勘解由、鎭目市左衛門、太田善太夫五人の者馳來る、太田は槍脇の弓也、山本が長柄の槍も折四箇所疵を蒙り不叶して引取所に、依田深手負て虎口際にて倒れける所を神子上刀を拔て依田が面を一太刀切る辻も續て一太刀切る、山本走り寄、兩人を切拂、兵部が死骸を虎口へ引入る、牧野右馬允是を見て、辻神子上討すな續や者共こ下知せられければ、承り候こて追々に百騎計來る、城方の者共門の內へ引取かたく見えつるを、根津長右衛門是を見て凱歌を擧させ門を開き鐵砲をつるべ打に打ければ、味方是を突て出るこ思ひけるか虎口を少し引き退く其間へ何も城中へ取入ければ則門を閉たりける、眞田の七本槍こ云は是也。

(2)其後依田が面を切るここを神子上より辻初太刀なりこ云、神子上が云、依田は朱冑を着し頰當は仕不申、初太刀某也こ云辻は朱頰を掛たり初太刀我なりこ云、右馬允聞給て、何れも證據無之に依て家人二三人馬買に仕立て彼場所の樣子聞居申す可くとて信州へ遣けるに彼者才覺し、山本清右衞門に出合、彼時の樣子を尋ねければ、山本が云く、依田は頗當は不仕朱頰を掛たると被申仁、定めて二の太刀にて可有先太刀に血走り可申なれば闇敷節朱頰と被見けるもことはり也と語りける此儀を右馬允聞給、此儀最成と批判せられしと云々、」

忠明三子あり忠也・忠常・忠於（忠明の三男にして忠常の養子）是なり。皆父に學びて精妙に達す、就中忠也は最も精妙に達し、父忠明より伊藤稱號並びに瓶割刀を授り大に家名を揚ぐ。其門人中龜井忠雄特に傑出して伊藤稱號幷一文字刀卽、瓶割刀を授り後一刀流第四世となり、以下藤井平助、及其弟平四郎忠實等相繼ぐ是を後世忠也派と稱す。

又忠常、忠明の遺跡を繼ぎ大猷大君の師範となり世人此れを呼んで小野派と云ふ、これ卽忠也派一刀流に對する小野派一刀流の祖なり。（一刀齋より三代目也）其子孫四代忠於、五代忠一、六代忠方、七代忠嘉、八代忠考、九代忠業等代々相繼ぎて幕府の師範となる。三代忠常の門人中の傑物梶正直は梶派一刀流を出し、六代忠方の門人中西子定(忠太)は中西派一刀流を立て、子武、子啓、子正、及淺利又七郎義信、同又七郎義明等漸次其傳統を繼ぐ、而して山岡高步(鐵舟)は小野派の業雄及中西派の淺利義明より其傳を受け遂に一刀正傳無刀流と稱し所謂無刀流を開くに至れり、時に明治十三年三月なり。又千葉周作は中西派淺利又七郎義信に就きて其刀法を學び精妙に達し遂に一派を開きて北辰一刀流と稱す、彼は當時桃井春藏、齋藤彌九郎、と共に江戸の三傑と呼ばれ、幕末に於ける劍道界の大立物となれり。最後に一刀流に於ける刀法の變遷を述べて此節を結ばんとす。

抑も一刀流の初祖伊藤一刀齋が三十三回の實地眞劍の勝負と諸流とを究めし結果、五十本、刃引、相小太刀、正五點を組織したることは既に述べしが、『一刀流祕事』によれば一刀齋より傳はりたる組太刀は「刃引」「相小刀」表の組は「越身」までとありていづれが正しきや明かならざるも要するに大差なし、然るに其高弟小野次郎右衞門忠明(二代)に至りて小太刀の組太刀五本と、小撓、拂捨刀を組織して之を傳來の組太刀に加へて其子忠也、忠常三代に傳へたり、忠常は更に研究の結果「切落」「同二本目」「寄身」「開」の四本を發明し、從來の組太刀と共に之を其子忠於(四代)に傳へたり、忠於は「合刃」「張」の二本を發明するに至りて一刀流の組太刀、即型完備するに至れり。後忠於の子忠一(五代)に至りて二派に分れ一は小野家九世の孫業雄に傳はり代々小野家の家傳として眞訣を確守し世上の流行を逐はず最も正確に傳承せり。此れを山岡鐵舟翁は一刀正傳と稱せり。他の一派は五代忠方より其門人中西子定に傳へ、子武、子啓、子正より淺利義信、同義明に傳はり義明より更に山岡鐵舟に傳はりしものなり。山岡鐵舟斯道を研究すること四十年、一々傳書と比較して此れを試みるに中西派に傳はる組太刀の刀法は之れと符合せざる所ありしも、小野派に傳はるものは傳書と一々一致して世運の太平無事外見的華法に流るゝ弊少しもなかりきと云ふ、山岡鐵舟翁は明治十三年三月遂に一刀流正傳無刀流を開き一刀流の正傳を傳へ遂に三重、五十本、切落(寄身開)合刃、張、小太刀、刃引、小撓、拂捨刀、正五點を以て其組太刀を組織せり、又中西派より出でゝ一派を開きし千葉周作の北辰一刀流は、中西派一刀流の刀法の外に七曜劒と云ふ太刀を加へたるのみにて、他に目錄傳書の傳授階級組合に多少の變更あるのみなり。序に傳書の變遷に就きて一言せんに、元祖一刀齋時代の傳書は本目錄、皆傳の二つなりしが、二代小野忠明に至りては一刀齋の時代には稽古場に張り置き平常門人に示したるものを採りて、初目錄と名づけ、更らに假名字を作り一刀齋時代の本目錄は皆傳の時傳授するに至れり。かくの如くして小野派一刀流にては遂に傳授の次第は左の如く八段に定まるに至れり。

(一)小太刀、(二)刃引、(三)拂捨刀、(四)目錄、(五)假名字、(六)取立免狀、(七)本目錄皆傳、(八)指南免狀、

忠也派其他の一刀流の諸派亦此れと大差なきが如し。

然るに北辰一刀流にては之を、(一)初目錄、(二)中目錄、(免許)(三)大目錄皆傳の三段となせり。(附錄參照)

一刀流
伊藤一刀斎
- (古藤田勘解由左衛門)俊直—俊重—俊定
- 善鬼
- 神子上典膳(小野次郎右衛門忠明)
  - 忠也派　伊藤典膳忠也
    - (井藤トモ書ス)亀井忠雄
      - 藤井平助
      - 藤井忠貫
    - 亀井忠也
    - 溝口派　溝口正勝……甲源一刀流　逸見義利
    - 間宮久也
    - 天心獨名流　根來重明—凉天覺清流　堀口亭山貞勝
  - 小野派　小野次郎右衛門忠常
    - 同　忠於—同　忠一—同　忠方
      - 同　忠嘉—同　忠孝—業雄
      - (忠太)中西子定—(忠藏)同子武—(忠太)同子啓—(忠兵衛)同子正
        - 淺利義信—同　義明—山岡高歩(鐵舟)(一刀正傳無刀流)
          - (北辰一刀流)千葉周作成政
            - 同　榮次郎
            - 渡邊總右衛門—同　松太郎—小澤三次郎—同　寅吉政方
              - 門奈　正
              - 內藤高治
        - 高野苗正
          - 顯正
          - 蕃正—豐正
            - 芳三郎　佐三郎
    - 梶派　梶新左衛門正直—利重

第三節　二刀流の諸流派

そもそも左右兩手に長短の刀を執りて戰ふの技を練習せしことは、慶長十五年の新陰流目錄の刀法の圖中(附錄參照)にも見ゆるが如く、古くより諸流中にも行はれたることありしも、二刀を同時に使用することを原則として所謂二刀流なる一流儀を開きしものは實に宮本武藏なりとす。

此意味に於て宮本武藏は二刀流の元祖なるのみならず、德川時代に於ける二刀流の諸流派は殆んど皆宮本武藏の二天一流より出でたる末流なり。圓明流、溫故知新流、鐵人流、今技流の如き則ち是なり。其他未來知新流と云ふが如き二刀流も擊劍叢談によれば武藏の末流にあらずとあれど、其流名の如きも、武藏の末流なる溫故知新流に對して未來知新流と名づけしのみならず、其二刀表の術名に五輪碎と云ふもののあるは武藏の五輪書の名稱を想起せしめ、又極意の飛龍劍と名付くる太刀は、刀を右の手に差し上げて持ち、左の手にて脇差を振り廻して敵に近き間を見て短劍を向の面に打ちつけて直ちに長劍にて切て勝つものなるが、此短劒を手裏劒に打つ事は、一方流、寳山流等にもあれど、武藏の一派圓明流に本來此態を傳ふるのみならず武藏の最も得意とせし業なりしこと等より考へ合すれば此の流も亦武藏流の末流と見るを以て穩當とす。

「註」武藏の莫逆の友春山和尚の筆になれる「碑文」に

「或飛二眞劒一或投二木戟一北者走者不レ能二逃避一其勢恰如レ發二强弩一百發百中養由無レ踰二于斯一也」

とあり、又『二天記』に

「一武藏伊賀國ニテ完戸何某ト云フ者鎖鎌ノ上手也野外ニ出テ勝負ヲ決ス完戸鎌ヲ振リ出スヲ武藏短刀ヲ拔キ完戸ガ胸ヲ打貫キ立所ニ斃レシヲ進テ討果ス、完戸ガ門弟等拔連レ各斬テ懸ル、武藏直チニ大勢ヲ追崩セバ四方ニ逃去ス武藏悠然トシテ引去ル」

又其他地理的分布に就て之を見るに、其晩年餘生を送りし肥後の熊本を始めとし、義子宮本伊織の居住地小倉より福岡及び肥前の各地に及び專ら九州地方に盛んにして、其他彼れの生國播磨、美作地方より備前岡山及び因州鳥取地方及び尾張の名古屋地方等に行はれ後世には其他の各地にも傳はりしも其多くは武藏の經歷と密接なる關係を有する地方なり、かくの如く德川時代の二刀流は殆んど宮本武藏の二天一流に其淵源を有するものにて世人も二刀流と云へば直ちに宮本武藏を想起し、後世專ら武藏流と稱するに至れり。されば以下宮本武藏を中心として二刀流の概要を述べん。

抑も宮本武藏玄信は天正十二年三月播州に生る、其先は播磨赤松氏の族衣笠氏の支流平田氏に出で父を新免無二齋武仁と云ふ。

「註」武藏の生國及び生年月に就て池邊義象氏は宮本武藏遺蹟顯彰會編宮本武藏に於て詳細なる考證をなして曰く、

「如上ノ推考ヲ以テ忌憚ナク斷案セバ武藏ノ誕生ハ天正初年ヨリ十二年マデノ間ニ相違ナキヲ以テ當時無二齋ノ居所卽チ美作國吉野郡宮本村ニ生レシコト疑ナク又年齡モ天正初年ノ誕生ニテ正保二年ニ至テ七十歲前後ナルコト蓋シ疑ヒナカルベシト認定ス」と、然れども余はこれを採らず、本文前記の如くに採る、何となれば武藏が寬永二十年十月十日より自ら筆をとりて書き初めし五輪書の自序に

「兵法ノ道二天一流ト稱シ數年鍛練ノ事初メテ書物ニ顯サント思フ、時寬永二十年十月上旬ノ頃九州肥後ノ地岩戶山ニ上リ天ヲ拜シ觀音ヲ禮シ佛前ニ向ヒ生國播磨ノ武士新免武

藏守藤原玄信歳ツモツテ六十、我若年ノ昔ヨリ兵法ノ道ニ心ヲカケ云々」とあるによりて生國播磨なることを知ると同時に寛永二十年、歳つもつて六十なれば其誕生は天正十二年なることヽ明かにして其死せしは正保二年なれば行年六十二歳なりしことも亦明かなればなり。

武藏は幼名辨之助後政名又は玄信とも稱す。父の氏を受けて新免と稱し又其在名によりて宮本とも云へり、父無二齋は十手の術の達人にして又劍術にも長せり、武藏幼より父に從て十手の術を習ふ、碑文及武藝小傳によれば、武藏は家業を受け朝鍛夕練思惟考索して十手の利一刀に倍するを知れりと雖も十手は常用の器にあらず、二刀は腰間の具なり、二刀を以て十手の理となすに、その德違ふことなければとて十手を改めて二刀の家となす、而して手を兵術に舞はし或は眞劍を飛ばし或は木戟を投ずるに北る者走る者逃れ避ることを能はずその勢ひ恰も强努を發するがごとく百發百中兵術を手に得、十三年にして新當流の有馬喜兵衞と勝負して忽ち勝利を得たりとありて十三歳以前既に十手を二刀に替へ其術精妙に達し所謂二刀流を創めしが如き記述をなせり、もとより十三歳の時播州にて有馬喜兵衛と勝負して勝ちしことは、武藏が五輪書の自序及び二天記等にも記す處にて假りに之れを事實とするも、こは武藏が同書の自序中に十三より二十八九まで六十餘度の勝負に全勝を得たるも我三十を越て過去を思ひ見るに兵法に至極して勝つにはあらずといひしが如く十三十六位までの勝負に勝利を得たるは、其技に達したる結果と云ふより寧ろ僥倖、天佑とも云ふべきなり、勿論非凡の武藏なれば相當に熟達せしことは明かならんも、十三歳以前に二刀一流を開く程に至らざりしこと推して知るべし。

要するに碑文及び武藝小傳は十三歳以前に於て十手の利を二刀に換へ其技精妙に達し所謂二刀の一流を開きしが如く記せるも、余は二刀一流を開きしは遙かに後年のことならんと信ずるものなり、然しながら當時既に彼れは十手を片手にて自由に遣ふが如く、刀を片手にて自由に遣ふの利多きを考へ更に進で二刀を同時に運用することの必要を着眼したるが如きことは、必しも否定するものにあらず、此意味に於て余は寧ろ此時既に彼れは後年二天一流を開くの萌芽を胚胎せりと謂ふに止めむとす。

然らば彼れが二刀の一流を立て、これに二天一流の名を稱したるは何時頃なるや、又二天一流の流名の由來如何と云ふに遺憾ながら從來一人もこれにつきての研究を發表したるものあるを聽かず、以下これに關する余が管見の大要を述べん。

此れを論究せんと欲せば、先づ武藏の經歷如何を知らざるべからず、これにつきては武藏の義子宮本伊織が武藏の死後九年目(承應三年)に建てし碑文を始め、二天記、武藝小傳、宮本武藏遺跡顯彰會編の宮本武藏等比較的正確なるもの種々あれど余は武藏の自著五輪書の自序(正保二年五月十二日記)中彼れの自叙傳とも見らるべき左の一部を引用して豫め余が所說の論據を明示し置かんとす曰く

「自序

兵法ノ道二天一流ト號シ數年鍛練ノ事初メテ書物ニ顯サント思フ、時寬永廿年十月上旬ノ頃九州肥後ノ地岩戸山ニ上リ天ヲ拜シ觀音ヲ禮シ佛前ニ向ヒ、生國播磨ノ武士新免武藏守藤原玄信歲ツモッテ六十、我若年ノ昔ヨリ兵法ノ道ニ心ヲカケ十三ニシテ初メテ勝負ヲ爲ス、其相手新當流有間喜兵衞ト云フ

兵法者ニ打勝チ、十六歳ニシテ但馬國秋山ト云フ兵法者ニ打チ勝ツ、二十一歳ニシテ都ニ上リ天下ノ兵法者ニ會ヒ數度ノ勝負ヲ決ストイヘドモ勝利ヲ得ザルト云フコトナシ、其後國々所々ニ至リ諸流ノ兵法者ニ行逢ヒ六十餘度マテ勝負ヲナストイヘ共一度モ其利ヲ失ハズ、其程歳十三ヨリ二十八九マデノ事ナリ、我三十ヲ越テ過去ヲ思ヒ見ルニ兵法ニ至極シテ勝ニハアラズ、オノヅカラ道ノ器用有テ天理ヲハナレザル故カ、又他ノ兵法不足ナル所ニヤ、其後尚モ深キ道理ヲ得ント朝鍛夕練シテ見レバ自ラ兵法ノ道ニ合フ事我五十歳ノ頃ナリ、夫ヨリ以來ハ尋ネ入ルベキ道ナクシテ光陰ヲオクル、兵法ノ理ニマカセテ諸藝諸能ノ道ヲ學べバ萬事ニ於テ我ニ師匠ナシ、今此書ヲ作ルトイヘ共佛法儒道ノ古語ヲモカラズ、軍記軍法ノ古キコトヲモ用ヒズ、此一流ノ見タテ實ノ心ヲ顯ス事天道ト觀世音ヲ鏡トシテ十月十日ノ夜寅ノ一天ニ筆ヲトツテ書初ルモノ也」

これによりて明かなるが如く彼れは十三歳の時より二十八九歳までに六十餘度に亙たる勝負をなし一度も其利を失はざりしと云ふ、然しながら此三十頃までは彼は專ら技術修行の時代に屬し未だ一流を立てし時代にあらざるが如し。

「註」但し此間にても彼れに術を習ひしものあらんも彼れ自ら一流を立て公にせしにあらずと云ふ意。

武藏自身にても、「我三十ヲ越エテ過去ヲ思ヒ見ルニ兵法ニ至極シテ勝ニハアラズオノヅカラ道ノ器用有テ天理ヲハナレザル故カ又ハ他ノ兵法不足ナル所ニヤ」と云へり、然るに彼れは、「其後尙モ深キ道理ヲ得ント朝鍛夕練シテ見レバ自ラ兵法ノ道ニ合フ事我五十歲ノ頃ナリ」と記せり、これによりて見れば三十歲より五十歲頃までは主として劍理を究め思を凝せし心法鍛練時代とも稱すべきなり。

かくて五十歲の頃を以て劍技の至極に達し心法を究め盡したる時代即ち見性悟道の時なりと云ふべし、宜べなる哉、夫より以來は尋ね入るべき道なくして光陰をおくるとあり。而して彼れの五十歲は實に寬永十年にあたる、余は彼れが二刀一流を完成し其一流を確立せしは實に寬永十年以後、即ち彼れの五十歲以後の事ならんと信ずるものなり。而して彼れは初めは單に二刀一流と呼び更に後に至りて二天一流と號せしが如し。寛永十八年二月彼が肥後の大守細川忠利公の命によりて初めて自書して奉りし兵法三十五箇條の覺書の卷首には、

「兵法二刀ノ一流數年鍛練仕ル處今始メテ筆紙ニノセ申事前後不足ノモノト難申分候へ共常々仕覺エ候兵法ノ太刀筋心持以下任存出大形書顯シ候者也」

とありて既に二刀の一流と稱せしこと明かなり。然しながら未だ二天一流とは名付けをらざるが如し、而して二刀の一流と名付けし理由を彼れは其三十五箇條の第一條に次の如く記せり。

一、此道二刀ト名付ル事、此道二刀トシテ太刀ヲ二ツ持ツ儀左ノ手ニ左シテ心ナシ、太刀ヲ片手ニテ取リ習ハセン爲メナリ、片手ニテ持チ得ルトキハ軍陣・馬上・川・沼・細道・石原・人籠・駈走リ・若シ左手ニ道具ナド持タル時ハ不如意ニ候ヘバ片手ニテ取候也、太刀ヲ取候事初メハ重ク覺ユレドモ後ハ自由ニナリ候也、タトヘバ弓ヲ射習ヒテ其力强ク、馬ニ乘覺エテハ其力アリ、凡ソ下々ノワザ水夫ハ櫓櫂ヲ取テ其力アリ、土民ハ鋤鍬ヲ取テ其力强シ太刀モ取リ習フ人ハ身ニ應シタル太刀ヲ持ツベキモノナリ」。

又四年後、即ち正保二年に完成せし五輪書には此れに關し更らに詳細なる記事あれど、其精神は全く前記事と同一なれば茲には略することゝするも、此兩記事を併せ讀む時は武藏が二刀流を開きし精神を益々明かにするを得べし。

次に二天一流と云ふ流名を立てし由來及び其年代につきて考察するに、抑も二天一流の二天は武藏の號名二天に出づるものなり、蓋し武藏は寛永十七年細川忠利公の招きに應じて小倉より肥後國に來るや、同國立田山泰勝寺(細川家菩提寺)の僧春山和尙と莫逆の友たり、かくて春山和尙に緣り道號を二天道樂と號す、其年代不明なるも寛永十七年以後なることは確かなり、從て二天一流の流名も亦其以後の流名なること云ふまでもなし。然るに前記寛永二十年十月十日より書き初めし五輪書は正保二年に成り、武藏は同年五月十二日其卷首に自序を書けり、其自序の初めに、「兵法ノ道二天一流ト號シ數年鍛練ノ事初メテ書物ニ顯ハサント思フ、時寛永二十年十月上旬ノ頃云々」とあれば明かに二天一流と云ふ流名は寛永十七年以後同二十年十月以前の命名にて恐らく寛永二十年十月十日此五輪書を書き初めんとするにあたりて初めて命名せしものならむ。かくて彼れは正保二年春の頃より病なりしが五月十二日卽ち五輪書の序を書きし日寺尾勝信に五輪書、同信行に三十五箇條の書を相傳へ、又他の知友、家人等にもそれぞれ物を送り、或は死後の事を托し、十六日自戒書卽ち獨行道を書し辭世の心とし十九日に至り遂に行年六十二歲にて熊本千葉城の宅に歿せり。

武藏は斯道に於て古今の名手たるのみならず、自著五輪書に、「兵法の理にまかせて諸藝諸能の道を學べば萬事に於て我に師匠なし」とあるを實現し兵學、軍法、禪學に通じ書・畫・彫刻・鍛鐵・等の技に於ても非凡の技倆あり。

殊に書畫、彫刻の如きは筆力刀法の雄渾にして氣品の高雅なる古今稀に見る所にして、此作品の中に武藏の兵法の精神躍如たるものあるを認むることを得るなり。尙ほ彼れの傳記逸話等は前記碑文、二天記、武藝小傳、宮本武藏遺蹟顯彰會編宮本武藏等に詳かなれば此等の諸書に讓りてこれを述べざることゝし、以下武藏の劍道につきて二三の重要なる點を述ぶるに止めむ。

武藏の劍道につきて述ぶべきこと頗る多し、就中他流と比較して最も著しく異なる點、卽本流の一大特色とも云ふべきものより記さんに、新當流（神道流）、影流、及一刀流等の諸流派は皆多數の業を作りこれに種々の術名を附し或は表とし或は裏と呼び或は高上極意と云ひ或は祕事祕傳と稱し、或は一子相傳、一國一人印可等の法を立て、これを授くるに誓紙、誓文の類を取るが如き風習の盛んに行はれたることは既に述べしが如し。然るに二天一流には三つの先（懸之先、待之先、體々之先）と五法の構へ（一、喝咄切先返之構、一、儀談之構、一袲形之構、一重氣之構、一、右直之構）の如きもののあるのみにて、他流に比して太刀數頗る尠なく、又他流の如く祕傳祕事なく誓紙罰文を採るが如き事一切なく、其敎法も初學者にては其業の成り易き所を習はせ早く了解し得る理を先にし、其業及理合の了得するにつれ漸次難き業及理を敎ゆるなり。されど修行の順序を固執するものにあらず武藏の所謂「構へありて構へ無し」實相卽無相、無相卽實相たる處、是れ本流の特色なり。

尙ほ五輪書に

一、「他流ニ太刀カズ多キ事
太刀ノ數アマタニシテ人ニ傳ルコト、道ヲ賣物ニシタテ、太刀數多クシリタルト初心ノモノニ深ク思ハセン爲ナルベシ、兵法ニ嫌ウ心ナリ其故ハ人ヲ切ル事色々アリト思フ心迷ヒナリ、世ノ中ニ於テ人ヲ切ルコト變ハル道ナシ知ルモノモ知ラザルモノモ女童子モ打叩キ切ルト云フ道ハ多ク無キ所ナリ、モシ變ハリテハ突クゾ薙ゾト云フ外ハナシ先ヅ敵ヲ切ル所ノ道ナレバ他ニ數多アルベキ道理アラズ、サレドモ場ニヨリ事ニシタカヒ上脇ナド詰リタル處ニテハ太刀ノツカヘザルヤウニモツ道アリ其ハ五法トテ五ノ構ハアルベキモノナリ、ソレヨリ外ニ取付テ手ヲ捩(ネ)ヂ或ハ身ヲヒネリテ飛起キナド種々ノコトシテ人ヲ切ル事實ノ道ニアラズ、人ヲ切ルニネヂテ切ラレズ拈(ヒネ)リテキラレズ飛テキラレズ、ヒライテキラレズ凡是等ノ事ハ曾テ役ニ立タザル事ナリ、我兵法ニオイテハ身ナリモ心モ直ニシテ敵ヲヒツマセ綏マセテ敵ノ心ノネヂ、ヒネル處ヲ勝ツコト肝要ナリ、能ク〱吟味アヘベシ」

一、他流ニ奥表ト云フ事

兵法ノコトニ於テ何レヲ表ト云ヒ何レヲ奥トイハン、藝ニヨリ事ニツレテ極意祕傳ナドト云フテ奥口アレドモ敵ト打合フ時ノ理ニオイテハ表ニテ戰ヒ奥ヲ以テ切ルト云フ事ハアラズ、我兵法ノ敎ヘ樣ハ初テ道ヲ學ブ人ニハ其業ノ成リヨキ所ヲサセ習ハセ、合點ノハヤク行ク理ヲ先ニ敎ヘ、心ノ及ビ難キ事ヲバ其人ノ心ヲホドクル所ヲ見分ケテ次第々々ニ深キ所ノ理ヲ後ニ敎ル心ナリ去レドモ大カタハソノ事ニ對シタル事ナドヲ覺エサスニヨッテ奥口ト云フ所ナキ事ナリ、サレバ世ノ中ニ山ノ奥ヲ尋ヌルニ猶行ント思ヘバ又口ヘ出ルモノ也何事ノ道ニ於テモ奥ノ出合所モアリ、口ヲ出シテ善キ事モアリ、此ノ戰ノ利ニ於テ何ヲカ隱シ何ヲカ顯ハサン然ルニ依テ我道ヲ傳フルニ誓紙罰文抔ト云事ヲ好マズ、此道ヲ學ブ人ノ智力ヲウカヾヒ、直ナル道ヲ敎ヘ、兵法ノ五道六道ノ惡キ所ヲ捨サセ、自カラ武士ノ法ノ實ノ道ニ入リ疑ヒナキ心ニナルコト我兵法ノ敎ノ道ナリ、能々鍛練アルベシ」

と記せる所を一讀せんか更らに之を明かにするを得べし。又他流の如く切紙目錄の如き書傳なく此等は皆實地の型にて相傳するのみなり。但、宮本武藏は臨終の際五輪書及三十五箇條を二人の弟子に相傳したること既に述べしが如し、これより後二天一流にては其道に達し他流の所謂免許皆傳に相當する者のみに限り五輪書を相傳することゝなれり。然しながらこれに他流の術名のみを記せる切紙目錄等の形式的修業證書と其性質を異にし他流にて免許皆傳の際其一流の太刀筋心持等一切を書したる口傳書其他一切の傳書を相傳すると其性質全く相同じきものなり、これは後世に其流の太刀筋心持等を傳ふる上に缺く可からざるものにて、形式的修業證書の性質を有する切紙目錄の相傳と同一視すべからざるなり。かくの如く此等の傳書相傳の精神は、他流と相異ならざれど其傳書の內容に至りては又他流のそれと相異なる點なきにあらず、そは他流にて其傳書を作るを見るに多く佛法儒道の古語をかり、或は梵字を用ひ、或は易を語り又陰陽五行の說を以て之を說き猥りに其流をして神祕奧妙ならしめんとするもの多きに反し、二天一流の五輪書は武藏の自序中に、「今此書ヲ作ルトイヘ共佛法儒道ノ古語ヲモカラズ、軍記軍法ノ古キコトヲ用ヒズ此一流ノ見タテ實ノ心ヲ顯ス云々、」とある通りにて文章の修飾も施さず辭句の彫琢をも用ひず、只武藏自得の旨趣を丁寧反覆之れを述ぶるに務め毫も世に衒ひ、人に諛ふが如きところなし、これ又本流傳書の一特色と見るべきものなり。

次ぎに宮本武藏の二天一流の極意は五輪書・地・水・火・風・空・の五卷の全節に亙りて記されをるも、左の一節に殆んど其全部を含蓄すと云ふも敢て不可なきなり。

其一節とは、

「風ノ卷、一、他流ニ太刀ノ構ヲ用ユル事、の條に

太刀ノ構ヲ専ニスルコトヒガ事ナリ、世ノ中ニ構アランコトハ敵ノナキトキノコトナルベシ、其仔細ハ昔ヨリノ例ヒ今ノ世ノ法ナド、シテ法例ヲ立ル事ハ勝負ノ道ニハアルベカラズ、ソノ相手ノアシキヤウニ匠ムコトナリ、物毎ニ構ユルト云フ事ハユルカヌ處ヲ用キル心ナリ、或ハ城ヲ構ル、或ハ陣ヲ構ユルナドハ人ニ仕掛ケラレテモツヨク動カヌ心是常ノ義ナリ、兵法勝負ノ道ニ於テハ何事モ先手先手ト心掛ル事ナリ、構ルト云フ心ハ先手ヲマツ心ナリ能く〳〵工夫アルベシ、兵法勝負ノ道人ノ構ヲウゴカセ敵ノ心ニナキコトヲシカケ、或ハ敵ヲウロメカセ、或ハムカツカセ、又ハオビヤカシ、敵ノマギル、處ノ拍子ノ利ヲウケテ勝ツコトナレバ、カマユルト云後手ノ心ヲ嫌フナリ、然ルユエニ我道ニ有構無構ト云テ、構ハアツテカマエハナキト云所ナリ

大分ノ兵法ニモ敵ノ人數ノ多少ヲオボエ、其戰場ノ所ヲウケ、我人數ノ位ヲ知リ、其德ヲ得テ人數ヲ立テ戰ヲ初ムルコト是合戰ノ專ナリ、人ニ先ヲ仕カケラレタル時ト我人ニ仕カクル時トハ其利不利一倍モカハル心也、太刀ヲ能構ヘ敵ノ太刀ヲ能ク受ケ能ク張ルト覺ユルハ鑓長太刀ヲ以テ柵ニ振リタルト同ジ、敵ヲ討ツ時ハ又柵木ヲ拔テ鑓長太刀ニ使フ程ノ心ナリ、能々吟味アルべキ事ナリ」。

とある則是なり。例へば右の文中、(一)兵法勝負ノ道ニ於テハ何事モ先手先手ト心掛ル事ナリ云々、(二)兵法勝負ノ道人ノ構ヲウゴカセ敵ノ心ニナキ事ヲシカケ或ハ敵ヲウロメカセ、或ハムカツカセ又ハオビヤカシ敵ノマギル、處ノ拍子ノ利ヲウケテ勝ツコトナレバ、カマユルト云後手ノ心ヲ嫌フナリ云々」の如きは武藏六十餘度の勝負に於て常に彼れが實行したる所にして、彼が常に奇勝を得一度も其利を失はざりし所以又實に玆にありと云ふべし。卽ち彼の極意とする所は、己れは何處までも心を冷靜にし武藏の所謂平常心、澤庵禪師の所謂不動心の狀態に置くに反し、敵に對しては何處までも意表に出で或は敵を怒らする等兎角敵の心を動搖せしめて敵心の虚に乘じて勝を制する法を採り、且つ常に先手先手と心掛け機先を制し其太刀數たるや極めて少なく只一撃の下に敵を斃すを以て例と、せしものなり、今左に二三の實例を擧げて此れを證せむ。

二天記曰く

武藏或時打話ニ事ニ莅ンデ心ヲ不變コト實ニ難シ我先年吉岡又七郎ト洛外一乘寺村藪ノ郷下リ松ト云フ處ニ會シ勝負ヲ決センコトヲ約ス、(中略)先年渠ガ父清十郎及叔父傳七郎ト會セシ時ハ我期ニ後レ凝滯シテ勝之、這回ハ是ニ引替ヘ我先達テ行フベシト鷄鳴ヨリ獨歩シ洛ヲ出ル、路ニ八幡ノ社アリ因テ思フ我幸ニ神前ニ來レリ正ニ勝利ヲ祈ルベシト社壇ニ至テ愼テ鰐口ノ紐ヲ把テ將ニ打鳴ラサントス忽チ思フ我常ニ神佛ヲ信仰セズ今此難ヲ憚テ敬祈ストテ神夫レ受ムヤ吁誤レリト卽チ其紐ヲ措テ孜々トシテ壇ヲ下ル慚愧汗流シテ踵ニ至ル直チニ馳テ下リ松ニ至ル、夜未明寂々トシテ松陰ニイム暫ク有テ又七郎數十人ヲ引率シ燈ヲ提テ來リ云定メテ武藏又遲滯シテ期ニ後レンコト必セリトテ松根ニ近ヅク時武藏待得タリト高聲ニ呼ビテ大勢ノ中ニ切リ入ル、又七郎駭キ同拔合ントスル處ヲ又七郎ヲ眞二ツニ斬殺シ徒黨ノ者共周章切懸ル或ハ鎗ヲ以テ突キ懸リ半弓ニテ射ル、其内矢一筋我袖ニ留ルノミニテ幸ニ疵ヲ蒙ラズ我前後左右ノ者共ヲ斬崩シ追立レバ大勢崩レタル息踏留ル者モ無ク狼狽シ竟ニ我全勝ヲ得タリ、退テ彼ノ神前ノ事ヲ思フニ事ニ莅ンデ心ヲ不變コト難シト云リ」

又同書に曰く、

扨翌朝ニナリテ日高クナル迄武藏寢テ不起、亭主太郎左衞門ハ無心元思ヒ辰ノ刻ニ及ベリト起シ告グル處ニ飛脚小倉ヨリ來リ船渡ノ由ヲ武藏ニ告ル、武藏無程參リ可申由返答シ手水シ飯ヲ仕舞ヒ亭主ニ請テ櫂ヲ以テ木刀ヲ大キニ削ル、其内飛脚又來リ早々可渡申急告ル、武藏ハ絹ノ給ヲ着テ手拭ヲ帶ニハサミ其上ニ綿入ヲ着テ小船ニ乘テ出ル、舟人ハ太郎左衞門カ家奴也、船中ニテ襷ヲカケ右ノ綿ヲ覆テ伏ス、島ニハ檢使警固ノ者ヲ差シ渡サル其ノ號令嚴重ナリ、漸ク巳ノ刻過ギニ武藏向島ニ至リ島ノ洲崎ニ船ヲ滯メテ覆タル所ノ綿入ヲ脫ギ刀ハ船ニ置キ短刀ヲ差テ裳ヲ高クカヽゲ彼ノ木刀ヲ提ケ素足ニテ船ヨリ下リ淺汀ヲ涉ルコト數十步、行々帶ニハサム手拭ニテ一重ノ鉢卷ス、小次郎ハ猩々緋ノ袖ナシ羽織ニ染革ノ立附ヲ着シ、ワラジヲ履ミ三尺餘ノ太刀ヲ帶ス、備前長光ノ由、甚タ待ツカレ武藏ガ來ルヲハルカニ見憤然トシテ進テ水際ニ立チ云、我ハ斯ニ先達テ來レリ、汝何ゾ遲々スルヤ吁汝後レタルカ、武藏默然トシテ不答聞カザルガ如シ、小次郎霜刀ヲ拔テ鞘ヲ水中ニ投ジ水際ニ立テ武藏ガ近ヅクヲ迎フ、時ニ武藏水中ニ踏留マリニツコト笑テ云ク、小次郎負タリ勝ハ何ゾ其鞘ヲ捨ン、小次郎益憤テ武藏が相近ヅクト齊シク刀ヲ眞向ニ振上ケ武藏ガ眉間ヲ打ツ、武藏同ク擊處ノ木刀小次郎が頭ニ中リ立所ニ仆ル」

とあるは卽ち是なり、尙少しく此れを解說せんか武藏は自誓の書獨行道中に、「佛神は尊し、佛神を賴まず」と記せしが如く、平素佛神を尊しとすれば佛神に依賴せざることを主義とす、然るに今將に試合に臨まんとして八幡の神前に至り忽ち鰐口の紐を把り勝利を祈らんとす、これ武藏の所謂平常心を失したる所なり、武藏深くこれを慚愧して中止せり、而して後日に至りても『退て彼の神前の事を思ふに事に莅んで心を不變こと難し」と云ひしが如き、或は又武藏が或時明日父の仇を討んとする青年に對して、「必勝疑ひなし、明日勝負の場に至らば先づ腰を掛けて心を落ちつけて能く汝の足許の地を見るべし、蟻の這ひ出るを見れば必ず勝の兆なり又我は宿に於て摩利支天の必勝を修すべければ旁安心すべし。」と言ひしが如き、眞劍勝負に臨むにあたりて如何に精神の沈着冷靜に勉め、如何に精神の動搖を戒めたるかを知るべし、蟻の這ひ出ることゝ必勝との間に何等の關係なきこと明かなれど心理學上よりこれを見るも注意を臍下丹田、又は足許に凝集し一時他の事を忘れしむることが、精神を平靜沈着ならしむる上に如何に有效なるかは明瞭なる所なり、かくの如く眞劍勝負にあたりて自己の精神をして冷靜沈着ならしむるに勉め何處までも平常心を失はざることを念とせしに反し、敵に對しては平常心を失はしめ其機に乘ぜんことを勉めたり、即ち武藏が吉岡清十郎及又七郎と會せし時は期に後れ敵の心をうろめかし(うろつかす意)、又俟ちあぐましめ或は憤らせ或は迷はしめて勝ちしなり、然るに其後吉岡又七郎等と試合をなせし時は敵が武藏の期に遲れて來ることを豫期せし裏をかき鷄鳴より獨歩して約定の場に至り松陰に彳み又七郎等が定めて武藏又遲滯して期に後れんこと必せりとて松根に近づく時武藏は突然躍り出で武藏待得たりと高聲に呼びて大勢の中に切り入り、又七郎駭き同拔合んとする處を、又七郎を眞二つに斬り殺し徒黨の者共周章するを利用して大勝を得たり、これは敵の意表に出で敵の周章狼狽して敵心の動搖せし機を利用したる例なり。又有名なる舟島に於ける佐々木小次郎との試合に於て、武藏は故意に期を遲れしこと、又小次郎甚待ち疲れ彼れ漸く武藏の來るを遙かに見、憤然として進んで水際に立ち汝何ぞ遲々するや吁汝後れたるかと聲をかくるも、武藏は聞かざるが如き風をなして答へず、小次郎愈怒り霜刀を拔て鞘を水中に投じ、水際に立て武藏の近づくを迎ふや、武藏は水中に踏留まり微笑を洩し「小次郎負たり勝たば何ぞ其鞘を捨てん」と愚弄し小次郎をして怒心頭に達せしめ一擊の下に彼れを斃せしが如き、これ又敵をして平常心を失はしめ此機を逸せずして奇勝を得たる實例なり。又彼の最初の試合有馬喜兵衞との勝負の如き、或は十六歲の時の秋山との試合の如き、或は吉岡一家との試合の如き或は、其他の勝負に於ても、武藏は常に先手先手を心掛け敵の先を制し一擊の下に勝負を決せしが如き一々枚擧に遑なし。

之を要するに以上述べ來る處は單に二三の例證に過ぎざるも、又以て武藏の劍道の極意の一端を明かにするを得べし。最後に彼の劍道につき一見甚だ奇怪の感を起さしむるものあり、そは上述の如く彼の流儀は二刀流なり、然るに武藏の六十餘度の勝負中記錄に上れる試合中には只一回宍戶某と云ふ鎖鎌の名人との試合に於て短刀を以て手裏劍に胸を打ち貫き以て彼れを打果したる外、一度も二刀を用ゐず必ず一本の木刀、又は一振の刀劍を以て勝負をなせしことこれなり。これを事實に徵するに武藏は有馬喜兵衞との試合には薪の中より取り出したる長き棒一本を以てし(圓治峯均筆記)又吉岡淸十郞との試合も同傳七郞との試合も共に一本の木刀なり、又淸十郞の子又七郞との試合の時は鍔先三尺八步の一刀(大原眞守の作)を以てせり、又南都寶藏院覺禪坊法印胤榮の弟子奥藏院と云ふ鎗術者との試合にも、武藏は短かき木刀一本を以て兩度の勝を得、或は又舟島に於ける佐々木小次郞との試合も亦武藏は櫂を以て製したる木刀一本にて敵を斃せしが如き、(二天記、碑文、武藝小傳)一として然らざるはなし。かくの如く二刀流の元祖宮本武藏の眞劒勝負に於て常に一刀を用ゐて二刀を用ゐざるは頗る不思議の感なくんばあらず、こは二天一流の劒法を學ぶ者に於ては看過すべからざる一重要問題にして又充分に研究を要すべきことならんも、五輪書中、

「一、此一流二刀ト名クル事

二刀ト云出ス處武士ハ將卒トモニ直チニ二刀ヲ腰ニ付ル役ナリ、昔ハ太刀刀ト云フ、今ハ刀脇差ト云フ、武士タル者ノ此兩刀ヲ持ツコトコマカニ書キ顯ハスニ及バズ、我朝ニ於テ知ルモシラヌモ腰ニ帶ル事武士ノ道ナリ、此二ツノ利ヲ知ラシメンタメニ二刀一流ト云フナリ、鑓長刀ヨリシテハ外ノ物ト云テ武具ノ内ナリ、一流ノ道初心ノ者ニ於テ太刀刀兩手ニ持テ道ヲ志シ習フ事實ノ所ナリ、一命ヲ捨ル時ハ道具ヲ殘サズ役ニ立テズ腰ニ納メテ死スル事本意ニアルベカラズ、然レドモ兩手ニ物ヲ持ツ事左右トモニ自由ニハ叶ヒガタシ太刀ヲ片手ニテ取リナラハセン爲メナリ、鑓長刀大道具ハ是非ニ及バズ、刀脇差ニ於テハイヅレモ片手ニテ持ツ道具ナリ、太刀ヲ兩手ニテ持チテ惡シ

キ事ハ第一馬上ニテ惡シ、カケ走ルトキ惡シ沼、フケ、(深田ナリ)石原、險シキ道、人ゴミニ惡シ、左ニ弓鑓ヲ持チ其外何レノ道具ヲ持チテモ皆片手ニテ太刀ヲ使フモノナレバ兩手ニテ太刀ヲ構フルコト實ノ道ニアラズ、若シ片手ニテ打コロシガタキ時ハ兩手ニテモ打留ルベシ手間ノ入ル事ニテモアルベカラズ、先ヅ片手ニテ太刀ヲ振リナラハセン爲ニ二刀トシテ太刀ヲ片手ニテ振リ覺ユル道ナリ人每ニ初テ取ル時ハ太刀重クシテ振リマハシガタキモノナレドモ、其ハ太刀ニ限ラズ萬初メテ取付ル時ハ弓モ彎キガタシ長刀モ振リガタシ何レモ其道具道具ニ慣レテハ弓モ力ツヨクナリ、太刀モ振リツケヌレバ道ノ力ヲ得テフリヨクナル、太刀ノ道ト云フ事早ク振ルニアラズ、第二水ノ卷ニテ見ルベシ、太刀ハ廣キ所ニアリテフリ脇差ハセバキ所ニテフルコト先ヅ道ノ本意ナリ、此一流ニオイテハ長キニテモ勝チ短カキニテモ勝ツニ依テ太刀ノ寸ヲ定メズ、何ニテモ勝事ヲ得ル心一流ノ道ナリ、太刀一ツ持チタルヨリモ二ツ持テ善キ所、多勢ト一人シテ戰フ時、又取リ籠リ者ナドノ時ニヨキコトアリ、斯樣ノ儀今委シク書顯ハスニ及バズ一ヲ以テ萬ヲ知ルベシ兵法ノ道行ヒ得テハ一ツモ見エズト云フ事ナシヨクヨク吟味アルベキナリ」とあるを熟讀翫味すれば自ら釋然たるものあらん、即ち、「一流の道初心の者に於て太刀刀兩手に持て道を志し習ふ事實の所也一命を捨つる時は道具を殘さず役に立てず腰に納めて死すること本意あるべからず。然れども兩手に物を持つ事左右とも自由には叶ひがたし太刀を片手に取ならはせん爲めなり云々」とある所より考ふれば決して終始一貫二刀を使用すべきことを主意とせざることと明らかなり。二刀を使用することは要するに左右の兩手を自由に使用せしめ、又時と場合、例へば人込・馬上・駈走・道險しき時・或は大勢と一人にて戰ふときの如き場合にありては、片手にても自由に劍を遣ふこと必要なれば、かゝる場合に大なる便利を得せしめん爲めに平素稽古修行の際に於て二刀を遣ひて左右の手をならし置かん爲めに組織したる刀法の流儀なりと云ふべし。

かくの如く考ふるときは前記の疑問も亦自から了解することを得べく、又同時に二刀一流の精神を明らかにするを得べし。

- 宮本武藏
  - 宮本伊織（小倉に傳る）
  - 寺尾孫之丞勝信
    - 新免辨助（寺尾孫之丞勝信・寺尾信行より）—村上平内正緒
      - 同平内正勝—長尾徒山—高田十兵衛—井田仁九郎—曾根權三郎
      - 同八郎右衛門—同大右衛門—同貞助—牧次郎左衛門—財津久左衛門—村上大右衛門
  - 寺尾信行
  - 青木城右衛門（鐵人）—盛次（山田左近大夫）
    - 橫山平兵衛—加藤信勝—松井親重（松井二刀一刀元祖）
    - 鈴木景忠
  - 讚岐 竹村與右衛門（賴角）
    - 林資龍—八田知義（圓流開祖）—左右田武助—同行重
    - 彥坂忠重
    - 福宮親茂

第八章　結　論

余輩は以上數章に亙り各方面より劒道の發達を論述し來りしが、是を要するに現今尚曚昧野蠻の域を脱せざる濠太利族が魚骨、又燧石を以て其尖端を作れる槍、及投槍並に棒を巧に使用し、殊に投槍に至りては百發百中の妙境に達せるが如く、我國の太古未開の時代に於ても我天孫民族は既に吾人の一般に想像する以上に擊劒、弄槍の技に達し、詭計の策と相俟て異種族征服の功を奏するに與て力ありしが如し。かくて大化改新以後支那劒法の輸入摸倣ありて一時盛んに敎習せられしが、平安朝文弱の大勢と支那劒法の我國民性に適せざりしとは、一時衰運に赴かしめしも平安朝の中期源平の戰亂時代となるや漸次日本化しつつありし支那劒法は、茲に日本獨特の劒道の復興發達を促し鎌倉時代を經て足利時代に入るや、漸次發達の盛運に向ひ、殊に應仁亂後德川の初期にかけて空前の發達隆盛を極め、劒技の精妙なる點に於ては實に最盛時代を現出するに至れり。而して愈德川の太平に入るや、前期の殺伐練技のみを事とせし劒道は、茲に文理的要素を加味し劍技の鍛練によりて心膽練磨、所謂精神修養の道として大に奬勵せられ、武士道の發達大成と伴ひ、否寧ろ其修養實行の中軸となりて遂に明治維新に及べり。

かくて明治維新の新天地に入るや、太古以來連綿として發達し來りし我劍道は社會の大變革に遭遇し明治四年の廢刀令以後一時殆んど廢滅の衰運に向はんとせしも端なくも十年の戰爭はこれに一大覺醒を與へ再び復興の曙光を顯はすに至れり。卽ち西南戰役に於て會津拔刀隊が功を奏せしこと多大なりしため、當時の警視總監三島通庸氏は大に劍道の復興奬勵に務め、斯道の達人、逸見宗助、上田馬之允、梶川義正、得能關四郞、眞貝忠篤等の諸氏を招き各得意とせる術を提供せしめ取捨綜合して所謂警視廳流(左註參照)なるものを編制し二級より七級に至る階級(註參照)を定むる等斯道の爲に劃策する處著しきものありき。かくて地方警察又漸く奬勵せられ延いては其地方の劍道勃興を促すに至れり。

[註]警視廳流(明治十九年各流より選定の型)

◎居合五本

一、前　　越（淺山一傳流）　一、夢想返シ（神道無念流）　一、廻リ掛（田宮流）
一、右之敵（鏡新明智流）　一、四　方（立身流）
◎劒術型十本
一、八　相（直心影流）　一、變　化（鞍馬流）　一、八天坊（提寶山流）
一、卷　落（立身流）　一、下段ノ突（北辰一刀流）　一、阿　吽（淺山一傳流）
一、二ノ太刀（示現流）　一、打　落（神道無念流）　一、破　折（柳生流）
一、位　詰（鏡新明智流）
◎階級（自二級至七級四、五、六級ニハ各上、中、下三段アリ）
二　級（舊時ノ名人）　三　級（舊時ノ免許）　四　級（舊時ノ目錄）　五　級（舊時ノ切紙）

然しながら世人一般には尙ほ未だ充分に注意せらるゝに至らざりしが、日清日露の兩大役に於て我軍の大捷を博するや、我武士道は内外人に注意せられ之と共に武術にも亦深き注意を拂はるゝに至り、劒道は俄に勃興し益〻隆盛に赴けり。則ち明治二十八年には武德會の創立となり京都に本部を置き各府縣に支部を設け或は武德會流の型を制定し或は武術專門學校を設けて武術敎師を養成し、或は範士敎士の稱號を贈り、或は年金を與へて武術家を優遇する等種々の方法を講じて盛に武術を奬勵するあり、或は又陸軍戸山學校に於ては各師團より生徒を選拔して劍道を敎習せしめ各師團の劍道敎師の養成に努むるあり、或は又官、私立の大學を始めとし、高等學校、專門學校、及中等程度の學校には皆劍道部の設けあり、殊に中學師範等の中等學校には明治四十四年七月の文部省令によりて劍、柔道を正科として課することゝし、次で同年十一月以來文部省は擊劍、柔道の基本敎授の講習會を開くあり、或は又近時武術敎師の檢定試驗を始めて武術敎師の資格を與へ以て社會の需要を充すに至れり。又東京高等師範學校に於ては、大正二年四月以來文科兼修體操科内に劍・柔道專門敎師の養成を創め今や年々多數の武術敎師を出すに至れり。斯くの如く各方面より斯道の發達普及を計りつゝあるが故に、今や武術專門家以外軍隊、警察、各學校は勿論、在鄕軍人會及び地方靑年會中にも此れを敎習するの風、年を追ふて盛んとなるに至れり。尙將來益發達隆盛ならんとするの氣運に向ひつゝあるなり。

斯くの如く我が國の劍道は時に盛衰消長なきにあらざりしも、太古より現代に至る迄連綿として漸次發達し而も其間或は外國劍法摸倣の時代あり、或は我國固有の劍法の特色を發揮せし時代あり、或は單に劍技の精妙のみに走れる時代あり、或は更に文理的儒佛的要素を加味し武士的人格修養の道として盛に行はれたるの時代あり、其發達決して單調ならず極めて變化に富み所謂國史の二大特性たる連綿性と變化性とを遺憾なく發揮せるを認むることを得べし。之を諸外國に比較せんか、隣邦支那及朝鮮にも一時盛に敎習せられしことあるも、今や殆んど廢滅せり。歐米諸國亦然り、羅馬の角鬪士(Gladiator)中世の騎士(Knight)の如きは盛に劍技を敎習せしも、今や獨逸に決鬪の風存するのみにて他國に於ては未だ古代より連續發達せし劍法の今尙民間一般に行はれつゝある國有るを聞かざるなり。但英佛の軍隊其他に於て今尙多少之を敎習するものなきにあらざれ共其敎習の程度より見るも、其普及の點より云ふも到底我國の隆盛なるに比すべくもあらず、又其劍法の由來及劍技の發達の程度上より云ふも、我國劍法の連綿發達の歷史と神祕精妙の技とに比すれば到底同日の談にあらざるなり。

凡そ東西兩洋を比較するに、西洋は科學的、器械的、感覺的の國にして、東洋は哲學的、精神的、超感覺的、の國なり、一言以て之を掩へば彼れは智識の國にして我は神祕の國なり。而かも印度は其神祕思想の淵源にして、神祕哲學は卽ち其產物なり。思想の方面に於ては我が國は印度に比肩する能はざりしは勿論支那にすら遜色なきやを疑はしむるものありて、到底幽玄神祕の大思想家を產出すべき國にあらず。

然し乍ら我が國は實行的方面に於て神祕性を實現せり、世界を震動畏怖せしめし武士道、外人の驚嘆感賞せる日本刀、而かも其武士的精神と、其日本刀とを運用習練して精妙の域に達せる我劍道は、實に靈妙神祕的とも云ふべきなりと之を要するに齊しく東洋を神祕國と云ふも印度の神祕は止靜に存し、日本の神祕は活動に現はれ而して劍道は實に活動の神祕を體現せしものと謂ふべし。

劍道の發達 終

附録

凡例

一、本附錄編輯の主意は、(一)劍道の傳授並に其他の古文書の樣式及び內容を明示すること。(二)本論文の紙數徒らに尨大となるを避くる爲に引用文を少くし記述を簡にすること。(三)本論文記述の不足を此附錄によりて補足すること。(四)他日の同研究者の參考史料に供せんとすること等幾多の目的を以てせり。

二、本附錄に輯むる內容は、(一)劍道の目錄免許狀類。(二)同上に關する起請文類。(三)劍道に關する故名家の書狀及び。(四)本論文に關係ある重なる圖畫類等なりとす。

尙ほ本附錄の外更に劍道研究に最も必要にして、最も得難き傳書、口傳書をも含む)及び劍道に關する重なる著作物の解題を第一附錄として本論文の卷中に附す。

三、目錄免許狀類の選擇集輯の方針につきて一言せんに、元來劍道諸流派は德川時代末に及んでは、其數二百餘流の多きに達したるが各流の型及び師系圖等の研究によりて、これを、(一)影流系統の諸流派、(二)天眞正傳新當流、(神道流)系統の諸流派、(三)中條流系統の諸流派及び、(四)二刀流系統の諸流派の四大系統に大別することを得。故に此四大系統中最も代表的流派の目錄免許類のみを選擇せんことを期せり。

但二刀流系統中の代表的の流派宮本武藏の二天一流は他の流派と異なり、目錄免許等の相傳は必ず型によりて行ひ、別に文書的形式の傳授を行はざるを原則とす。これ本流の一特色なり。從つて本流の目錄免許狀類は採輯することを得ず。(但二天一流に五輪書、兵法三十五箇條等あるは遍く人の知る所なるがこれは目錄免許狀とは多少其性質を異にするものなり。委細は本論第三章第三節及附錄參考書解題參照。)從つて本附錄は他の三大系統のものゝみを擧げたり。

四、影流系統所輯の目錄免許狀類は、(一)武備志所載影流目錄の斷簡(異稱日本傳にも載せたれど現代に於て參考すべき最古の目錄なれば殊に採れり)(二)永祿年間の新影體捨流の目錄、(三)慶長年間の新影流の目錄類、(四)寛永年間の疋田新影流の目錄、及び文政年間同流目錄、(五)柳生新影流の目錄、等なり。

こは同系統中の各流間に於て如何なる相違あるか、又同系統同一流に於ても年代によりて如何に增減あるか等幾多の比較研究の史料となるを以て只だ一種に止めず、以上重なるもの數種を擧げたり。

五、中條流系統中にて最も有名にして、其代表的となるものは一刀流なればこの目錄を採れり、但一刀流中にも、(一)小野流一刀流、(二)北辰一刀流、(三)無刀流等幾多の目錄類互に相異あるも、其の差異變遷の由來は本論文に明かにし置きたれば、茲には只だ小野派一刀流の一種を擧ぐることゝせり。

六、天眞正傳新當流(神道流)系統のものとしては、其代表として卜傳流を採れり。次に寺見流は新當流(神道流)と心影流と混入しをれど、こは其目錄が裸體の圖を以て型を說明する處に特別の工夫あり。斯術研究者に極めて參考となるを以て特に此中に加へたり。

七、誓紙起請文及劍道名家の書狀、又は其他の圖畫類は本論文と直接關係あるもののゝみを採れり。

劍道之發達附錄目次

第一類 目錄免狀之部

附錄目次（終）

第一類　目錄免狀之部

影流の諸流派の目録類

附錄第一類

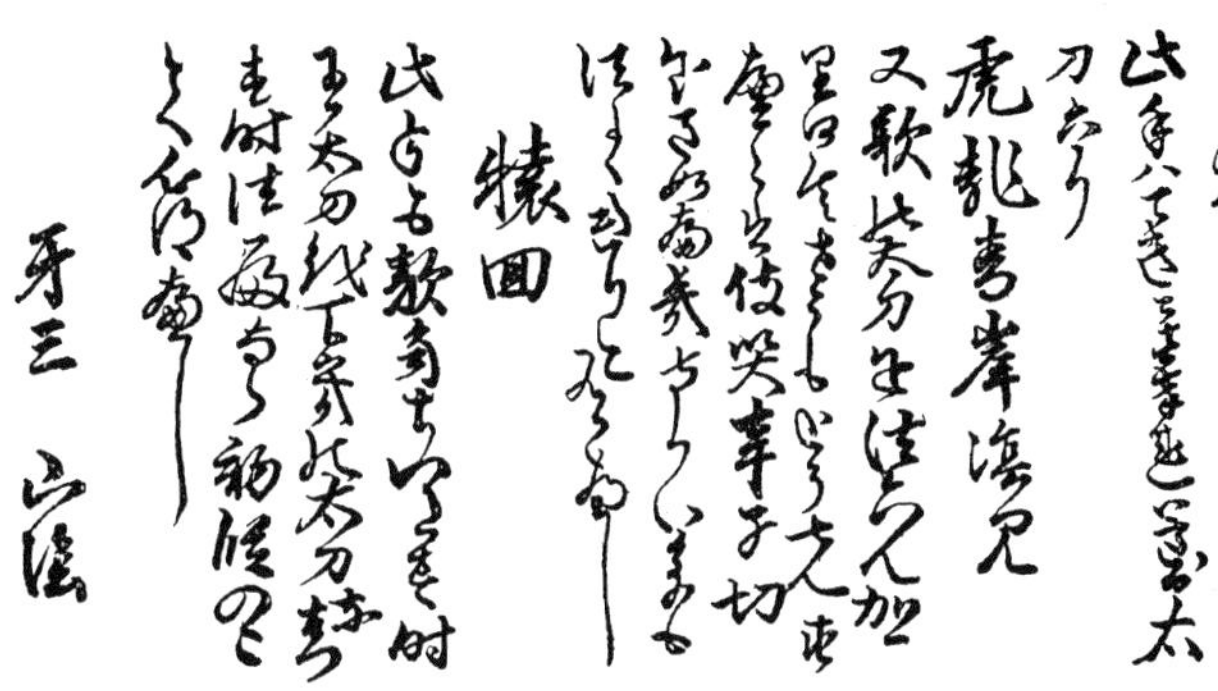

(1)

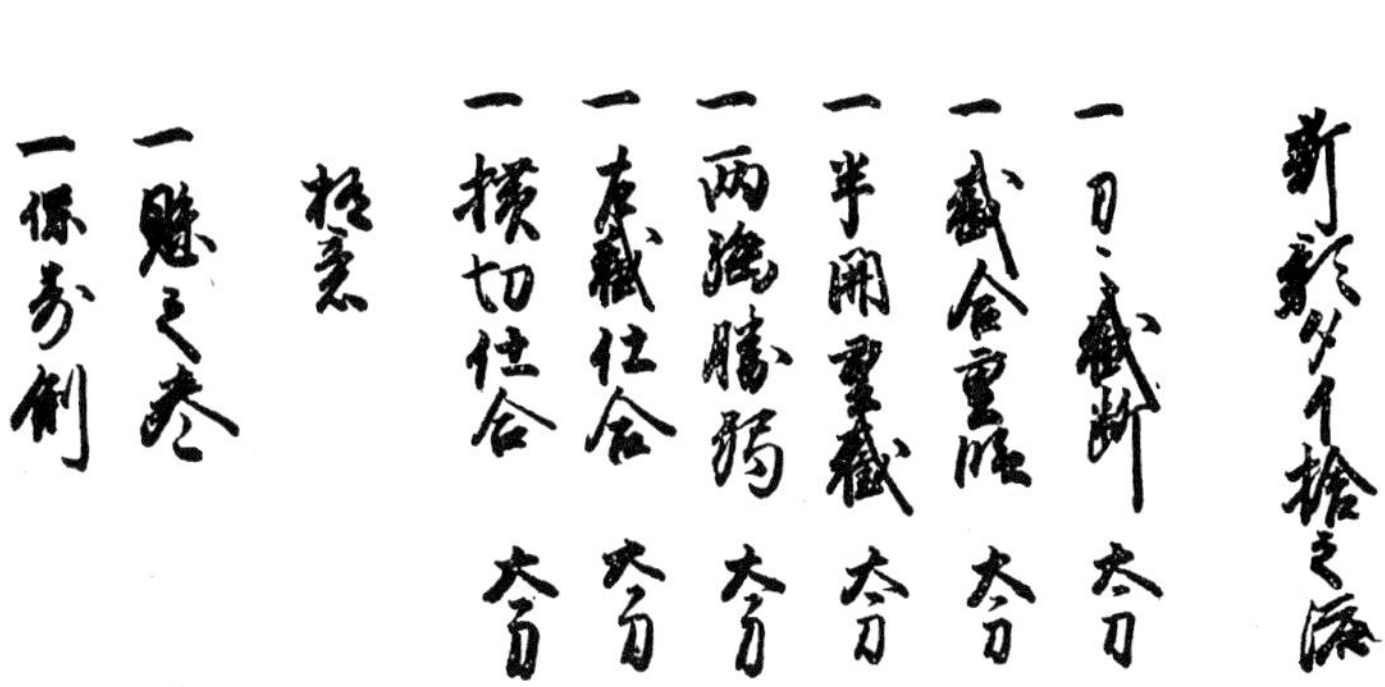

(2)

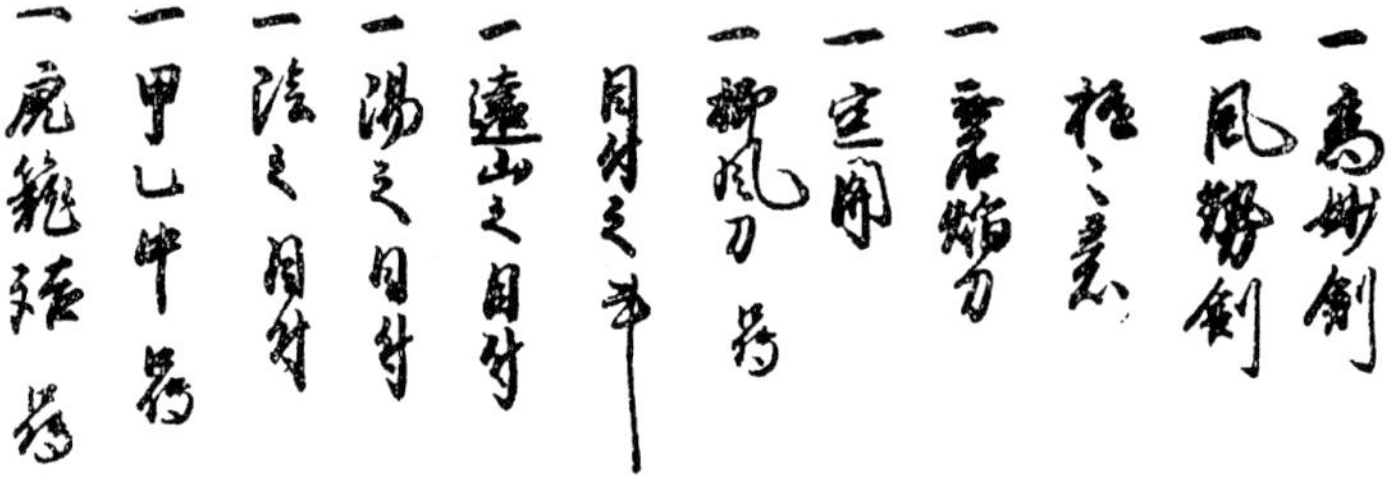
一高妙劍
一風勝劍
極之意
一[illegible][illegible]刀
一[illegible][illegible]
一[illegible]風刀 [illegible]
目付之事
一遠山之目付
一湯之目付
一[illegible]之目付
一甲山中 [illegible]
一[illegible][illegible][illegible][illegible] [illegible]

(3)

文祿五年
丸目藏人[illegible]
七月廿六日 [illegible]
[illegible]

(4)

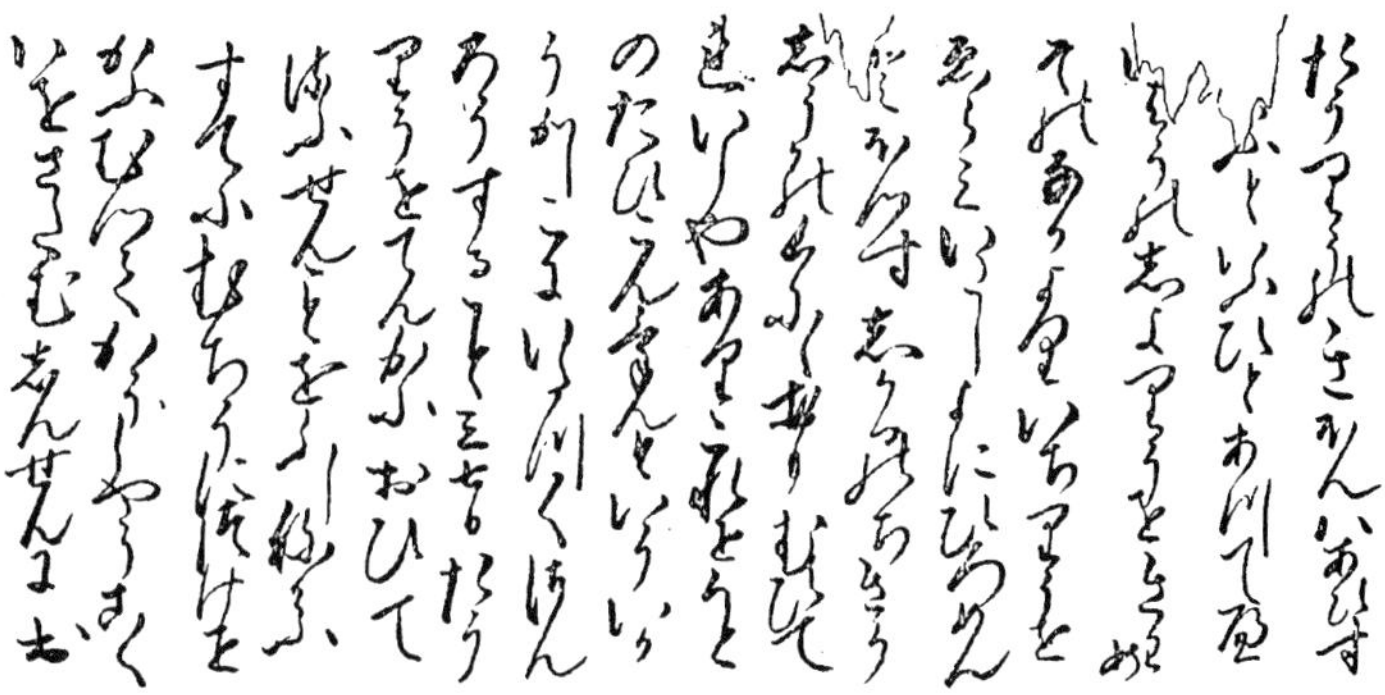

(5)

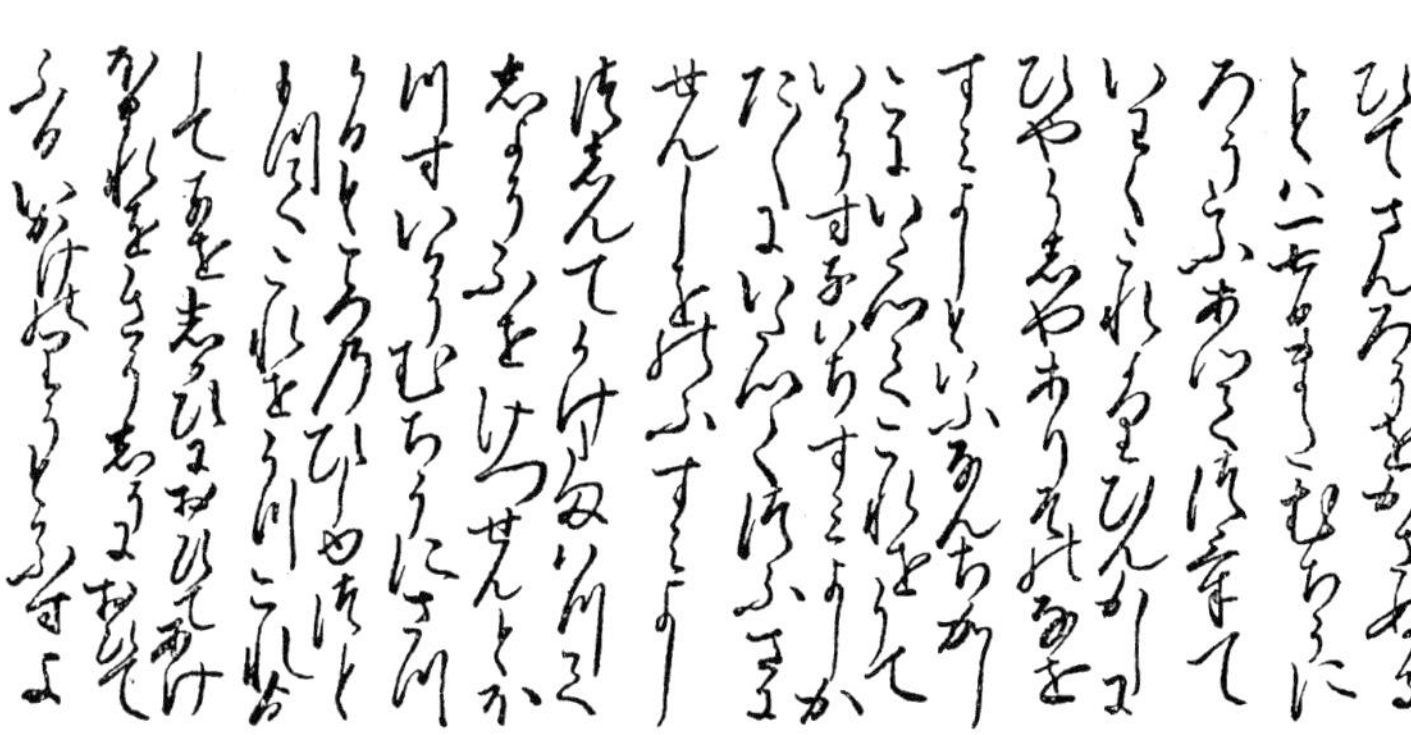

(6)

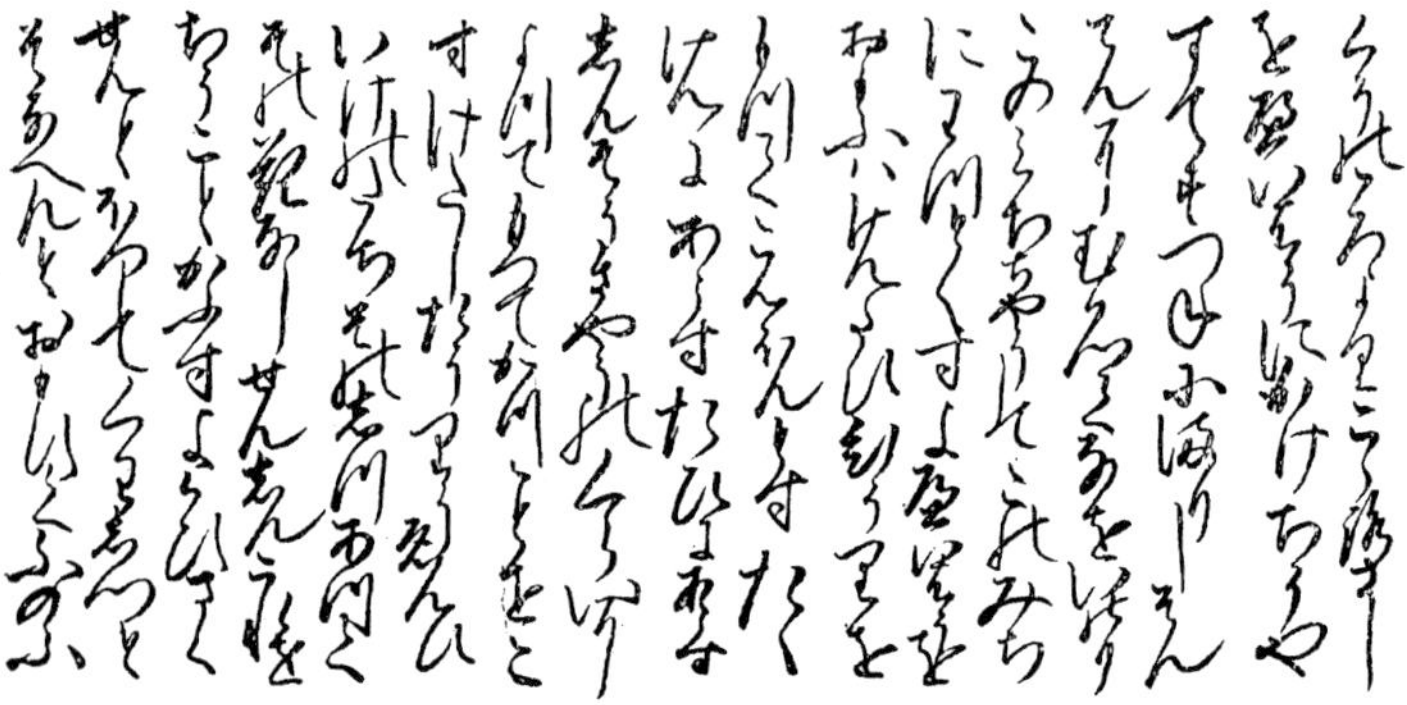

（7）

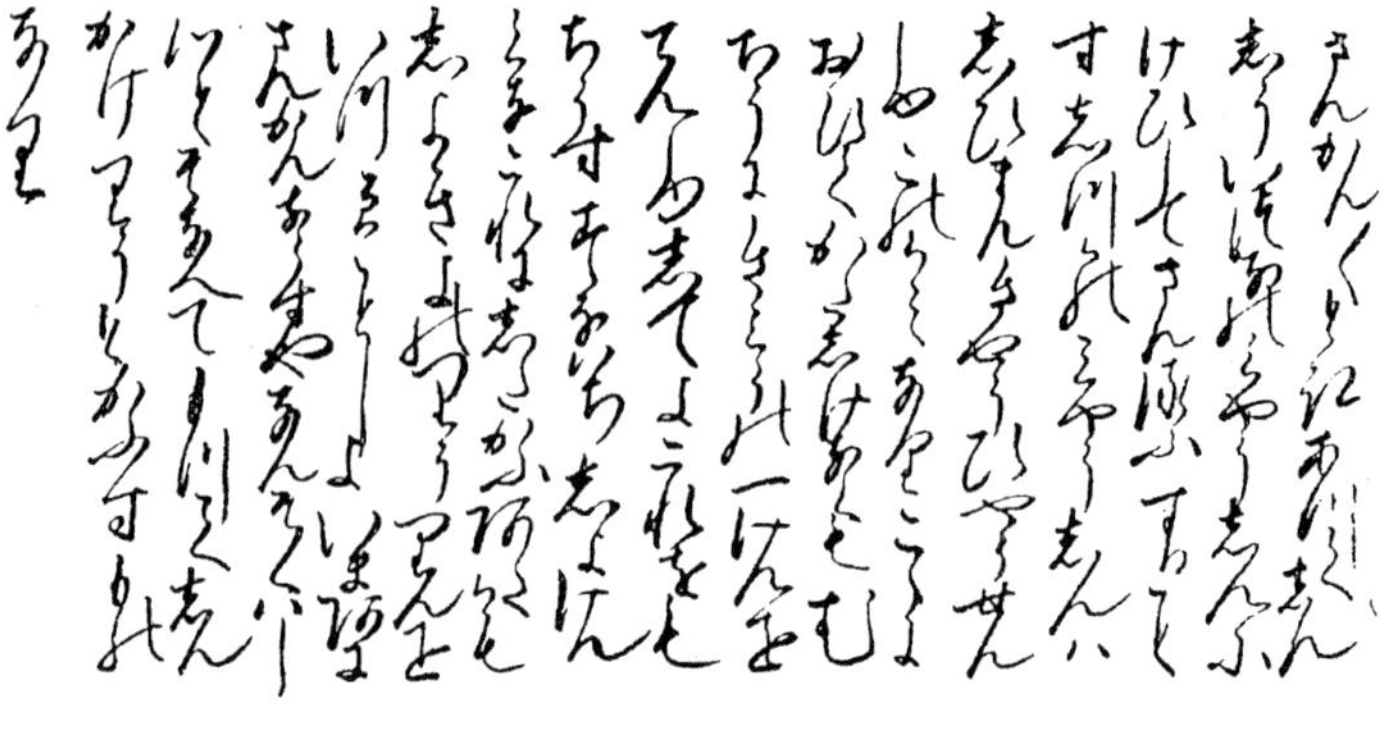

（8）

上泉伊勢守
藤原信綱
西一頓
須高宗
山小三蔵
藤原雅忠
慶長拾五年
七月吉日

（9）

心光劍
新陰流
心妙劍太刀
光明劍太刀
[illegible]西劍
右者吾家秘事也
千金莫傳
上泉伊勢守
藤原信綱
西一頓

（10）

源高家

山少三蔵

藤原相惣

慶長拾六年

七月吉日

殺活剣

新影流

殺人刀太刀

活人釼太刀

然而釼者我家之至要

為何優為何劣哉可埔

双剣倚空や兆学者輕

莫用之

上泉伊勢守

藤原信綱

西一頌
須島向兼
山小三藤
藤原將忠
慶長拾五年
七月吉日

(13)

新影流
謀略之大事口伝
一てんたうだいの事
一きりれん指の事
一かはれ刀乃事
一こせうきの口伝多し
一扇子をれかくの事
一見こしの事
一わきさ刀引 口伝有之
一湯風呂之大事口伝
一ふゆまねる大事
一くさり刀大事
一ふとんをかれんかゐる事
一美人之御前 かれん指之事

(14)

翻道の發達

一兩がくるくるのひだ
一やくれ取りの太刀に傳
一秘屋乃大事
一兩おりの事
一こふ免に傳多くす
一天流一此事
一てんこの事に傳
一志ん脈大事に傳多
一きつ手の太す傳多
一もうれ事
一てん南のん拍子事
一刀乃大事に傳
一こノ眠き大事
一苦の松乃事

（15）

てうけん　に傳多
一池川大てまひすな傳
在此一つううるこめい
きこれ田一ぞ源義失
念ら水を掛ふに
乃貝飯矢人念
室拍乃手金まく
ん可秘と
ト泉伊勢守
　　藤原信綱
西一頓
　　源高果
小山三郎
　　藤原光忠

慶長拾壺年七月吉日

二〇

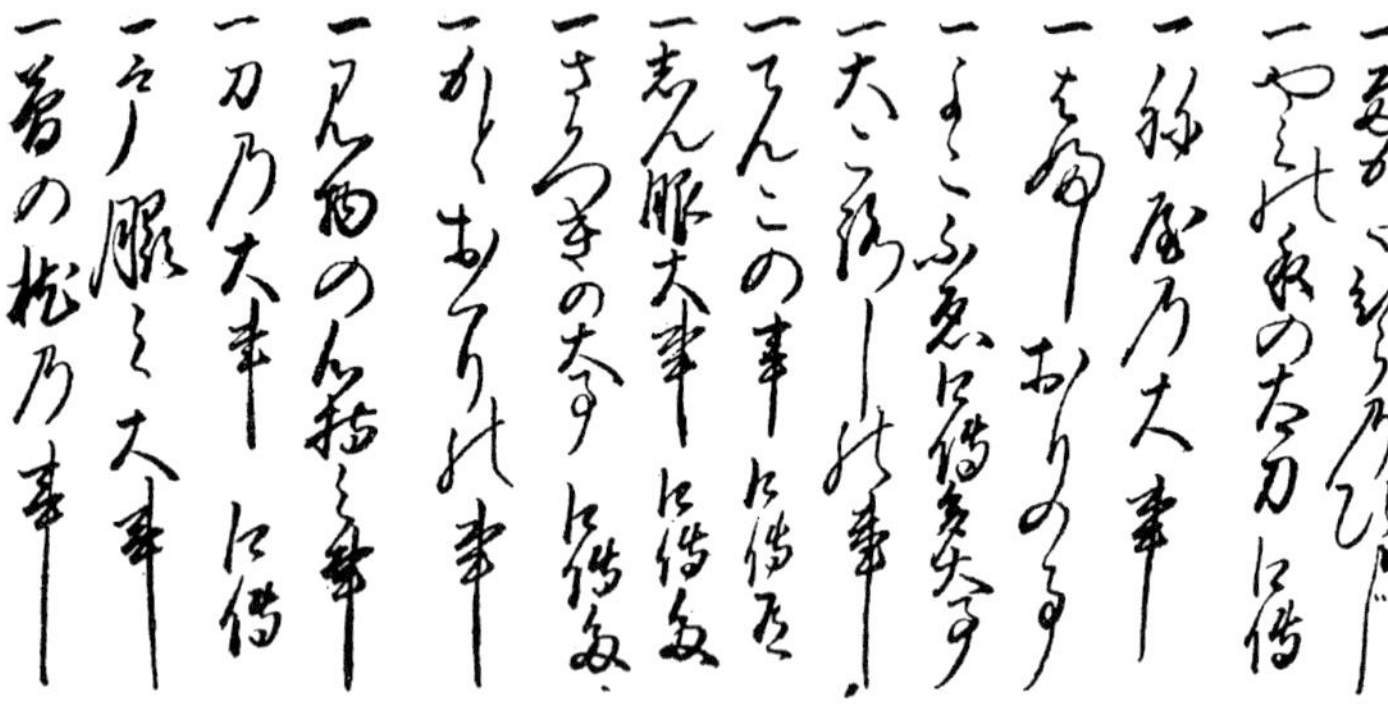

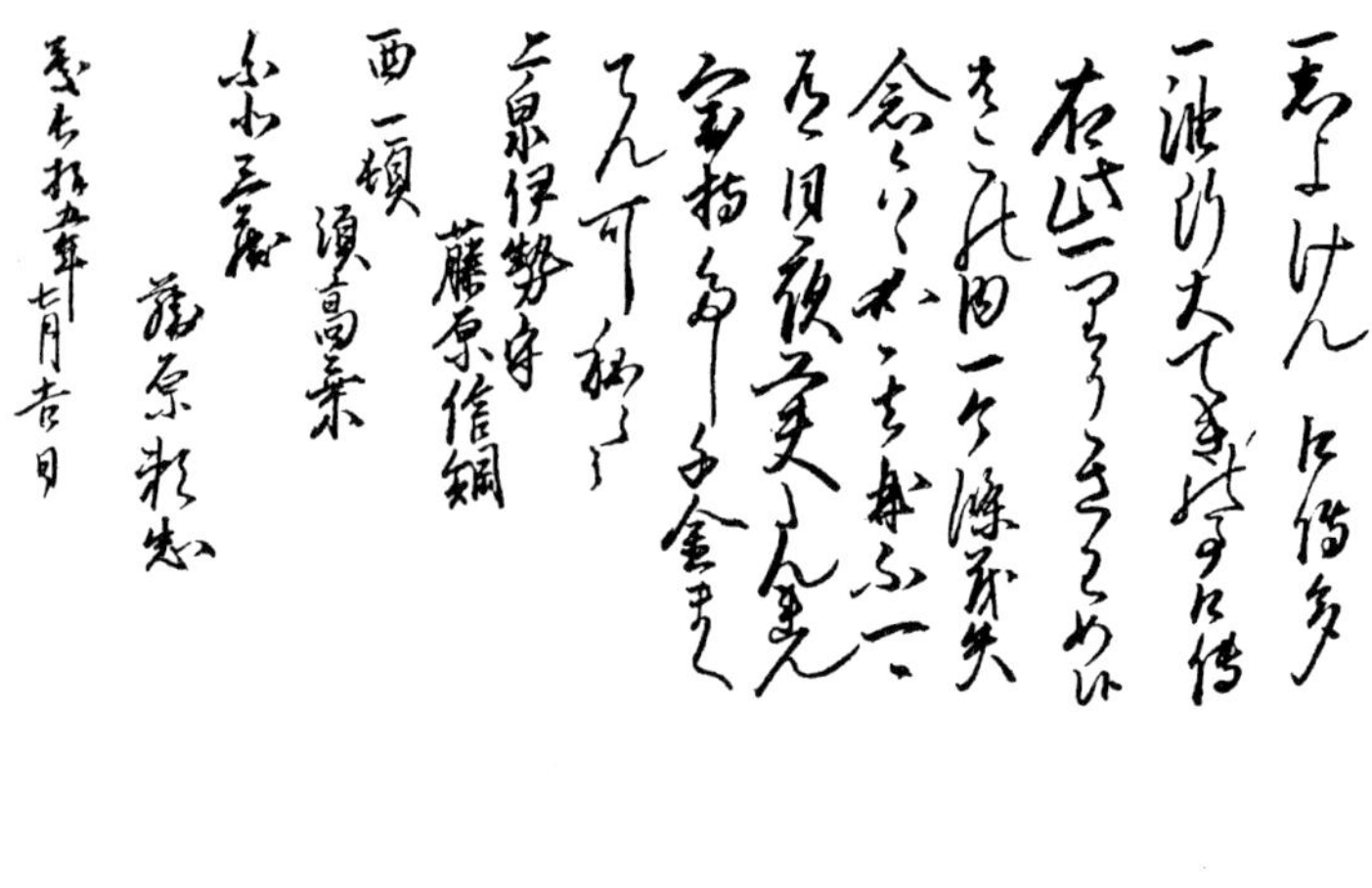

此傳書從昔之筆一、
私にうつしかけさらん人、
たとへ大こくの御きゝ候とも
天下のためにふつ目に
候はゞ申すておろそかにおそ
ろしのおちおもしおほし候はゞ
志ひまなくしてにおそいたらち
まもるすみも筆をうつすべき
目をうけふかくたうすする
において八千万百万の流
らい一よる上とする也
一志阿ひはわちやうに附太刀之
ならん様人々九人まれ阿いして
とうけと守て　おそるゝまゝ
たとへいかやうもやうにてたい
なさき無刀にかくる也
しかいめうけたなき事尼
かるせんしてゝきゝかち

きる刀一寸うこかさぬをもて
て流かうにおそれとうわれ
刀一本のいの目にうけかち
らすかあらすてききちく
みへすることよく分別する
らいのうちにいせかまうち
からうの筆まかせに納する
お何ろにわれそはなんに
ゆけきらん候
一流らいそのすゝし座無
おり何にんもおたき也
あかりに人千人万人候ても
まうのはんかんすゆうたき人の
流いそのにて父子をききの様
んまかけめうけへ分無
たねのむねにおかれおほし
おちと書うちかたくいはゞ
つらそと兄弟ふかとくうう
かん書きそもかもんし

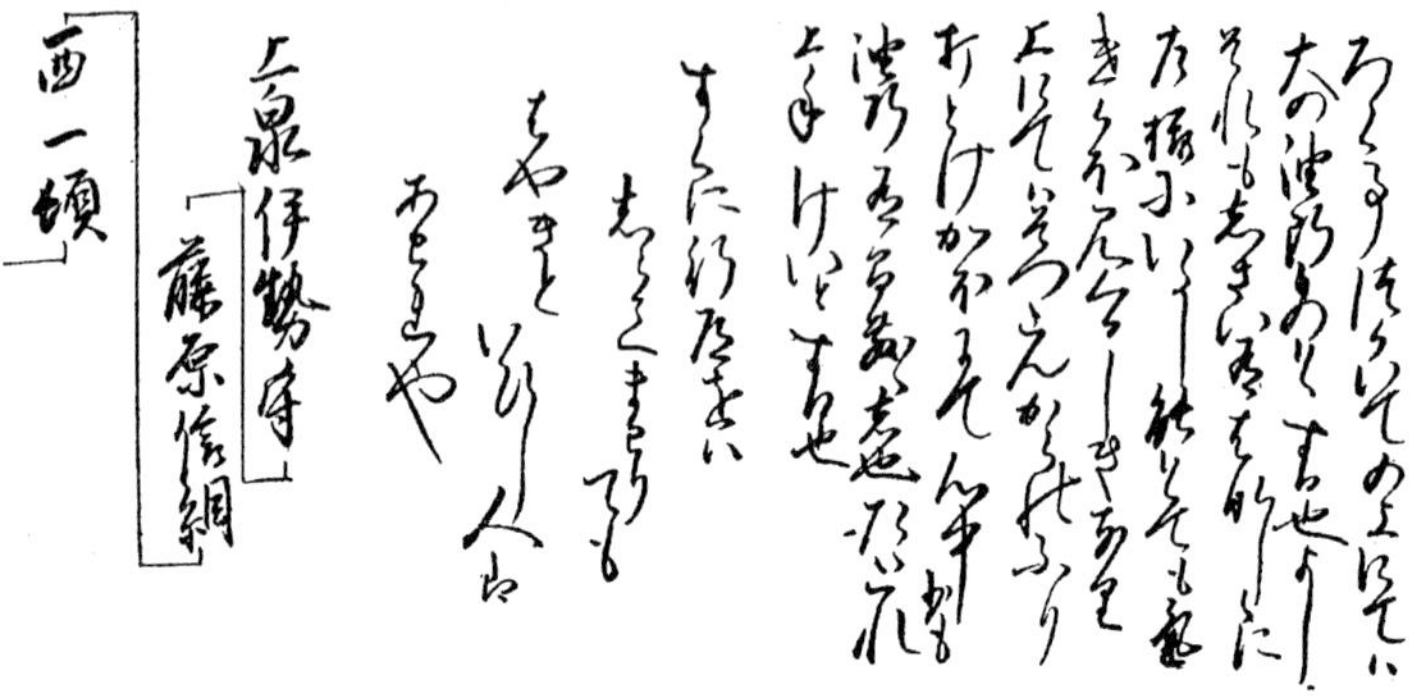
上泉伊勢守
藤原信綱
西一頓

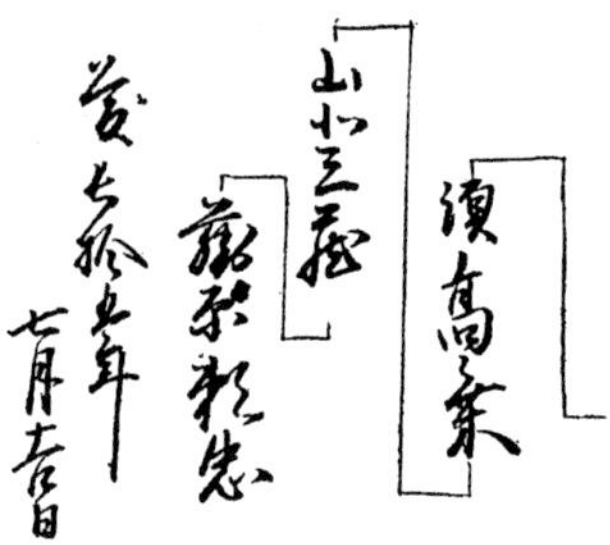
七月吉日

新影流
道場荘厳儀式 共

一 彩幕 一枚
一 血忌幣 長サ一尺八寸
一 四本幣 口伝
一 洗杳
一 鏡 一面
一 以錦張天井
一 四本柱以錦捲之
一 水引金襴
一 壇繧繝之疊
一 出以嘉 百三十
一 折敷
一 瓶子 一対
一 銚子 提子

一 盃 一対
一 肴 熨斗 鮑 勝栗 昆布
一 餅 三百六十
一 赤飯
一 筆 十二筋
一 太刀 一腰
一 刀 一腰
一 脇指 一腰
一 蝋燭 十二挺
一 矢 一斗
一 弓 一張
一 団 一本
一 扇 一本
一 小袖 一重
一 甲冑
一 折敷

一馬　一疋
一鞍鐙
一布施　百貫
唯授一人也
向上　太刀
極意　太刀
乱
唵摩利支曳娑婆訶
右此兵法者偏摩利支
尊天ノ妙術也故
白賭頂莫輕哉
死中有活活中有真死
請思之

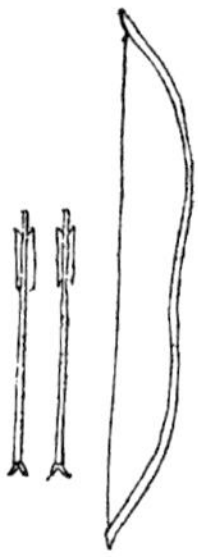

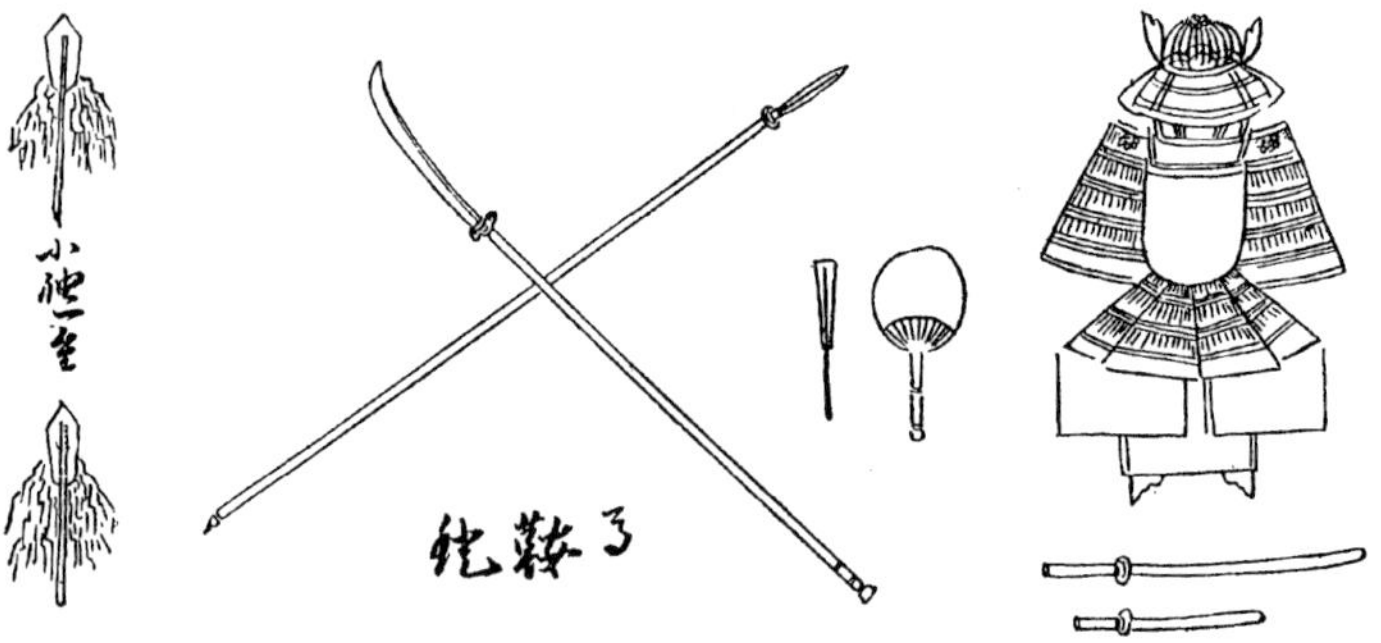

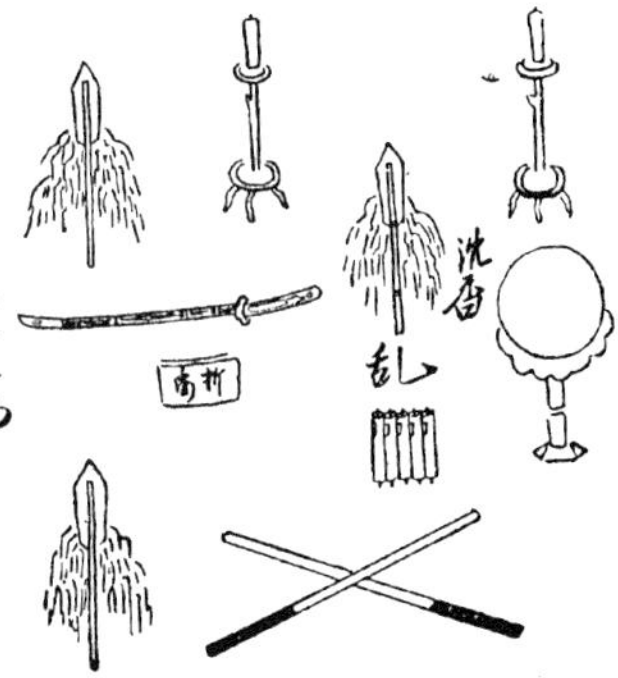

第十二節

上泉伊勢守

藤原信綱

西一頓

須高業

山口三郎

寛永拾五年

藤原[illegible]忠

七月吉日

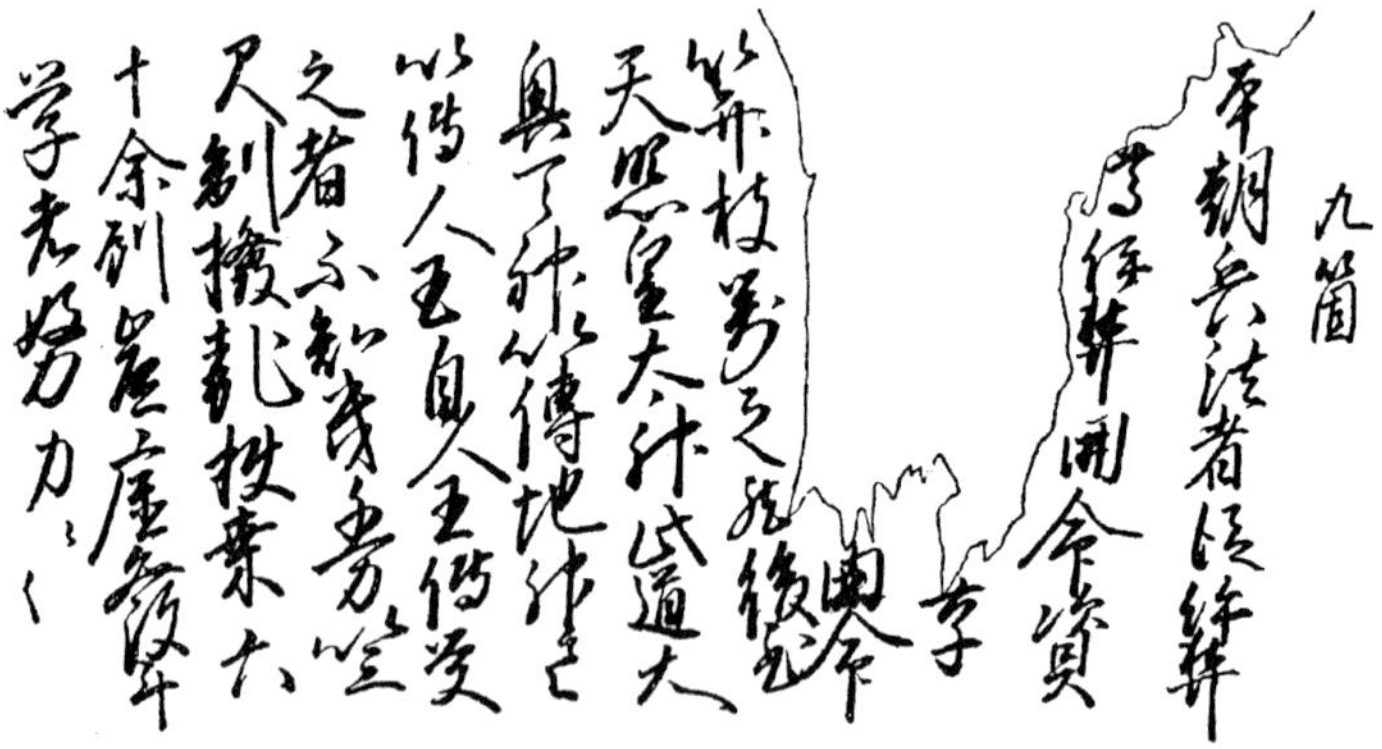

(27)

(28)

九箇之太刀　目付有　秘事也

一必勝　太刀

一逆風　太刀

一十太刀　太刀

一和卜　太刀

一捷径　太刀

一大詰　太刀

一小詰　太刀

一八重垣　太刀

一村雲　剣

此道伝事御

摩利支天奇瑞也

真言云ヲンア日ヤ卜リシ

エイソワカ雖為弟子

全於真実無懈怠可

伝之也

若執心深者　先

望以起請文伝之迄

大形一流相伝之可握

詞三度可有之為

莫煙

為天之

禁制

一押他流事

一無仕合事

一打木刀事

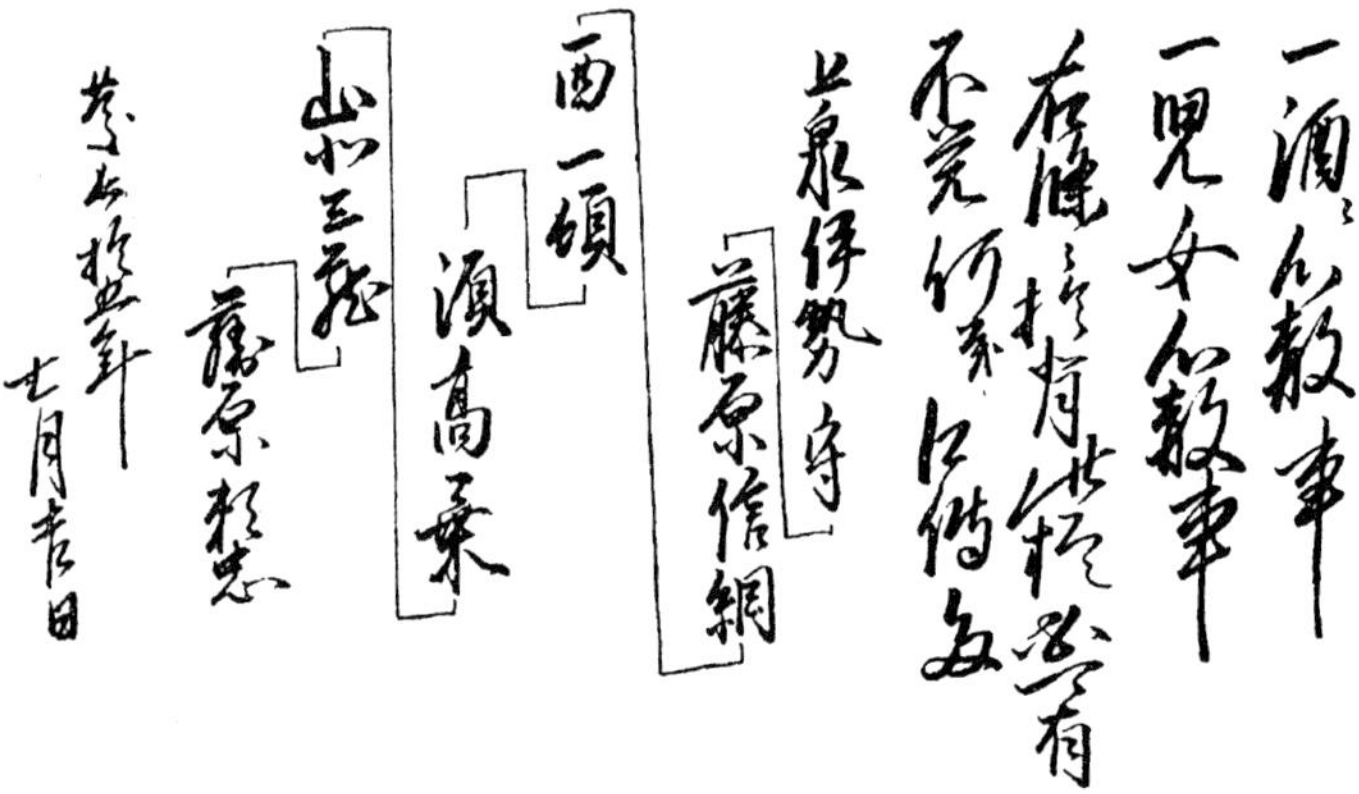
上泉伊勢守
藤原信綱

(33)

(34)

右旋左転

(35)

長短一味

(36)

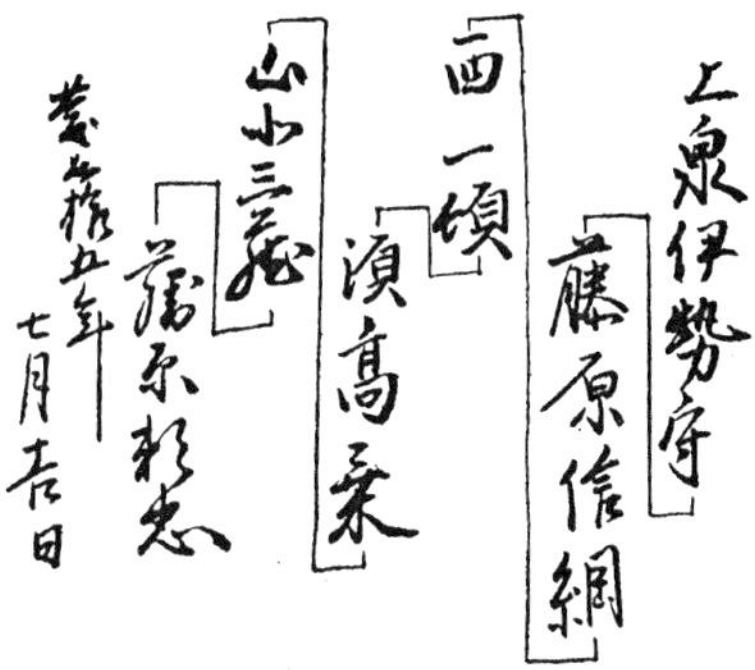
上泉伊勢守
藤原信綱
西一頓
須高栄
山小三郎
藤原[illegible]忠
慶安五年
七月吉日

(37)

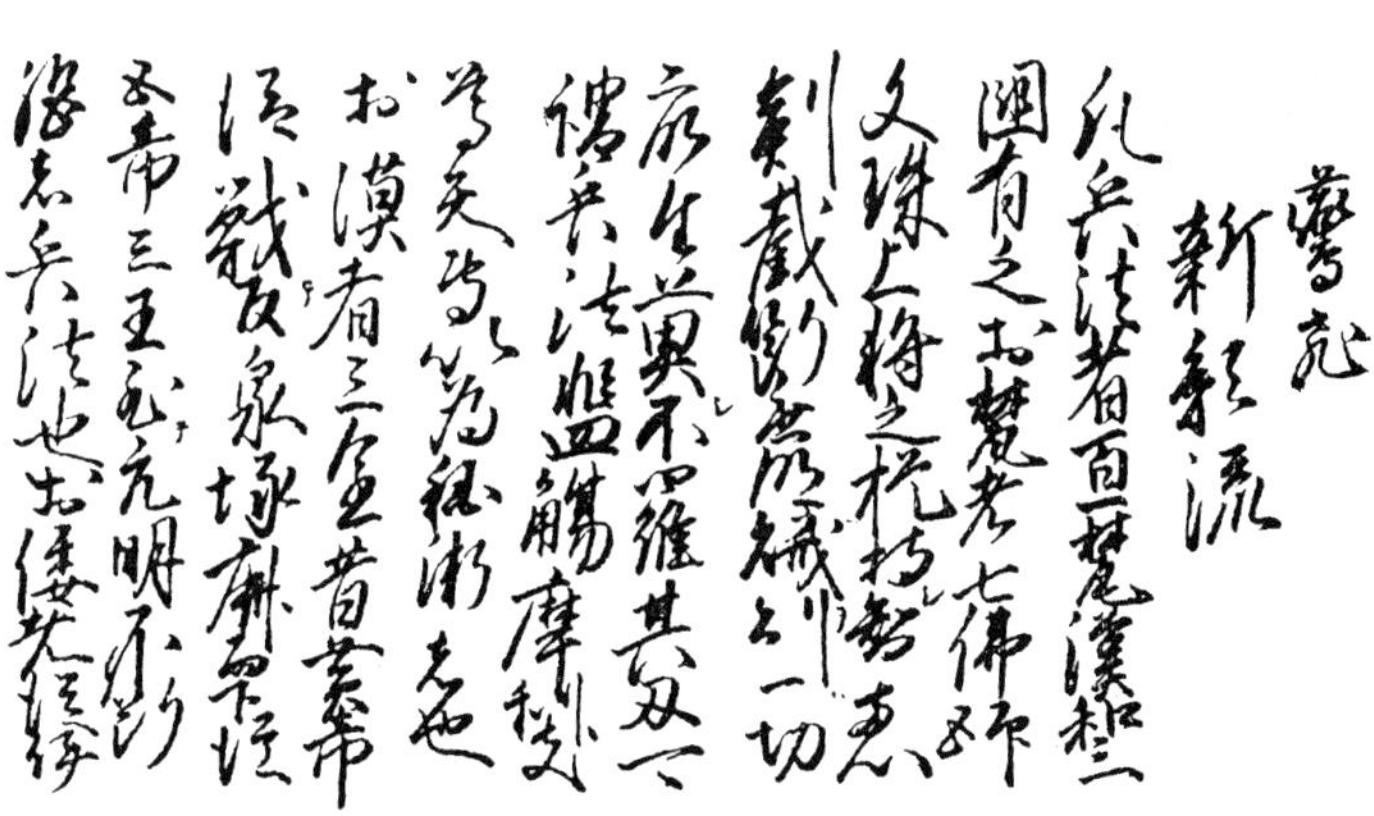
新影流

(38)

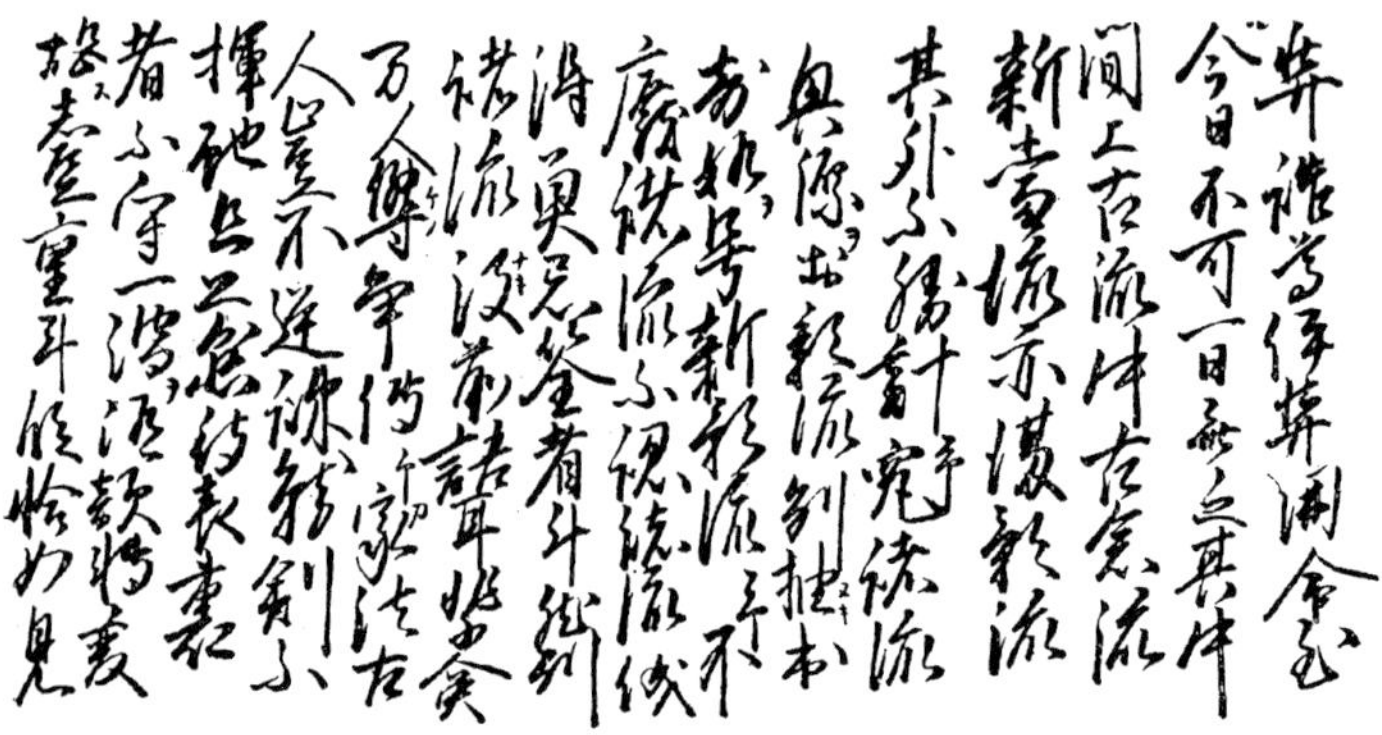

(39)

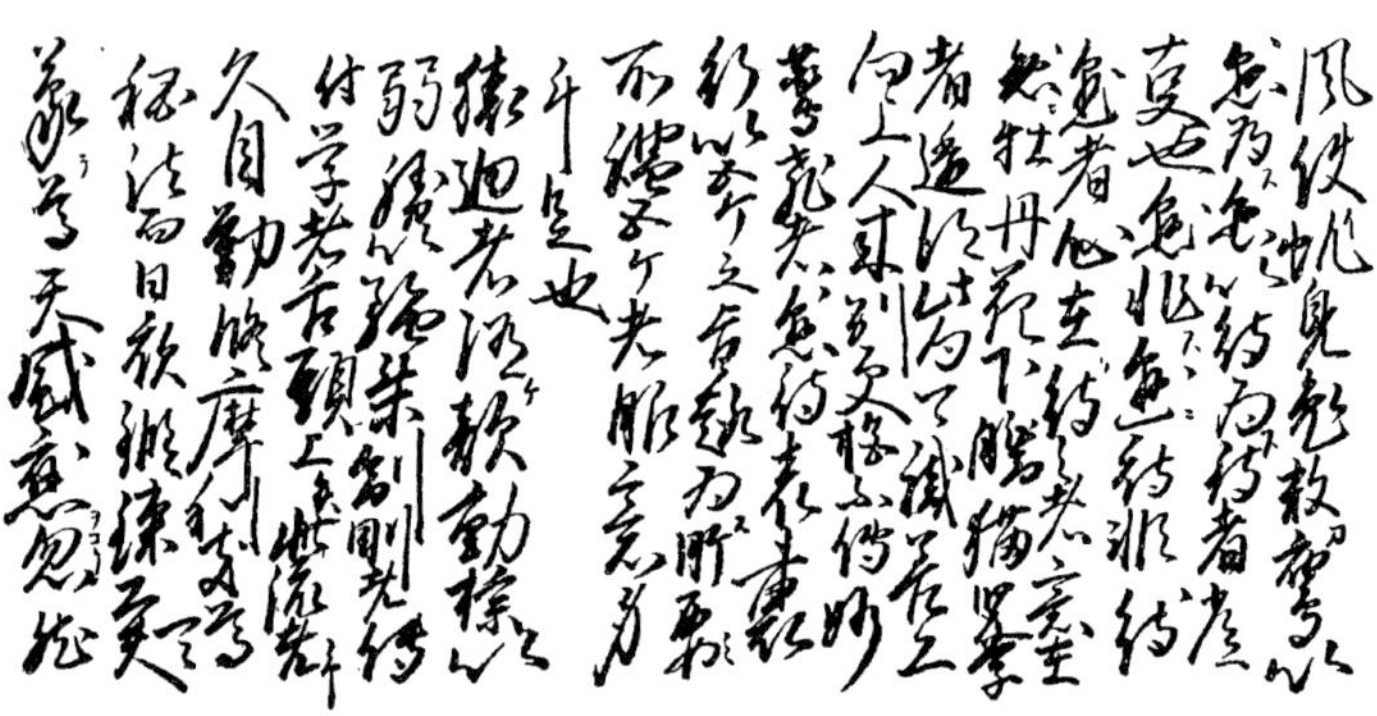

(40)

山流

雨流化自是胸譜起

(41)

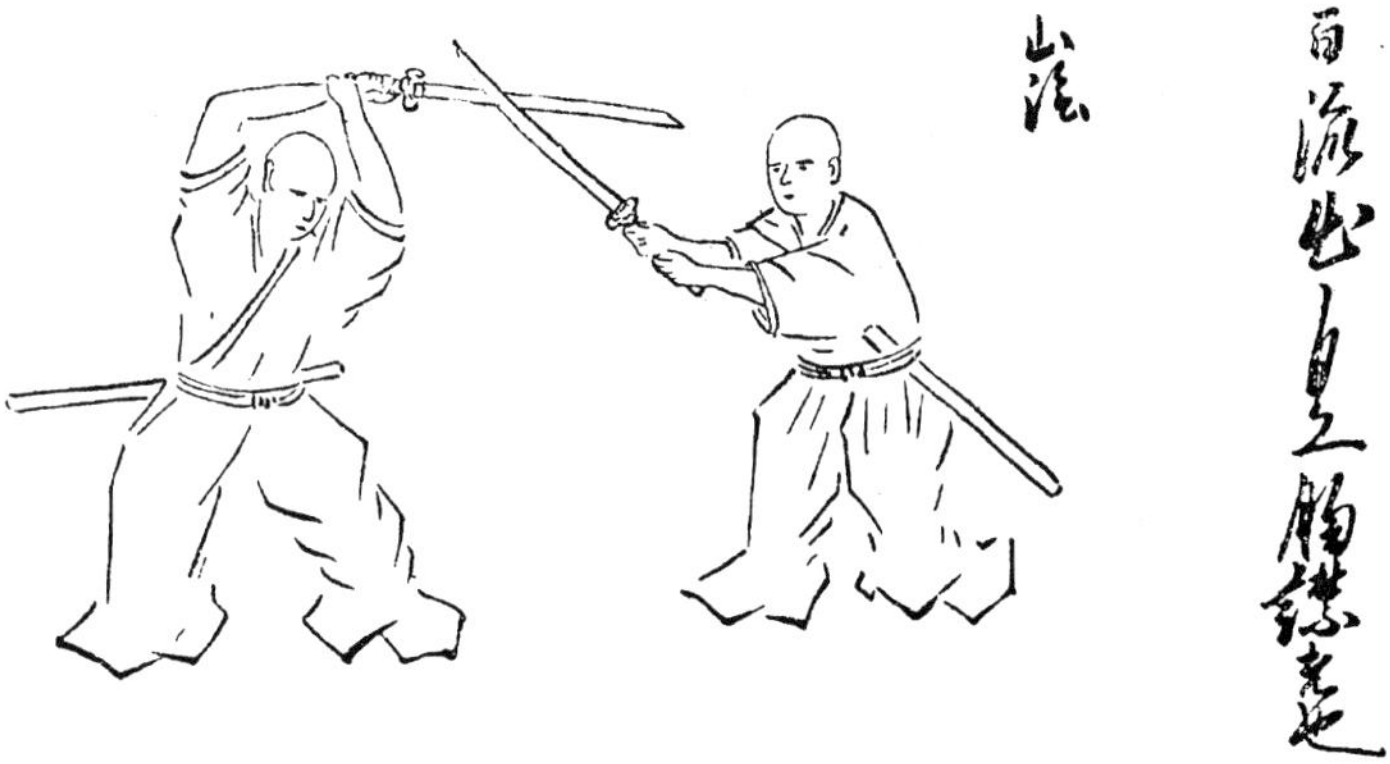

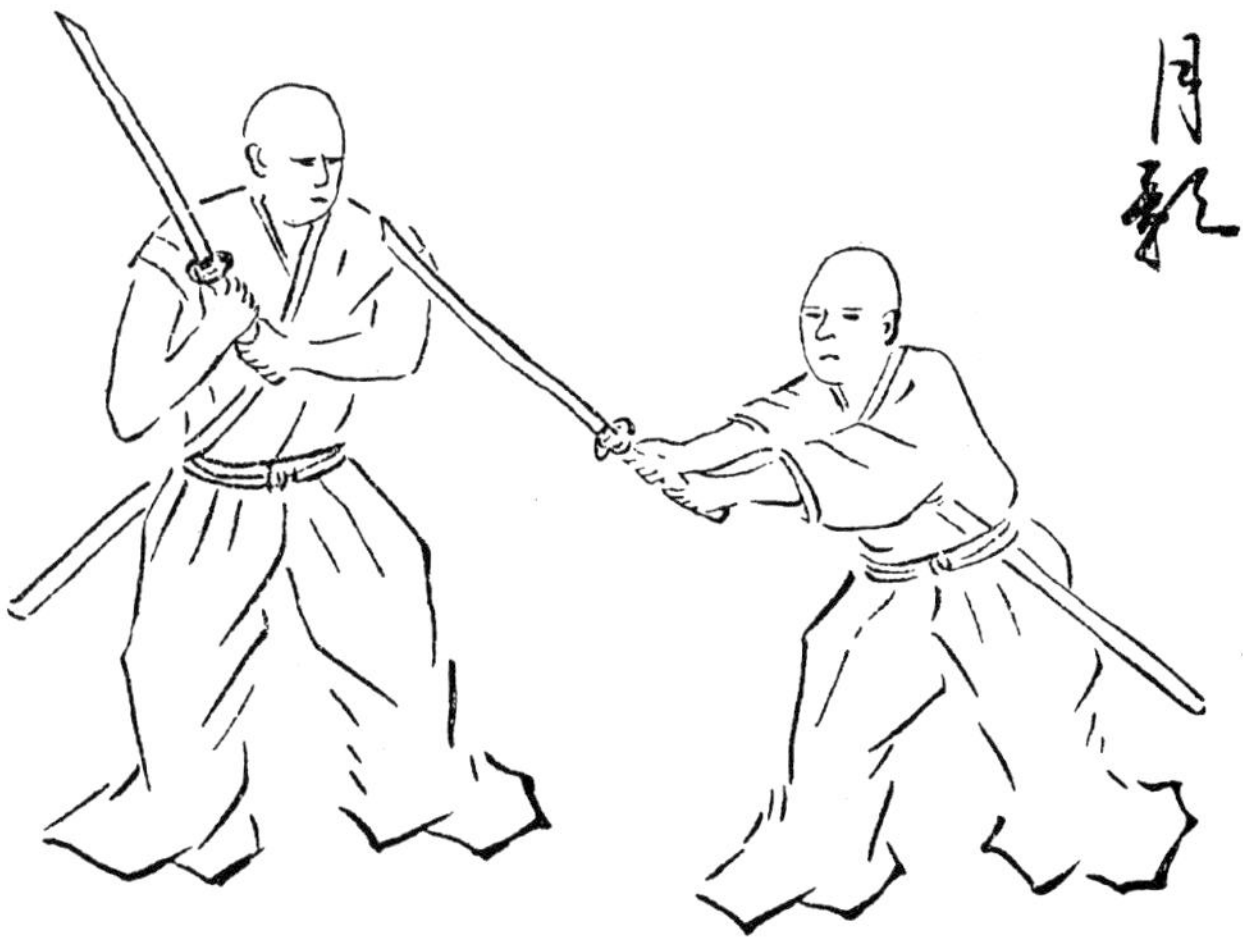

月影

(43)

(44)

山霞

獅子奮迅

上泉伊勢守

藤原信綱

西一頓

須高余

山心三蔵

藤原形忠

慶長拾五年

七月吉日

新陰流天狗書巻

抑天狗者有生不滅有

躰不見有名不答

在住一所無家和國

述風或木魂欲洗術

尤尓也懸不爲懸待

不爲待表不爲表

故裏又不爲裏

上下天之而變勝負

不思儀神變也

依之天狗書云

高林房

(49)

風眼房

(50)

(51)

(52)

智羅天

火乱房

(55)

(56)

拾之
滄明碑

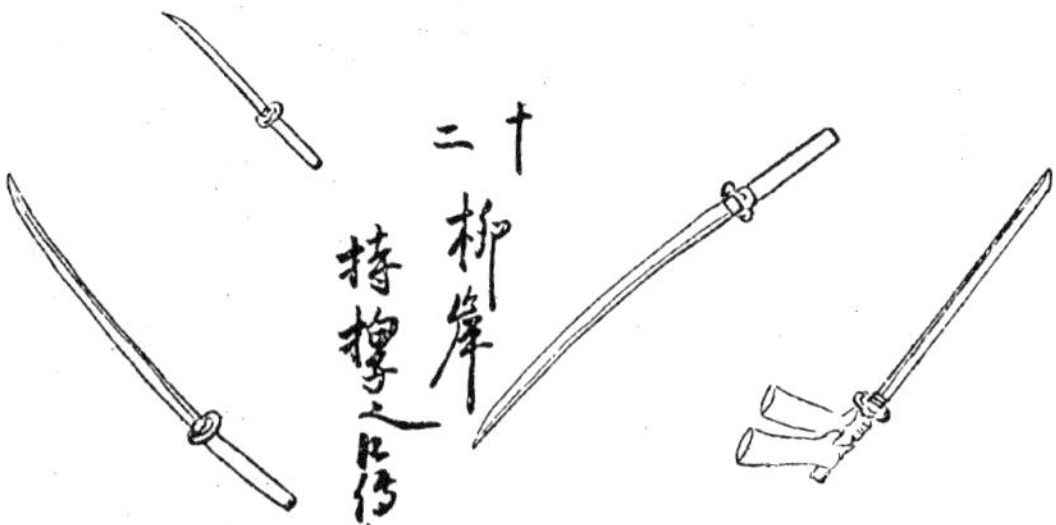

十二
柳岸
持撲之口傳多

上泉伊勢守

藤原信綱

丙一頃
須高永

山中三花
藤原彬悳

慶長拾五年
七月吉日

影流の諸流派目録類

新陰之流猿飛目録
凡猿飛者懸待表裏之行
以五ヶ之有趣為肝要謂五
ヶ者眼意身手足也此位
能於鍛錬自淺至深秘
術可有之者也
一猿飛　一猿廻
一山陰　一月影
一浮舟　一浦波
猿飛巻畢也
新陰之流巻子之巻
設空手而専一心不顧身命
截懸時以此一巻之位必勝
口傳

(59)

一覧行　一松風
一花車　一長短一味
一徹底　一識波
巻子之巻畢也
新陰流位詰之目録
此一巻奥意者雖以能捧
截懸業手行以其上位得
勝口傳
一高波　一遅風
一岩碎　一残心
一清月　一眼勝
位詰之巻畢也
天狗書秘傳之巻
此一巻者励志於抽忠可

(60)

附與者也莫輕用

一　乱勝

一　鈎極　乱插口傳

一　雲截　有先勝真傳

一　電光

古語曰

運籌帷幄裏
決勝千里外
努敵不可為殺行者也

手留　二人并前後之太刀口傳

曲勝　曲勢　手縛乱勝

此等鍵有相傳手留太刀可
有傳授者也口傳
天狗書巻畢也

新陰之流灌頂極意之巻
夫兵法者於武道悟也故向勝
負不惜身進一歩一刀則不思
善不思悪正當也截断五塵
六欲煩悩識不是剣刀上之一句（哉）
般明自身戒即本覚大日如来
日輪摩利支天各外此巻相傳時
一七日精進以道場荘厳之次才
供養諸神諸天畢於壇前可
相傳極意太刀者也矣

三光之利劔
三光者日月星也於此利
劔至向上則如日月太明白
亦譬之三心身之曲五段
切分不是英雄学者豈
知之可秘々々

又歌曰　何仁も心留收栖替与　那加羅追者又本野故郷
見天豹呑来以雲藏電光雖勝
諸太刀於軍陣劣利於極意
高名依死疑石仰可之古刀唯授
一人之大事也可深秘

灌頂極意之巻畢也

新陰流紅葉觀念之巻
凡兵法者八敗之目着簡要也
伏羲王者海底拋一鉤則得一
亀背上備八卦文字以之列天
下吉凶自其内露兵術号
武藝治世予兵法多年掛心
常術誓手摩利支尊天其
上取教師不得寸暇鍛錬工夫
實依神應感應者此目着
見出蒙釣極一劍於夢中彼
太刀精現者先一眼依足為專

一心先持右之拍子授胸臆案
敵行以隱顯之棲試生死之
太刀為本横竪之位縦將如何
構採未少不可動轉以彼一劍
決勝負勿疑柳亦作如是破
軍扇團紅葉觀念得此極妙
相傳者若至如此觀念執心
有之可密傳此巻相傳之時
莊嚴道場勸請摩利支尊
天并諸神諸天傳者三七日
精進潔齋如法伸大供養畢
於壇前可有傳授者也

灌念

紅葉

破軍

八敗之目着并先持右之拍子
之事

第一有目付色扇圓先柏子
第二無目付字一方勝口傳持
第三生目付残心先柏子口傳
第四死目付枝切後柏子口傳
第五陰目付裏引截巻切持柏子
第六陽目付右巻截拔切持柏子
第七光陰目付曲打持柏子口傳
第八遠山目付向寸方先柏子口傳
右此八種皆然扇圓也為不知
目付向勝負之事備可為盲
目之杖此任於鍛錬者勝負
可明歟於此秘術者雖累積
千金兵法無執心不可傳之
可深秘者也

紅葉観念之巻 終

外之物謀略之巻

一門戸お入物陰氣遣之事
一座敷物陰氣遣之事
一乱之心持之事
一扇子鼻紙氣遣之事
一膳之隠刀之事
一銚子提子之大事
一囲炉裡之大事
一梗緊小刀下緒之大事
一抜刀見心持之事
一君臣之心持之事
一門送之心持之事
一見君元女房氣遣之事
一盤上氣遣之事
一野中幕之事
一天狗倒之事
一庭中之霞之事

影流の諸流派の目録類

一極楊切所氣当之事
一必死定業之事
一人捕時打処之事
一茶之大事
一死縄自縛之事
一戸脇之太刀之事　三ヶ傳
一幻之剣大事
　此外有澤山兆海山
縱敵雖構来如何様之太刀以
謀略之石截懸則勝事不
可有疑又雖有相傳奇持太
刀死用心　不可立用古人曰
以油断為敵思之々々
　外之物巻終
鵜戸大權現
　　　愛洲移香

愛洲小七郎
上泉武蔵守
疋田文五郎
山岡太郎左馬
寛永五年
　三月吉日
嶋田佐源太殿ヽ

新陰之流一流太刀之目録

表

猿飛　猿廻
山陰　月影
浮船　浦浪

八組

中和　指舟
覇道　捨身

裏

覧行　松風
花車　長短
徹底　礒浪
口傳

奥意

高浪　逆風
岩碎　殘心
清月　眼勝
口傳

中極意天狗書

乱勝　釣極
執棒　雲截
口傳
電光
口傳

五段印可之太刀

軍陣　順
逆　入身
退身
戴　此文字ニ五箇切懸ル

右新陰之流一流之太刀筋今月今日傳之畢
猶口傳者追々相傳可申者也

安政四年
十二月吉日

横田清馬
藤原英（花押）

吉住彌次殿
郁之

新陰之流八種之目附並

先持後拍子之事

第一
有之目付先之以拍子ヲ可勝之
扇閉之位肝要也口傳有之

第二
無之目付抒手ヲ捨ヲ拍子ヲ可
勝仕懸樣口傳有之

第三
生之目付敵之切先上ルヲ云以殘心
之位後太刀之先ヲ可勝之

第四
死之目付敵之太刀下段切下ルヲ云
上ヨリ可勝之口傳有之

第五
陰之目付敵之切先我右エ好ヲ其
時左ヨリ後拍子ニ可勝之口傳有之

第六
陽之目付敵之切先我左エ好ヲ
右ヨリ可勝之是ニ可爲後拍子也

第七
光陰之目付以持拍子ヲクチヲテ
可勝之口傳有之

第八
遠山目付太刀之間積リ早キ身早キ佐
足ヲ以深ク踏込可勝之口傳有之

縦如何樣之能太刀雖爲箸古目付ヲ爲不知
勝ニ思吏偏ニ言ヲ以秋ヲ勝ニト可成如思有ゝ目付相
傳向歟者勝吏明哉此一巻者雖爲実子
出於兵法無執心者不可有相傳可秘者也

鵜戸大權現

愛洲移香

愛洲小七郎

藤原信綱朝臣
上泉武藏守

疋田豐五郎入道

栖雲齋

上野左右馬佐

上野嘉三右衞門

夢醒居士

上野嘉三右衞門

内藤勘左衞門

内山傳右衞門

[illegible] 横田忠作

[illegible] 横田喜太兵衛

横田清馬

安政四年
十二月穀日　藤原好真（花押）

吉住弥次殿
傳之

新陰之流外之物謀略之巻

一門屋入物陰氣案多之事

一座敷物陰氣案多之事

一禮之心持之事

一扇子鼻紙氣案多之事

一膳之湯太刀之事

一銚子提子之事

一圍炉裏之大事

一楊枝小刀下緒之事

一抜刀見心持之事

一君臣之心持之事

一門送心持之事

一見舞所女房氣案多之事

一盤上之氣遣之事

一野中之幕之事

一 浪中之霞之事
一 坂橋切断業等之事
一 必死定業之事
一 戸腸之太刀之事
一 幻之剣大事
一 薬ゝ大事
一 縁之大事

祐在有沢山非沢山

縦欲雑揉来如何様太刀以謀略巻
戴懸則猶支互有疑亦隆有相傳者
持太刀無用心則者主用古人会以由り
為歌恩之云々

鵜戸大権現
愛洲移香
愛洲小七郎
上泉武蔵守

疋田豊五郎入道
栖雲斎
上野左右馬允
上野喜右衛門
夢醒居士
上野喜三右衛門
内藤勘右衛門
内山傳右衛門
横田忠作
横田喜太夫
横田清馬

安政四年
十二月吉日 藤原好直（花押）

青柱弥次段
伊之

新陰之流兵法口決條々

夫當代之人依爲下根以鍛錬工夫自身兵法之難至根源故爲本八種目著扇團之位雖然不見真實人不可傳之竅初之學之太刀者傳共口決者可爲目著同前自淺至深秘術也於執心者親疎近不可有差別武之格堅可守一大事者也

表

猿飛　雖不強内心強ミ合不弱　和持合専トシ拍子ニ乗

兵法は縁を斗て思ひなせ

今日は勤の思ふなよ人

猿廻　有行無行持合　大ニ和心可添

縁をまたかゝられ人の身 なさせも

は一とはぬいたる心 [illegible]

山陰　遅成早成持合

生ては敵を身のそとも あいらい

太刀を出入を見もとかし [illegible]

月影　和心強ミ合持合

海は小影うつせとも 其月の

[illegible]

浮舟　水上ヲ如行思ヘ　持合ヲ一ト入

[illegible]

[illegible]

浦波　持合ヲ行心専トシ　身惜和

[illegible]

[illegible]

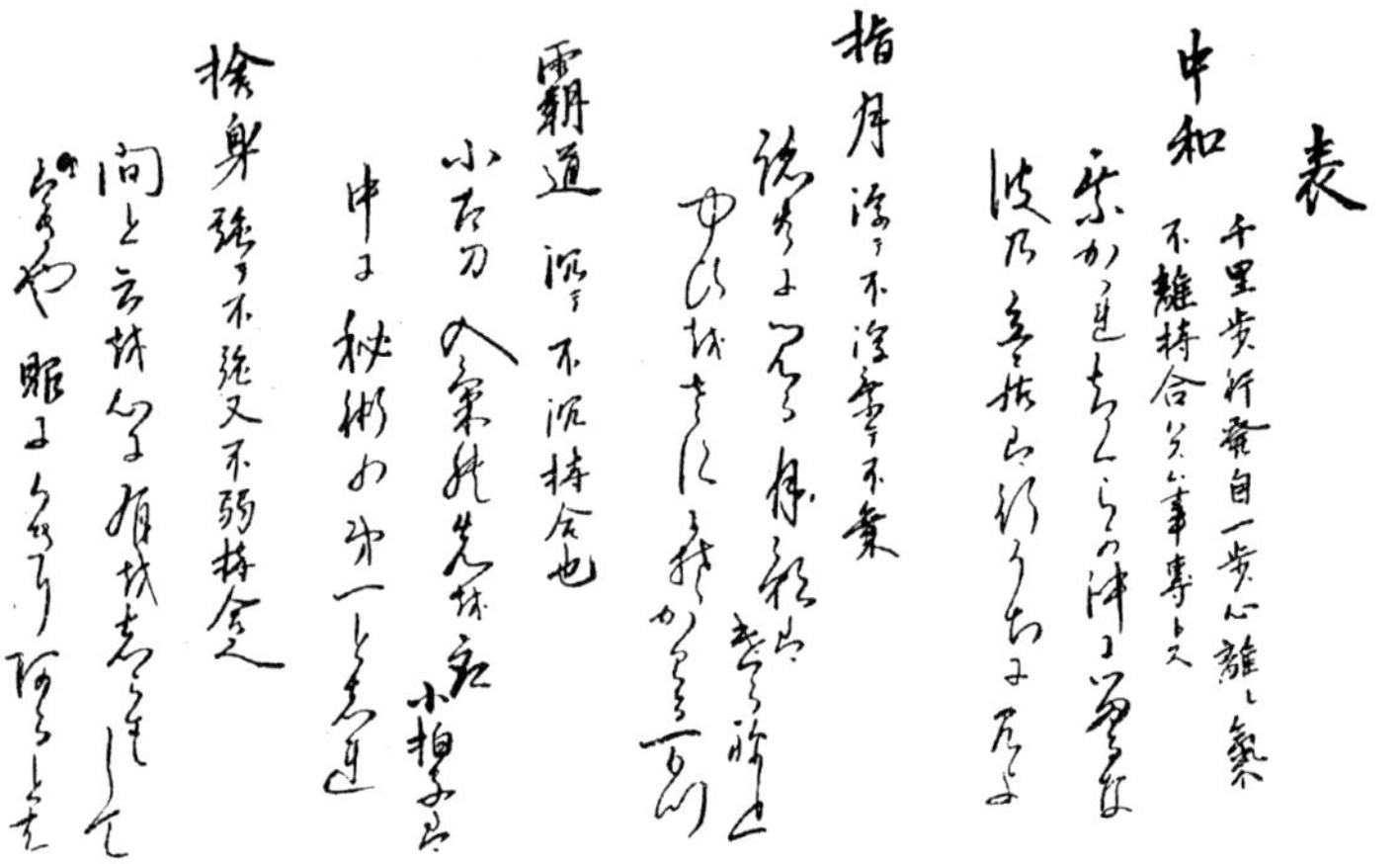

(79)

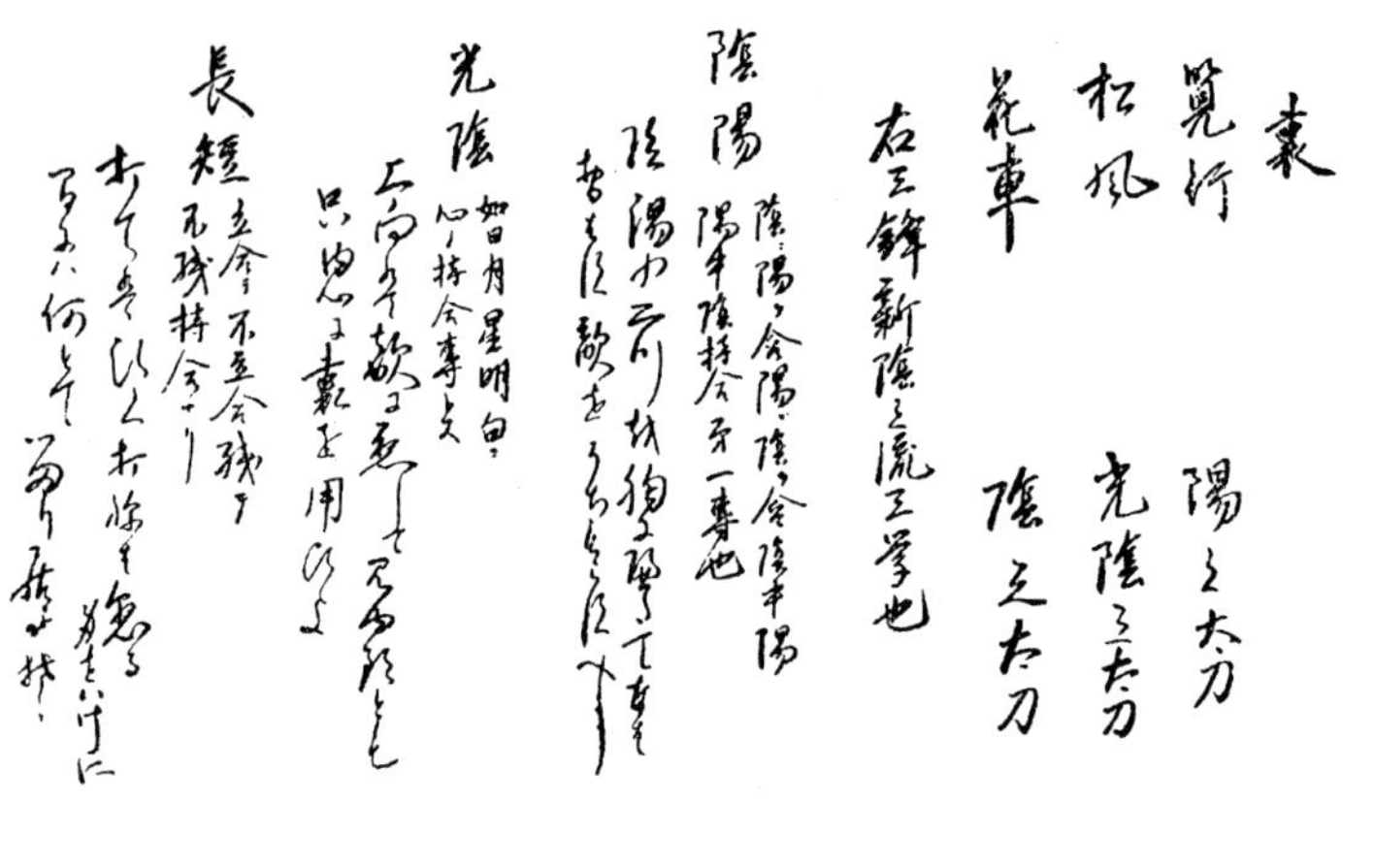

(80)

徹底　深沈之身専持合ナリ
[illegible]

礒波ハ持合ヲ固ク仕可有心
[illegible]

先後生死　生ハ先ヲ早ク死ハ後ヲ遅ク　是ハ當流ノ以ト云持合専トス
[illegible]

右之古趣意雖為實子當流
各依勵志熱於不淺者可傳之必至莫
輕致

[illegible]大權現
愛洲移香
愛洲小七郎
上泉武蔵守
[illegible]
疋田豊五郎入道

栖雲齋
[illegible]
上野左右馬允
[illegible]
上野喜三右衛門
夢醒居士
[illegible]
上野喜ヱ右衛門
[illegible]
内藤勘左衛門
[illegible]
内山傳右衛門
[illegible]
横田忠作
[illegible]
横田喜兵衛
[illegible]
植向清馬

安政四年
十二月吉日

好典（花押）

大住角次殿
傳之

新陰之流猿飛之目録

一凡猿飛者懸待表裏之行以五ヶ之旨趣為肝要所謂五ヶ者眼意身手足也此位能於鍛錬自浅至深秘術可有之考ヲ

猿飛

(83)

猿廻

(84)

(85)

(86)

(87)

(88)

上泉武蔵守
疋田豊五郎入道
栖雲齋
上野左右馬作
上野孫三右衛門
夢醒居士
上野孫之右衛門
内藤勘右衛門
陶山傳右衛門
横田忠作
横田善太左衛門
横田清馬

安政四年
十二月吉日　藤原好英（花押）

吉住角次殿
傳之

新陰之流三學巻
一　敵先手ニシノ一切事不惜身命切懸持以
此一巻依可勝口傳也
覧行

松風

(91)

花車

(92)

長短

（93）

徹底

（94）

(95)

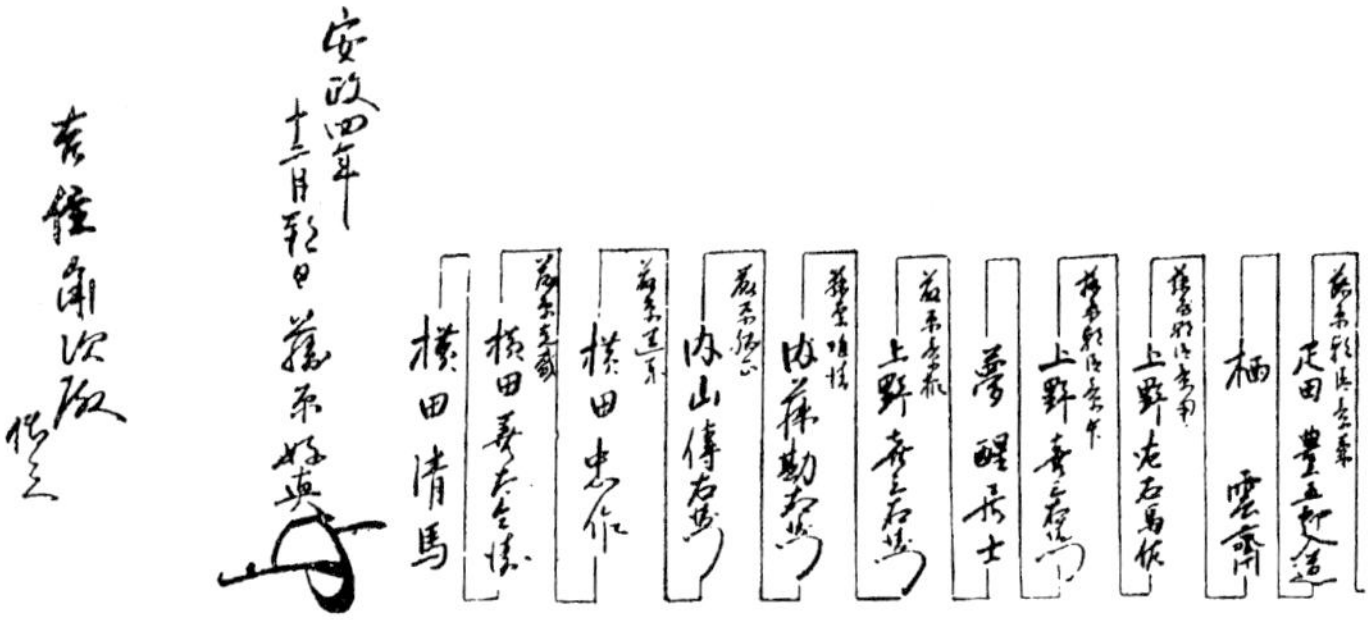

(96)

高波

新陰之流經惰之目錄
一此卷奥意者雖江樓戲懸巢ゟ
弘々上位得惰口傳也

逢風

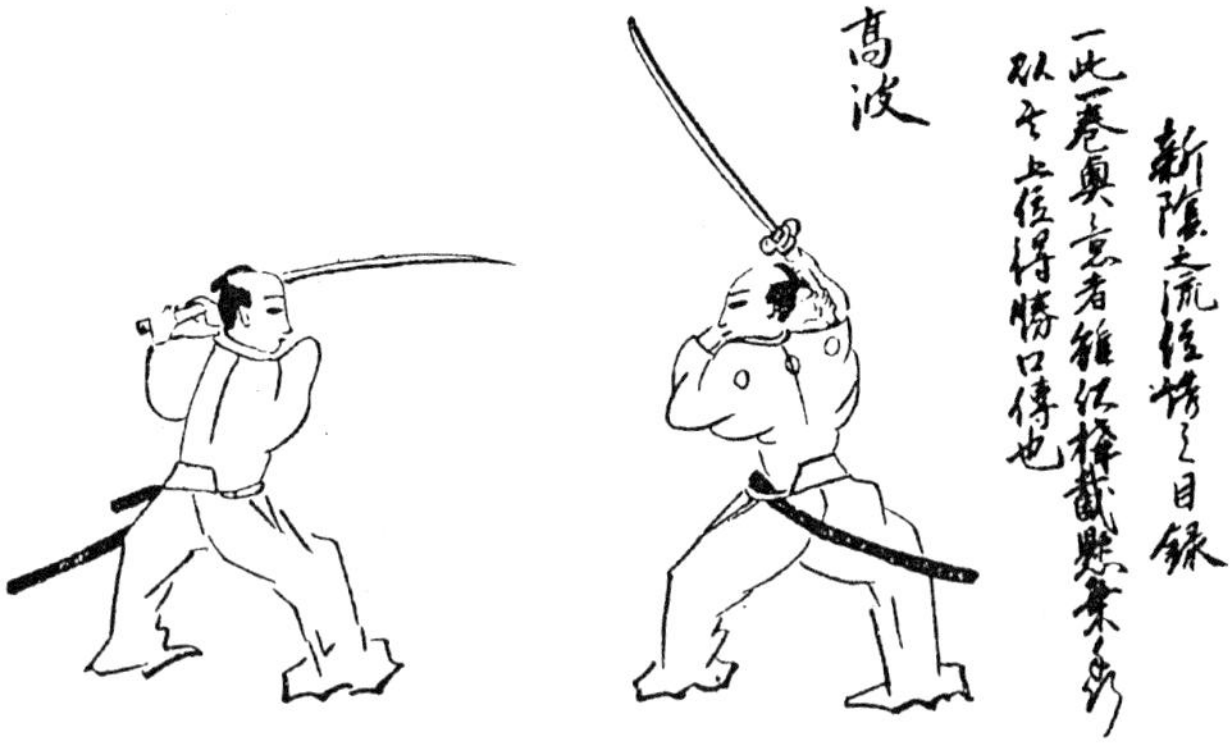

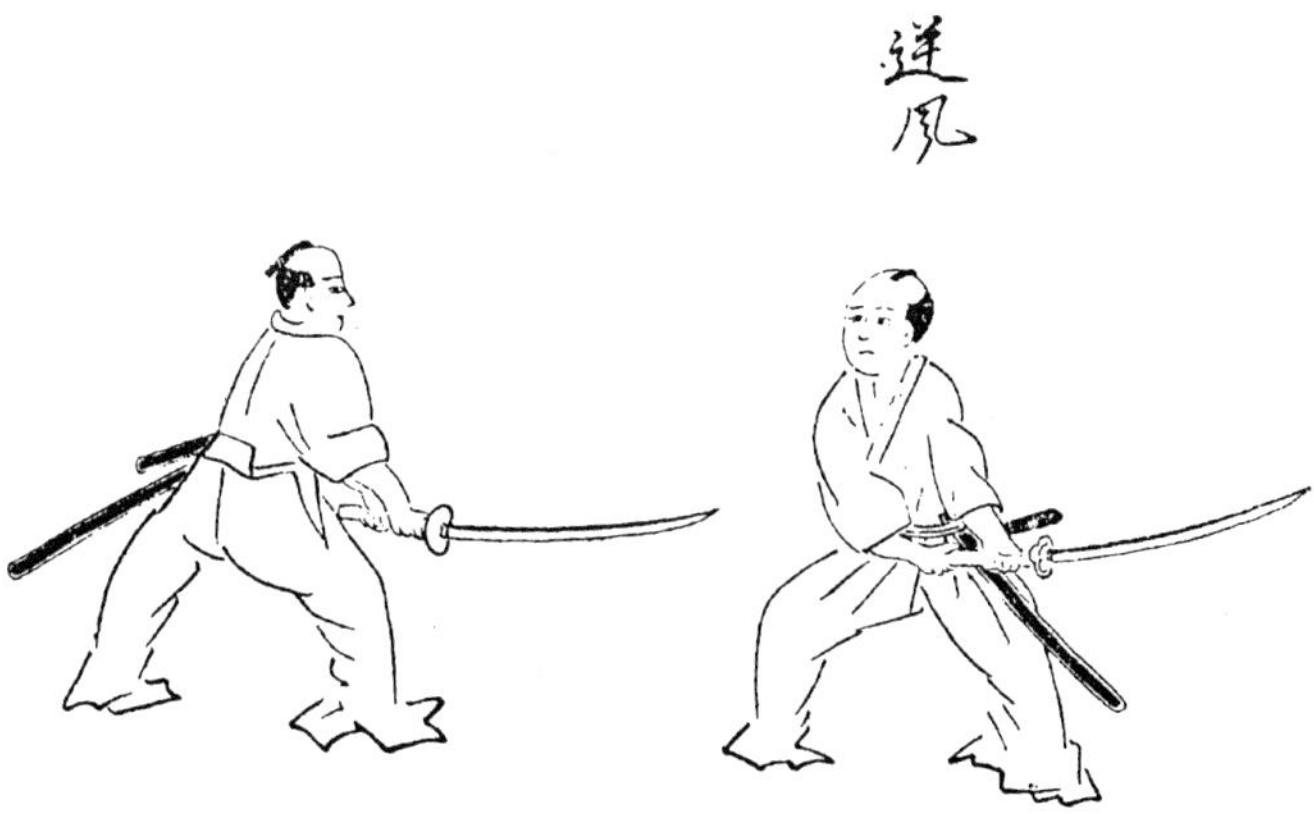

岩碎

(99)

殘心

(100)

(101)

(102)

影流の諸流派目録類

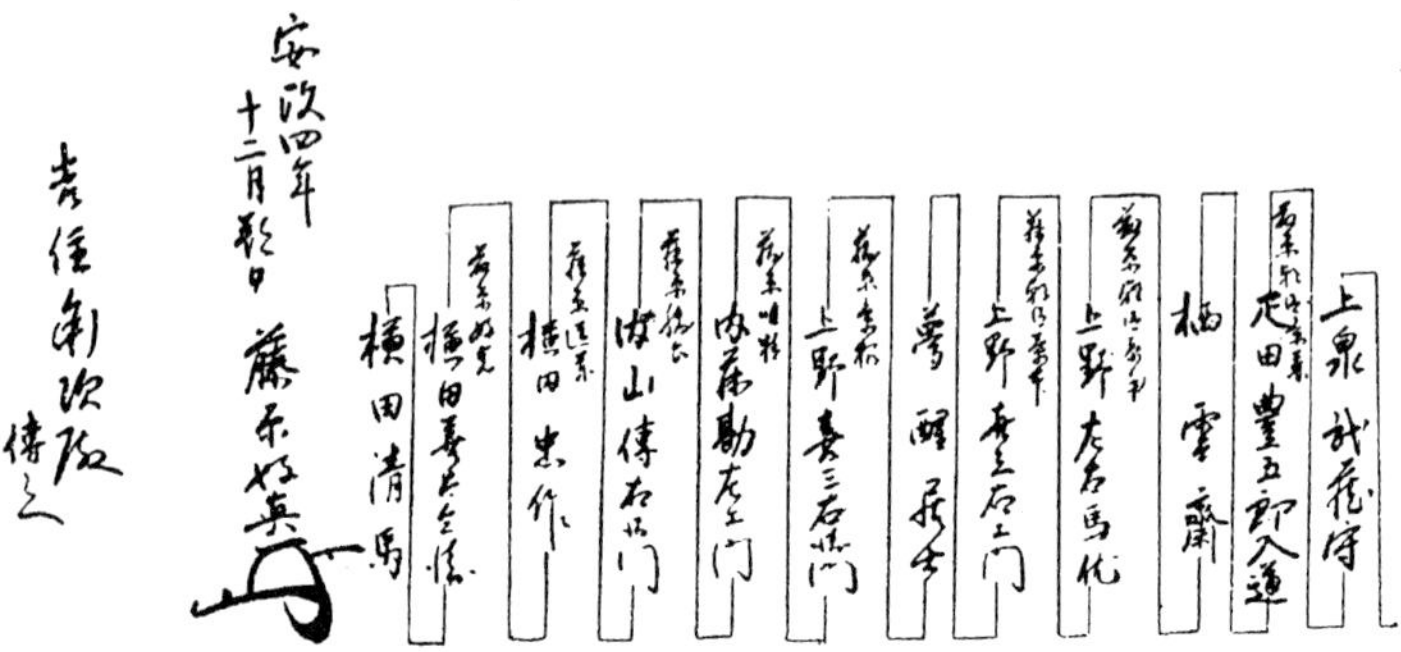

鈎極

(105)

雲截

(106)

電光
鵜戸大權現

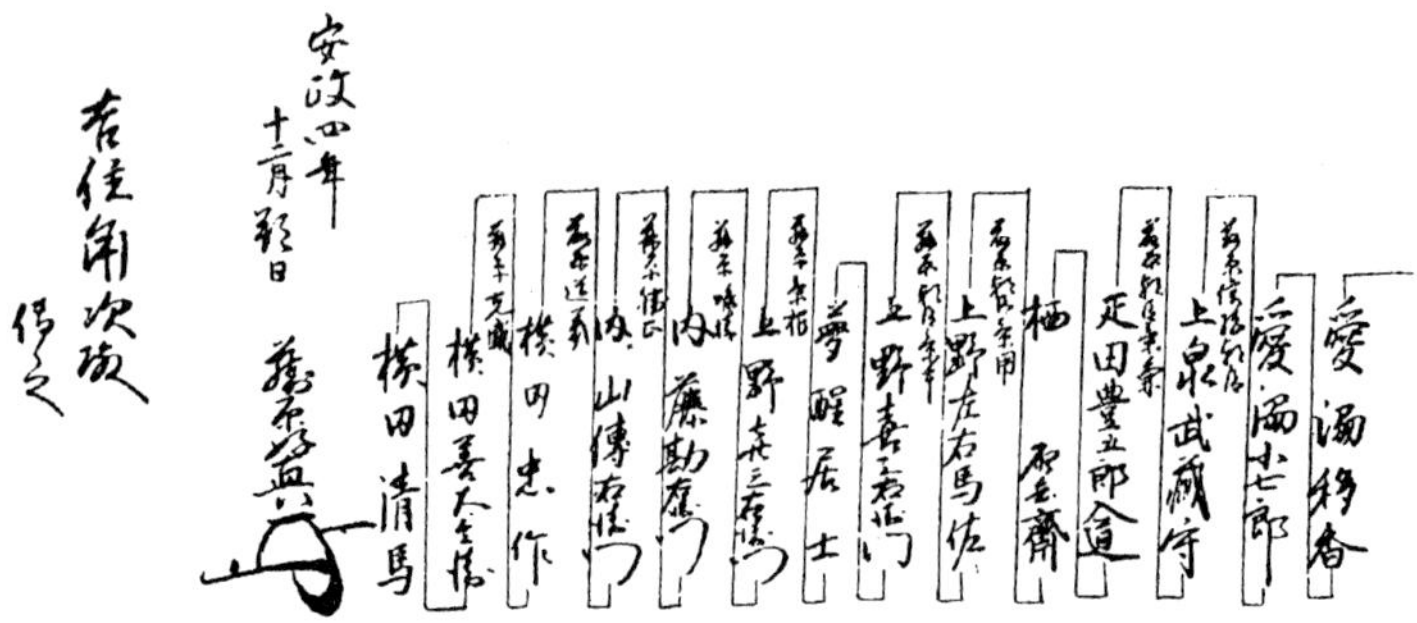
愛洲移香
愛洲小七郎
上泉武藏守
疋田豊五郎入道
上野左右馬佐
夢醒居士
清馬
安政四年
十二月吉日

紅葉觀念之巻

九兵法者八所之目若簡要也伏羲王者海底撈
一鉤則得一毫背上備八卦文字以之到天
下者出自其内露兵術号武藝治世平兵
法多年排心常祈誓于摩利支尊天其
上取數師不得寸暇鍛錬工夫實依神慮
感應者此目著見出夢鉤極一劍於夢中依
太刀精魂者先一服佐足爲專一必先特右之拘
子挟胸膽棄敵行以陰顯之接試生死之太刀爲
本横竪五之位縱鎰如何様構持來少不可動轉以
彼一劍決勝負勿疑柳亦作如是破軍扇團紅
葉得此極妙相傳之者若至如北觀念執心有之
可究傳此巻相傳之時莊嚴道場勸請摩利
支尊天并請神諸天傳者三七日精進潔斎如法
伸大供養畢於檀前可傳授者也

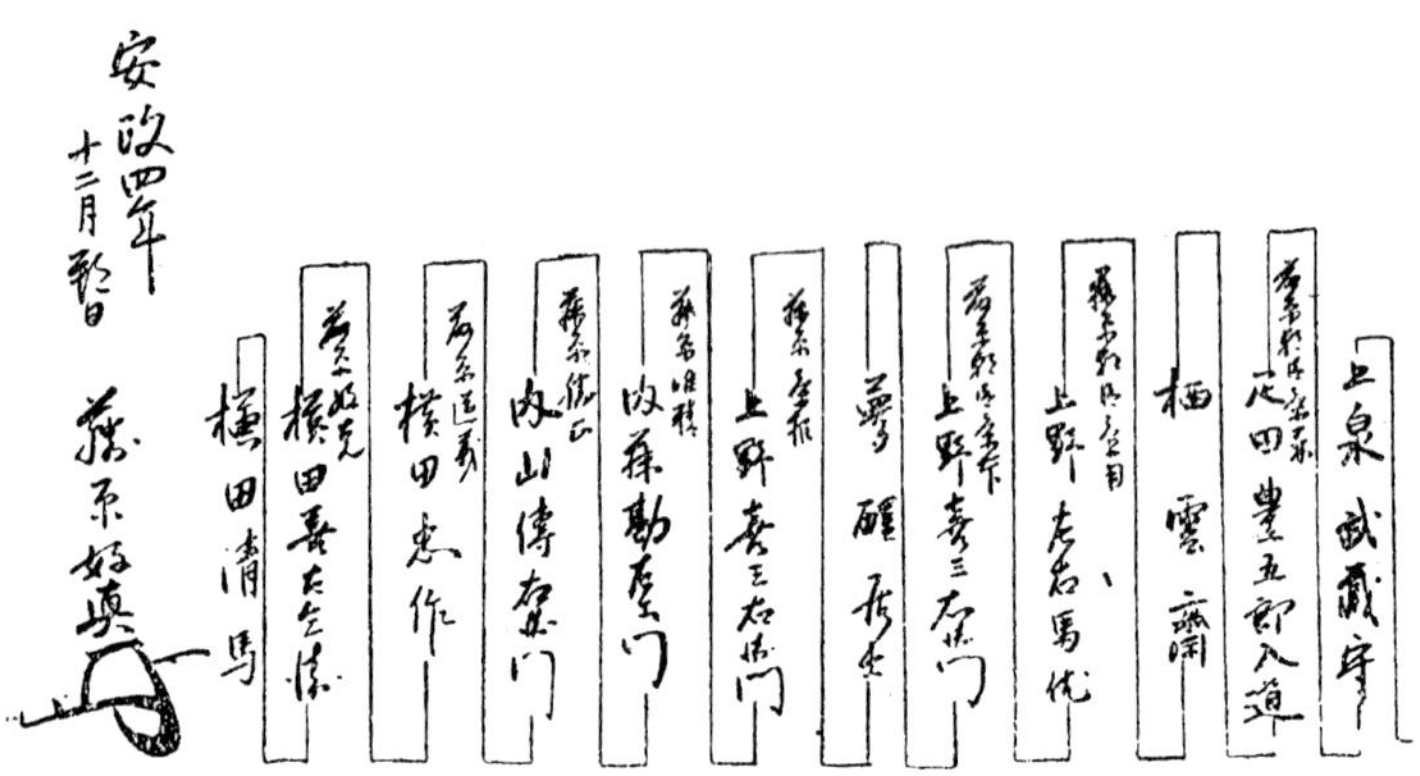
上泉武藏守
疋田豊五郎入道
栖雲齋
上野左右馬允
上野喜三右衛門
夢醒居士
上野喜三右衛門
内藤勘左衛門
内山傳右衛門
横田忠作
横田甚右衛門
横田清馬
安政四年
十二月吉日
藤原好眞

（111）

和歌云
灌頂極意之卷
其兵法者於武道悟也故向勝負不惜身進一歩一刀
則不思善不思悪正當也截断五塵六欲煩悩賊

（112）

不是剣及上之一句哉如此明白身我御本覺釋迦如
來日輪摩利支天無外此巻相傳之時一七日精進
以道場荘嚴之次才供養諸神諸天畢於檀前
可相傳極意之太刀者也

三光之利釼

三光者日月星也於此利剣
至面上則如日月太明白又
磐之三心身之曲五段切分
不是其植學者豈知之可
秘々々

又歌云

何処ても心とまらはすみかへよ
なからへはまたもとの古郷

見天狗書来以電光雖勝諸太刀於軍陣ナ利於極意高名依無并名印可之太刀唯授一人之大事也可深秘々々

鵜戸大権現

愛洲移香

愛洲小七郎

上泉武蔵守

疋田豊五郎入道

栖雲斎

上野左右馬佐

上野長三右衛門

夢醒居士

上野喜三右衛門

内藤勘左衛門

内山傳右衛門

横田忠作

横田甚太兵衛

横田清馬

安政四年
十二月穀日 藤原好真

青住剣次殿
傳之

新陰流兵法目録

三學

一刀兩段
一斬釘截鉄
一半開半向
一右旋左轉
一長短一味

九箇

一必勝
一逆風
一十太刀

一和卜
一睫徑
一小詰
一大詰
一八重垣
一村雲

天狗抄

一花車
一明身
一善待
一手引
一乱劔

六ノ切合

一添截

一乱截

一極意

一無二剱

一活人剱

一神妙剱

三九廿七ヶ條

序

一上段 三

一中段 三

一下段 三

破

一刀棒 三

一切合 三

一截甲 三

急

一上段 三

一中段 三

一下段 三

上中下何茂一調子

燕飛

一燕飛
一猿廻
一月影
一山陰
一浦波
一浮舟
一折甲
一十方

天眞正傳流派の目錄類

新道流卜傳手筋劔術
表目録
七重
一引
一車
一拂
一違
一薙
一乱
一手縛
霞
一遠山
一瀧落

(1)

一鴫羽返
一磯浪
一突留
一切留
一上霞
間
一间太刀
一天巻切
一角切
一夜太刀
右太刀数十八本者條々雖有口傳今
其大概記四直者也

(2)

天眞正傳流派の目録類

三本之十箇
一陰縛
一下縛
一上縛
小太刀五箇
一正釼
一奇釼
一間違
一裏留
一打別
五箇
一大陰釼
一花椎釼

（3）

一瀏亮釼
一晧修釼
一大極釼

飯篠長威入道
塚原土佐守
同　新左衛門
同　卜傳
松岡兵庫助
多田右馬助
間宮諸左衛門尉
永尾庄右衛門尉
榊原七右衛門尉
同　忠右衛門尉
中川庄平太
同　十左衛門尉
同　三九郎

（4）

天明八戊申年三月吉日

同　左平太

中川　左平太

心懸三十三ヶ條口傳目録

一戸入戸出之事
一細狭所心持之事
一氣遣成時刀脇差差様之事
一人之所ヘ往ヿ帰ヿ心持之事
一無心元時刀置様之事
一出抜者之事
一居合勝負心得之事
一夜道行様之事
一髪剃髪結時心持之事
一船中ニテ心持之事
一旅ニテ宿着心持之事
一手水ノ時心持之事
一食給時心持之事
一風呂屋并湯殿ニテ心持之事
一厠ニ而心持之事

天眞正傳流派の目錄類

一寢所分別之事
一紙帳蚊屋之内ニ寢様之事
一盗人敵討近ニ所ニ付心持之事
一鎧幷鎖帷子勝負之事
一取籠者捜様之事
一早縛之事幷無縄時縛様之事
一楯衰之事
一手裏劔之事
一棒合之事
一追掛而切様之事
一二人詰之事
一馬乗通所切者有之時之事
一馬走上之者切様之事
一馬上太刀打之事
一馬上鎗合之事
一馬上長道具持様之事
一夜中長道具持様之事

（7）

一吾敵ニ成者見様之事

安永七戊戌年十二月吉日

飯篠　長威入道
塚原　土佐守
同　新左衛門
同　卜傳
松岡　兵庫助
多田　右馬助
間宮　諸左衛門尉
永尾　庄右衛門尉
榊原　七右衛門尉
同　忠左衛門尉
中川　庄平太
同　十左衛門尉
同　三九郎
同　左平太
同　杢平太

安永七戊戌年十二月吉日

（8）

外之物七ヶ條之秘釼
一無一釼
一天魔
一無想釼
一蜘味
一濱千鳥
一無手
一玉一味
天明元丑年七月吉
桑田全兵衛

外之物五ヶ條之秘釼
一紅葉
一玉簾
一総巻利
一御七五縄
一大陽釼
天明二寅九月吉日
桑田全兵衛

天眞正傳流派の目録類

十箇切紙

一實地天道之事
一見越三術之事
一徹位之事
一柄八寸有利之事
一太刀一尺五寸短事
一身懸三尺標之事
一敵者不可近付可近付事　秘中秘事
一當其具足成其利事　秘中秘事
一懸之内在待非懸非待不利支　秘中秘支
一心持口傳之事

天明三癸卯年十月吉日　桑田金兵衛

（11）

新當流太刀高上極意

一文字

横一文字

英傑

以上

天明七丁未年四月吉日　中川左平太

（12）

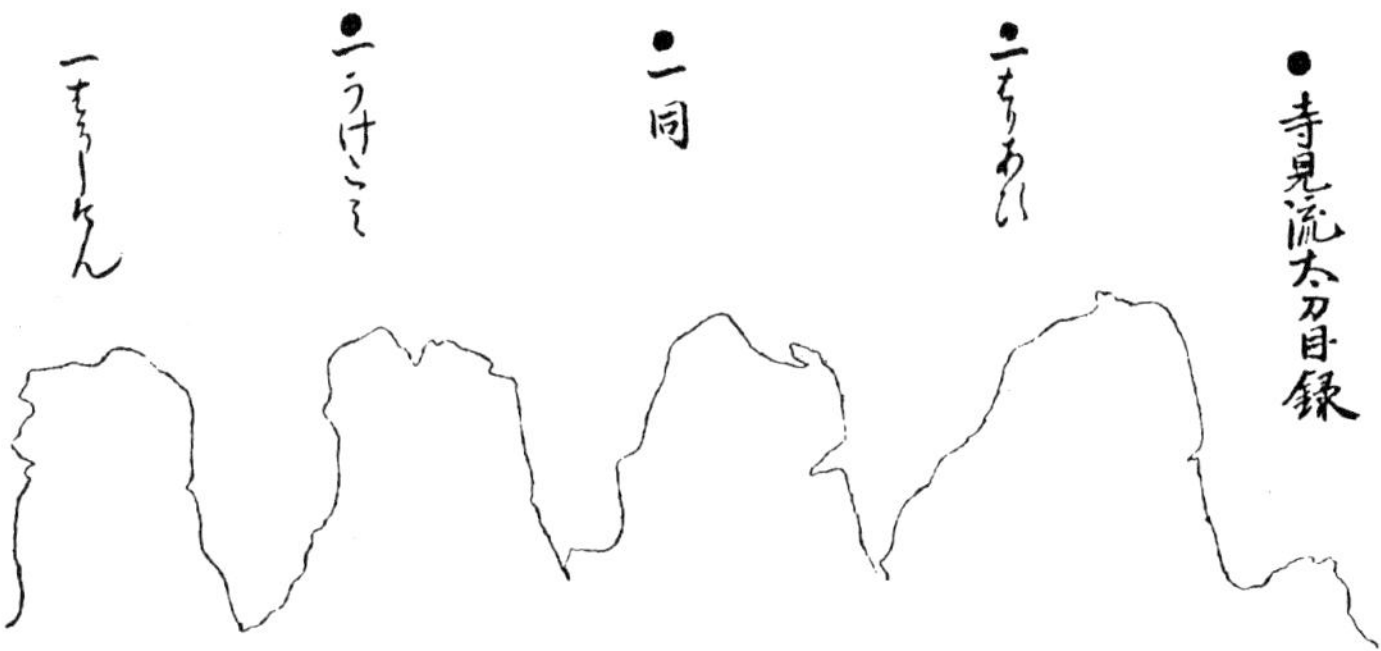

(13)

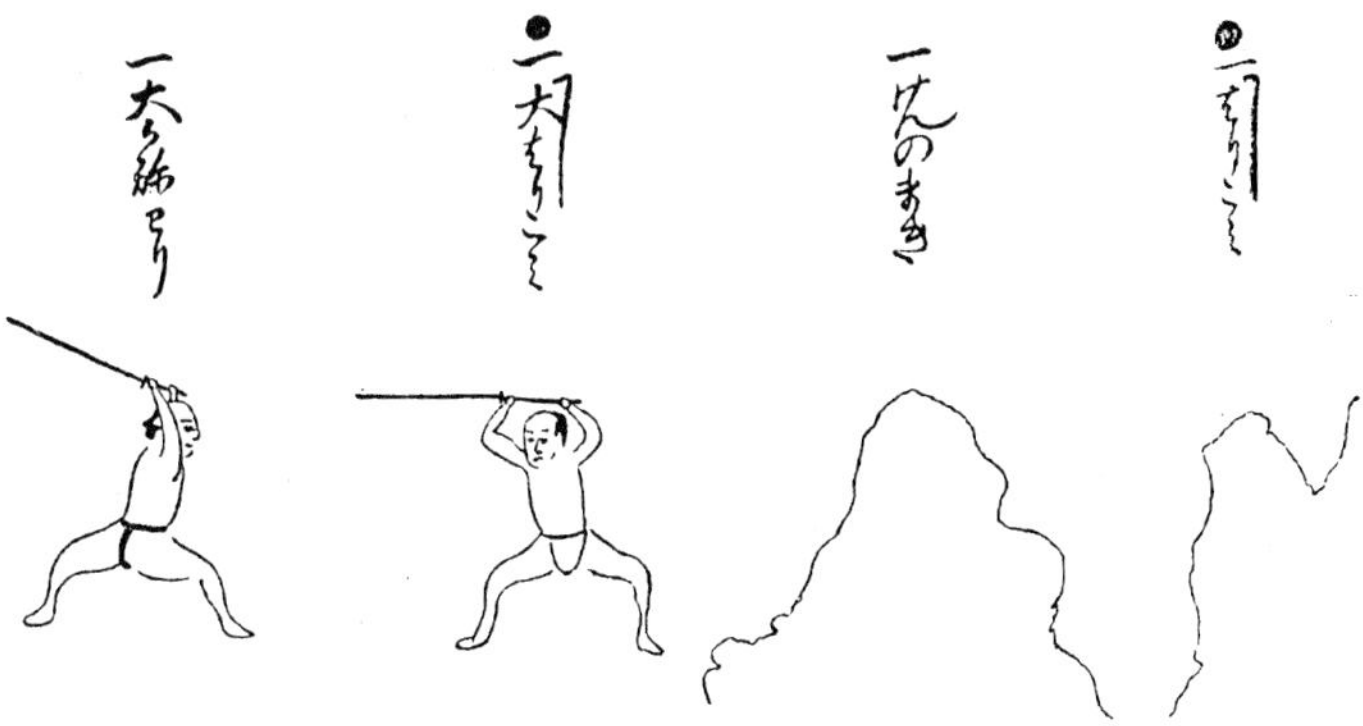

(14)

天眞正傳流派の目錄類

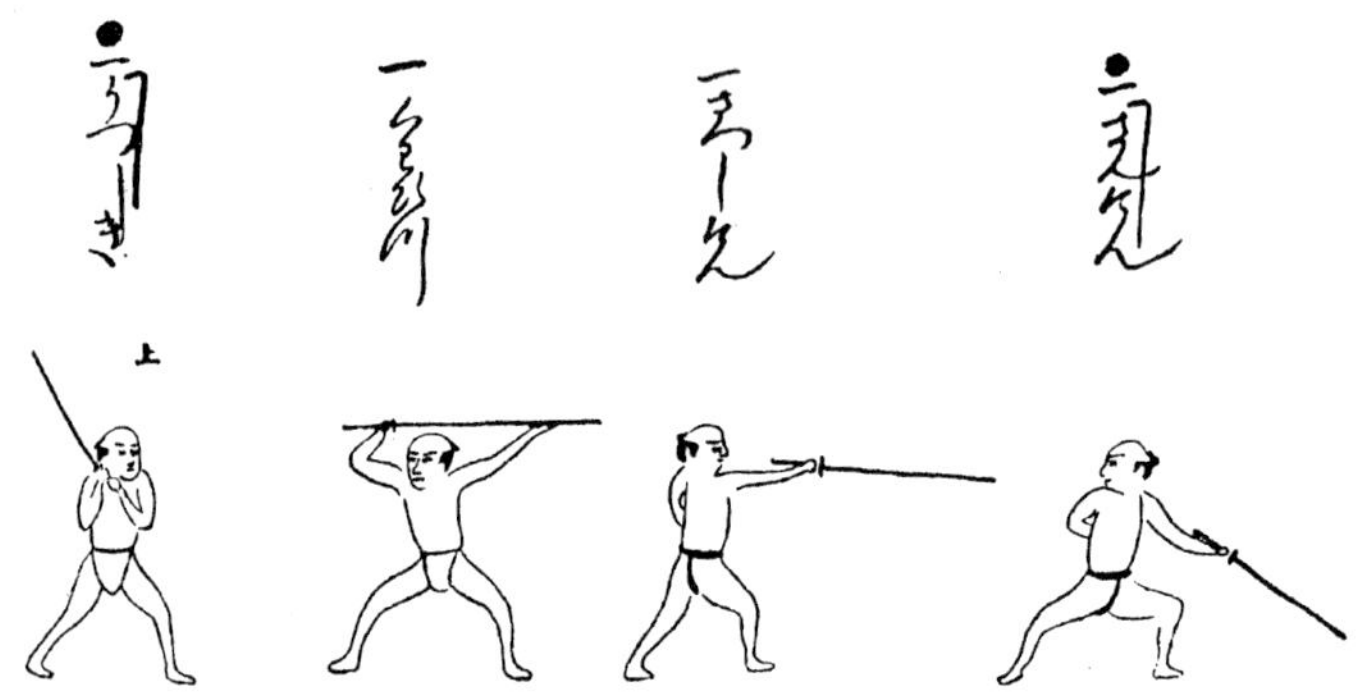

(15)

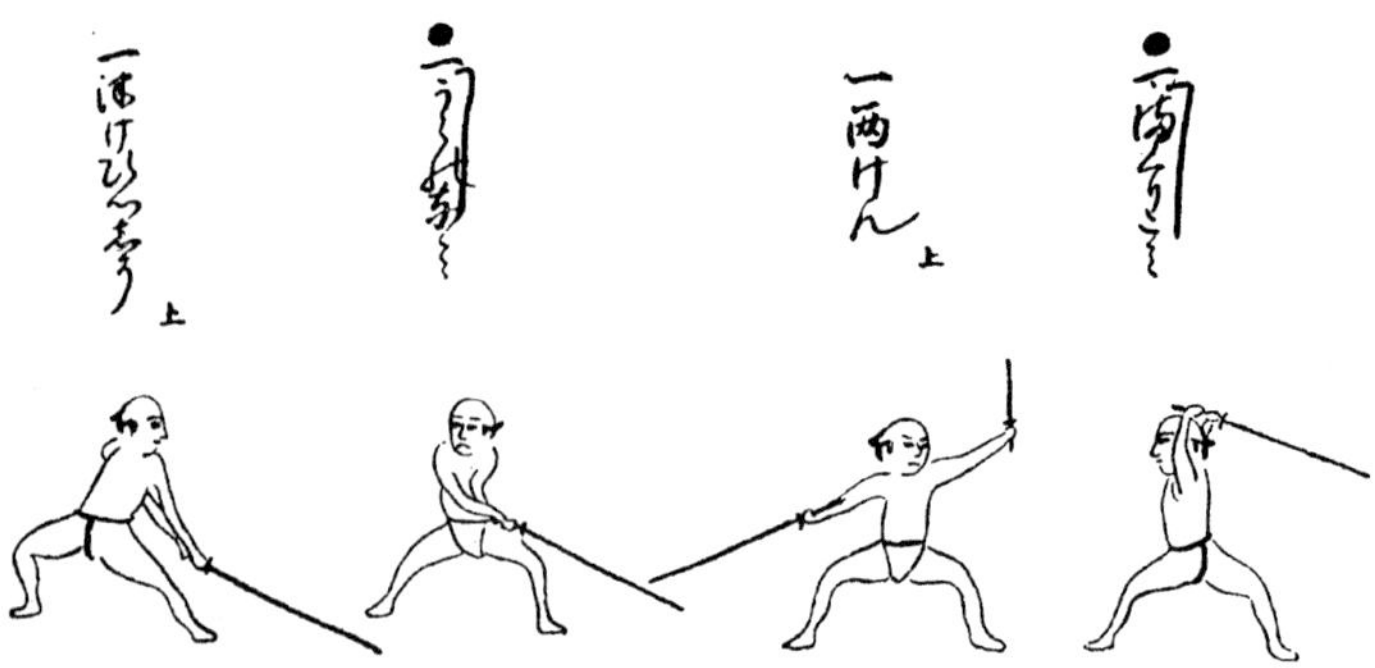

(16)

附錄第一類

一いちもじ
● 二大じやうだん 上
● 二わ川いさん
一れ刀ひらり 上

(17)

● 二おう乃刀
● 二わ乃いさん 也
● 二うわうらん
極 修之事

八五

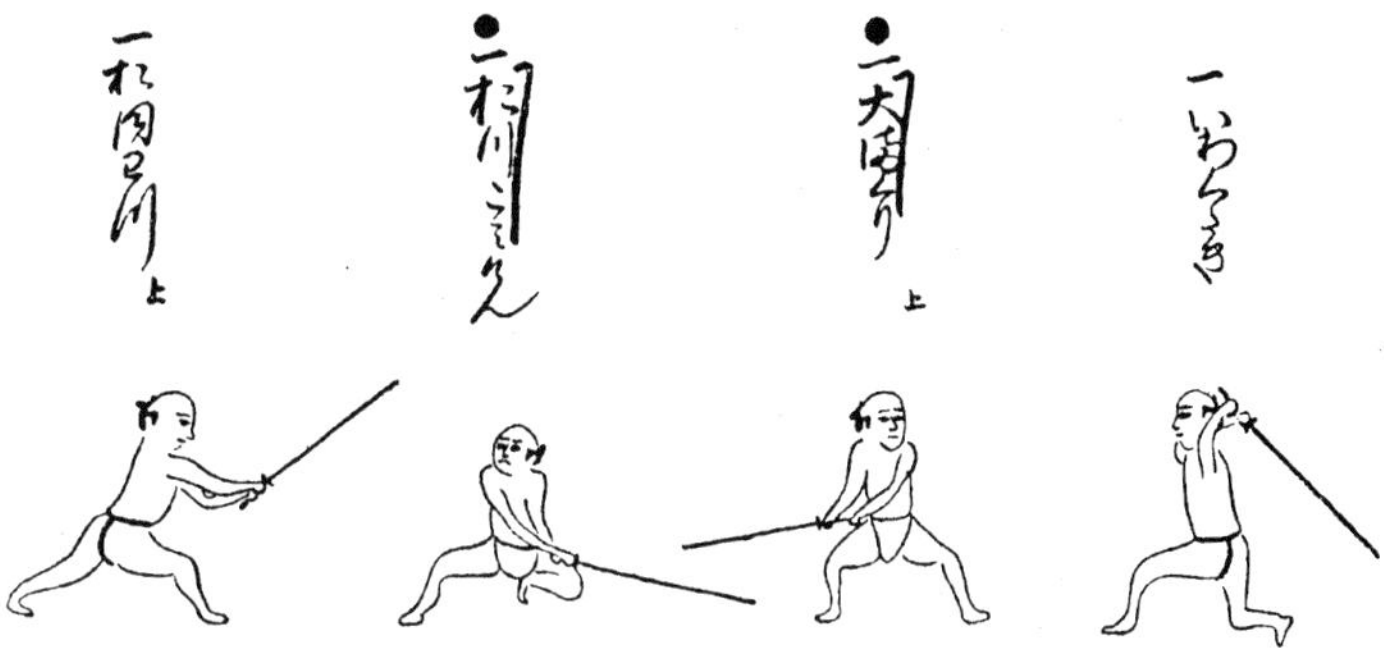

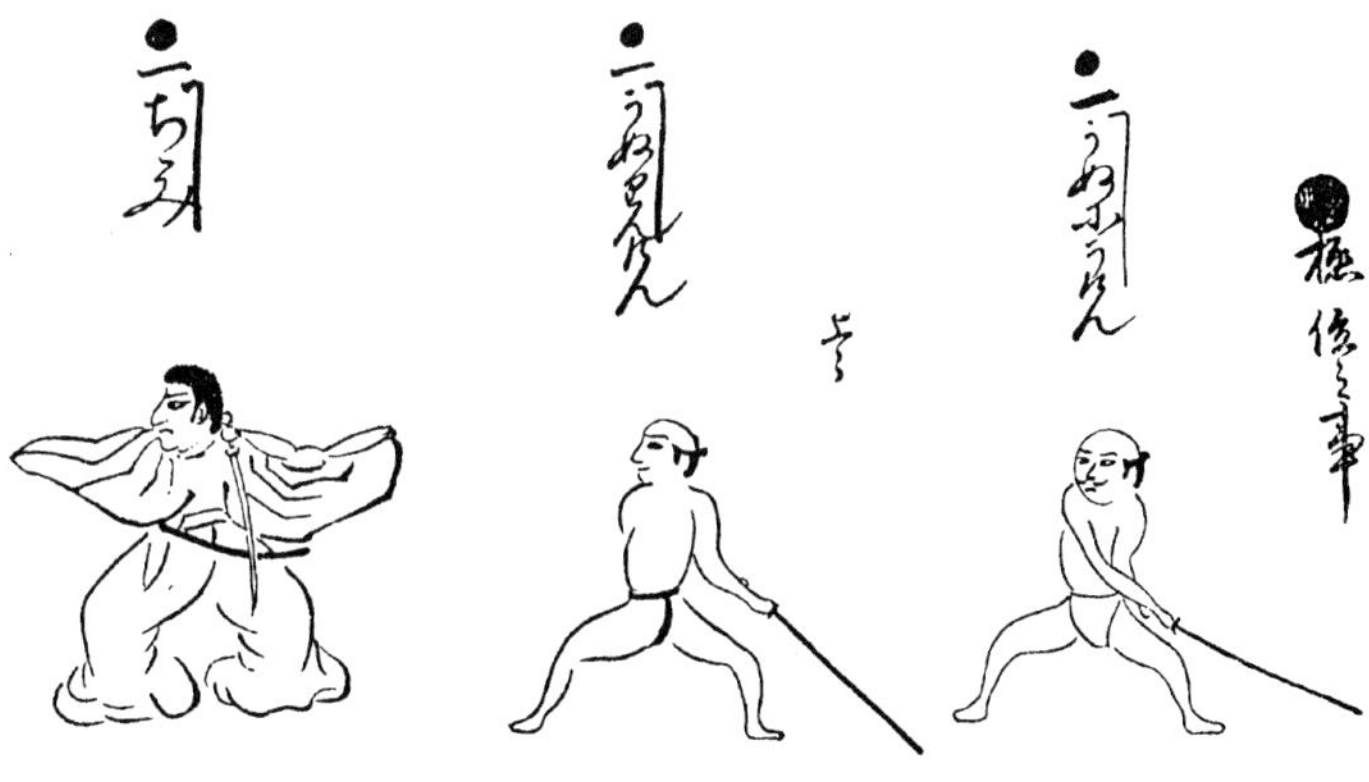

(18)

一 薩摩きり依たけ〻天狗出さ
鞍馬の寺見出し兵法傳
太刀數十二通り相添さ此是乃
此乃兵法極位かいもへを
其以於引渡し是れ以雲
雲林坊とれらいふ倫乃
仕事る〻御傳候に而能〻相名を
不用かい於ゐの目付其外目付

(19)

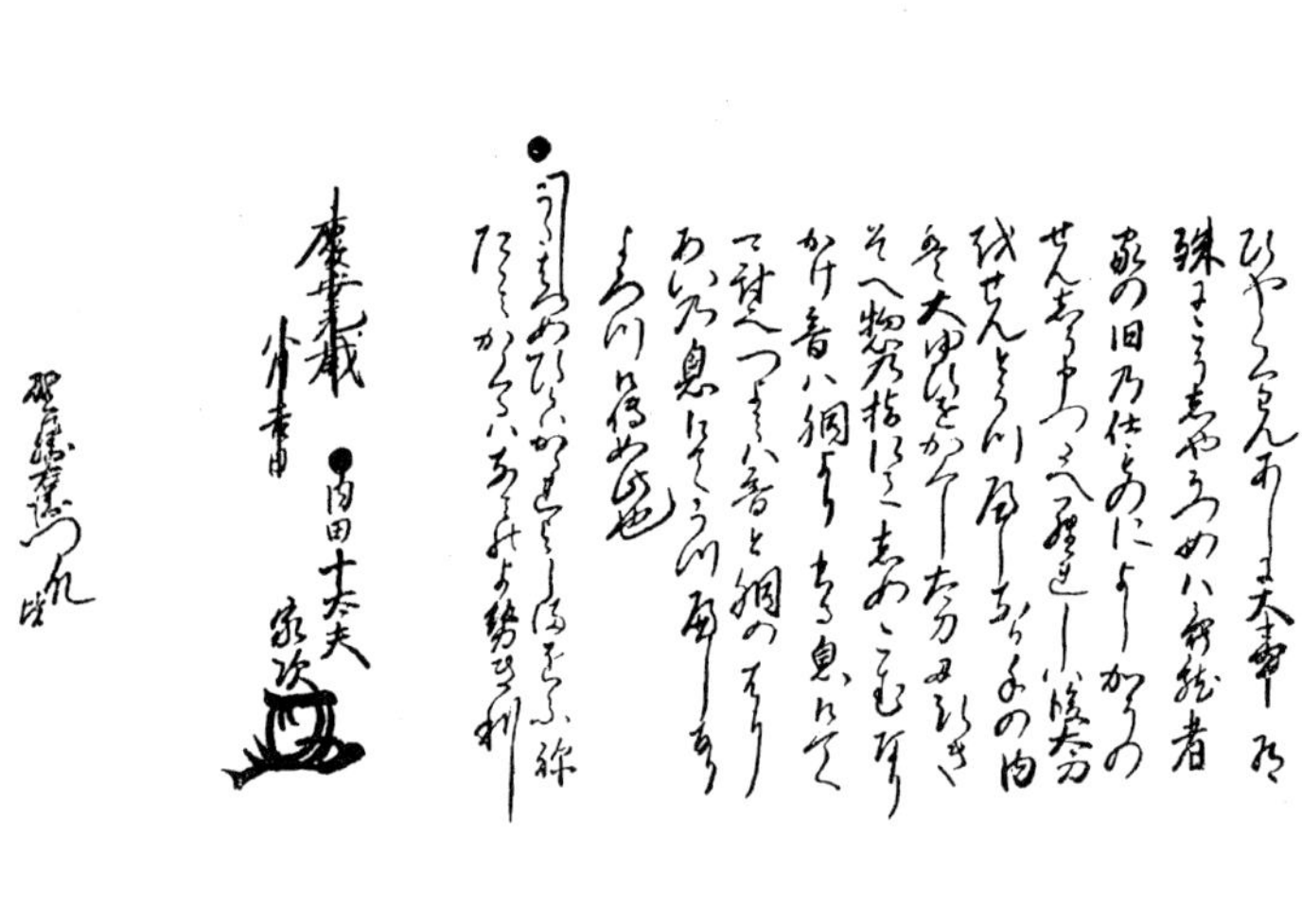

ひやうらんおし太事乃
殊さら志やうめ八能能者
敵の目乃仕かたによしかうの
せんおち二つ〻へ様道し候太刀
残せんより仕ちらすの内
是大事をか〻し太刀目引き
そへ物乃指候〻志わ〻ほ事り
かけ音八調より志う息れて
て持へつ〻八音と調の存り
おい乃息にて乃仕ちり
其乃仕る也
● 右之一通ひりを心得と八弥
化かうかへ是よりも秘乃極

慶安五年 小月吉日 ● 内田十太夫 家次 (花押)

那須隱岐殿

(20)

寺見流拾三箇利刀者於相嶋嶽天仙直所傳善象也善象思惟此利兵之玄妙恐不能後人甲會既於十三箇之上子細著表陰裏蓮而欲令知天仙玄妙之處微細手段一〻不得畫圖只以小目録若干記之云云

目録

一張合
一請籠
一張篭

一同大車
一同車劔
一大張篭
一同切沉
一同劆篭
一山見
一同逆
一行逢
一同飛違

天眞正傳流流の目録類

一 折數
一 同 左折數
一 同 蹲
一 浦之浪
一 同 逆
一 同 篭之足
一 同 巻回
一 同 獨足
一 同 伏太刀
一 同 上太刀
一 搖胴

(23)

一 同 入身
一 同 位詰
一 捲籠
一 同 逆
一 大捲
一 同 逆
一 同 強之張
一 追篭
一 同 摺篭
極位

(24)

一雲入釼
一同捩之足
一雲林釼
一同楼篭
一千々見段
一同百貫足
一同口上詣
一蛙目付
一惣之目付
右之十三箇利兵之上分明露
出之表陰裏迸皆委記之揭底
傳付之比最極之兵法非諸兵

家之所及施之合変也平與
秘不可濫傳勉旃云云

甲野善象
都甲肥前
村山主税
内田十太夫
太田黒加兵衛
井上治郎右衛門

貞享二稔
七月吉日

園三四郎殿

凡用兵之法不知其幾載有亂
逆者用之而從依之而治今來古
往不可不取焉先師善家深志
兵術漢家四種兵書唐家六十
部無不徧覽焉又有能兵者不
遠千里從之相學其志尚歎偶
到薩刕寓居一寺路傍有大
梅古椿坊住來忽見魁偉天仙
以杖輕移之善家怪見思是我
兵術之明師竊從天仙行蹤上相
嶋嶽天仙顧之知其志深遠而
告曰夫利兵之用數十三箇一切
兵法悉備謂之寺見流一々傳
付云善家拜謝下山其後兵
術至玄妙善家直傳都甲而後

的々至今者也
和歌
[illegible]
[illegible]

右十三箇憲章天仙口授明白也
天仙云雲入雲林千々見之位非人
間之所知且蛙目付捻之目付百
貫足別有秘奥口上語能解秘
曲逆徒能治一家逆徒云握利
兵時掌内隱拇指引添利刀
以左右指而強握也懸音出突
息於胴而精力音與胴契合中
相代也云云仍而如件

甲野善衆
都甲肥前
村山主税
内田十太夫
大田黒加兵衛
井上治部右衛門

貞享二稔
七月吉日

園三四郎殿

卌目兆謂兵法之書目録

次第

大目録

薩摩従霧島嶽天狗出給
侍現といへ流兵法傳太刀數
十三通是ニ而何之兵法極位
口上諸芸留作之由雲入雲林
縮之能者人間之子細ニおゐて
然是を可用様ハ目付左右目付
百貫之足ニ大事而殊口上譲ハ
取筆者家内仕者小好と

甚穀之口傳也手ノ内ハ大指を
隠太刀ニ引添總ノ指ヲ而打込也
懸聲ハ胴ヨリ出ス息ヲ而打也
張ハ聲ヲ胴ニテ張合テ息ヲ而
可打也 仍口傳如斯

以上

歌ニ

うるハ流れ記をは無相に得小船
たゝみの床お限なく舟きり

以上

小目錄

一張相
一請込
一張込
一大捨
一車劔
一大張込
一摺込
一斬沉
一山見
一行逢
一飛違
一歩鋪
一同運
一郭ゝみ
一ゆり込
一同大ゆり込
一浦比浪

一同責川足
一同込乃足
一上ヶ太刀
一巻返
一明ヶ太刀
一沙利胴
一入身
一位詰
一大返り
一猪張
一追込
一摺込
一雲入劔
一雲林劔
一縮之脛
一拗之足
一百貫足
一口上詰
一蛙之目付

一左右之目付

以上

中野善衆
都甲肥前
村山主税
内田十太夫
太田黒加兵衛
渡邊彌兵衛
中嶋彌兵衛
中嶋源助

中嶋源之允
中嶋大次郎
中嶋十太夫
中山貞善十二代孫
傳授之

半太刀之事
一 陽り込
一 大浪込
一 歩鋪
一 行違
一 震胴
一 浦之浪
一 進込

一 大陽り
一 山見
極意之事
一 雲入斂
一 雲林斂
一 縮之股

丹化十七己
己歳五月廿七日

中嶋十太夫
勝昌

中山貞喜殿

中島小太

天保廿年六月 勝信

中山𡈽助殿

陰陽劔

（37）

香取流兵法目録之圖

次第

一 張合

一 圍

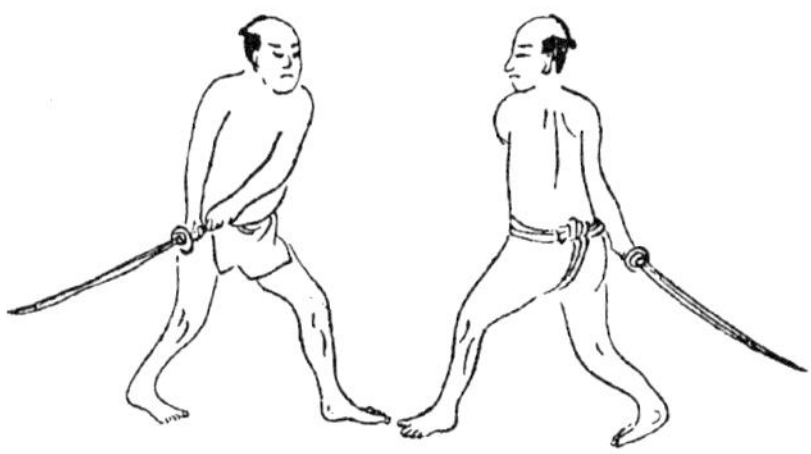

（38）

(39)

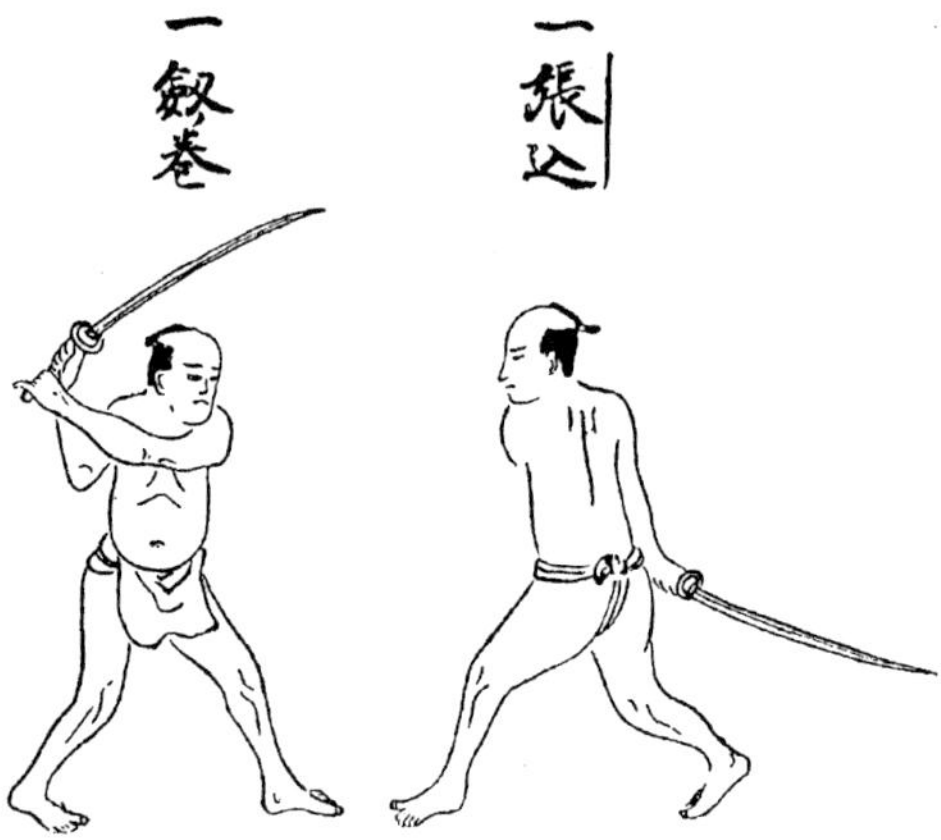

(40)

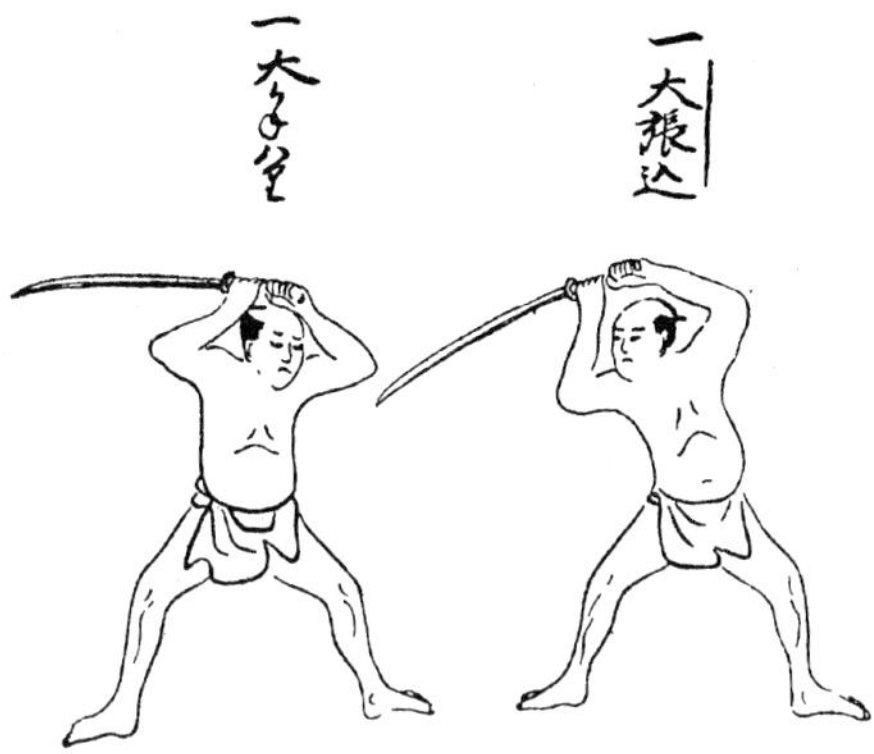

（41）

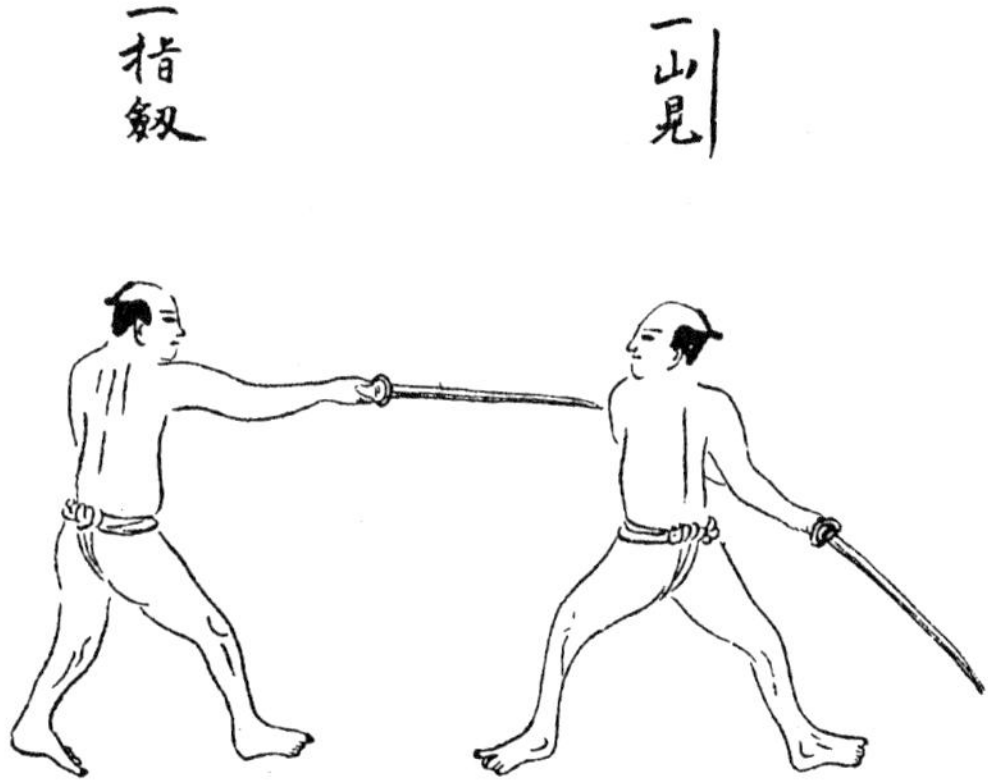

（42）

(43)

(44)

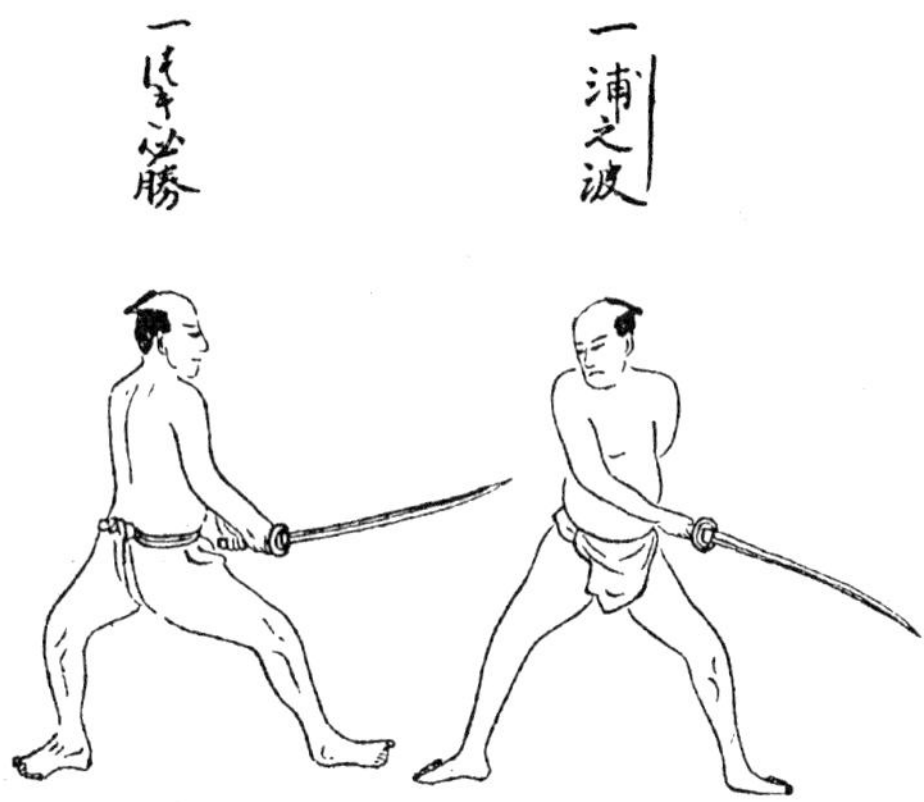

（45）

（46）

一まりこみ　一兩剱

（47）

一大まへ切　一岩もり

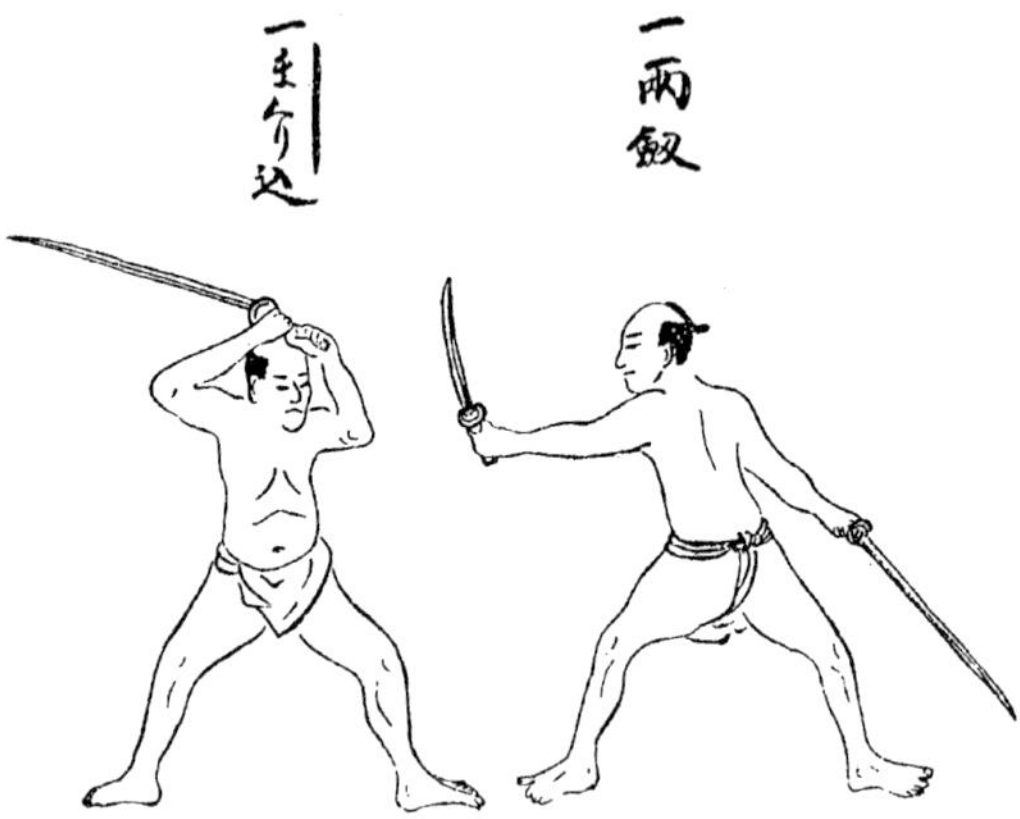

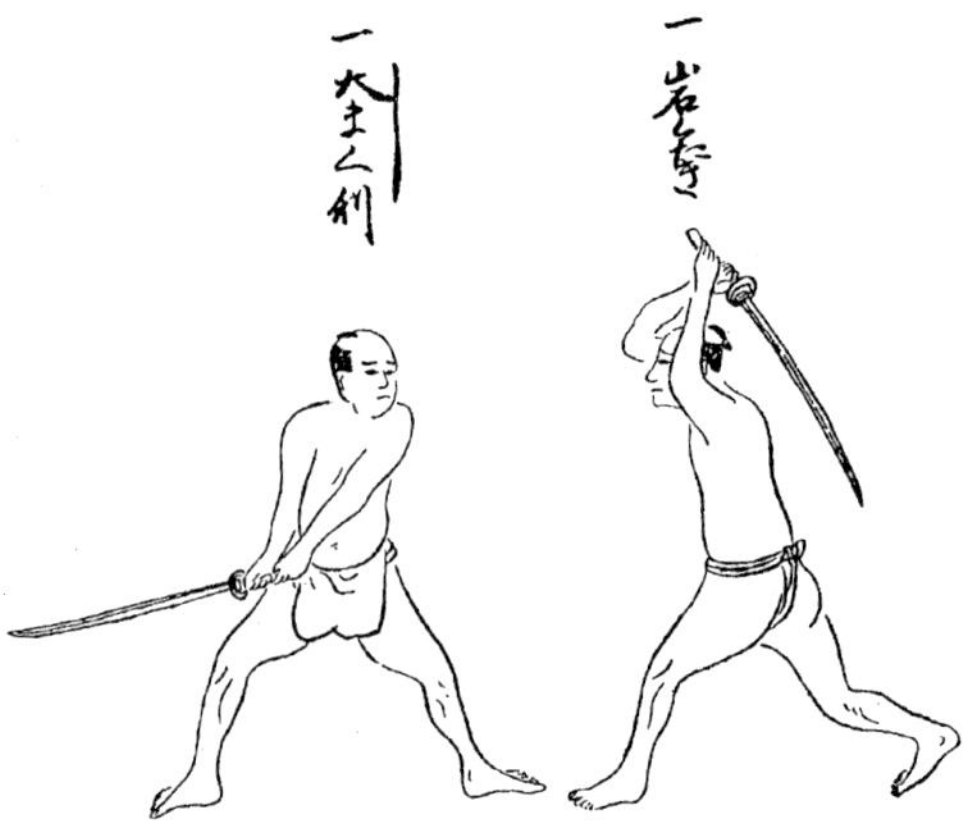

（48）

(49)

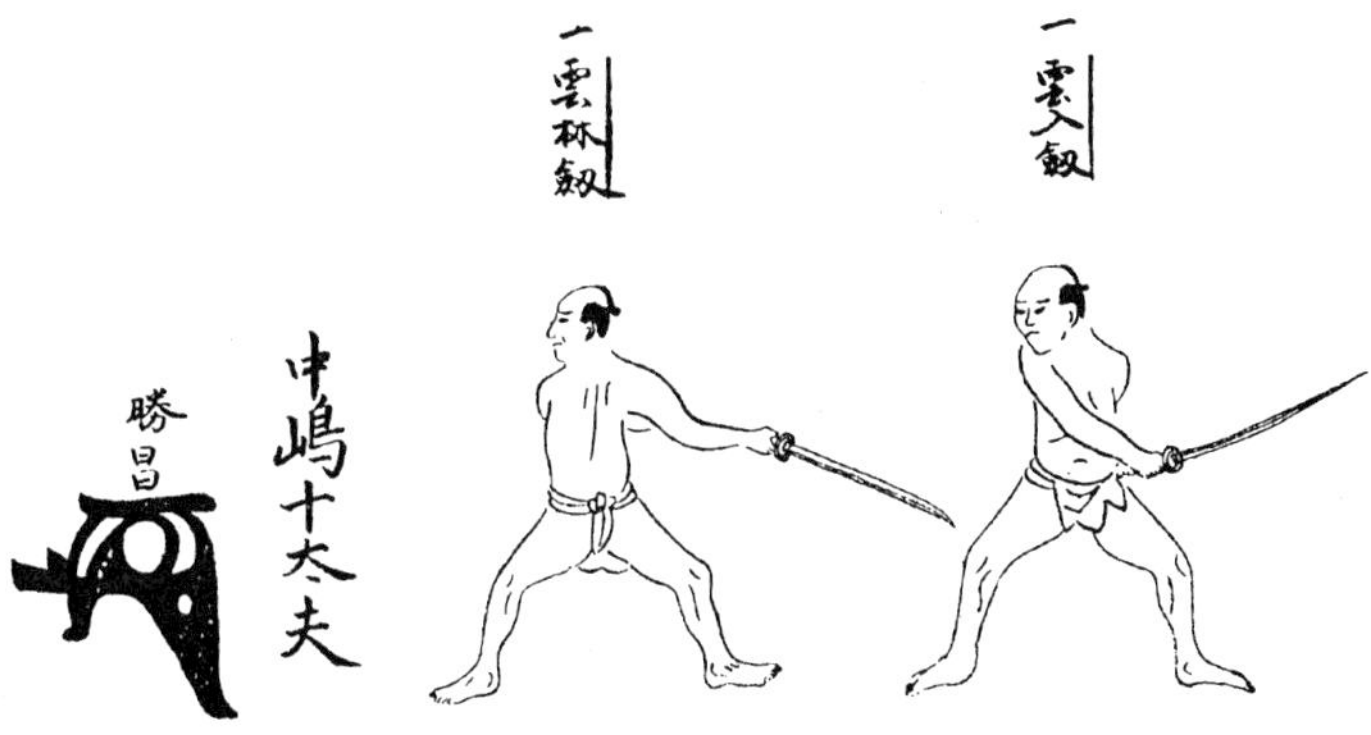

(50)

天眞正傳流派の目錄類

中山貞喜殿

中島八十八

天保七年六月 勝信（花押）

中山平馳殿

（51）

仕物太刀

笄留太刀

陰陽劍

（52）

一刀流の目録類

一刀流（小野派）兵法十二ヶ條

一二之目附之事
一切落之事
一遠近之事
一横竪上下之事
一色附之事
一目心之事
一狐疑心之事
一松風之事
一地形之事
一無地心通之事

（1）

一間之事
一残心之事
一刀流兵法稽古熱心不浅其上勝利之働依有之家流始之書此一巻差進之候猶不疑師傳以切磋琢磨必勝守可有相叶候仍如件

伊藤一刀齋景久
小野次郎右衛門忠明
小野次郎右衛門忠常
小野次郎右衛門忠於
小野次郎右衛門忠一
小野次郎右衛門忠方

（2）

中西忠太子定
中西忠藏子武
中西忠太子啓
中西忠兵衛子正
淺利又七郎義明

年　月　日

殿

一刀流假字書之口傳書

一刀流ト云ヿハ先一太刀ハ一ト起テ十ト終リ十ト起テ一ト納ル處也故ニ萬有物ヲ數フルト右ノ處ナリ習ツカヘテ見ルニ本ノ一刀ト云ヿ

此ハ一ト起テ十ト切リ其太刀ニカマワス氣分ヲ元ヘ納ムルノ處ナリ亦敵ヨリ十ト起ルトキハ我一ヲ持ツテシトノル也故ニ下納ムナリソウシテ一刀ニキス故ニ一刀流ト云ヿ

又傳ニハ初心ニハ太刀持ツテ敎ユウシヤニハ氣ヲ以テ敎ユルナリ氣分ハ陰中ノ陰無相無住ナリ天地同體也

一、鹿ヲ追獵師ハ山ヲ見ストイヘトモ又山ヲ見ル處モアリ山杯ノヤウナルツヽキタル處ハ山ヲ見ス鹿ニ心ヲ掛ケテ行ヘケレトモ

川ナト有テ鹿ハ已カ輕キ勢ヲ以テ飛
越行自然ト山ヲ不見ニ行ントスレトモ
ナラサル時ハ如何山ヲ不見トモ行カタナシ
亦又山ヲ見ルニモ非ス詞ハ元師景
久日田千竟皆山見ニアリ其レヲ知テ
山ナラハ山口川アラハ川口ニ懸リサワカ
ス已カヨカラン方ニ追而勝時ハ安カ
ラン

二、風ニソヨク荻ノ如ク柔剛強弱此処
ナリ敵ツヨカラン所ヲ弱クヨワカラン処ヲ
ノツトリテ強勝事ナク強キニ強弱キニ弱
キハ石ニ石錦ニ綿ノ如シ石ニハ石ニ當
テトヒカエル時ハ勝ニ非ス綿ハ綿ニ逢フ
時ハ生死ミスヘ故ニ一刀流ハ拍子ノ無
拍子ノ拍子ト云々

三、水月車水ニウツル月ナリ其月影
ヲ又汲器ニウツス処ナリ月ハ汲ツル水

亦波トイヘトモ影ウツラスト云フ事ナシ
自心體サワキヲ見分ルニヨリ汲ツル水
ニ月ナキト見ユル是ヲ狐疑ノ心ト云フ
心誠ニテ汲テ見ヨ汲ツル月ヲモ月アリ

歌ニ

敵を唯打と思ふな身をまもれ
をのづからもるしづがやの月

詞ハ負ナカラン太刀ニカヽワルハ非ナリ或
ハ賤ト云ヘトモ已カ庵ヲ漏ルト思ハネト
モコト不見シテフク故ニ月ハ一天ニアリ
自然ニ影モんナリ其如ク敵打ント思
ハネトモ已カ一身ヲヨリマモリヌレバ悪キ
処ヲ不知シテ已ト勝理ナリ手前ノ守
ル事ヲ忘敵ヲ討ント思ヒ心體サワ
キスルトキ負大ヒナリ

四、ホンシャブノ事眞草行ト云ッテ三ッ有
リ眞ノ本勝ハモトヘ勝草ノ本正ハモトヘ
マサシク行ノ本正ハモトヘウマント書ナリ
傳ハ草行二ッ先モトヘ正シク言フナリ
傳ハタトヘウッテ取ラン處ヲ押テ置テ心ノ
マヽニ勝事本ヘ正シキ本正也亦モトヘ
ムマレノ本生ハ或ハ張ヨリ出ル太刀ハ口ナ
ルニ拂ユルハ本正ニアラス生ル如クニ治
スルヲモトノムマレノ本正ナリ此心ヲ知
テ用ユルハ無理ナル事ナリ假初ニモ實
ニテ勝ユル萬一仕損シタリトモ危キ事
ナキ也右眞ノ本正ハ唯授一人ニシテ弟
子ニ千金莫傳也
五、残心ノ事心ヲ残スト云フハ喊キ
ヲヒ過タル處ナリ勝ヘキ處ニテサフナリ
勝ツコトナリ雖然一發不留ト云フ時ハ

勝所ニ及ヒテハ一足モ不留心不残萬
心捨テ一心不乱也残心ト教ヘシハ
只稽古ノ内兵法タカフリテクキミ
出来競過ルニ依テ残心ト仕ユル其
知リ得テ勝ヘキ所ニハ必残心不可
有サルニ依リ懸中待待中懸ト云フ
事如右残心ニ似テ残心ニアラス心ハ
不残シテ勝所ヲタルメス敵モシ其心
ヲ知テ先ノ勝ニ及テ或ハ引ツ拍子
ヲ拔スル時ハ己ハノコリ餘リ過ユカスヤ
フニ常ノ稽古亦一也勝ニ及テ心ヲ残
スト云フ事必ス可有
六、内ヨレ外ヨレト云フ事キル所ハ必
内ヨレノ場ナリト云ハ本正ミナ外ヨレノ
場ハタトヘハ大切内ヨレノ場力切タリト

云トモ五分去テ内ラレ切ヘキ也タトヘ
其行粥アタルトイヘトモ小切苦シカラス
者也
七、八方ノカネト云ハタトヘハ下段ニ持立
トイヘトモ其一心非ス則チ左ヘ見及ノ
タル時ハ陰剣タリ則向ヲ守ランニハ本
與覺ナリ
已カ後ハ味方タル間八方ノカネ如斯
一心不乱一歩不留ニシテ一刀云ハ勝ヘキ
所ヲ能ク知テ生死二ツノ所也ソレヲ
自ラ不得シテ只無拍子ニ行ントスル
事大非也
八、師ノ教ヲ不守シテ自ラ才智スクレ
タルヲ以テ其師ノ業ヲ能ク學フトイヘ
トモヲロカニ其心ヲ不知故ニ物ニヲシ移ル

カケノ如シ其心象形ハ寸分タカワス動
キウコクトイヘトモ詞アランニハ如何詞アラ
ンヤ亦愚ナル事ヲハコトチニカワシテ
琴トスルカ如シ然間不至シテ其師ノ
得タルヲ以テシエル所作ヲ不学シテ
教ヲ深クツヽシミ可守事也
九、見當ノ目附之事見ハミエル所イ
ショリ打出サレヨトミレハ譬ハ何ニテカタ
シヨト不及マテモ知レリ當ハ陰ヨリ打
タント思ヒシカト行ツメタラン時不
意ニシテ居シキヒリトナクラン時ハ當
ル所作也去故ニ已所作也心懸中待
須臾ニ轉化ナカラン時ハコリ意太刀幾
億万書物數ヲク相傳ルト云フトモ可
勝様ナシ或ハ極意ノ書一切不智ニシ
テ所作能カナヒナハ如何智タルヲ残サンヤ

オアル時ハ敵ハ唯方円ノ器ニ水ノ順フカ
如シ右ノ故ニヨヨハサル上段ヲ不好シテ
萬心捨テ其業ヲ日新ニ日々ニ新ニ
又日ニ新ニツトノテ可學者也

古歌

是のみと思ひきわめり幾数も
上に上あるすいもふのけん

世は廣し事はつきせしまりとては
我か知るけかり有と思ふな

御手前事不斷一刀流劍術稽古不
怠亦一勝利之働依有之我流書
物之ニ假字目録差進之候尚以來
重練行此勝實可被相叶候
仍如件

（11）

一刀流兵法皆傳

表劍

三重　是ハカツカタナテナカスト云心ニテ業ニトトコヨリナキ所ヲ以テヨモテ組也

外物次第

右ノ十條ハ業ニテ無之元師ノ平素ノ心得之故相傳也

一萬物味方心得之事
一人車之事
一戸出戸入
一拜枕
一芝枕

（12）

一寢心得之事
一蚊屋之事
一戸固之事
一詰坐刀拔之事
一青襖袴附大紋之事
一長袴之事
一走懸者之事
一逋者留之事
一刀脇差下緒心得之事

五點之次第

一妙劍
一絕妙劍
一眞劍

(13)

一金翅鳥王劍
一獨妙劍
一右足
一左足
一引本覺
一一足一刀
一太刀生之事
一四角八方之事

小太刀之次第

一撥氣之事
一横竪之事
一仕合之心之事
一切落之事

(14)

一刀流の目録類

一色附之事
一舊而家風不容擬議
一吹毛抓痒處
一睡中抓痒處
一觀見
一兩捨一用
一劍用捨
一相小太刀

一八方分身（須臾轉化）

日前　本人後
人人人　人　人
人本人人　人　人
人人人　人　人
月

一本覺
一仕合心
一地上ノ心
一双引ハリ眞劍ノ心
一浮木流木

極意一卷書

一眞之眞劍

一眞之右足

右同断

一眞之妙剣

一拂捨刀

一四ツ切

右一巻雖極秘秘秘衆人熱心甚深而修行無懈怠勝利ノ動有之間本目録差進之候不迷乱雜以誠意工夫必勝之實可有叶候仍如件

極意極々秘密傳書一子相傳

一、刀元一ニアラス敵五変ニ随テ移ル割レハ万刀トナルシカモ一刀ノワン切ラサレハ円相トナル一ヲナカク引ク端ヲマクル則一円トナル其業ニテ習ヘシ

二、兵法二三ノ先懸ル先待先對體ノ先此三ノ外ニ極ルナシトイヘトモ先ヽ幾度モアルト心得ヘシ

敵ハ如何様ニ攀ルトモ我ハ如何様ニ待懸ルトモス、マスヨドマス速カラス遅カラス心一ハイニ四肢ノ爪先マテモミチナ廣マリ外ノ眼力アラス心ノ眼ヲモツテ敵ノ色ヲ見テスカスカト掛ル時間ニヨリテ敵太刀出ス其出ス太刀ノ頭ヲ触リ観察シテトノルカシラヲサヘルカ切ルカセハ八相ノ外タクト云トモ頭ヲイタスコト不可有也

一刀流の目錄類

三、シズシズト懸ル中ニ中半ニ於テ先自ヲ取ル事

在敵頭ヲ出サヌ時先ヲ取テ追込討也

シズシズト懸ル時心悠然寛ニシテ體ヲクツロゲ心ヲ納メテ觀ルトキハ敵ノ太刀口明ラカニ見ユル也

太刀ハ横太刀ナラヌ様ニ眞直ニ太刀筋出ル様ニ打出ス事肝要也眞ニ切ル時ハ向ノコフシニ切込道理也

心ヲ體一ハイニ滿四肢ノ働コテスルコトナク魚ノ水ニ遊フ如心持ヘキナリ

取得テハ放ツ事ナカレ面ニ於テタル時ハ勝テ殘シ心氣ノ緩ム故ニ敵ニ敵ノ打太刀ノ心ハ鏡ニウツル如ク我體ニアリ心鏡ニウツラハ自ラウツル事ヲ知ルヘシ

四、心合ノ事

譬ヘハ打太刀ニテモ氣ヲ拔ス処ヲ一カラ十ニ切時ハ元ニカエルテハ叶ハサルハ我ナリ然ラハ流儀ニ心合ト申ハ八九ノ間ニ居テ上ルト下ルトナク自由自在ニシ天地一ハイニヒトシキカ如シ

切ル事ハ强切付ルニアラス强切トセハ拔ル所アリ此所ヲ知テ切時ハ心ノ切ニテ强キ事甚敷也　切ハ心ニテ切心ニテ切ラスト知ルヘシ

五、別不別ト云事有敵心別ル時ハ心放サス是別不別ト云フ

取るとわ心離て捨なしな
敵に心の在らんかぎりは

六、四角八方横竪上下ノ内中ルハ突キナリ是無念ノ場ナリ

忠明先生柳生十兵衛ヘ口傳書此書ハ家

元ニモナシ我等先生不思ト我傳ヲ得タリ
貴所ニ候實間躰心得給天地ニ生ヲ受ケル者
勿論牛馬鷄犬迄モ爭テ勝度ト思フ氣ハ
有モノ也負度ト思フ氣ハナキモノ也是生得
ノ勝ニテ無術ノ物ナリ譬ヘハ其道ヲ習フトモ勝
度ト云心アリテ爭者ハ下手也名人ニ至レハ萬
物爭フ事ナレ心ノ切ラントヨルトコロヲ切心突
ニ来ル處ヲ突クニ無量ノ業アリ何ソ無理ニ勝
事ヲ求メンヤ此勝ヲ知ルモノハ修行ニ有勝ヲ
性ニ知ラヌ内ハ心氣時々ニ動イテ譬勝トモ
誠ノ勝ニアラス萬藝家一心ノ治ル所ヲ宗トス

東照宮忠明ヲ召テ劍術ノ道御直ニ御
尋左ニ忠明答曰流儀ト申テ別ニ替リタ
ル義モナク先師景久カ工夫ノ太刀ニテ數
試合ヲ仕則敵ヲ切殺シ何迄モ利害ヲ

考ヘ其内ニモ其身ノ心ニ叶世ニ傳ヘテ
諸人ノ重寶トナルヘキ太刀ヲ撰ミ勝テ流儀
ノ極意ト仕候一子相傳ノ太刀モ我覺
無キハ太刀ハ他流ノ樣ニ後世ニ傳ヘ候事ハ
大ニ嫌ヒ申候然共昔ノ甲斐々々敷者何人
モ敵ヲ切殺タル流儀ト思召候ヘ又一刀
ト名ノ付タルハ他流ト違ヒ敵ノ太刀ト我カ
太刀トヲ二ツ三ツ討合スル事ナク八方順逆
唯一刀ニテ勝ヲ極メ候譬ハ草村ヲ杖ヲ以
テ撥キ分ケ入候如ク太刀ノ道ヲ明ルト敵
ノ致ス所ト變化スルニ無量ノ術ナク常修
行モ敵ヲ名人剛勇ニ致シ夫ニ勝事ヲ
鍛錬仕ル故隨分其身性力ヲ盡シ我ニ
足ラヌ所叶ヌ所ヲ知テ其所ヲ専一ニ稽古

一刀流の目錄類

仕候夫故他流ノ様ニ討太刀ニ相談シテ
遣ヒ太刀之勝様ニ致シ飛ヒハネヲナシ
或ハ扇箒ニテ勝テ素人ノ慰ニ成風流ノ
儀ハ曾テ御座ナク唯隼ノ鳥ヲ取如ク
カムト其儘鳥ノ肉ヲ喰フヤウナル流ナレハ
世上ノ劍術ト合セ候得ハ田舎業藝ニテ
殊外卑カル流儀ト申エル

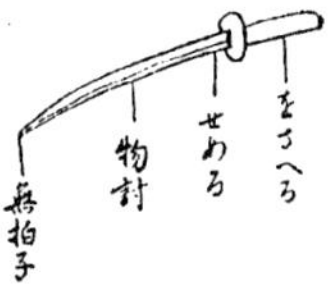

是レハ免許ノ太刀ニテ秘傳候得共華ニテ
御熱心ニ候間書給進候且又中西家
ニテモ免許ハ此以後ハ傳受無旨ニ候故

御傳申上候最聞而他言ハ無用ニ候

古歌

あすあると思ふ心のあだ櫻
夜も嵐の吹ぬものかな

如此ニ御心得不怠御修行専一ニ候

ものゝふの學ひ覺へし劍の道
死いたる迄怠るはなし

何もかも皆忠孝の爲なれば
日夜ふけて學ひみがけよ

第二類圖畫之部

圖畫の部

（1）

（2）

（3）

朝鮮勢法

初習

眼法、擊法、洗法、刺法、

擊法有五

豹頭擊、跨左擊、跨右擊、翼左擊、翼右擊、

刺法有五

逆鱗刺、坦腹刺、雙明刺、左夾刺、右夾刺、

格法有三

擧鼎格、旋風格、御車格、

洗法有三

鳳頭洗、虎穴洗、騰蛟洗、

擧鼎勢

擧鼎勢者、即擧鼎格也、法能鼎格上殺、左脚右手平擡、勢向前掣擊中殺、退步裙襴看法、

點劍勢

點劍勢者即點劍刺也、法能偏閃奏進掄殺、右脚右手撥草尋蛇、勢向前掣步御車格看法、

（4）

左翼勢

左翼勢者、卽左翼擊也、法能上挑下壓、直殺虎口、右脚右手直符送書勢、向前掣步逆鱗刺、看法、

豹頭勢

豹頭勢者、卽豹頭擊也、法能霹擊上殺、左脚左手泰山壓頂勢、向前掣步挑刺、看法、

坦腹勢

坦腹勢者、卽坦腹刺也、法能冲刺中殺、進如崩山、右脚右手蒼龍出水勢、向前進步腰擊、看法、

跨右勢

跨右勢者、卽跨右擊也、法能撩剪下殺、左脚右手綷衣勢、向前進步橫擊看法、

撩掠勢

撩掠勢者、卽撩掠格也、法能遮駕下殺、蔽左護右、左脚左手長蛟分水勢、向前掣步鑽擊、看法、

御車勢

御車勢者、卽御車格也、法能駕御中殺、側殺、雙手左脚右手冲鋒勢、向前退步鳳頭洗、看法、

展旗勢

展旗勢者、卽展旗擊也、法能剪磨上殺、左脚左手托塔勢、向前掣步點、劍看法、

鳳頭勢

鳳頭勢者、卽鳳頭洗也、法能洗刺剪殺、右脚右手白蛇弄風勢、向前掣步揭擊、看法、

圖畫の部

丈士のもちゆる太刀刀ハ猛獸の牙爪のことし虎
狼牙なからん時は馬牛になんぞ異ならん
侍と刀劔とを常に帯し侍ゆへに農工商樂の人に
まさり威をはり武を専らにすれバこそ
和漢の名将皆刀劔の術をわすれざりしハ其こゝろざし專
らにせしあれバなり今の人いまだこれを学びてしらざれバ今
是をもらし凡てもちゆるその大法を圖あらはし給はん
ものなりおてもちゐるかしこに千変万変ハ葉にあらはし
がたく図をひとつひとつけ見しるがたの法を益
うらむとも紙にのせん事何変用如にあらん哉

（7）

（8）

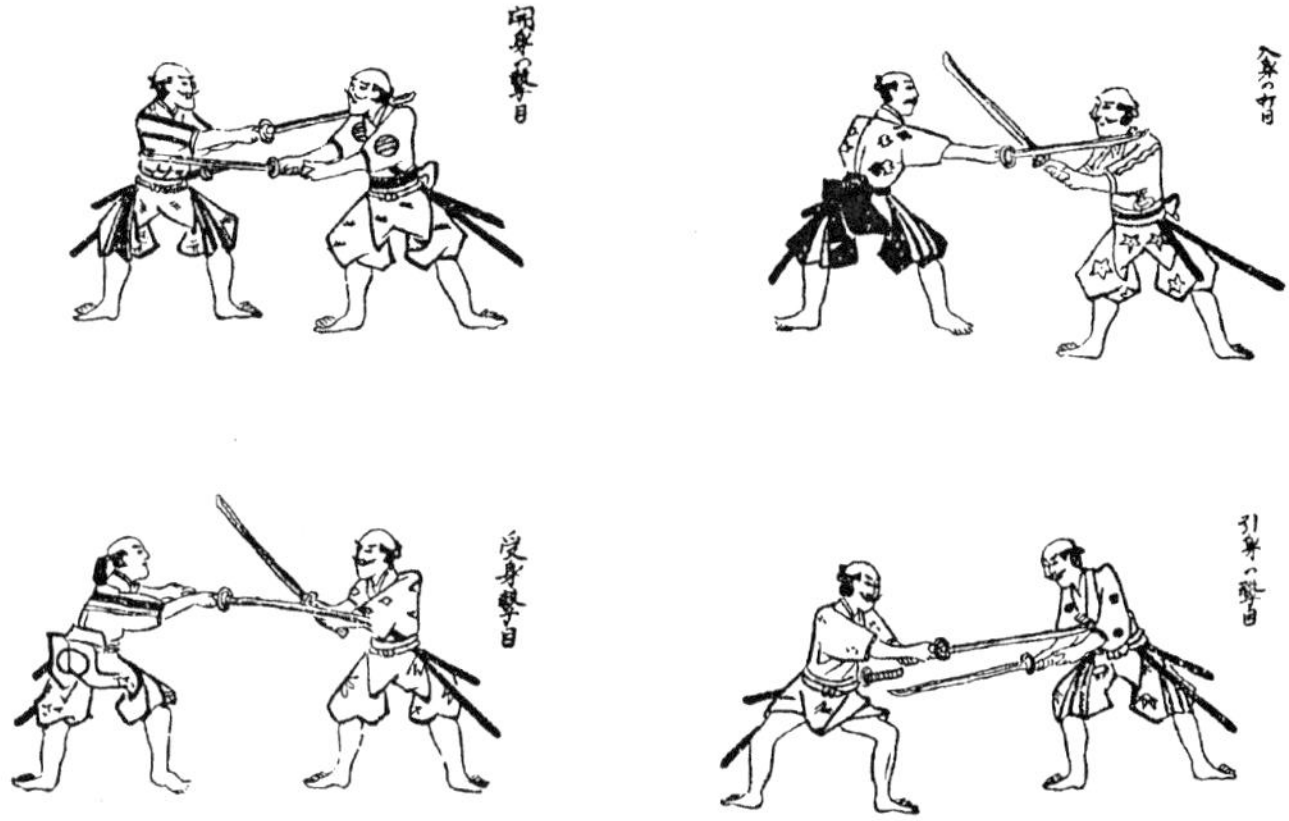

兵法奥義書ヨリ（元禄四年版）

（9）

同書ヨリ

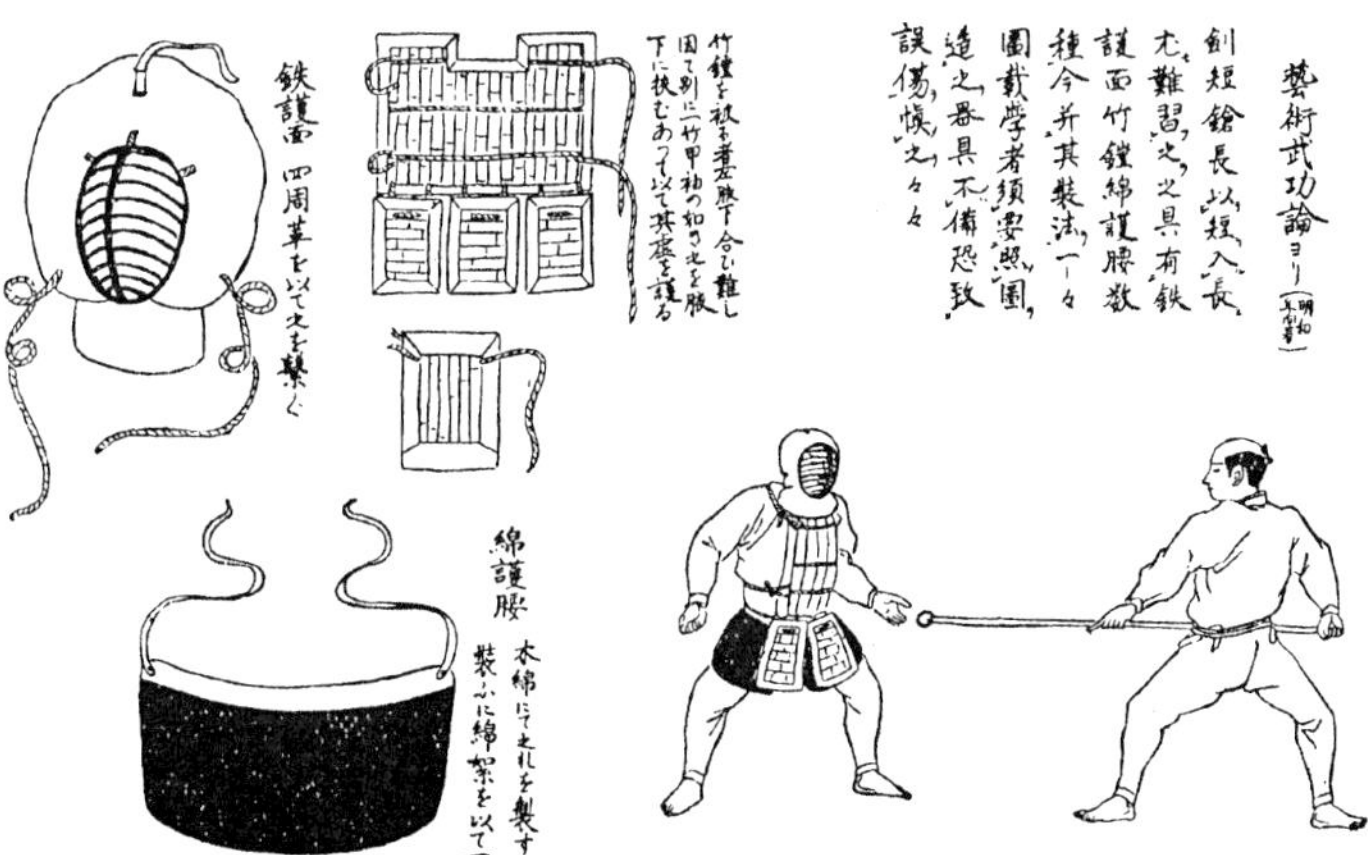

（10）

圖畫の部

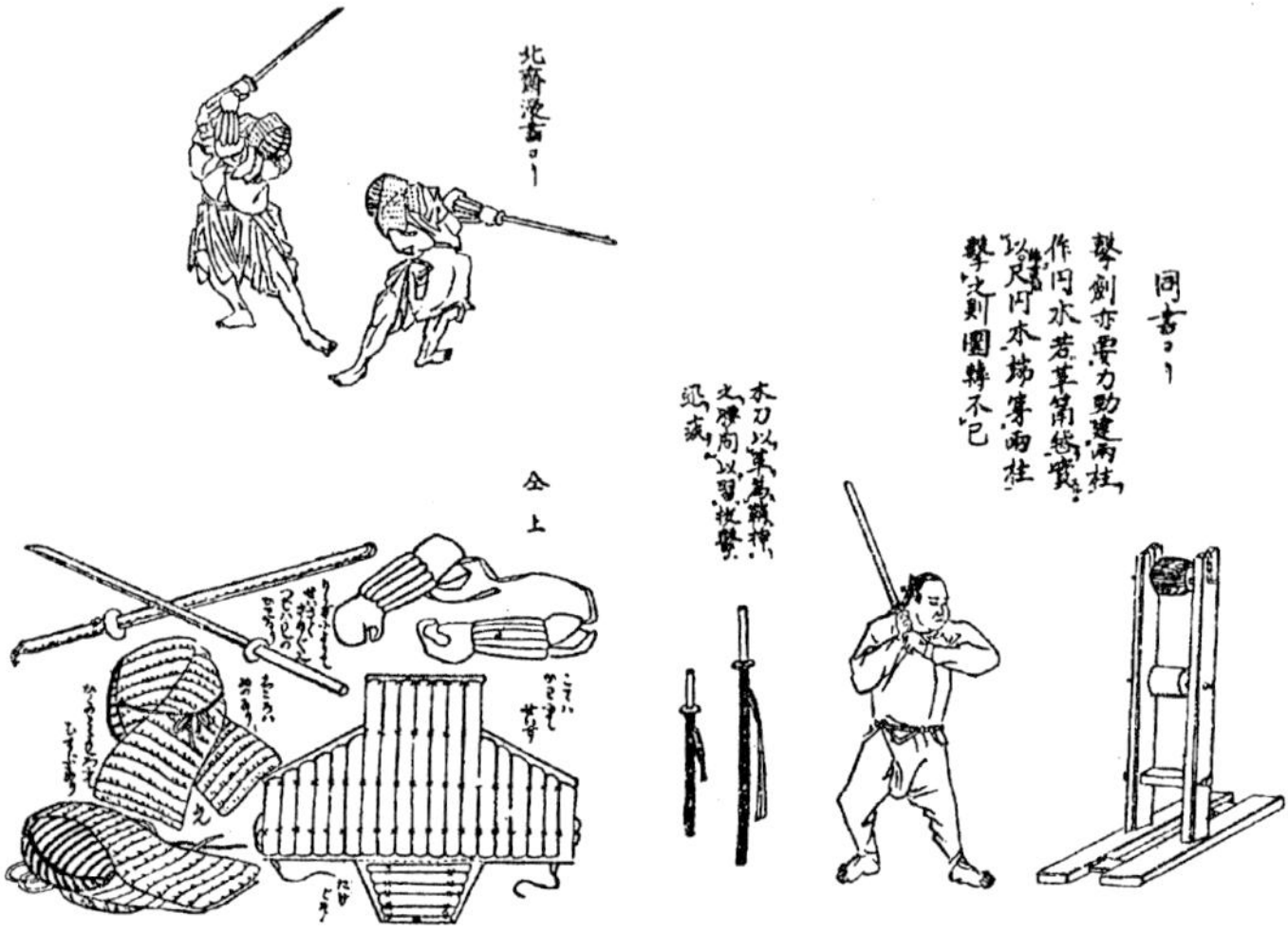
北齋漫畫ヨリ
同書ヨリ
撃劍亦要力助建兩柱作円水若革箭然貫以尺円木掃寄兩柱撃之則圏轉不已
木刀以革爲嚢裨之擲向以習撲撃迅疾
仝上

(11)

第三類　誓紙起請文類

以上四枚ハ精寫ニ付書体不明

敬白起請文之事

一新陰流不可交他流事

一無許條佁参學太刀不可有他名事

一對師匠不可有疎意事

右之條々於偽者

梵天帝釈四大天王惣而日本國中大小神祇

殊ニハ八幡大菩薩可蒙御罰者也仍如件

天正十七年二月廿三日　秀次判

疋田分五郎殿

(1)

仝上

其方兵法新陰之流不殘相傳祝着ヶ寄特

無是非候右之太刀之極意不可有他言候此紙面

於相違者日本國中大小神祇可蒙罰者也

壬七月十日　信忠判

疋田豐五郎殿

(2)

仝上

兵法極意之儀無免して他言ある間敷事

此旨を背においては八幡のばちを可蒙者也

霜月八日　　　　中納言判

足田文五郎殿

(3)

仝上

天罰起請文前書之事

新陰流之内上野勘平鍛錬之太刀并

鑓等心持之處無免許間雖爲相

弟子他言有間敷者也

右之旨於僞者日本六十餘州大小神祇

八幡大菩薩春日大明神愛宕山大權現

殊氏神可蒙御罰者也仍起請文如件

元和九年三月廿八日

長岡中務少輔

孝之判

上野勘平殿

(4)

岩流兵法免許之事

一此度岩流兵法執心依被

存分年来臨急無残

稽古候付無術處相

傳候年然上者親也兄

面〻於其之誓無遠慮

弟子〻取可〻致指南

仍免許如件

右岩流兵法一事候

ニ付於傳申候義一毛

不成於[illegible]者

敬白

梵天帝釋四大天王惣

而日本國中之大小之神

祇之可蒙御罰者也

仍誓紙如件

享保十乙巳年十二月吉日

南無 大權現 愛宕山

甚右衛門入道

藤武不傳

上羽助之丞殿

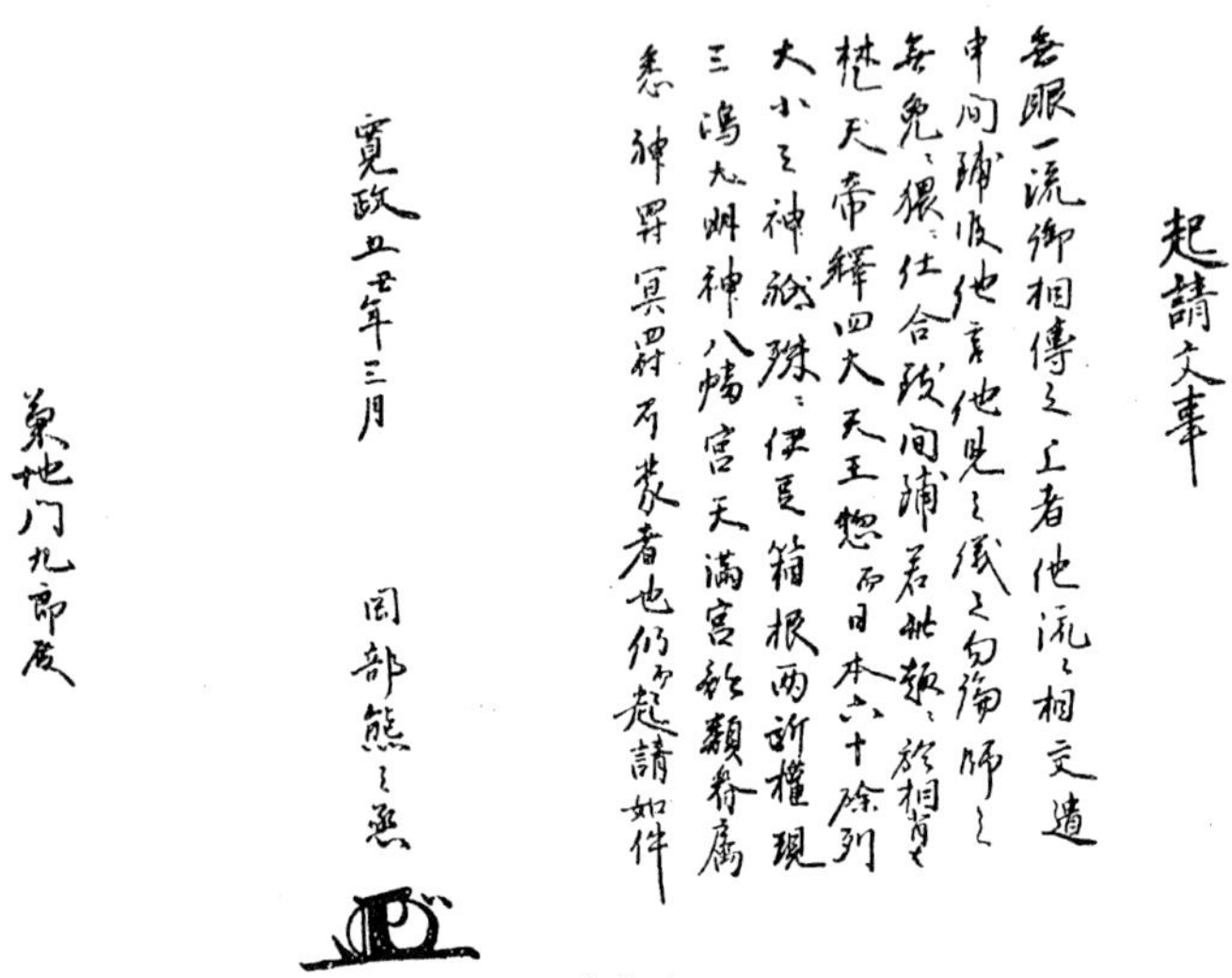

起請文事

無眼一流御相傳之上者他流〻相交遣
中間踊假他言他見之儀之勿論師之
無免〻猥〻仕合致間補若於叛〻於相背ハ
梵天帝釋四大天王惣而日本六十餘州
大小之神祇殊〻伊豆箱根兩所權現
三嶋大明神八幡宮天滿宮殊〻顯眷屬
悉神罰冥罰可蒙者也仍而起請如件

寛政五丑年三月　岡部態之丞

菊地門九郎殿

（7）

第四類　劍道名家の書狀之部

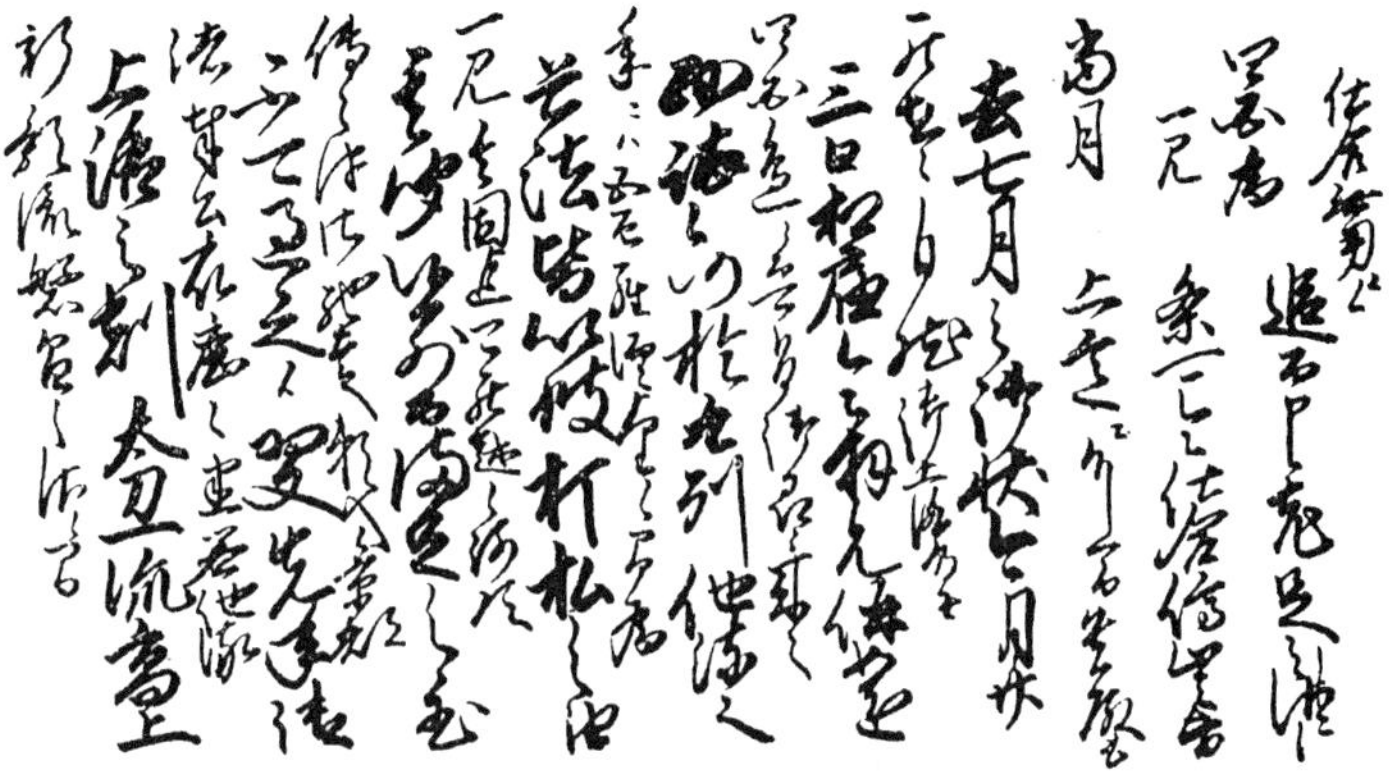

（1）

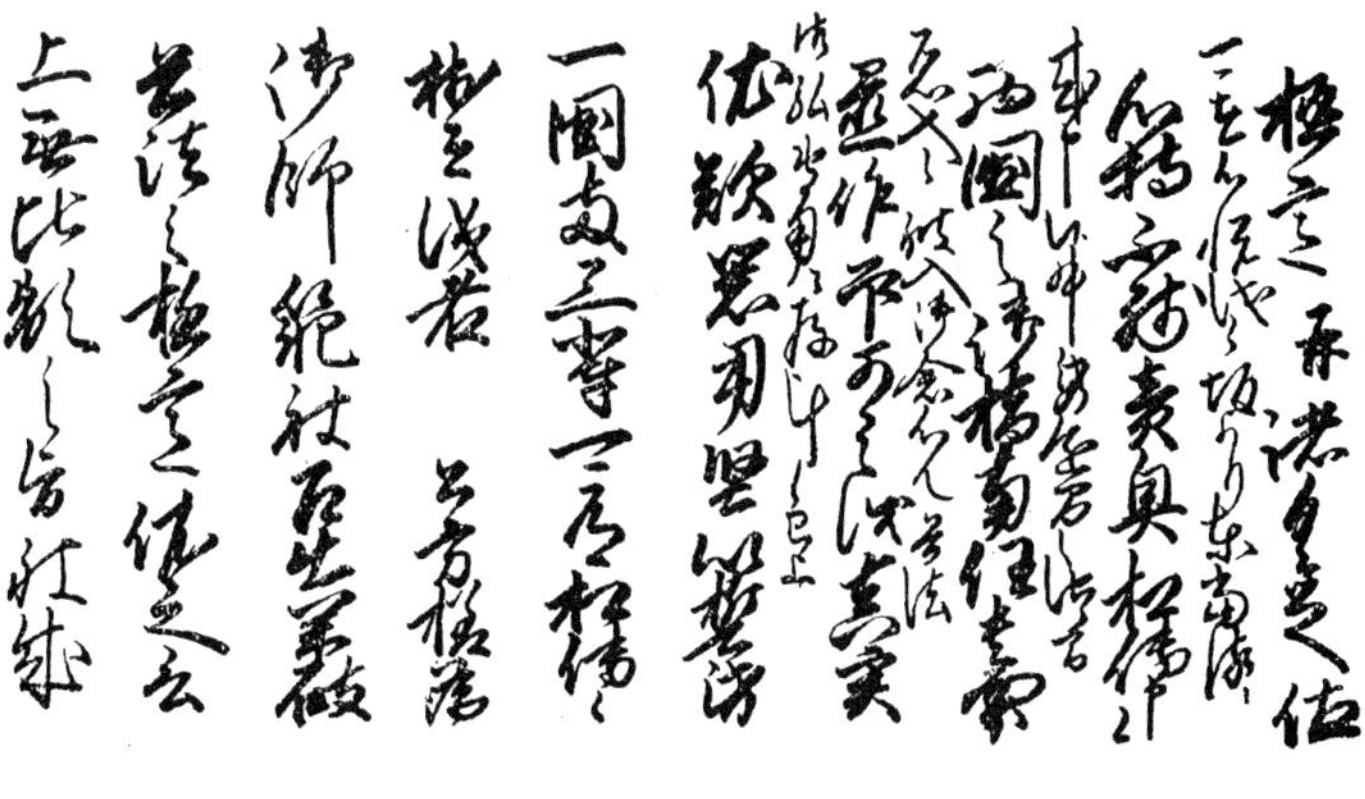

（2）

劍道名家の書狀の部

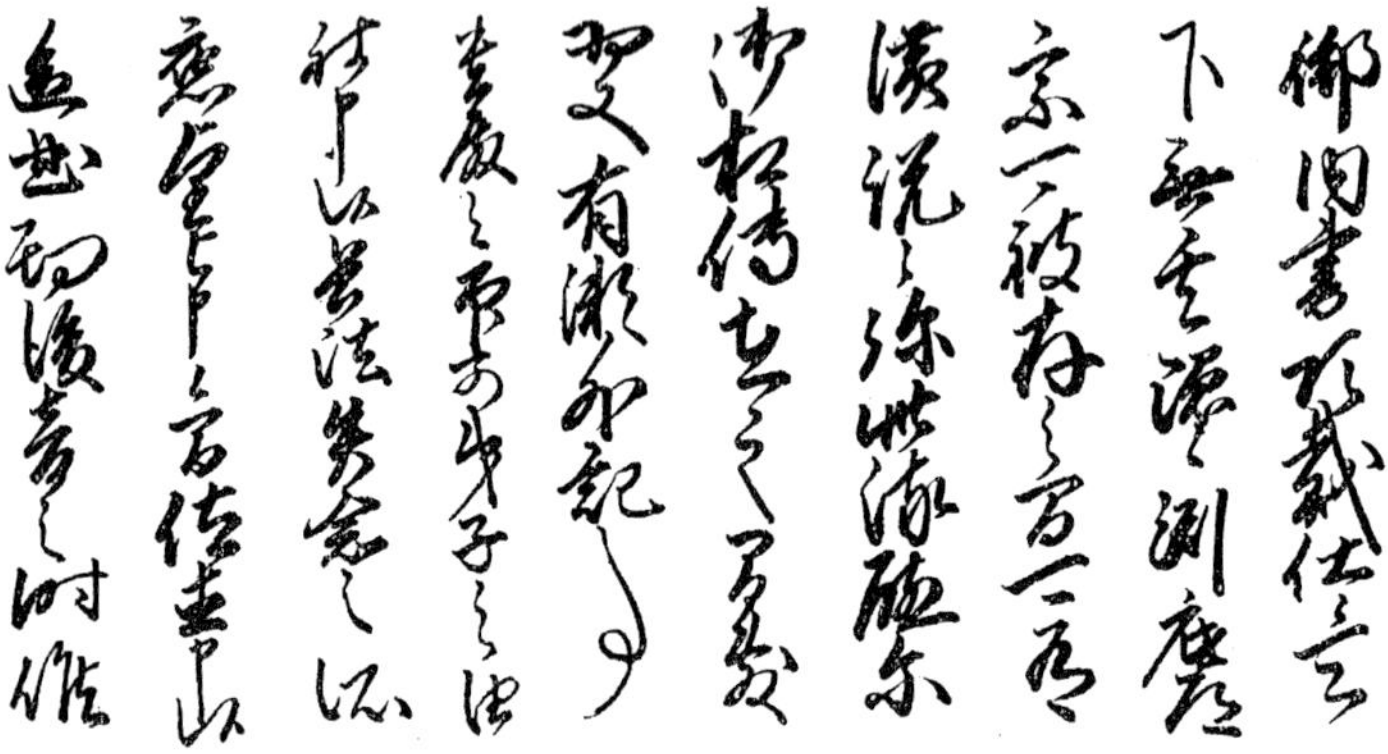

(3)

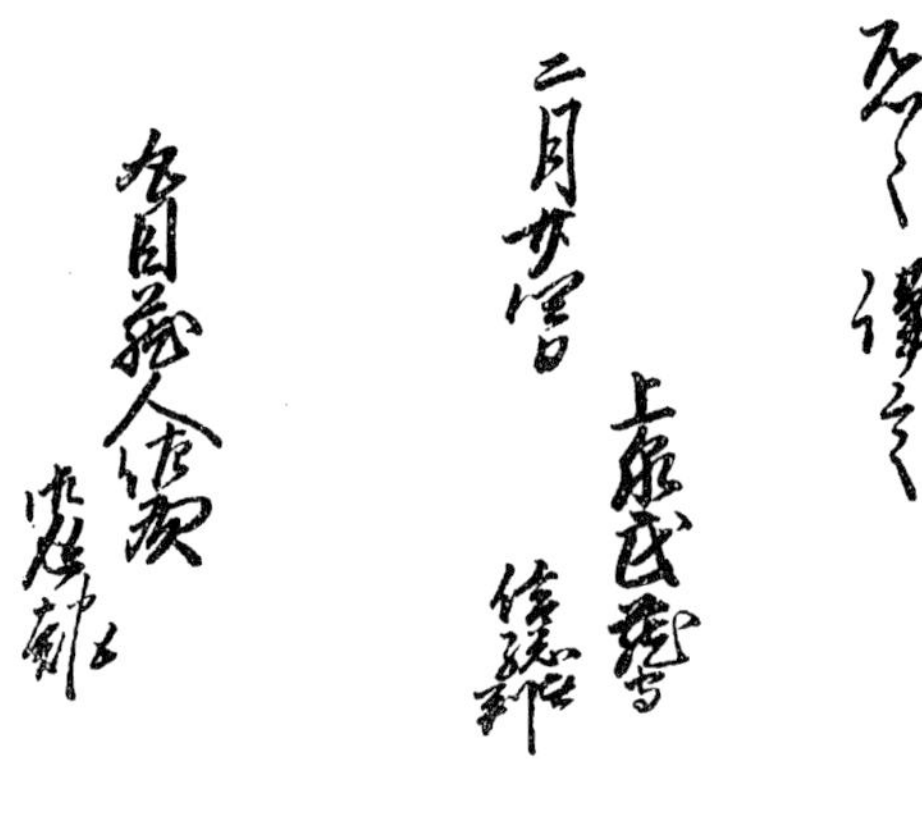

(4)

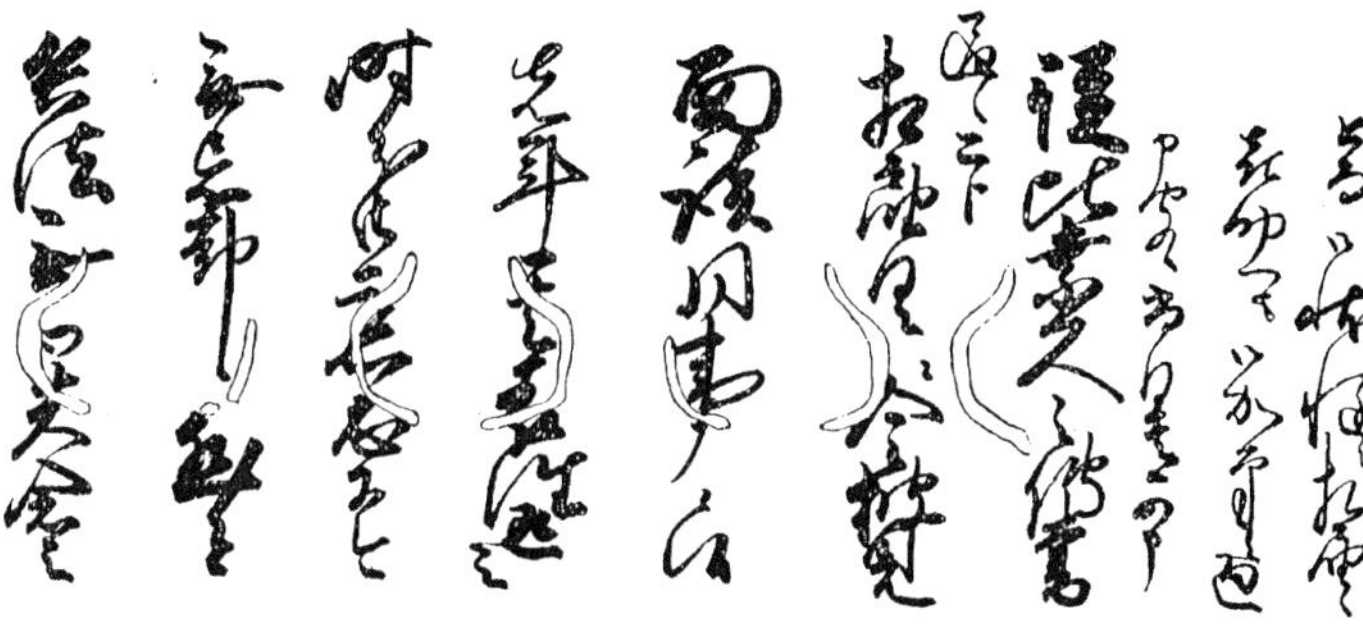

(5

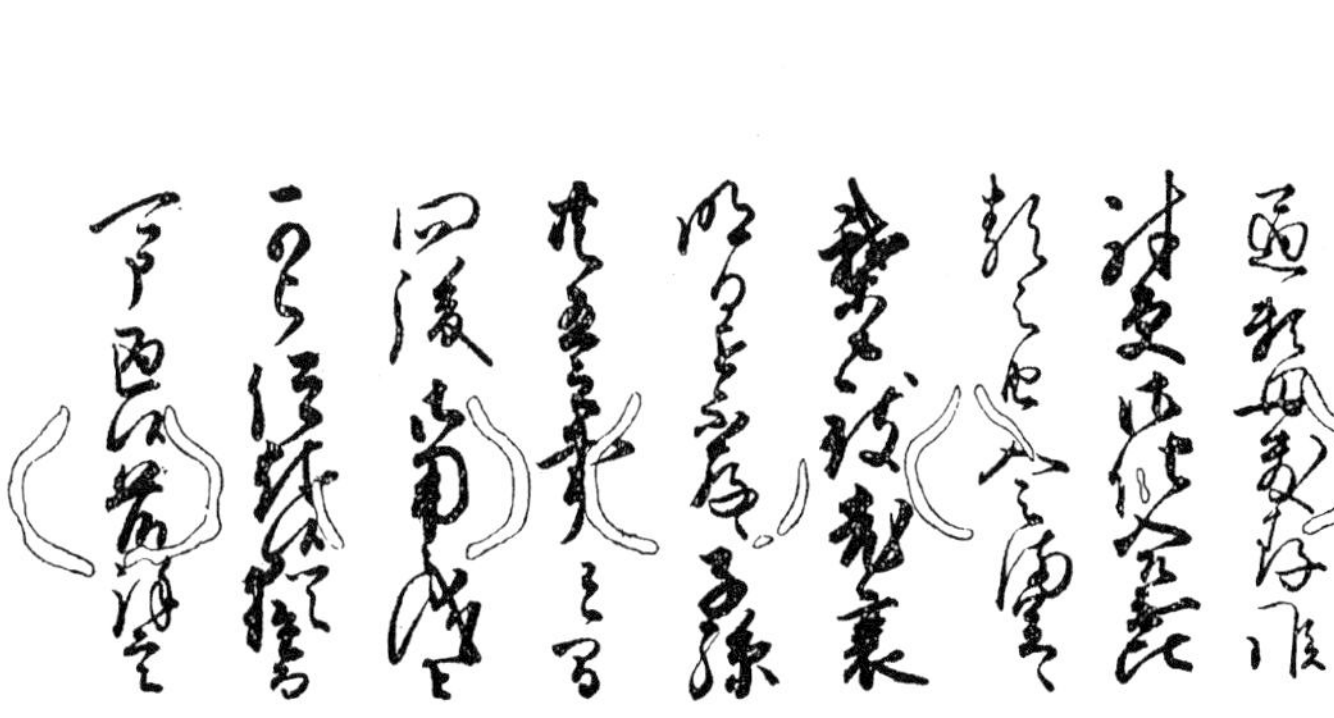

(6)

(7)

大正十四年六月廿六日印刷
大正十四年七月一日發行
昭和六年七月一日再版

劍道の發達
定價金貳圓

不許複製

著作者　故文學士　下川潮

發行者　財團法人大日本武德會
代表者　市川阿蘇次郎
京都市上京區岡崎平安神宮境内

印刷者　内外出版印刷株式會社
代表者　須磨勘兵衛
京都市下京區西洞院七條南

發行所　京都市岡崎　大日本武德會本部

印刷　内外出版印刷株式會社　製本

〈復　刻〉

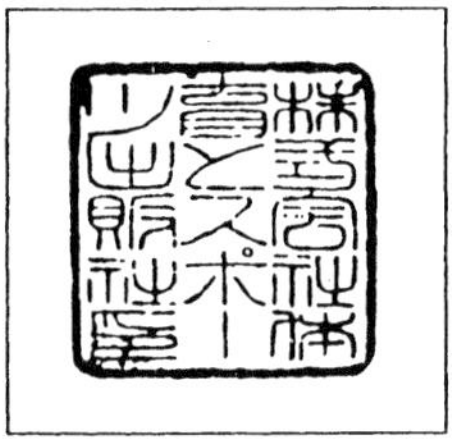

剣道の発達（オンデマンド版）

二〇〇二年六月十日発行

著　者　下川　潮

発行者　橋本雄一

発行所　㈱体育とスポーツ出版社
東京都千代田区神田錦町二―九
電話　（〇三）三二九一―〇九一一
FAX　（〇三）三二九三―七七五〇

印刷所　㈱デジタルパブリッシングサービス
東京都新宿区西五軒町一一―一三
電話　（〇三）五二二五―六〇六一

ISBN4-88458-002-8　　Printed in Japan　　AA847

（2025年4月現在）

剣道学、筋トレ学を学ぶ 故に書を読む

体育とスポーツ出版社

図書目録

KEN DO JI DAI

月刊 剣道時代

Monthly Bodybuilding Magazine

ボディビルディング

（株）体育とスポーツ出版社

なんといってもためになる　剣道時代の本

生死の岐路で培われた心を打つ面

面 剣道範士九段楢崎正彦

剣道時代編集部編

A5判並製352頁・定価：2,860円

楢崎正彦範士の面は「楢崎の面」と称され、剣士たちの憧れであり、尊敬の念も込めてそう呼ばれた。人生観、剣道観が凝縮された面ゆえにひとびとの心を打ったのである。その面が生まれた要素のひとつとして戦後、26歳で収監されて約10年にも及ぶ巣鴨プリズンでの獄中生活が大きい。生死の岐路で培った強靭な精神で〝生ききる〞という気持ちを失わなかった。極限な状況にあっても日本人らしく武士道をつらぬいたのだった。楢崎範士がそういう心境になれたのは、巣鴨プリズンで同室となった岡田資中将（大岡昇平『ながい旅』の主人公」との交流が大きかった。楢崎範士の生き方はあなたの剣道観、いや人生観が変わるきっかけにもなるでしょう。とくに楢崎範士を知らない世代が多くなった若い世代に読んでもらいたい。

打たれ上手な人ほど上達がはやい！

剣道は乗って勝つ

岩立三郎 著　B5判並製・定価：1,980円

日本はもとより海外からも多数の剣士が集まる「松風館道場」。その館長岩立三郎範士八段が剣道愛好家に贈る剣道上達のポイント。剣道時代の連載記事と特集記事がまとめられた一冊である。

剣道を愛し、読書を愛する剣道時代の本

剣道藝術論
（新装増補改訂版）

馬場欽司 著
A5判並製272頁・定価：2,640円

続剣道藝術論
（新装改訂版）

馬場欽司 著
A5判並製336頁・定価：2,860円

剣道は芸術　競技性も備えた伝統文化

あなたは剣道の大黒柱をどこに置いてやっていますか。芸術か、競技性か。その価値観の違いで不老の剣になるかどうかが決まる。

著者は「剣道は芸術」と断言し、「芸術性がある」と表現しない。剣道は芸術の分野にあって、競技性をも備えているという考え方だが、ここのところが最も誤解を生みやすいところであり、おのずと剣道の質も違ってくる。一般人が剣道を芸術として捉えてくれるようになれば、剣道の評価が高まる。一般人にもぜひ読んでもらいたい。

あなたの人生、剣道を導き支えてくれる本との出合い

礼法・作法なくして剣道なし

剣道の礼法と作法

馬場武典 著

B5判・定価：2,200円

30年前、剣道が礼法・作法による「人づくり」から離れていく風潮を憂い、『剣道礼法と作法』を著した著者が、さらに形骸化する剣道の礼法・作法を嘆き、" 礼法・作法なくして剣道なし " と再び剣道の礼法と作法を取り上げ、真摯に剣道人に訴える

初太刀一本 千本の価値

神の心 剣の心（新装増補改訂版）

森島健男述　乃木神社尚武館道場編

四六判・定価：2,530円

本書は平成10年発行。森島範士（令和3年8月逝去）の剣道哲学の集大成の一冊である。森島範士が剣道人に伝えたかったことと剣道への想いが切々と語られている。復刊にあたり、「日本伝剣道の極意　乗る」「私の好きな言葉」、そして乃木神社尚武館道場の梯正治、坂口竹末両師範の追悼文を加えた新装増補改訂版である。

理に適う剣道を求めて

修養としての剣道

角正武 著

四六判・定価：1,760円

理に適うものを求めることこそが剣道と、生涯修行を旨とする剣道に、如何に取り組むのかをひも解いた書。健全な心身を養い、豊かな人格を磨いて充実した人生に寄与する修養としての道を分かりやすく解説した書

剣道を愛し、読書を愛する剣道時代の本

★ロングセラー本

剣道の極意と左足

小林三留 著

B5判・定価：1,760円

左足が剣道の根幹だ。まずは足腰を鍛え、剣道の土台づくりをすることが大切だ。著者小林三留範士八段が半世紀以上をかけて体得した剣道極意を凝縮した一冊!!

生涯剣道へのいざない 剣道の魅力

山神真一 著

四六判・定価：2,200円

剣道の魅力を様々な視座から追究することを通して、生涯剣道を考える機会をいただき、剣道を改めて見つめ直すことができたことは、私にとって望外な幸せでした。（中略）論を進めるにつれて、生涯剣道にも『守破離』に代表されるプロセスがあることに気づかされました（あとがきより）

剣道昇段審査対策21講

亀井徹 著

B5判・定価：1,760円

著者が剣道家として、選手権者として永年培ってきた経験をもとに、仕事で忙しい市民剣士向けにまとめた昇段審査対策を分かり易く解説。著者は、熊本県警察時代から警察官の指導だけでなく、市民剣士の指導にも携わって来た。剣道は、武術性・競技性・芸術性が必要であるという信念のもとに、強く美しい剣道を実践している。

あなたの人生観・剣道観を変える一冊の本との出合い

～八段までの笑いあり涙なしの合格不合格体験記～

奇跡の合格
剣道八段への軌跡

池澤清豪 著　四六判並製288頁・定価：2,200円

39歳三段リバ剣、65歳八段挑戦、69歳9回目で合格。永遠の若大将を自負する整形外科医が、自ら綴る笑いあり涙なしの合格不合格体験記。

諦めず継続すれば力となって桜咲く。

大いに笑い、感銘、発見することでやる気が生まれる、元気が出てくる、勇気がもらえる。

剣の道を輝かせたいあなたに贈る。おもしろくためになる痛快剣道エッセイ！

「改めて読み直すと沢山の合格のヒントを書いているのに気付きました」（本文より）

この本を読めばあなたも奇跡を起こす!?

- 序に代えて
  親友（心友）と剣道八段は剣道の神様から授かったごほうび
- 第一章◉八段審査1回目の巻
  お互いが相手に尊敬の念を抱くことがお互いの向上になる
- 第二章◉八段審査2回目の巻
  不合格はさわやかに受け入れよう
- 第三章◉八段審査3回目の巻
  次回は審査員の魂を揺さぶる気根で臨むと決意する
- 第四章◉八段審査4回目の巻
  八段は向こうからやって来ない。失敗しても何度でも起き上がって挑戦しよう
- 第五章◉八段審査5回目の巻
  恩師の言葉「目標があれば、いつも青春」を思い出し、また次に向けて頑張るぞ
- 第六章◉八段審査6回目の巻
  八段審査は「わび」「さび」の枯れた剣道では評価されないと再認識する
- 第七章◉八段審査7回目の巻
  努力は報われる。いや報われない努力もあるが、諦めず継続すれば桜咲く
- 第八章◉八段審査8回目の巻
  六・七段合格のゲンの良い名古屋で八段審査会。しかし七転び八転び
- 第九章◉八段審査9回目、そして最終回の巻
  ま、まさかのまさかで八段合格。常日頃、手を合わせていた母。なにかいいことがあると「それは私が祈っていたからよ」
- あとがきに代えて
  親友であり心友であり続ける葛西良紀へ

読者の感想

「剣の道の楽しさ、おもしろさは人生の後半にあることを教えてもらいました」（50代男性）

「著者の人柄がよく出ており、こうして八段になれたことがわかりました」（40代男性）

「著者の心のつぶやきが漫画を読んでいるみたいで笑いましたが、その裏にはためになることが多く書かれた本だと思います」（60代男性）

「おもしろおかしく書いてありますが、剣道八段に受かる大変さや素晴らしさが分りました」（40代女性）

「剣道をとおした人間ドラマであり、剣道を人生に置き換えると身近なものに感じられました」（50代女性）

「人間味あふれるエピソードの数々。諦めなければ私でも八段になれるかもしれないという希望を抱きました」（60代男性）

あなたの人生、剣道を導き支えてくれる本との出合い

良書復刊（オンデマンド版）

あなたは知っているか。師範室で語られた長老の佳話の数々

師範室閑話（新装版）

上牧宏 著　四六判248頁・定価：2,750円

「師範室閑話」は剣道時代に昭和61年8月号から昭和63年12月号にわたって連載。連載中から大いに評判を呼んだ。平成3年、連載当時のタイトルと内容を見直して再構成して単行本として発刊。刊行時、追加収録「桜田余聞」は筆者が歴史探訪中に偶然得た資料による。戦闘の生々しい活写は現代剣道家にとっても参考になるだろう。

【収録項目】

一、全剣連誕生秘話　戦後、剣道は禁止されたが、その暗黒時代を乗り越え、復活に情熱を傾ける人々がいた
二、浮木　一刀流の極意「浮木」とはどんな技か……
三、かすみ　上段に対抗し得る「かすみ」について説く
四、機会と間合　七段、八段の段審査における落とし穴を解明
五、妙義道場 郷土訪問秘話　妙義道場一行が郷里・上州（群馬県）を訪問。道中、持田盛二範士の清廉な人柄を物語るエピソードが……
六、審査員の目　ある地方で老九段が稽古後、静かな口調で話す
七、斎村先生と持田先生の教え　警視庁にも中には癖のある剣士がいた。そこで斎村、持田の両範士はどう指導したか
八、古老の剣談　修道学院（高野佐三郎）と有信館（中山博道）の門閥解消に努力した人
九、ある故人の話を思い出して　荒天の日の尚道館道場。晩年の斎村五郎範士と小野十生範士が余人を交えず剣を合わす
十、小川範士回顧談　剣と禅の大家、小川忠太郎範士は二十代の前半、三十歳で死んでもいいとして、捨て身の修行をする
十一、桜田余聞　桜田門外で井伊大老を襲ったのは、元水戸藩士十七名と元薩摩藩士十一名。其の攻防を活写し、逸話も紹介

五七五七七調で理解しやすい

剣道稽古歌集 道しるべ

上原茂男 著　A5判176頁・定価：2,750円

本書は剣道時代1987年3月号から2年間にわたって連載されたものをまとめて平成元年に発刊。文武両道、芸術にも通じた上原茂男氏（剣道教士七段）が、岡田道場（館長岡田茂正範士）での修錬の過程で得た教訓を31文字にまとめた短歌約三百首を27項目に分け、その教訓の意味が歌とともに説明されている。含蓄深い道歌と分かりやすい説明文が、各々の剣道観を高めてくれると思います。歌を口ずさめばおのずと身体にしみこんでいくことでしょう。

◆剣道に虚実は非ず常に実 実の中にも虚も有りにけり

面を打つなら面、小手を打つなら小手を攻めるべきで、面を攻めているのは見せかけで、実は小手を打つという虚から実への移りは剣道にはいらない。剣道は実から実でなければならず、面で決めようとして面を打って失敗したら、相手の体勢を見て小手なり胴へいくのである。そして小手が決まったとしたら、その前の面が結果的には虚ということになり、小手が実という具合になる。しかし、あくまでも最初から実で打つことで虚が生まれてくることを忘れてはならない。

なんといってもためになる　剣道時代オススメ居合道の本

こどもの居合道

末岡志保美 著

A5判オールカラー96頁・定価：1,540円

現代に生きる子供たちの力を育む

「こども向けのクラスを開講しませんか」

最初は、大人向けの指導と同じように難しい言葉を使ってしまったり、ひたすら型の稽古をさせてしまったりして、学びに来ている子たちを混乱させてしまった部分もありましたが（笑）。（中略）それらの指導を通じ、多くの子供たちと触れ合う中で、一つの強い疑問が生まれました。〝この子たちが生きていく上で、本当に必要なものはなんだろう？〟（中略）（私は）居合道に出会い日々の稽古を重ねる中で、少しずつ変化をしていきました。悩んだ時に、考えるための基準値というものが出来たのです。（著者「はじめに」より）

姿勢、体幹、集中力、コミュニケーションスキル…。現代を生きる子供たちにとって必要な力を育む伝統武道＝居合道。本書では、それらの力の源となる〝軸〟を身につけることをテーマに、イラストや図解を多く用いながら、子供たちに居合道を分かりやすく楽しく伝えていく。軸の体づくり、実技などは動画つき（QR コード）で解説しており、子供たちだけでなく、親子で一緒に楽しみながら取り組むこともできる、これまでになかった一冊。

剣道人のバイブル 小川忠太郎関連良書

剣禅悟達の小川範士が説く珠玉の講話集

剣道講話（新装版）

小川忠太郎 著　A5判548頁・定価：4,950円

剣と禅の大家であり剣道界の精神的支柱として崇拝された小川範士初めての本格的な著書。3部構成。第一部「剣道講話」で剣道の理念を、第二部「不動智神妙録」で沢庵の名著を、第三部「剣と道」で論語・孟子等の大事な問題をそれぞれ解説。剣道の普遍性を改めて認識できる。★ロングセラー本

持田盛二範士十段—小川忠太郎範士九段

百回稽古（新装版）

小川忠太郎 著　A5判446頁・定価：4,180円

「昭和の剣聖」持田先生や当時の仲間との稽古の内容を小川範士は克明に記録し、絶えざる反省と発憤の糧とした。今その日記を読むと、一打一突に工夫・思索を深めていった修行の過程をたどることができる。

現代に生きる糧　小川忠太郎の遺した魂

刀耕清話

杉山融 著　A5判344頁・定価：2,750円

剣道を通じて人生を豊かなものにしたい人にオススメ。社会人としての私たちにとって大事なことは、剣道の修行を通して、しなやかでしっかりとした自己の確立をしていくこと、すなわち、事に臨んでも揺るがない本体の養成を平素から心掛けていくことにあると思います。（著者「まえがき」より）

剣道およびその他武道関連図書

剣技向上のために

剣道上達の秘訣

中野八十二範士指導
A5判・1,923円

本書は剣技向上をめざす剣士のために、剣道の技術に関するあらゆる要素を洗い出し、その一つ一つについてこの分野における斯界の第一人者である中野範士（九段）に具体的かつ詳細に解説して頂いた。
昭和60年発刊。重版を重ねるロングセラー。

現代剣道の源流「一刀流」のすべてを詳述

一刀流極意(新装版)

笹森順造著 A5判・4,730円

今日、古流の伝書類は各流ともほとんど散逸してしまったが、奇跡的にも日本最大の流派ともいうべき一刀流の極意書が完全な形で残されており、それらをもとに著者が精魂込めて書き上げた決定版である。

正しい剣道の学び方

剣道の手順(オンデマンド版)

佐久間三郎著 B5判・3,520円

「技術編」と「無くて七癖」に分かれ、技術編ではそれぞれのランクに応じた実技を解説。「無くて七癖」ではユニークな発想で、剣道におけるたくさんの癖を列挙し、上達を妨げる諸症状の一つ一つに適切な診断を下す。

剣禅悟達の小川範士が説く珠玉の講話集

剣道講話(新装版)

小川忠太郎著 A5判・4,950円

剣と禅の大家であり剣道界の精神的支柱として崇拝された小川範士初めての本格的な著書。「剣道講話」で剣道の理念を、「不動智神妙録」で沢庵の名著を、「剣と道」で論語・孟子等の大事な問題を解説。

持田盛二範士十段ー小川忠太郎範士九段

百回稽古(新装版)

小川忠太郎著 A5判・4,180円

「昭和の剣聖」持田先生や当時の仲間との稽古の内容を小川範士は毎日克明に記録し、絶えざる反省と発憤の糧とした。今その日誌を読むと、一打一突に工夫・思索を深めていった修行の過程をたどることができる。

現代に生きる糧　小川忠太郎の遺した魂

刀耕清話

杉山 融著　A5判・2,750円

剣道を通じて人生を豊かなものに。小川忠太郎範士九段が遺した崇高なこころを解説。充実した人生の実現に向けた道標となる一冊。

生涯剣道への道しるべ

剣道年代別稽古法(オンデマンド版)

角　正武著　四六判・3,300円

教育剣道を求め続けている著者が、各年代別に留意した稽古法を解説。心身一元的に技を追求する剣道永遠の「文化の薫り」を汲み取る剣道人必携の一冊。

人生訓の数々

剣道いろは論語(オンデマンド版)

井上正孝著　A5判・4,950円

斯界の現役最長老である井上範士が、いろは歌留多の形で先人の金言・格言を解説したもので、剣道家はもちろん剣道に関心を持つ一般大衆にも分かり易く、剣道への理解を深める上で大いに参考になるであろう。

人生に生きる

五輪の書(新装版)

井上正孝著　A5判・1,980円

本書は剣道界きっての論客である井上正孝範士が初めて剣道家のために書き下ろした剣道と人生に生きる「五輪書」の解説書である。

1世紀を超える道場の教えとは

東京修道館剣道教本

中村福義著　B5判・1,780円

私設道場100年以上の歴史を持つ東京修道館。三代にわたり剣道を通して剛健なる青少年育成に努めて多くの優秀な人材を輩出した。その教育方針を三代目中村福義氏が剣道時代誌上で発表したものをまとめた一冊。

昇段審査・剣道指導にもこの一冊！

剣道の法則

堀籠敬蔵著
四六判上製・2,750円

剣を学ぶ　道を学ぶ
それぞれの段位にふさわしい教養を身に付けてほしいものである。お互いがそれぞれの技倆に応じた理論を身に付けることこそ、剣道人として大事なことではないだろうか。　著者「はじめに」より

風が生まれる　光があふれる

天馬よ 剣道宮崎正裕

堂本昭彦著 A5判上製・2,090円

全日本選手権大会６回優勝、うち連覇２回。全国警察官大会６回優勝。世界剣道選手権大会優勝。平成の剣道界に新しい風と光をもたらした宮崎正裕とその同時代に活躍した剣士たちの青春と試合の軌跡をさわやかに描いた剣道実録小説。

剣道およびその他武道関連図書

昇段審査を目指す人必読
剣道 審査員の目 1.2.3
「剣道時代」編集部編
四六判上製・各巻2,200円(第3巻は並製)

剣道範士75人が明かす高段位審査の着眼点と修行の心得とは—。剣道の理想の姿を求める人たちへの指針ともなるシリーズ。あなたはここを見られている！
意外な点に気づかされ、自分の剣道を見つめ直すことも合格へとつながる道となるだろう。

剣道昇段審査合格の秘密
剣道時代編集部編　**(新装版)**
A5判・2,750円

合格率1パーセント。日本最難関の試験に合格した人達はどんな稽古を実践したのか。八段合格者88人の体験記にその秘密があった。

全日本剣道連盟「杖道」写真解説書
改訂 杖道入門
米野光太郎監修、松井健二編著
B5判・3,666円

平成15年に改訂された全剣連杖道解説書に基づいた最新版。豊富な連続写真を元に懇切丁寧な解説付。杖道愛好者必携の書。全国稽古場ガイド付

古流へのいざないとしての
杖道打太刀入門
松井健二著　A5判・2,750円

杖道の打太刀の解説を通して、太刀遣いの基本や古流との相違点を易しく説いた入門書。武道家なら知っておきたい基本極意が満載。

水南老人講話　宮本武蔵
堂本昭彦・石神卓馬著
A5判上製・3,080円

あの武術教員養成所で多くの俊秀を育てた水南楠正位がとくに剣道家のために講義した宮本武蔵。大日本武徳会の明治もあわせて収録した。

小森園正雄剣道口述録　冷暖自知　改題
剣道は面一本(新装版)
大矢　稔編著 A5判・2,200円

「剣道は面一本！その答えは自分で出すものである」元国際武道大学武道学科主任教授小森園範士九段が口述された剣道の妙諦を忠実に記録。

生涯剣道はいがっぺよ
百歳までの剣道
岡村忠典著 四六判上製・2,640円

剣道大好き人間がすすめる生涯剣道のクスリ。「向上しつつ生涯剣道」を続けるための稽古法や呼吸法など従来にはなかった画期的な本。

生涯剣道をもとめて
石原忠美・岡村忠典の剣道歓談
石原忠美・岡村忠典著
四六判上製・2,640円

90歳現役剣士が生涯をかけて体得した剣道の精髄を聞き手名手の岡村氏が引出す。以前に刊行した「円相の風光」を改題、増補改訂版。

生涯錬磨　剣道稽古日誌
倉澤照彦著 A5判上製・3,080円

50歳で剣道八段合格。自分の修行はこれからだと覚悟を固めた著者53歳～64歳の12年間の稽古反省抄。今は亡き伝説の名剣士も多数登場。

ゼロからわかる木刀による
剣道基本技稽古法(DVD付)
太田忠徳解説　B5判・2,200円

剣道級位審査で導入にされた「木刀による剣道基本技稽古法」。本と動画で指導上のポイントから学び方まで制定に携わった太田範士がわかりやすく解説。DVD付

居合道審査員の目
「剣道時代」編集部編
四六判上製・2,200円

居合道審査員は審査でどこを見て何を求めているか。15人の八段審査員が明かした審査上の着眼点と重要項目。よくわかる昇段への道。

剣道およびその他武道関連図書

剣道時代ブックレット②
悠久剣の道を尋ねて
堀籠敬蔵著　四六判・838円

京都武専に学び、剣道範士九段の著者が剣道生活八十年の総まとめとして日本伝剣道の歩みをまとめた魂の叫び。若き指導者に望むもの。

剣道はこんなに深い
快剣撥雲　豊穣の剣道
(オンデマンド版)
作道正夫著　A5判・2,750円

剣道もわれわれ人間と同様この時代、この社会に生きている。
日常にひそむ剣道の文化性、教育性、社会性を透視し、その意義を問いなおす。
思索する剣道家作道正夫の剣道理論が初めて一冊の本になった。大阪発作道流剣道論。

剣道極意授けます
剣道時代編集部編
B5判・2,475円

10名の剣道八段範士（小林三留、岩立三郎、矢野博志、太田忠徳、小林英雄、有馬光男、渡邊哲也、角正武、忍足功、小坂達明）たちがそっと授ける剣道の極意。教科書や教本には絶対に載っていない剣道の極意をあなたにそっと授けます。

末野栄二の剣道秘訣
末野栄二著 B5判・2,750円

全日本選手権優勝、全剣連設立50周年記念優勝等ながく剣道界で活躍する著者が、自身の優勝体験をもとに伝授する剣道上達の秘訣が凝縮された力作

本番で差が付く
剣道のメンタル強化法
矢野宏光著 四六判・1,760円

実戦で揺るがない心をつくるためのアドバイス。スポーツ心理学者が初めて紐解く、本番（試合・審査）で強くなりたい人のための剣道メンタル強化法。

社会人のための考える剣道
祝 要司著 四六判・1,760円

稽古時間が少ない。トレーニングが出来ない。道場へ行けない。もんもんと地稽古だけ続けている社会人剣士に捧げる待望の一冊。

強くなるための
剣道コンディショニング&トレーニング
齋藤実編著 B5判・2,750円

剣道の試合に勝つ、審査に受かるには準備が必要だ。トレーニング、食事、水分摂取の方法を新進の研究者たちはわかりやすく紹介する。

名手直伝
剣道上達講座1・2・3
剣道時代編集部編
B5判・1,2巻2,475円 3巻1,760円

16人の剣道名手（八段範士）が公開する剣道上達の秘訣。中級者以上はここから基本と応用を見極め、さらなる上達に必須の書。有馬光男、千葉仁、藤原崇郎、忍足功、船津普治、石田利也、東良美、香田郁秀、二子石貴資、谷勝彦ほか

剣道は乗って勝つ
岩立三郎著 B5判・1,980円

日本はもとより海外からも多数の剣士が集まる「松風館道場」。その館長岩立範士八段が剣道愛好家に贈る剣道上達のためのポイント。

剣道特訓これで進化(上)・(下)
剣道時代編集部編
B5判・各巻1,760円

昇段をめざす市民剣士のための稽古読本。多数の剣道カリスマ講師陣たちがいろいろな視点から剣道上達のために役立つ特訓を行なう。

仕事で忙しい人のための
剣道トレーニング(DVD付き)
齋藤　実著 B5判・2,970円

少しの工夫で一回の稽古を充実させる。自宅で出来る簡単トレーニングを中心に剣道上達に役立つストレッチ等の方法を紹介。

全日本剣道選手権者の稽古
剣道時代編集部編
B5判・1,980円

全日本選手権大会優勝をはじめ各種大会で栄冠を手にした４名の剣士たち（高鍋進・寺本将司・原田悟・近本巧）が実践する稽古法を完全収録。

剣道およびその他武道関連図書

勝って打つ剣道

古川和男著

B5判126頁・1,760円

隙があれば打つ。隙がなければ崩して打つ。強くて美しい剣道で定評のある古川和男範士が、勝って打つ剣道を指導する、珠玉の一冊。一足一刀の間合から一拍子で打つ剣道を求めよう

正しく美しい剣道を求める

優美な剣道 出ばな一閃

谷勝彦著

B5判132頁・1,760円

正しく美しい剣道を求めてきた谷勝彦範士。目指した山の頂を一つ超えると、見える景色もまた変わる。常に新たな発見・体験があると信じて挑戦を続けることが剣道だ。これまでの自分の修行から得たものをまとめたのが本書である。本書での二つの大きなテーマは根本的・本質的に別々のものではなく共通点や関連性があるという。

剣道昇段への道筋(上)・(下)

剣道時代編集部編

A5判・各巻2,475円

2007年〜2012年の日本最難関の試験である剣道八段審査の合格者の生の体験記から審査合格の法則を学べ！

脳を活性化させる剣道

湯村正仁著

四六判・1,430円

正しい剣道が脳を活性化。免疫力・学力向上・老化予防も高める。その正しい剣道を姿勢、呼吸、心の観点から医師で剣道範士八段の筆者が紐解いて詳解する。

年齢とともに伸びていく剣道

林　邦夫著

A5判・2,200円

質的転換を心がければ、剣道は何歳になっても強くなれる。年齢を重ねてもなお最高のパフォーマンスを発揮するための方法を紐解く。

詩集 剣道みちすがら

国見修二著

A5判・1,375円

剣道を愛する詩人・国見修二が詩のテーマにはならないと思われていた剣道をテーマに綴った四十篇の詩。これは正に剣道の指南書だ！

剣道 強豪高校の稽古

剣道時代編集部編

B5判・2,200円

九州学院、水戸葵陵、明豊、本庄第一、高千穂、奈良大付属、島原の7校の稽古が事細かく写真と共に紹介されている。

剣道 強豪大学の稽古

剣道時代編集部編

B5判・1,760円

学生日本一に輝いた国士舘大学、筑波大学、鹿屋体育大学、大阪体育大学の4校の稽古を連続写真であますところなく紹介。映像を見るならDVDも発売中（定価・4,950円）

オススメ図書

あの王貞治、高倉健も学んだ羽賀剣道の気攻めと手の内

昭和の鬼才 羽賀準一の剣道

卯木照邦著

B5判並製・1,760円

羽賀準一の剣道は気迫・気位で脳髄・内臓を圧迫することだった。年を重ねても気を高めることができると考えていた。著者は学生時代から羽賀準一に師事し、現在一剣会羽賀道場三代目会長として羽賀精神の継承に努めている。

特製函入り　永久保存版

徳江正之写真集 「剣道・伝説の京都大会（昭和）」

A4判・7,700円　（オンデマンド版）

初の京都大会写真集。剣道を愛した写真家徳江正之が寡黙に撮り続けた京都大会の記録。なつかしい昭和のあの風景この人物、伝説の立合がいまよみがえる。

208ページ　（2017年４月発行）

コーチングこんなときどうする？

高畑好秀著

A5判・1,760円

『いまどきの選手』があなたの指導を待っている。困った状況を解決する30の指導法を具体的な事例で実際の打開策を提示、解説する。　（2017年11月発行）

剣道「先師からの伝言」（上）・（下）

矢野博志著

B5判・各巻1,430円

60年の長きにわたって修行を続ける矢野博志範士八段が、先師から習得した心技体をあきらかにし、その貴重な伝言をいま語り継ぐ。　（2017年11月発行）

剣道 心の鍛え方

矢野宏光著

四六判・1,760円

大好評の『剣道のメンタル強化法』に次ぐ、著者の剣道メンタル強化法第２弾。パフォーマンス発揮のための心理的課題の改善に向けた具体的な取組方法をアドバイスする。　（2018年４月発行）

オススメ図書

心を打つ剣道

石渡康二著

A5判・2,750円

自分らしい「心を打つ剣道」すなわち勝敗や強弱ではなく真・善・美を共感する剣道に近づくための、七つの知恵を紹介する。　　　　　　　（2018年７月発行）

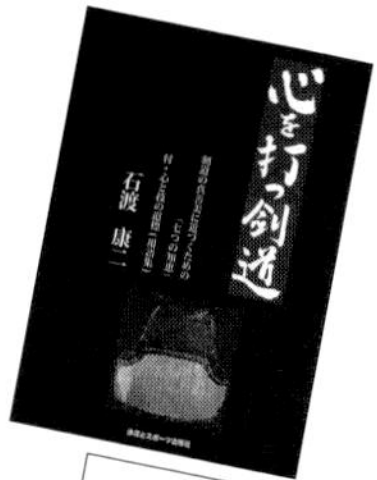

心に響け剣の声

村嶋恒徳著

A5判・3,300円

組織で働く人は利益をめざすため顧客と対峙して戦略・戦術に従って、機を見て打ち込んでいく。剣道の本当の修錬の姿は、正にビジネスにおけるマーケティングの理想と同じであり、道の中で利益を出すことを理想とする、この剣道の考え方を働くリーダーのために著者が書き下ろした魂の作品。　（2025年1月発行）

二人の武人が現代人に伝える真理

柳生十兵衛と千葉真一

小山将生著（新陰流協会代表師範）

A5判・1,540円

新陰流を通じて千葉真一氏と親しく交流していた著者が、なぜ千葉氏が柳生十兵衛を敬愛していた理由を説き明かす。

剣道修錬の着眼点

濱﨑満著

B5判・1,760円

剣道は生涯剣道といわれるように終わりがない。生涯にわたり追求すべき素晴らしい伝統文化としての剣道。その剣道修錬の着眼点とは。　　（2018年11月発行）

筋トレが救った癌との命がけの戦い

吉賀賢人著

A5判・1,980円

ボディビルダーに突然襲った癌の宣告。抗がん剤も放射線も効かない稀少癌。その元ボディビルチャンピオン『吉賀賢人』の癌との戦いの記録。

（2019年１月発行）

武道名著復刻シリーズ（オンデマンド版）

剣法至極詳伝
木下壽徳著
大正２年発行／四六判・3,080円

東京帝国大学剣道師範をつとめた木下翁の著になる近代剣道史上の名著を復刻。初歩から奥義に至る次第を五七調の歌に託し、道歌の一つ一つに解説がつけられている。

剣道秘要
宮本武蔵著　三橋鑑一郎註
明治42年発行／四六判・2,750円

2003年大河ドラマ関連本。武蔵が体得した勝負の理論を試合や稽古に生かしたい人、武蔵研究の材料を求めている人など、武蔵と「五輪書」に興味を持つ人におすすめしたい良書。

二刀流を語る
吉田精顕著
昭和16年発行／四六判・3,080円

武蔵の二刀流を真正面から取り上げた異色の書。二刀の持ち方から構え方、打ち方、受け方、身体の動作などの技術面はもちろん、心理面に至るまで解説された二刀流指南書。

日本剣道と西洋剣技
中山博道・善道共著
昭和12年発行／四六判・3,520円

剣道に関する書物は多数発行されているが、西洋剣技と比較対照した著述は、恐らく本書が唯一のものと言える。剣道の概要について外国人が読むことを考慮して平易に書かれている。

剣道手引草
中山博道著
大正12年発行／四六判・1,980円

剣道・居合道・杖道合わせて三道範士だった著者の門下からは多数の俊才が巣立ち、我が国剣道界に一大剣脈を形成した。その教えについて平易に解説した手引書。

剣道の発達
下川 潮著
大正14年発行／四六判・4,620円

下川氏ははじめ二天一流を学び、その後無刀流を学ぶかたわら西洋史を修め、京都帝大に入り武道史を研究した結果、本書を卒論として著作した。後世への遺著として本書が発行された。

剣道指南
小澤愛次郎著
昭和３年発行／四六判・3,300円

初版が発売されるや爆発的な評判となり、版を重ねること20数版という剣道の書物では空前のベストセラーとなった。附録に近世の剣士34人の小伝及び逸話が収録されている。

皇国剣道史
小澤愛次郎著
昭和19年発行／四六判・3,300円

剣道の歴史について詳述した書物は意外に少なく、古今を問わず技術書が圧倒的に多い。その点、神代から現代までの各時代における剣道界の動きを説いた本書は一読の価値あり。

剣道修行
亀山文之輔著
昭和７年発行／四六判・3,300円

昭和７年発行の名著を復刻。教育の現場で剣道指導に携わってきた著者が剣道修得の方法をわかりやすく解説している。

剣道神髄と指導法詳説
谷田左一著　高野茂義校閲
昭和10年発行／四六判・5,280円

668頁にも及ぶ大書であり、剣道に関するいろいろな項目を広範囲にとらえ編纂されている不朽の名著をオンデマンド復刻した。今なお評価の高い一冊である。

武道名著復刻シリーズ（オンデマンド版）

剣道講話
堀田捨次郎著
昭和10年発行／四六判・3,630円

昭和４年に天覧試合に出場したのを記念して執筆、編纂したもの。著者は数多くの剣道書を残しているが、本書はその決定版ともいえる一冊である。

剣道新手引
堀田捨次郎著
昭和12年発行／四六判・2,860円

昭和12年初版、13年に再版発行した名著を復刻。警視庁武道師範の著者が学校・警察・社会体育等の場で教育的に剣道を指導する人たちに贈る手引書。

千葉周作遺稿
千葉榮一郎編
昭和17年発行／四六判・3,630円

昭和17年発行の名著を復刻。
剣法秘訣」「北辰一刀流兵法目録」などを収録したロングセラー。

剣道極意
堀田捨次郎著
大正７年発行／四六判・3,740円

剣道の根本理念、わざと心の関係、修養の指針などを理論的に述べ、剣道の妙締をわかりやすく説明している。大正中期の発行だが、文章も平易で漢字は全てふりがな付きで、中・高校生でも読むことができる。

剣道時代ライブラリー
居合道　－その理合と神髄－
檀崎友彰著
昭和63年発行／四六判・3,850円

斯界の最高権威が精魂込めて書き上げた名著を復刻。初伝大森流から中伝長谷川英信流、早抜の部、奥居合の部など居合道教本の決定版。

剣道時代ライブラリー
剣道の学び方
佐藤忠三著
昭和54年発行／四六判・2,420円

32歳で武道専門学校教授、のちに剣道範士九段となった著者が、何のために剣道を学ぶのか、初心者でもわかるように解説した名著を復刻。

剣道時代ライブラリー
私の剣道修行　第一巻・第二巻
「剣道時代」編集部編
第一巻　昭和60年発行／四六判・5,280円
第二巻　昭和61年発行／四六判・7,150円

我が国剣道界最高峰の先生方48名が語る修行談。各先生方のそれぞれ異なった血の滲むような修行のお話が適切なアドバイスになるだろう。先生方のお話を出来るだけ生のかたちで収録したため、一人ひとりに語りかけるような感じになっている。

剣道時代ライブラリー
帝国剣道教本
小川金之助著
昭和７年発行／四六判・3,080円

武専教授・小川金之助範士十段の良書を復刻!!
昭和６年４月、剣道が中等学校の必須科目となった。本書は、その中等学校の生徒に教えるために作られた教科書であり、良書として当時広く読まれていた。

スポーツ関連およびその他オススメ図書

スポーツで知る、人を動かす言葉

スポーツと言葉

西田善夫著 B6判・1,047円

元 NHK スポーツアナウンサーの著者が高校野球の名監督・木内幸男氏を中心にイチロー、有森裕子らの名選手の言葉と会話術に迫る。（2003年12月発行）

対談・現代社会に「侍」を活かす小池一夫術

不滅の侍伝説『子連れ狼』

小池一夫・多田容子共著 四六判・1,650円

名作『子連れ狼』で描かれる「侍の魅力」について、原作者小池一夫氏が女流時代小説家多田容子氏と対談。侍ブームの今、注目の書。（2004年8月発行）

殺陣武術指導**林邦史朗**

特別対談／役者・緒形拳 × 殺陣師・林邦史朗

男二人お互いの人生に感ずる意気

林邦史朗著 四六判上製・1,760円

大河ドラマ殺陣師として知られる林邦史朗氏が殺陣の見所や作り方を紹介。さらに終章で殺陣が持つ魅力を役者緒形拳氏とともに語っていく。（2004年12月発行）

北京へ向けた０からのスタート

井上康生が負けた日

柳川悠二著 四六判・1,320円

日本中が驚いたアテネ五輪での「本命」、柔道井上康生の敗北理由を彼の父であり師でもある井上明氏への密着取材から導いていく。（2004年12月発行）

座頭鯨と海の仲間たち　宮城清写真集

宮城 清著 B5判・1,980円

沖縄慶良間の海に展開するザトウクジラを撮り続けて20年。慶良間の海で育ったカメラマン宮城清が集大成として上梓する渾身の一冊。（2005年12月発行）

定説の誤りを正す

宮本武蔵正伝

森田　栄著 A5判・3,850円

今までいくつの武蔵伝が出版されてきたであろう。著者があらゆる方面の資料を分析した結果解明された本当の武蔵正伝。（2014年10月発行）

自転車旅のすすめ

のぐちやすお著 A5判・1,760円

サイクリングの魅力にとりつかれ、年少時の虚弱体質を克服。１９８１年以来、世界中を計４３万キロ走破。その著者がすすめる自転車旅。（2016年７月発行）

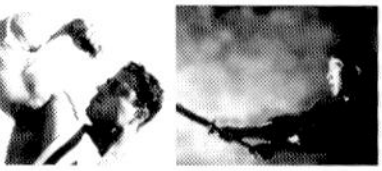

スポーツ関連およびその他オススメ図書

勝負を決する！スポーツ心理の法則

高畑好秀著 四六判・1,760円

心を強く鍛え、選手をその気にさせる18のメンタルトレーニングを「なぜ、それが必要なのか」というところから説き起こして解説。（2012年1月発行）

もっとその気にさせるコーチング術

高畑好秀著 四六判・1,760円

選手と指導者のためのスポーツ心理学活用法。選手の実力を引出す32の実戦的方法。具体例、実践アドバイス、図解で選手が変わる！（2012年9月発行）

スポーツ傷害とリハビリテーション

小山 郁著 四六判・1,980円

スポーツで起こりやすい外傷・障害についてわかりやすく解説。重症度と時間経過に応じた実戦的なリハビリプログラム40。（2013年12月発行）

チーム力を高める36の練習法

高畑好秀著 A5判・1,760円

本番で全員が実力を出しきるための組織づくり。チーム力アップに必要なユニークな実践練習メニューを紹介。楽しみながらスキルアップ。（2014年4月発行）

やってはいけないコーチング

高畑好秀著 四六判・1,760円

ダメなコーチにならないための33の教えをわかりやすくレクチャー。好評の「もっとその気にさせるコーチング術」に続く著者第３弾。（2015年3月発行）

女子選手のコーチング

八ッ橋賀子著 A5判・1,760円

今や目を見張る各スポーツ界における女子選手の活躍。経験から養った「女子選手の力を100％引き出すためのコーチング術」を伝授。（2015年7月発行）

野球こんなときどうする？

高畑好秀著 A5判・1,760円

野球の試合や練習中に直面しそうなピンチの場面を30シーン取り上げて、その対処法と練習法を教えます。自分でできるメンタル調整法。（2016年1月発行）

選手に寄り添うコーチング

八ッ橋賀子著 A5判・1,760円

著者、八ッ橋賀子のコーチング第二弾！　メンタルトレーナーの著者が、いまどきの選手をその気にさせ、良い結果を得るために必要な選手に寄り添うコーチング術を伝授する。（2017年３月発行）

ボディビルディングおよび ウエイトトレーニング関連図書

ポイント整理で学ぶ実践・指導のマニュアル
競技スポーツのための ウエイトトレーニング
有賀誠司著　B5判・3,300円

ウエイトトレーニングが競技力向上や傷害事故の予防に必須であるという認知度が上がってきている中、指導者に問われる基礎項目はもちろん、各部位別のトレーニングのテクニックを約600点におよぶ写真付きで詳しく解説している。

ボディビルダー必読、究極の筋肉を作り上げる
ボディビルハンドブック
クリス・アセート著 A5判・1,980円

ボディビルダーにとってトレーニングと栄養学についての知識は必須のものであるが、その正しい知識を身に付け是非ともその努力に見合った最大限の効果をこの一冊から得てほしい。又ストレングスの向上をめざすトレーニーにもお勧めである。

すぐに役立つ健康と体力づくりのための
栄養学ハンドブック
クリス・アセート著 A5判・1,980円

我々の身体は日々の食事からつくられている。そして、その身体を正常に機能させるにはさまざまな栄養素が必要である。その一方で、最近は栄養の摂りすぎ又バランスのくずれが大きな問題となっている。では、どのようなものをどのくらい食べればよいか、本書が答えてくれる。

トレーニングの歴史がこの一冊でわかる
私のウェイトトレーニング50年
窪田 登著 A5判上製函入・8,905円

ウエイトトレーニングの先駆者である窪田登氏が自ら歩んできた道程を書き綴った自叙伝に加え、ウエイトトレーニングの歴史、そこに名を残す力技師たちなどが紹介されている。ウエイトトレーニング愛好者なら必ず手元に置いておきたい一冊。

パワーリフティングの初歩から高度テクまで
パワーリフティング入門
吉田　進著　B5判・1,620円

スクワット、ベンチプレス、デッドリフトの挙上重量のトータルを競うパワーリフティング。強くなるためには、ただ重いものを挙げれば良いというものではない。そこには科学的で合理的なアプローチが存在する。その方法が基礎から学べる一冊。

トップビルダーの鮮烈写真集
BODYBUILDERS
岡部充撮影　直販限定本(書店からは不可)
A4判上製・特価2,989円(カバーに少し汚れ)

80年代から90年代にかけて活躍した海外のトップビルダーたちが勢ぞろいした贅沢な写真集。リー・ヘイニー、ショーン・レイ、ビンス・テイラー、ティエリー・パステル、ロン・ラブ、ミロス・シャシブ、リッチ・ギャスパリ、フレックス・ウィラー他

スポーツマンのための
サプルメントバイブル(新装版)
吉見正美著　B5判・2,090円

日本でも最近スポーツ選手を中心に大いに注目されるようになったサプルメント。それは通常の食事からは摂りきれない各種の栄養を補う栄養補助食品のこと。本書は種類およびその使用方法から適切な摂取量などにわたり、すぐに役立つ情報が満載。

初心者でも一人で学べる
部位別ウエイトトレーニング
小沼敏雄監修　B5判・1,650円
(85、87～99年日本ボディビル選手権チャンピオン)

ウエイトトレーニングを始めたい、でもスポーツジムへ行くのは嫌だし身近に教えてくれる人もいない。この本は各筋肉部位別にエクササイズを紹介し、基本動作から呼吸法、注意点等を分かりやすく解説しているので、これからウエイトトレーニングを始めたい人にも是非おすすめしたい一冊。

ボディビルディングおよび ウエイトトレーニング関連図書

理論と実践で100%成功するダイエット
ダイエットは科学だ
クリス・アセート著
A5判1,430円

この本を読み切る事は少々困難かもしれない。しかし、ダイエット法はすでに学問であり科学である。そのノウハウを修得しなければ成功はあり得ない。だが、一度そのノウハウを身に付けてしまえばあなたは永遠に理想のボディを手に入れることができる。

日本ボディビル連盟創立50周年記念
日本ボディビル連盟50年の歩み
50年史編纂委員会編集
A4判・2,750円

敗戦の混乱の中、ボディビルによって明るく力強い日本の復興を夢みた男たちの活動が、JBBFの原点だった。以来数々の試練を乗り越えて日本オリンピック委員会に正式加盟するに至る激動の歴史を、各種の大会の歴史とともに網羅した、資料価値の高いビルダー必携の記念誌。

スポーツトレーナーが指導している
これが正しい筋力トレーニングだ！
21世紀筋力トレーニングアカデミー著
B5判・1,572円

経験豊富なスポーツトレーナーが、科学的データを駆使して解説する筋力トレーニングの指導書。競技能力を高めたいアスリート必見！「特筆すべきは、トレーニングの基礎理論と具体的方法が研究者の視線ではなく、現場指導の視線で捉えられている」（推薦文・石井直方氏）

筋力トレーニング法100年史
窪田 登著　B6判・1,100円

80年代発刊の名書に大幅に加筆、訂正を加え復刻させた待望の一冊。ウェイトトレーニングの変遷を写真とともに分かりやすく解説。

スポーツトレーナー必読！
競技スポーツ別 ウェイトトレーニングマニュアル
有賀誠司著　B5判・1,650円

筋力トレーニングのパフォーマンス向上の為に競技スポーツ別に解説する他、走る・投げる・打つ等の動作別にもくわしく解説している。

続・パワーリフティング入門
吉田 進著　B5判・2,090円

現在発売中の『パワーリフティング入門』の続編。中味をさらにステップアップさせた内容となり、より強くなりたい方必読の一冊。

ベンチプレス 基礎から実践
東坂康司著　B5判・2,860円

ベンチプレスの基本事項ならびに実際にトレーニングを行う上での重要ポイントを分かりやすく具体的に解説。ベンチプレス本初の出版。

ベンチプレス フォームと補助種目
東坂康司著　B5判・1,980円

大好評のシリーズ第１巻「基礎から実践」に引続いて、個別フォームの方法やベンチプレス強化の上でも効果のある補助種目を詳細に解説。

究極のトレーニングバイブル
小川 淳著　B5判・1,650円

肉体と精神　究極のメンタルトレーニングであるヘビーデューティマインドこそ、ウエイトトレーニングに悩む多くの競技者の一助になる一冊である。

アスリートのための 分子栄養学
星 真理著　B5判・2,343円

人それぞれで必要な栄養量は大きく違うはずである。本書では、分子栄養学的に見た栄養と体の働きの深い関わりを分かりやすく解説。

お申し込み方法

[雑誌定期購読]　ー送料サービスー

(年間購読料)　**剣道時代**　11,760円(税10%込)
ボディビルディング　13,200円(税10%込)

TEL、FAX、Eメールにて「○月号より定期購読」とお申込み下さい。後ほど口座振替依頼書を送付し、ご指定の口座から引落しをいたします。(郵便振替による申込みも可)

[バックナンバー注文]

ご希望のバックナンバーの在庫の有無をご確認の上、購入金額に送料を加え、郵便振替か現金書留にてお申込み下さい。なお、最寄りの書店での注文も出来ます。(送料)1冊150円、2冊以上450円

[書籍・DVD等注文]

最寄りの書店、もしくは直接当社(電話・FAX・Eメール)へご注文ください。
当社へご注文の際は書名(商品名)、冊数(本数)、住所、氏名、電話番号をご記入ください。郵便振替用紙・現金書留でお申し込みの場合は購入金額に送料を加えた金額になります。一緒に複数の商品をご購入の場合は1回分の送料で結構です。

(代引方式)

TEL、FAX、Eメールにてお申込み下さい。

- 送料と代引手数料が2024年4月1日より次のように改定されました。なにとぞご理解のほどよろしくお願い申し上げます。
  送料(1回につき)**450円**　代引手数料**350円**

[インターネットによる注文]

当社ホームページより要領に従いお申込み下さい。

体育とスポーツ出版社　検索

※表示価格は税込　※クレジットカード決済可能(国内のみ)

(株)体育とスポーツ出版社

〒135-0016　東京都江東区東陽2-2-20 3F

[営業・広告部]

TEL 03-6660-3131　FAX 03-6660-3132
Eメール　eigyobu-taiiku-sports@thinkgroup.co.jp
郵便振替口座番号　00100−7−25587　体育とスポーツ出版社

[剣道時代編集部]

〒101-0065　東京都千代田区西神田2-4-6宮川ビル2F
TEL 03-6265-6554　FAX 03-6265-6553

[ボディビルディング編集部]

〒179-0071　東京都練馬区旭町3-24-16-102
TEL 03-5904-5583　FAX 03-5904-5584